Insight for Global Tourism & Hotel Market Trend

:::::: 통계와 키워드로 읽는 알기 쉬운 호텔이야기 ::::::

대한민국 호텔시장을 말하다

| 송기욱 지음 |

지식인

Profile

송기욱(SONG, Ki-Wook) | LH연구원 책임연구원

1981년 서울 출생으로 2009년 서울시립대학교 도시공학 석사 졸업, 박사를 수료하였다. 민간에서 기관투자자 대상의 오피스 · 리테일 리서치와 컨설팅 수행, 동시에 애널리스트로 10년 이상 상업용 부동산분야 전문지식과 실무경험을 쌓았다. 또한 언론방송 인터뷰 출연을 비롯해 잡지 고정 칼럼니스트(호텔 & 레스토랑, 호텔아비아), 학회 연사 · 토론자로 참여하고, 기업체 강사와 국토해양부 지역혁신 컨설팅 자문위원을 역임해왔다. 현재 LH연구원에서 도시재생, 부동산금융, 그리고 지역 내 활력을 불어넣기 위한 공간의 의미와 내재된 가치를 찾는 일에 골몰하고 있다. 최근 "서울시 숙박시설의 객실수급 변화 양상 및 전망 분석(2018)" 등 10편 이상 논문을 꾸준히 게재하였다. 전공자격은 美 부동산투자분석사, 부동산개발 / 자산운용전문인력, 도시계획 / 교통기사 / 사회조사분석사를 보유, 멘사(MENSA)회원으로도 활발한 활동 중이다. 취미로 바리스타를 취득해 커피 만들기를 즐기고, 평소 글쓰기와 사색도 좋아한다.

E-Mail : flyskw1212@gmail.com

대한민국
호텔시장을 말하다

2018년 3월 30일 초판 1쇄 발행
2019년 1월 5일 초판 2쇄 발행

지은이 | 송기욱
펴낸이 | 김종욱
펴낸곳 | 지식인
등 록 | 제301-2013-134호
주 소 | 서울시 도봉구 도봉로 180길 20 투웨니퍼스트 102동 602호
전 화 | 02)2266-8606 (대)
팩 스 | 02)2266-8607
E-mail | jisikin2013@naver.com
홈페이지 | www.jisikinbook.co.kr

ISBN 979-11-88105-23-6 (93320)

값 20,000원

이 도서에 개진된 내용은 저자가 오랜 기간 시장자료를 구축해 재가공한 결과물로, 필자의 개인적 견해입니다. 따라서 정부 통계수치와 일부 다를 수 있으며, 저자가 소속된 기관의 공식적인 의견이 아님을 미리 밝힙니다.

대한민국
호텔시장을 말하다

대한민국
호텔시장을
말하다

PROLOGUE

미지(未知)의 호텔시장을 정복하라!

최근 뉴스나 신문에서 관광·호텔시장의 주요 이슈에 대한 인터뷰와 기사들을 자주 접하게 된다. 시중 서점에 나가보더라도 무수히 많은 호텔 관련도서들이 가판대를 차지하는데, 그 어느 때보다 대중들의 뜨거운 관심을 알 수 있었다. 그러나 실상은 대부분 이론서 성격이 강한 호텔경영 전공서가 주를 이루어, 정작 호텔시장 전반의 동향을 일반인들이 알기 쉽게 객관적으로 전달한 도서는 전무한 편이다. 이러한 배경 하에 우리 사회의 호텔시장 과거와 현재를 집중 탐구하고, 주요 현안에 대한 질문과 해답을 총망라하는 등 향후 길잡이 역할의 실용적인 종합도서의 필요성을 깊이 인식하였다. 그리하여 저자가 호텔업계의 대표 잡지인 「호텔 & 레스토랑」과 「호텔아비아」에 컬럼니스트(2013~2017)로 활동했을 당시, 독자들로부터 호평과 출간문의를 받으며 3년 남짓 월간 정기시리즈의 연재 형식으로 게재한 기고문들을 모아 새롭게 재구성·편집 및 보완하여 발간하게 되었다.

저자는 호텔시장을 부동산 관점에서 바라보는 다양한 색다른 시선을 소개하고, 수백 개가 넘는 풍부한 통계자료와 생동감 넘치는 사례들로 내용을 뒷받침하였다. 본문은 호텔 정책 및 법률, 관광여행과 호텔시장 동향, 호텔 개발 및 건축계획, 숙박 수요와 공급, 거래·투자·분양시장, 성공적인 운영전략 등 크게 6부로 나누었으며, 이들과 묶일 수 있는 총 18장의 주제로 구성하였다. 1부에선 호텔 건립과 밀접한 「관광숙박시설확충을 위한 특별법」과 학교환경위생정화구역을 간략히 설명하고, 2부는 호텔시장의 주요 이슈인 관광여행, 면세점 산업, 호텔 운영시장, 브랜드 자산관리 동향 등을 조명하였다. 3부는 호텔 프로젝트 부지 및 건축계획, 객실·부대시설 이용과 선정, 개성과 디자인을 강조한 부티크(Boutique) 호텔의 개발을 다루었고, 4부는 에어비앤비(Airbnb)를 비롯한 신흥 대체 숙박시설이 호텔시장에 미치는 영향과 객실 수급불균형 문제를 점검하였다. 5부는 저금리 시대인 대체투자 가능성에 주목하여 숙박용 부동산으로서 거래시장, 부동산펀드와 리츠(REF / REITs)를 활용한 투자 활성화, 고수익 분양형 호텔의 리스크 관리법을 알아보았다. 마지막 6부는 고부가가치 마이스(MICE) 생태계, 타분야 산업 간 융·복합을 통한 차별화 전략으로 대내·외 여건 변화에 따른 미래 호텔의 새로운 비전과 과제를 제안하였다. 이는 일종의 옴니버스 형식으로 순서와 상관없이 목차를 보고, 필요한 부분만 선별해서 읽어도 무방하다. 부록에는 독자들의 궁금증을 간략히 Q & A 방식으로 풀어 답하고, 호텔의 필수용어 해설을 정리하였다.

이 책은 현업에서 오랜 기간 상업용 부동산 실무(오피스, 리테일, 호텔, 물류 등)를 몸소 수행하며, 저자가 독자적으로 시장데이터(DB)를 구축하여 심층 분석한 최종 결과물의 집약체라 할 수 있다. 그래서 도서 콘셉트도 "통계와 키워드로 읽는 알기 쉬운 호텔이야기"이다. 그간 호텔이 지닌 상품의 특수성과 정보의 폐쇄성으로 일반인 접근이 어려웠던 점을 감안하면, 이는 가장 큰 차별성이자 경쟁력일 것이다. 그럼에도 불구하고 집필 과정에서 내용이 다소 미흡하거나, 일부 통계자료가 시점이 경과한 부분은 호텔시장의 큰 줄기와 방향을 이해하는데 큰 지장이 없으리라 생각된다. 이러한 아쉬움이 차후 개정판에서는 철저한 준비와 더욱 알찬 내용으로 수정·보완될 수 있기를 희망해 본다.

책이 무사히 발간되기까지 주변에 여러 도움을 주신 분들이 많다. 우선 이 책의 상업성 여부를 떠나 출간을 승낙해 주신 지식인의 김종욱 대표님, 내 책처럼 수차례 교정·퇴고 작업을 봐주신 편집부, 정기연재 원고를 통해 수많은 독자들과 소통할 수 있게 터전을 마련해 준 호텔아비아 장진수 대표님, 바쁘신 와중에도 유익하고 세심한 조언을 주신 전)모두투어리츠 정상만 대표님, 추천사를 흔쾌히 허락해주신 서울시립대 남진 교수님과 이비스 앰배서더 명동호텔 이병철 총지배인님, 서울경제 건설부동산부 고병기 기자님, 호텔리어 파워블로거이신 밀레니엄 힐튼호텔 김인진 부장님, 그리고 현 LH 임직원과 동료 분들에게도 지면을 빌어 깊은 감사의 마음을 전한다. 무엇보다 뒤에서 격려와 지원을 아끼지 않으며 묵묵히 지켜봐주신 가족과 열렬히 응원해주고 많이 기다려주신 모든 분들께 이 책을 바친다. 끝으로 호텔 개발, 금융, 투자, 컨설팅, 운영, 관리 분야의 실무를 담당하는 숙박업 종사자와 호텔리어를 꿈꾸며 공부하는 관광·호텔·항공·레저·외식·도시 및 부동산학과 학생들에게 호텔시장 입문바이블로 널리 활용되기를 바란다.

서울 커피숍에서 출간을 기다리며
저자 **송기욱**

호텔개요와 제도적 이슈 검토

「관광숙박시설 확충을 위한 특별법」의 빛과 그림자

정부에 의해 한시적으로 도입된 「관광숙박시설 확충을 위한 특별법(2012.07.27)」(이하 숙박특별법)이 2015년 12월 31일 기점으로 일몰될 예정이었으나, 1년간 추가 연장을 담은 개정법률안이 국회를 통과해 2016년 12월 말까지 효력을 가지게 되었다. 2018년 현재 「숙박특별법」은 완전히 종료되어 그간 사업자에게 적용되었던 많은 혜택들이 사라진 상태이다. 이 시점에서 불과 5년 남짓 추진되었던 「관광숙박시설 확충을 위한 특별법」의 주요 운용성과를 살펴보고, 그 과정에서 노출된 문제점을 되짚어본다.

특별법의 취지 및 주요 내용

우리나라 숙박특별법의 효시는 1986년 「올림픽대회 등에 대비한 관광 · 숙박업 등 지원에 관한 법률」이며, 그 이후 3차례 단행되었다(그림 1.1 참조). 2012년 발

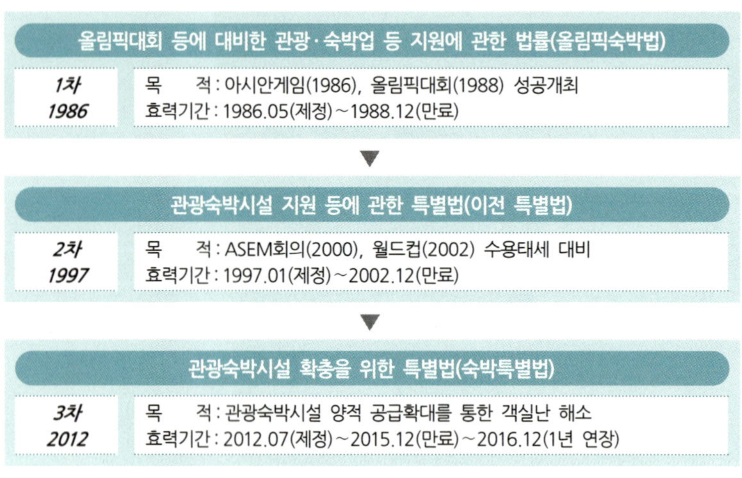

그림 1.1 관광숙박시설 확충을 위한 특별법 이전 사례 추진경위

효된 「관광숙박시설 확충을 위한 특별법」은 급증하는 관광객 수요에 대비하여 호텔 건설과 확충을 촉진함으로써 국내 관광산업의 발전 및 경쟁력 강화를 향상시키고자 2015년까지 한시적으로 도입되었다.

그래도 여전히 관광숙박시설이 부족해 방한여행의 불만족도가 높아져, 이로 인한 관광수지 적자 해소와 내수 활성화에 기여할 목적으로 당초 3년에서 축소되어 1년간 한시적으로 연장(2016.12)되었다.

이 법의 주요 골자로는 크게 ① 건축규제 완화(용적률 및 부설주차장 설치기준 등), ② 행정적 지원(인·허가 일괄처리), ③ 국·공유지 관련 특례(수의계약 매각 및 대부조건 인하), ④ 재정적 자금지원(관광진흥개발기금 우선지원 및 저리융자), ⑤ 기타사항(부대시설 허용범위 확대) 등에 관한 세부규정이 담겨있다.

건축규제 완화(용적률 및 부설주차장 설치기준)

우선적으로 가장 큰 변화는 관광호텔에 대한 용도지역별 용적률 범위가 대폭 확대되었다(법 제10조, 시행령 제12조). 서울시 기준으로 일반주거지역은 최대 150%, 상업지역은 최대 500%까지 범위 안에서 시도시계획위원회 심의를 거쳐 추가로 완화가 가능하다(표 1.1 참조).

표 1.1 서울시 용도지역별 용적률 완화기준 (단위 : %)

용도지역 / 용적률	주거지역				상업지역				준공업	자연녹지
	1종일반	2종일반	3종일반	준주거	중심	일반	근린	유통		
특별법령(A)	200	250 (300)	300 (400)	500	1,500	1,300	900	1,100	400	100
조례용적률(B)	150	200	250	400	1,000 (800)	800 (600)	600 (500)	600 (500)	400	50
인센티브(A-B)	50	50 (100)	50 (150)	100	500 (700)	500 (700)	300 (400)	500 (600)	–	50

* 출처 : 서울시(2014), 관광숙박시설 용적률에 관한 특례 운영기준 개선(안)

실례로 서울시 관광숙박시설 용적률 완화 심의현황 자료에 따르면, 특별법 시행 이후 2014년 7월까지 54건에 한하여 호텔 용적률 완화가 이루어졌다. 총 건축 연면적으로는 664,305㎡이며, 객실수로는 10,591호에 달하는 물량이다. 이는 2014년 12월 기준, 서울 전체 관광호텔업에 등록된 공급량(32,749호)의 32.4% 수준이다. 이들 54건 사업지의 당초 용적률은 504%였으나, 특례법의 적용을 받아 720%까지 확대되어 평균 216% 완화된 것으로 나타났다. 용도지역별로는 일반상업(315%), 근린상업(303%), 노선상업(198%), 준주거(93%), 일반주거지역(35~91%) 순으로 용적률이 상향되었다(표 1.2 참조).

표 1.2 특별법 적용에 따른 서울시 용도지역별 용적률 완화 추진현황

운용성과 / 용도지역	공급량			용적률		
	개소(건)	객실수(호)	연면적(㎡)	당초(%)	완화(%)	차이(%)
중심상업	1	261	15,121	800	839	39
일반상업	22	5,653	332,451	654	969	315
근린상업	4	1,124	78,818	484	787	303
2종일반주거	1	50	4,471	200	235	35
3종일반주거	11	1,413	115,591	250	341	91
준주거	5	674	33,631	366	459	93
노선상업(혼재)	10	1,416	84,222	533	731	198
합계	54	10,591	664,305	504	720	216

*출처 : 서울시(2014), 관광숙박시설 용적률에 관한 특례 운영기준 개선(안), 저자 가공
*주 : 2,3종일반주거 혹은 일반상업 등과 같이 둘 이상의 용도지역에 걸쳐 있는 경우, 노선상업에 해당

일부 서초 신라스테이 호텔의 경우에는 기존 800%에서 최대 상한선 1,300%에 가까운 1,232%의 용적률을 얻기도 하였다(그림 1.2 참조). 이처럼 과도한 높이와 용적률 경쟁 탓에 무분별한 고층건물이 난립하는 결과를 초래하였다.

Bldg	서초 신라스테이
Location	강남 뱅뱅사거리 부근
FAR	800% ➜ 1,232%
Total Area	17,661㎡
Floor	B4/25F
Room	314EA
Built Year	2017.01

*출처 : 대상지 현장조사

그림 1.2 서초 신라스테이 호텔의 용적률 완화사례

또한 호텔 건립 시 부설주차장 설치 기준도 현재 서울시 조례는 134㎡당 1대, 주차장법은 200㎡당 1대 기준으로 하고 있으나, 특별법에서는 300㎡당 1대로 크게 완화되었다(법 제13조, 시행령 제15조). 실례로 서울에 산재한 호텔의 168건 사례(2013년 기준)를 분석한 결과, 특별법 시행일 전·후로 109㎡/1대에서 154㎡/1대로 소폭 상향됨을 알 수 있다. 이를 객실수로 단순히 계산하면 주차공간 1면당 0.8실에서 2.0실로, 호텔이 제공하는 주차서비스의 질은 낮아졌다. 2014~15년 준공된 물량까지 포함된다면, 이들의 격차는 더욱 커질 것으로 예측된다. 이렇듯 불충분한 주차공간을 확보한 호텔이 많아지면서, 이용객들의 불만을 사는 사례가 증대하고 있다.

Category	Before		After
Total Area	333,344,159㎡	➜	106,158㎡
Room	23,475EA	➜	1,384EA
Parking	30,606EA	➜	688EA
Area per Parking	109㎡/EA	➜	154㎡/EA
Room pre Parking	0.8EA/EA	➜	2.0EA/EA

*출처 : 서울시 호텔 DB(2013), 저자 가공

그림 1.3 특별법 시행 전·후, 부설주차장 완화사례

행정적 지원(인 · 허가일괄처리 및 숙박대책위원회)

법 · 제도 개선을 뒷받침하는 행정적 지원도 추진되었다. 시 · 군 · 구 소속 하에 '인허가일괄처리위원회'를 두어 호텔업사업계획 승인 시 건축 및 도로점용허가 등 11개 인 · 허가 법률사항을 의제처리함으로써 사업절차를 간소화시켰다(법 제5,9조, 시행령 제6조). 실례로 최종심의일에서 사업승인을 받기까지 7~8개월 소요되는 것이 관례적이나, 서울시 관광숙박시설 용적률 완화 심의현황 자료(26건)에 따르면 특별법 적용 이후 평균 135일로 단축됨을 알 수 있다.

또한 국가적 차원에서는 국제행사 개최에 대비하고자 중앙정부, 공무원, 민간 전문가 등 20인 이내로 구성된 '관광숙박대책위원회'를 운영하고 있다. 주로 숙박시설의 수급방안, 관광객 이용편의 제공, 종사자 서비스의 질 향상에 관해 수시로 논의하며, 핵심적인 컨트롤타워Control Tower 역할을 수행하고 있다(법 제16조, 시행령 제18~19조).

국 · 공유지 관련 특례(대부기준 및 수의계약 허용)

민간의 호텔투자 활성화를 위해 국 · 공유지 관련 특례가 신설되었다. 호텔시설용도로 공유지를 대부(貸付)하는 경우 원칙상 임차기간을 5년에서 최대 30년까지 장기대부를 허용하고, 대부료도 최저한도인 10/1,000 이상을 적용하되 50% 수준까지 감액해주고 있다. 이는 사업 초기에 대규모 자본이 투입되고, 자금회수기간이 20년 이상 소요되는 점을 감안한 조치라고 할 수 있다. 이처럼 대부한 공유지에는 호텔과 그 밖의 영구시설물을 축조할 수 있지만, 대부기간 종료 시에는 의무적으로 매입 혹은 원상회복과 축조한 시설물을 기부해야 하는 단점이 있다(법 제12조, 시행령 제13~14조).

표 1.3 공유재산 대부 완화 기준

구 분 \ 법 률	공유재산법	공유재산법(예외)	특별법
대부기간	5년	20년	30년
대부요율(재산평정가격)	연 1천분의 10 이상		좌동(50% 감액)

* 출처 : 문화체육관광부(2012), 관광숙박산업 활성화방안 발표

이와 함께 호텔을 건설하려는 부지에 국·공유지가 20% 이하로 포함된 경우 1년 이내에 이를 확보하는 것을 전제로 조건부 사업계획을 승인하고 있으며, 해당관리청과 협의를 통해 수의계약으로 우선매각을 허용하고 있다(법 제6,11조, 시행령 제5조). 이러한 경향은 종전 부동산의 원활한 이전과 적기적소의 매각을 추진하기 위해 국·공유지 처분제한, 공유재산 임대료 감면의 법적근거를 마련한 「공공기관 지방이전에 따른 혁신도시 건설 및 지원에 관한 특별법(2007.01.11)」의 정책방향과 닮은꼴이라고 할 수 있다(법 제23,46조, 시행령 제29,43조). 그러나 제주시의 성산포해양관광단지 사례와 같이, 개발사업 명목 하에 국·공유지를 편입시켜 해당지구를 변경한 후 높은 가격에 재매각하는 방편으로 악용될 소지가 남아있다(이승록, 2015 보도자료 인용).

* 출처 : 제주의 소리, 보도자료(2015.03.05)

그림 1.4 제주시 성산포 해양관광단지의 국·공유지 편입사례

재정적 자금지원(관광진흥개발기금 저리융자)

무엇보다 호텔사업자를 위해 건설 및 개·보수에 필요한 시설자금과 운영자금을 관광진흥개발기금(5년간 1.2조원)에서 우선적으로 지원하며, 융자조건도 저리로 우대하고 있다. 특히 신축과 개·보수는 각각 반기별 최대 150억원(4년 거치 5년 상환)과 80억원(3년 거치 4년 상환)이며, 운영자금은 전년도 영업비용의 30% 이내로 10억원(2년 거치 2년 상환)으로 대상의 성격에 따라 차등화 하였다. 대출금리는 기획재정부 공공자금관리기금 변동금리 기준(2015년 2Q, 2.25%)으로, 시중은행의 일반 대출금리(2015년 11월, 17곳 3.55%)보다 최대 1.25%p까지 혜택을 제공받을 수 있도록 부여하였다(법 제14조).

표 1.4 관광진흥개발기금 지원 기준

지원대상 구분	시설자금		운영자금
	신 축	개·보수	사업체 운영
지원범위	150억(70%, 100억)	80억(70%, 50억)	10억(영업비용 30%)
대출조건	4년 거치 / 5년 상환	3년 거치 / 4년 상환	2년 거치 / 2년 상환
적용금리	연 2.25%(중소기업 0.75%p, 관광숙박시설 1.25%p 우대)		
접수시기	연 2회 접수(6월, 12월)		

*출처 : 문화체육관광부(2015), 관광진흥개발기금 융자업무 처리지침
*주(1) : 대기업 및 특급호텔의 별도 적용기준시, 시설자금의 지원범위는 축소됨
*주(2) : 상기사항은 반기별 융자지침에 의해 변동가능

현재 문화체육관광부에서는 연 2회(6월, 12월)에 걸쳐 신청접수를 받으며, 연중 융자를 시행하고 있다. 실례로 최근 5년간(2009~2014년) 관광진흥기금 융자신청 및 지원현황을 살펴보면, 평균적으로 예산액은 2,960억원인 반면, 신청액은 4.2배가량 많은 12,365억원으로 높은 대중적 인기를 반증하고 있다.

그 결과 예산대비 지원은 89.4%로 만족할 만한 수치일지 모르나, 신청대비 지원은 22.9%에 불과하다. 이 중 선정액의 75%가 시설자금으로 대부분을 차지하고

있다. 이를 통해 연간 395개 관광사업체가 수혜를 받으며 매년 20.7%의 성장률 CAGR을 보이는 가운데, 올해 2015년에는 약 645개 업체에 달할 것으로 전망된다. 이처럼 매년 기금융자의 예산확대와 더불어 신청금액이 증대하고 있으나, 지원한도가 존재하여 다수의 사업자들에게는 여전히 추가적인 자금조달이 필요한 실정임을 보여주고 있다.

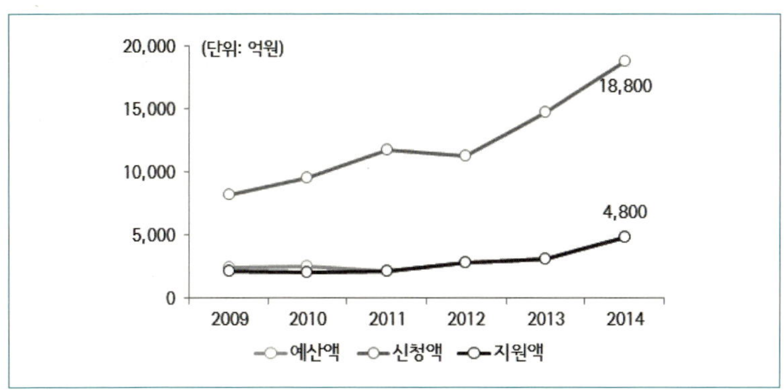

*출처 : 문체부(2014), 관광진흥개발기금 융자대상업체 선정발표

그림 1.5 관광진흥개발기금의 융자신청 및 지원현황

표 1.5 최근 5년간 관광진흥개발기금의 융자신청 및 지원현황

운용성과 연도	예산액 (억원)	신청액 (억원)	지원액 (억원)	예산대비 지원(%)	신청대비 지원(%)	선정업체수 (개)	시설자금 (건)	운영자금 (건)
2009	2,385	8,198	2,134	(89.5)	(26.0)	357	274	83
2010	2,536	9,505	2,074	(81.8)	(21.8)	384	301	83
2011	2,131	11,717	2,131	(100.0)	(18.2)	460	351	109
2012	2,787	11,247	2,785	(99.9)	(24.8)	535	399	136
2013	3,120	14,722	3,120	(65.4)	(21.2)	628	480	148
2014	4,800	18,800	4,800	(100.0)	(25.5)	800	567	233
합계	17,759	74,189	17,044	(89.4)	(22.9)	3,164	2,372	792
평균	2,960	12,365	2,841			527	395(75.0)	132(25.0)

*출처 : 문화체육관광부(2014), 관광진흥개발기금 융자대상업체 선정발표, 저자 가공
*주 : ( )는 구성비를 백분율로 표시함

기타(부대시설의 허용범위 확대)

부대시설의 허용범위가 확대되었다. 세계 호텔산업의 복합화 및 의료관광시장 확대 추세를 반영하여 외국인환자 유치의료기관, 보세면세점(외국인전용 시내 면세점 등) 등을 부대시설로 허용하였다. 이로써 병원, 쇼핑 등 관광객 이용 비율이 높은 시설과 숙박시설 간의 복합운영이 가능해졌고, 향후 메디텔Meditel이 호텔업으로 정식 인정되는 등 의료특화관광에 있어 필수적인 인프라 기반을 구축하였다(법 제2조, 시행령 제3조). 그러나 한편으로는 메디텔 도입으로 인해 의료상업화가 가속화되며, 지역불균형을 심화시킬 것이라는 우려도 존재한다.

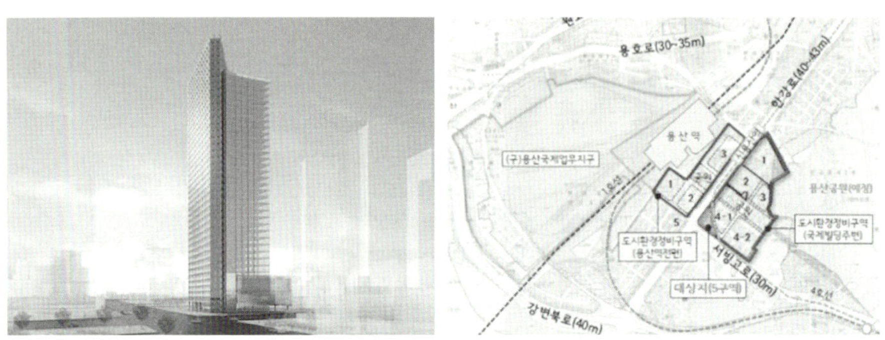

* 출처: 서울 첫 의료관광호텔, 용산플레이스, 보도자료(2015.06.03)

그림 1.6 서울 용산역 인근 최초 의료관광호텔 사례

특별법의 운용성과 및 문제점

지금까지 「관광숙박시설 확충을 위한 특별법」의 주요 특례 및 지원사항과 관련된 부문별 내용에 대해 살펴보았다. 이번 특별법의 가장 큰 운용성과라고 하면, 단연코 호텔 건립에 따른 파격적인 용적률 인센티브Incentive 제공이라 할 수 있다. 이와 같은 규제완화로 인하여 호텔사업의 수익성이 개선되어, 특별법 일몰을 앞두고 인·허가 신청이 쇄도하고 있는 실정이다. 그렇다보니 무리한 용적률 탓에 사업성 중심으로 변질되어, 주변지역의 주거환경 악화, 공개공지 실효성, 교통처리계획 등과 관련한 개선 필요성이 제기되었다. 더불어 부설주차장 완화기준 또한 지나치게 너무 낮추는 바람에, 객실점유율이 높은 주말이나 휴가철에는 주변 민간주차장을 임대하여 차량을 수용하는 상황이 발생하고 있다. 즉 관광숙박업 육성을 위해 마련된 특별법이 호텔이용자의 불편을 야기하며, 사업지마다 수준 낮은 주차서비스를 양산하는 모순적인 상황이다.

행정적 측면도 이와 크게 다르지 않다. 인·허가 일괄처리를 통해 절차를 간소화시켜 사업기간 단축을 이끌어냈지만, 숙박대책위원회는 실제 호텔사업자들이 현장에서 느끼는 체감도가 낮은 편이다. 국·공유지 특례도 마찬가지로 사전에 개발의 장애요인을 제거함으로써 협의를 통해 원만한 사업이 추진될 수 있도록 많은 가능성을 열어두었지만, 오히려 이를 저가에 매입하여 부동산 투기를 하는 부작용을 낳아 애초의 법제정 목적과는 동떨어진 효과를 내고 있다. 마지막으로, 재정적 지원은 자금이 부족한 관광사업체에게 관광진흥개발기금을 통해 시설자금과 운영자금을 저리로 융자하여 자금난 해소에 물꼬를 터주었다. 그러나 신청규모대비 예산지원액이 여전히 낮은 수준으로, 개인을 비롯한 중소기업들은 호텔 신설 및 운영에 애로사항이 뒤따른다.

그럼에도 불구하고 「관광숙박시설 확충을 위한 특별법」은 다양한 인센티브를 통해 민간투자를 촉진함으로써 업계 전반에 활력을 불어넣고, 호텔공급 확충에 따른 객실난 해소에 기여한 점이 높게 평가된다. 특히 부대시설 범위를 의료기관과 보세면세점으로 확대하여 변화하는 관광시장에 선제적으로 대응하며, 기존과 다른 차별화된 신규수요를 창출할 수 있을 것으로 보인다. 다만, 특별법의 전체적인 틀이 호텔의 내실을 꾀하기보다는 외형을 꾸미는데 치중한 나머지, 운영상에서 여러 문제점이 노출된 것은 아쉬운 점이다. 현재 종료된 「관광숙박시설 확충을 위한 특별법」이 향후 언제 또 부활할지 모르지만, 상기에 지적된 문제점들은 꼭 개선·보완하여 특별법의 연장 추진에 도움이 되기를 기대한다.

STORY **요약**

정부가 호텔 건설을 장려하기 위해 2012년 한시적으로 도입한 「관광숙박시설 확충에 관한 특별법」이 1년간 추가연장 끝에 2016년 말로 종료되었다. 2015년까지 호텔 3만8천실과 대체 숙박시설 8천실을 공급하고 호텔산업분야 일자리 3만개 창출을 목표로, ① 용적률 및 주차장 완화, ② 인·허가 단축, ③ 자금지원, ④ 부대시설 허용, ⑤ 국·공유지 매각 등에 특례를 두어 객실확충에 기여한 것이 사실이다. 그러나 과도한 특별법 허용 아래 고밀개발, 교통유발 등 주거환경이 악화되는 부작용도 발생하였다. 현재는 법안이 일몰되어 종전사업자에 제공되었던 혜택들이 사라지면서 사업성 저하에 따른 호텔 공급물량이 줄어들 전망이다.

청소년 교육환경과 유흥, 학교 앞 호텔의 불편한 동거

지금까지 호텔은 「학교보건법」 상 유흥 · 단란주점과 함께 대표적인 유해시설로 인식되어 규제의 대상이 되어 왔다. 그러나 최근 학교 인근 호텔 건립을 허용하는 「관광진흥법」 개정안이 국회를 최종 통과하면서, 이를 둘러싼 주체들 간의 찬반양론이 과열되고 있다. 이에 따라 논란이 되는 법적 주요 쟁점사항을 파악하고, 경복궁 인근 민간기업 소유 부지(대한항공 불허 vs 삼성 허용)의 상반된 판결 및 소송사례를 검토하여 비교 · 분석한다. 이와 더불어 서울시를 대상으로 학교환경위생정화구역 내 호텔영업 현황을 심층 점검하고, 현안이슈가 되는 정화위원회 심의결과를 통해 정책적 시사점을 도출한다.

학교환경위생정화구역제도 개요

학교환경위생정화구역School Environment Hygiene Purification Zone : S.E.H.P Zone으로 축약이라 함은 「학교보건법」 제5조에 따라 학교 주변의 보건 · 위생 및 학습 환경을 보호하기 위해 교육감이 지정 · 고시하는 구역을 의미하며, 크게 절대정화구역과 상대정화구역으로 구분된다. 이 중 전자는 학교 주출입구(정 · 후문)로부터 직선거리 50m 이내를, 후자는 학교(설립예정지) 경계선에서 200m까지의 절대정화구역을 제외한 지역이다(그림 2.1 참조).

이와 같이 「학교보건법」 제6조에서는 다음의 표 2.1과 같이 학교환경위생정화구역의 설정 범위에 따라 금지되는 행위의 시설 종류를 열거하고, 허용여부를 달리하고 있다. 대체로 위험시설, 유흥, 풍속, 탈선, 오락업소 등 교육환경에 유해한 업종들이 다수이다. 물론 숙박업소인 호텔도 예외는 아니다. 실례로 호텔의 경우 여관 · 여인숙과 함께 학교정화구역 내 금지시설로 분류되어 절대정화구역에서는 일체 설치가 불가하지만, 이를 벗어난 상대정화구역은 정화위원회의 심의를 거쳐

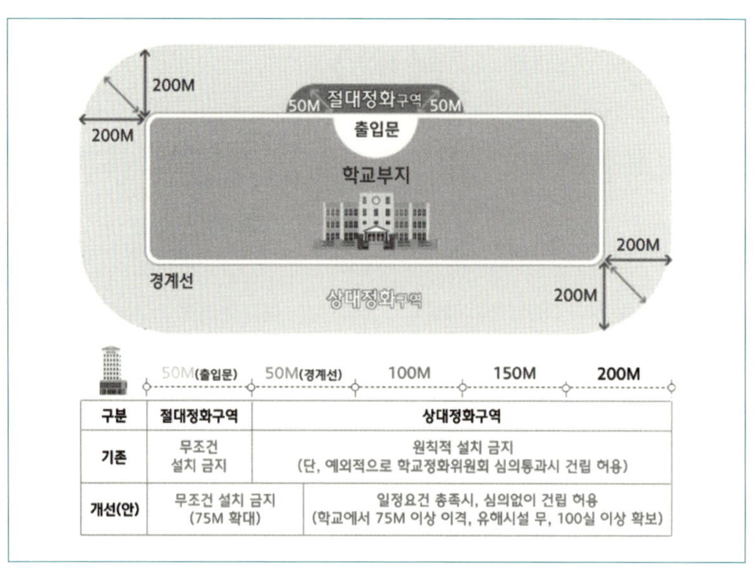

구분	절대정화구역	상대정화구역
기존	무조건 설치 금지	원칙적 설치 금지 (단, 예외적으로 학교정화위원회 심의통과시 건립 허용)
개선(안)	무조건 설치 금지 (75M 확대)	일정요건 충족시, 심의없이 건립 허용 (학교에서 75M 이상 이격, 유해시설 무, 100실 이상 확보)

* 출처 : 학교환경위생정화구역(cleanupzone.edumac.kr), 저자 가공

그림 2.1 학교환경위생정화구역 설정범위

학습과 학교 보건 · 위생에 지장을 주지 않는다고 판단되면 제한적으로 설치가 가능하다.

이처럼 학교정화구역은 그간 호텔 건립을 직접적으로 규제하는 가장 강력한 제동요소가 되어 왔다. 그러나 최근 「관광진흥법」 개정안이 마련되면서 절대정화구역은 기존 학교 앞 출입문 50m에서 75m로 확대하되, 반경 200m 이내인 상대정화구역에서는 일정요건(유해시설 무, 100실 이상의 비즈니스급 호텔) 충족 시 정화위원회의 심의 없이 호텔 건립이 가능하도록 바뀌었다. 단, '원스트라이크 아웃제 One Strike-out'를 도입하여 한 번이라도 불법영업 행위 적발 시 바로 등록을 취소하도록 처벌 강도를 높였다. 이는 2016년 3월부터 관광호텔 수요가 많은 서울과 경기지역에 한해 5년간 한시적으로 적용되어, 기존의 학교정화구역 내 묶여있던 지지부진한 호텔사업들이 한층 탄력을 받고 있다.

표 2.1 학교환경위생정화구역 내 금지행위시설 종류

근거법률		업 종 \ 학 교	초·중·고		유치원·대학	
			절대	상대	절대	상대
학교보건법 제6조1항	01	대기·수질·소음·진동	X	X	X	X
	02	액화가스제조·저장소	X	O	X	O
	04	제한상영관	X	X	X	X
	05	도축장·화장장	X	X	X	X
	06	폐기물수집 장소	X	O	X	O
	07	폐수·분뇨처리시설	X	X	X	X
	08	가축사체처리·화제장	X	X	X	X
	09	감염병원·격리소	X	X	X	X
	10	감염병요양소·진료소	X	O	X	O
	11	가축시장	X	X	X	X
	12	유흥·단란주점	X	O	X	O
	13	호텔·여관·여인숙	X	O	X	O
	14	당구장	O	O	–	–
	15	사행행위장·경마장·경륜장	X	O	X	O
	16	게임제공업·PC방	X	O	–	–
	17	게임물시설	X	O	X	O
	18	복합유통게임제공업	X	O	X	O
	19	전화방·성기구취급소	X	X	X	X
시행령 제6조	02	만화가게	X	O	–	–
	03	무도학원·무도장	X	O	–	–
	04	노래연습장	X	O	–	–
	05	담배자동판매기	X	O	–	–
	06	비디오물감상실업	X	O	–	–

* 출처 : 법제처(www.law.go.kr)
* 주 : 절대금지(×), 원칙금지이나 제한적 설치가능(O), 제외로 허용대상(-)

학교환경위생정화구역 내 호텔현황 및 실태분석

정화구역의 설정대상은 유치원, 초·중·고등학교, 특수학교, 대학 등이며, 현재 서울시내 학교 수는 약 2,700개에 이르고 있다(서울교육통계연보, 2014). 이 중

유치원(884개)과 초등학교(599개)가 전체 54.9%를 차지하여, 상대적으로 영·유아와 취학아동들이 호텔과 같은 유해시설에 노출될 개연성이 높다.

교육부(2014)에 따르면, 서울시는 위의 학교를 중심으로 2,239개의 정화구역이 설정·고시되어 있고, 해당면적은 414㎢에 달한다. 이는 행정구역 총면적(605.2㎢)의 과반인 68.4%를 차지하고 있다. 이 중 절대정화구역은 20.5㎢(3.4%)로 미미한데 반해, 상대정화구역은 393.5㎢(65.0%)로 압도적인 비중을 보이고 있다. 정화구역 입지계수LQ : Location Quotient로는 지방 0.7, 수도권 3.2에 불과하지만, 서울은 20.5

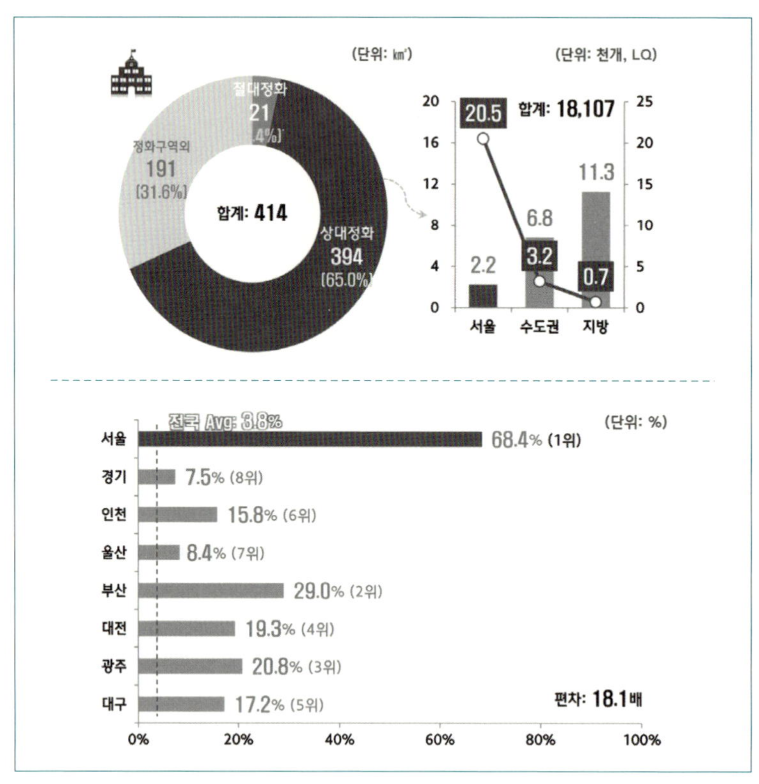

* 출처 : 교육부(2014.05.15), 저자 가공
* 주 : 학교정화구역 LQ지수 = $(e_i/e_t) \div (E_i/E_t)$

그림 2.2 서울시 행정구역 대비 학교환경위생정화구역 설정·고시 현황

로 집중도가 높은 것으로 나타났다. 이러한 사실은 전국 시 · 도별 학교정화구역 비율에서도 확인할 수 있는데, 서울은 전국 평균(3.8%)과 무려 18.1배의 현저한 격차가 발생하였다. 또한 지방 대도시권인 부산 29.0%, 광주 20.8%, 대전 19.3%와 비교해도 여전히 2~3배 넘게 차이가 난다. 즉 서울시내에서 정화구역 지정이 상대적으로 과도하게 이루어져, 개발가용지 부족에 따른 호텔 건립이 지극히 제한적임을 알 수 있다(그림 2.2 참조).

이에 따라 관광호텔에 대한 학교정화구역 해제를 요청하는 심의가 최근 5년간 급증하고 있다. 2010년 단 18건에 그쳤던 심의건수는 2011년 39건, 2012년 이후 100건을 초과하면서 연 187.5%의 놀라운 상승률을 기록하였다. 그러나 신청건수 대비 해제건수를 나타내는 해제율은 매년 하향하는 추세 속에 평균 65.0%를 유지하고 있다. 2014년 상반기에는 조사 이래 가장 최저치인 56.7%로, 정화위원회의 심의규정이 점차 엄격해짐을 유추할 수 있다(그림 2.3 참조).

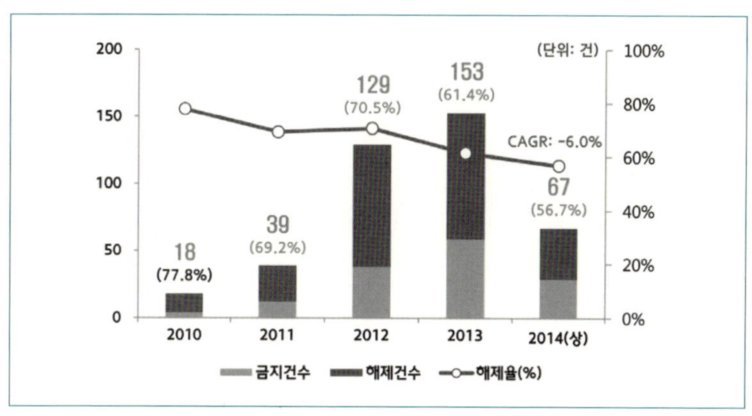

* 출처 : 교육부(2014.08)

그림 2.3 서울시 학교정화구역 내 관광호텔 해제요청 심의현황

이를 업종별로 해제율을 살펴보면, 유흥 · 단란주점이 84.4%로 단연코 가장 높았으며, 당구장 72.0%, 호텔 · 여관 · 여인숙 69.8%, 노래연습장 67.9% 순으로 그

뒤를 이었다. 반면, 게임제공업 52.3%와 PC방 40.9%는 유해시설 업종의 전체 평균치(62.3%)보다 해제율이 비교적 낮게 나타났다. 이러한 심의현황으로 미루어보아, 호텔이 타업종 대비 학교정화구역 내 영업승인이 남발되고 있음을 알 수 있다(그림 2.4 참조).

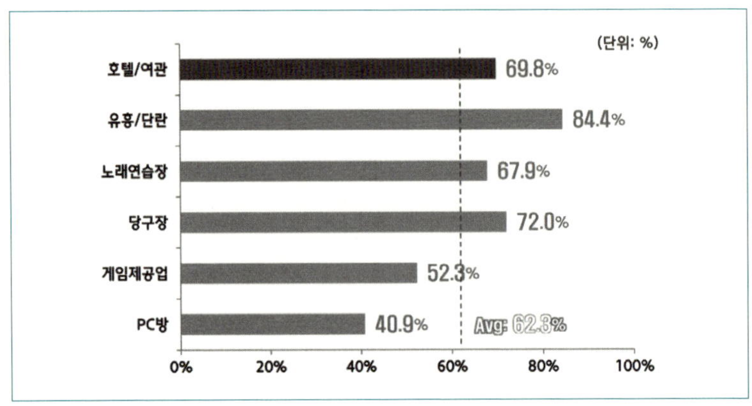

* 출처 : 교육부(2013)

그림 2.4 서울시 학교정화구역 내 금지행위 · 시설별 해제현황

실제로 호텔업등록현황(2015) 기준으로 기준공된 호텔의 학교정화구역 저촉여부를 전수조사한 결과, 현재 서울시내 관광호텔 258개 중 36.0%인 93개가 학교정화구역에서 영업을 성행하는 것으로 집계되었다. 이들의 주요 입지는 3대 권역을 제외한 기타지역ETC이 절반에 가까운 45개로 가장 많은 가운데, 도심CBD 34개, 강남GBD 11개, 여의도YBD 3개 순이다. 특히 4대문 안 중구 · 종로구 일대의 도심은 외래관광객 방문빈도가 잦아 호텔투숙률OCC 증가로, 존치시설 대비 정화구역 해당비중이 42.0%로 가장 높았다. 등급별로는 특2급 3,115실(22.0%), 1급 2,861실(20.2%), 특1급 2,124실(15.0%) 등 대체로 상위급인 특급호텔에 포진된 것으로 드러났다. 반대로, 중저가 비즈니스호텔격인 2급과 3급은 1,000실 전 · 후로 각각 8.1%, 7.4%에 지나지 않았다(그림 2.5 참조).

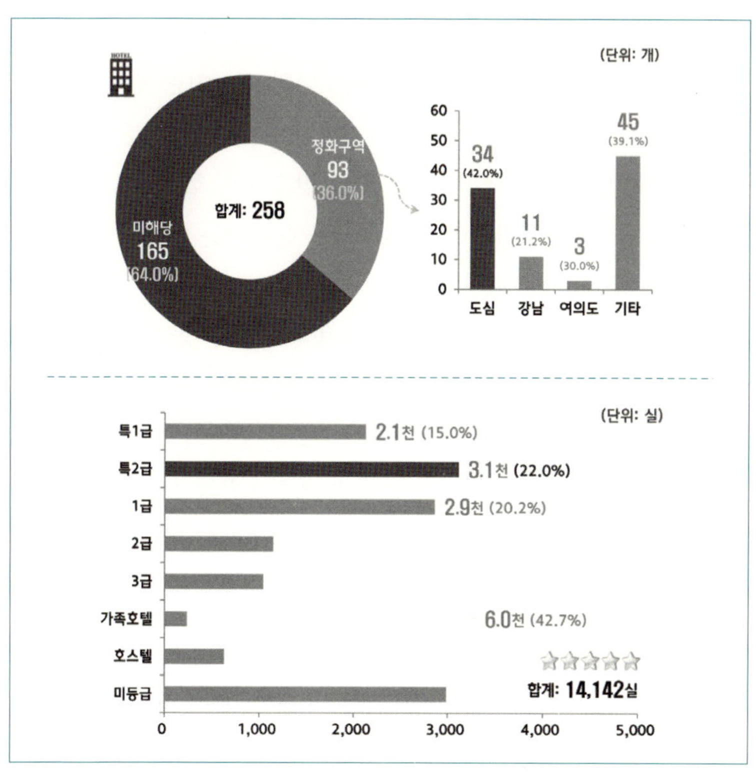

* 출처 : 호텔업등록현황(2015.05.31), 저자 가공

그림 2.5 서울시 학교환경위생정화구역 내 영업 중인 지역별 · 등급별 관광호텔업 현황

학교 인근 호텔 건립을 둘러싼 법적 쟁점 및 찬반이슈에 관한 주체별 갈등요인

「관광진흥법」 개정안이 통과되면서 학교 주변의 호텔 건립을 둘러싸고, 참여주체 간의 사회적 갈등이 첨예하게 대립하고 있다. 이는 주체별로 관광호텔을 바라보는 시각 및 견해의 차이가 서로 상이하기 때문이다. 우선 문화체육관광부와 관광단체, 그리고 민간기업은 찬성하는 입장인 반면, 교육청과 시민단체는 우려를 표하며 반대하는 형국이다. 이들의 갈등요인은 크게 교육환경, 대기업 특혜, 호텔 객실 수급, 일자리 창출효과 등으로 정립될 수 있다.

이 중 가장 이견이 큰 부분은 첫째로, 교육환경에 영향을 미치는 측면이다. 교육부는 학교 앞 호텔이 윤락행위로 인해 청소년의 성가치관 형성에 부정적이며, 연쇄적으로 주변에 술집, 노래방 등 유흥업소가 양산되어 면학분위기를 해친다는 것이다. 그러나 문체부는 100실 이상 규모를 갖춘 관광호텔은 등급제가 엄격히 적용되어 건전하며, 이른바 대실 및 퇴폐영업을 운영하는 일반 러브호텔 및 모텔과 동일선상에서 비교하는 점은 문제라고 지적한다. 이에 따라 학교 앞 호텔이 학습권 침해나 교육환경에 절대적으로 악영향을 준다고 단정하기 어려운 상황이다.

둘째로, 누가 호텔을 건설하여 혜택을 볼 수 있느냐의 문제이며, 이는 바로 대기업 특혜로 인한 역차별 논란으로 이어진다. 그 논쟁의 중심에는 대한항공 송현동 7성급 호텔부지가 있는데, 사실상 소수의 특정재벌의 사업을 허용하기 위한 특혜성 법안이라는 것이다. 이는 학교정화구역을 피해 호텔을 건립한 운영주체들에게 부당한 역차별이자 형평성 논란이 될 수 있다. 한편으로는 법 개정에 따라 대기업보다는 상당수의 중소기업들이 실질적인 혜택을 더 많이 받으며, 별도의 절차가 필요한 대한항공 송현동 부지는 직접적인 수혜대상이 아니므로 논리적 비약이라는 의견도 있다.

셋째로, 적정 객실수를 놓고 호텔객실 수급불균형에 대한 해석이다. 정부를 비롯한 문화체육관광부는 외래관광객 급증으로 호텔이 부족하여, 학교정화구역 해제를 통한 숙박시설 확충이 필요하다는 기본전제를 깔고 있다. 문화관광연구원(2014)이 추정한 수급상황 예측치를 살펴보면, 2017년에는 공급 33,864실(S), 수요 41,302실(D)로, 7,437실이 부족분(D-S)으로 나타났다. 반면, 현재 신규 인·허가 물량을 반영 시에는 호텔 공급과잉에 따른 무차별 난립이 예상되므로, 학교정화구역 해제의 필요성이 떨어진다는 주장이 있다. 실례로 동일기간을 두고 우리은행(2013)은 오히려 수요(44,091실)보다 공급(47,591실)이 많아 3,500실 초과 달성될 것이란 상반된 전망을 내놓았다. 이처럼 호텔수급 추계와 전망은 학교정화구역 해제여부의 정당성을 결정하는데 중요 검토사안 중 하나라고 볼 수 있다.

마지막으로, 일자리 창출의 효과성 여부다. 정부는 호텔이 기폭제 역할을 하여 관광산업을 활성화시키고, 청년 일자리 창출기반이 대폭 확충될 것으로 기대하고 있다. 반면, 시민단체는 공사기간 중 발생하는 일자리가 질 낮은 일용직이 대부분으로, 효과가 낮을 것이라 비판하고 있다.

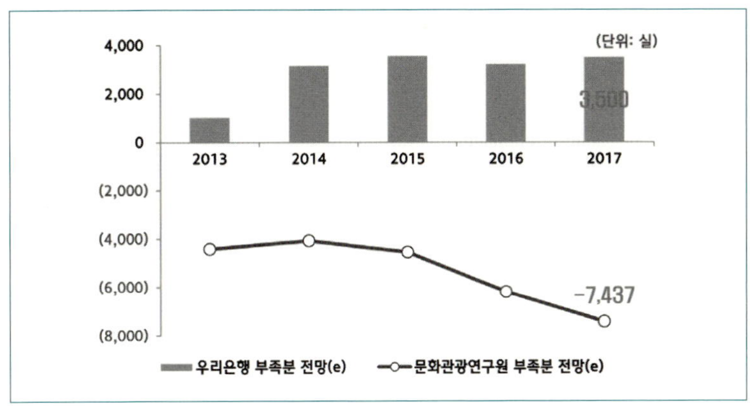

* 출처 : 우리은행(2013), 한국문화관광연구원(2014)

그림 2.6 서울시 호텔객실 수급현황 및 전망

학교환경위생정화구역 내 호텔 건립(예정) 판결 및 행정 소송사례

학교정화구역 내 호텔 건립추진의 가장 대표적인 사례로는 대한항공 송현동, 삼성화재 관훈동 부지를 손꼽을 수 있다. 이들은 모두 경복궁 인근에 민간기업이 소유한 대규모 부지라는 공통점이 있으나, 상반된 판결사례로 다른 행보를 보인다는 점에서 차이를 지닌다. 그 판결기준은 정화위원회의 심의를 위한 사전검토 항목 중 주요 이슈가 되는 교육환경에 대한 영향을 중점적으로 판단하여 결정된다(표 2.2 참조). 따라서 해당사례를 법원의 주요 판결문에 근거하여 심층 비교 · 검토한다.

표 2.2 심의를 위한 호텔 사전검토 세부기준

구 분	고 려 사 항
관광호텔의 특성	등급과 수준, 외국인 전용, 건물외관 디자인, 프로그램 운영계획
학생·학교에 대한 영향	학교조망 및 통학로 여부, 인근지역 학생수, 이격거리, 교장 의견
교육환경 보호계획	사업자가 확약한 안전강화 노력, 충실도·이행정도 평가(CCTV 설치 및 등·하교 도우미)
지역사회와 조화·기여	고용창출, 상권 활성화, 학교장학금 기여

* 출처 : 법제처(www.law.go.kr)

우선 대한항공 소유의 송현동 부지는 구 미국대사관 직원숙소 부지(36,642㎡)로, 2008년 6월 삼성생명으로부터 2,900억원(2,616만원/평)에 매입한 이후 연면적 137,442㎡(156실)의 7성급 한옥호텔 건설을 추진해왔다. 그러나 사업지는 50~200m 이내의 학교정화구역으로, 덕성여중·고와 풍문여고(일부 절대정화구역에 포함, 자곡동 내곡지구 이전예정) 등 3개 학교와 인접하여 통학생만 2,500명이 남짓하며, 개발이 진전되지 못하고 있는 상황이다. 이에 따라 2009년 9월 대한항공이 종로구에 관광호텔 사업계획 승인신청을 접수하였으나, 2010년 3월 중부교육청 정화위원회 심의에서 인근 학생들의 학습권 침해소지를 이유로 부결되어 불허로 결정된 바 있다. 이후 2010년 10월 피고인 중부교육청을 상대로 행정법원에 "학교정화구역 내 금지행위 등 해제신청 거부처분 취소(2010누44643)" 소송을 제기하였고, 2011년 1월 고등법원 항소에 이어 2012년 6월 대법원 상고 등 3심까지 간 끝에 원고인 대한항공의 패소로 최종 귀결되었다. 판결사유로는 호텔시설 건축행위 금지로 인하여 받는 원고의 재산상 불이익보다 「학교보건법」 취지에 따른 학생들의 건전한 육성환경 보호와 학교 교육의 능률화 등 공익(公益)적 가치가 더 크다고 인정된 것이다. 그뿐만 아니라 특별계획구역으로 지정되어 서울시의 고도제한 규제(기부채납 시 최고 4층, 16m), 경관·미관 심의 등 까다로운 절차를 밟아야 하며, 이를 통과하더라도 경복궁이라는 문화재 보존가치와 상충하여 시민단체들의 거센 반발이 예상된다. 최근에는 땅콩회항사건까지 발생하여 호텔건설이 무산되면서 계획 방향을 복합문화공간으로 전면 수정하고, 한국 전통문화 체험이 가능한 공연장과 전시관을 비롯한 B3~4F 규모의 가칭 'K-Experience'를 조성하기로 하였다.

이와 동일하게 인사동길 초입에 자리한 삼성화재 소유의 관훈동 부지(구 대성산업 사옥부지, 5,855㎡) 또한 2011년 12월 대성셀틱으로부터 1,384억원(7,814만원/평)에 매입한 이후, 연면적 43,636㎡에 250실 규모의 특2급 비즈니스호텔 건설을 추진해왔다. 사업대상지 역시 조계사 맞은편으로 문화재 발굴가능성이 많을 뿐더러, 풍문여고(재학생 1,285명) 경계선으로부터 200m 안에 있는 상대정화구역이다. 즉 「문화재보호법」과 「학교보건법」 등 관련법규에 따라 호텔 건립에 제약을 받는 지역이다. 하지만 대항항공 사례와는 달리 2013년 1월 중부교육청이 "학습과 학교보건위생에 나쁜 영향을 주지 않는다."고 심의결과를 발표하면서, 학교정화구역 내 금지시설을 해제하였다. 이후 2014년 1월 종로구청 심의와 2015년 12월까지 서울시와 총 5차례의 인·허가 단계를 거쳐 최종 도시건축공동위원회

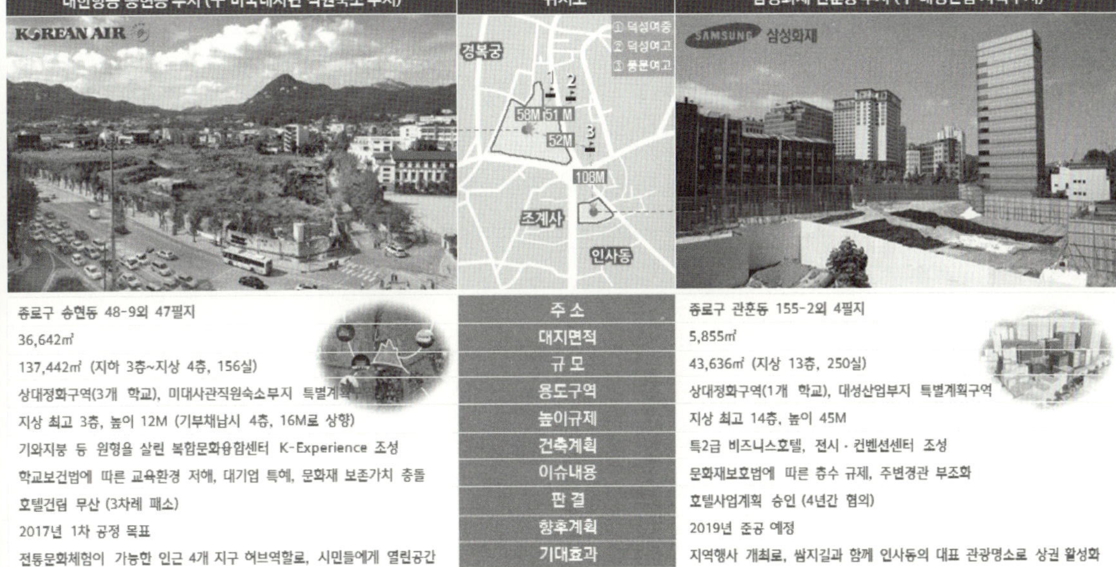

대한항공 송현동 부지 (구 미국대사관 직원숙소 부지)	위치도	삼성화재 관훈동 부지 (구 대성산업 사옥부지)
종로구 송현동 48-9외 47필지	주 소	종로구 관훈동 155-2외 4필지
36,642㎡	대지면적	5,855㎡
137,442㎡ (지하 3층~지상 4층, 156실)	규 모	43,636㎡ (지상 13층, 250실)
상대정화구역(3개 학교), 미대사관직원숙소부지 특별계획구역	용도구역	상대정화구역(1개 학교), 대성산업부지 특별계획구역
지상 최고 3층, 높이 12M (기부채납시 4층, 16M로 상향)	높이규제	지상 최고 14층, 높이 45M
기와지붕 등 원형을 살린 복합문화융합센터 K-Experience 조성	건축계획	특2급 비즈니스호텔, 전시·컨벤션센터 조성
학교보건법에 따른 교육환경 저해, 대기업 특혜, 문화재 보존가치 충돌	이슈내용	문화재보호법에 따른 층수 규제, 주변경관 부조화
호텔건립 무산 (3차례 패소)	판 결	호텔사업계획 승인 (4년간 협의)
2017년 1차 공정 목표	향후계획	2019년 준공 예정
전통문화체험이 가능한 인근 4개 지구 허브역할로, 시민들에게 열린공간	기대효과	지역행사 개최로, 쌈지길과 함께 인사동의 대표 관광명소로 상권 활성화

* 출처 : 언론사 보도자료 취합(2015), 저자 가공

그림 2.7 경복궁 인근지역의 대기업 호텔 건립 개발계획 사례비교

에서 심의를 통과했다. 그동안 사업계획안이 1년 이상 심의유보가 이루어진 이유는 14층에 달하는 높은 층수가 소규모 상점이 즐비한 저층의 인사동길 주변 역사·문화경관(4~5층)과 부조화를 이룬다는 우려 때문이다. 그러나 인사동 문화거리에 부합하는 건축설계로 수정·보완하면서, 서울시와 지속적인 협의 끝에 비로소 사업추진을 밟게 된 삼성화재는 2019년 상반기 완공을 목표로 하고 있다(그림 2.7 참조).

관광산업 경쟁력 향상을 위한 개선방안 및 제언

이제 호텔은 단순히 숙박시설만이 아니라, 지역주민들의 경제적 부가가치를 창출하는 복합 문화공간으로 진화해가고 있다. 그럼에도 불구하고 외래관광객 유치의 핵심시설인 호텔이 일부에서는 여전히 주거 및 교육환경을 저해하는 유해시설로 인식되면서, 학교정화구역 내 호텔 건립에 난항을 겪고 있다. 이를 관광선진국인 미국·프랑스·싱가포르에 비추어보면 학교주변의 호텔 건립을 금지하는 법령이나 규제가 없으며, 일본·홍콩·영국·유럽에서 또한 학교 근처 20m에 지역대표 관광호텔이 있을 정도로 부정적인 시설로 보지 않고 있다(교육문화체육관광위원회, 2013). 실례로 일본 나고야의 마키노(牧野) 소학교 근처에는 직선거리로 116m 떨어진 다이산스타호텔을 비롯해 모두 5개의 숙박시설이 산재해있으며, 영국 런던의 킹스크로스역King's Cross 건너편인 아가일Argyle 초등학교 주변에도 센트럴호텔 런던과 글로브호텔 등을 포함하여 학교 반경 50m 내 약 20개의 호텔이 밀집해 있다. 이러한 다수의 해외사례는 우리나라도 관광호텔의 부정적 이미지에 대한 근본적인 인식의 전환Paradigm Shift이 절실히 필요함을 보여준다. 무조건적인 금지는 숙박시설 인프라 확충이 절실한 상황에서 국내 관광산업의 발전을 저해하는 요인이 되므로, 철저한 사후관리 감독의 전제 하에 선별적으로 허용하는 방안이 바람직하다.

이러한 사회적 트렌드에 발맞추어 국내 관광산업 활성화를 진작하고자, 학교 인근 호텔의 입지규제 완화를 주된 골자로 하는 「관광진흥법」 개정안이 2016년 3월부터 시행되었다. 이를 통해 수혜호텔 23개로 4,912실 확충, 15,210명의 일자리 창출, 8,055억원의 투자효과가 있을 것이다(문화체육관광부, 2015). 아울러 2015년 12월 말 만료 예정이던 「관광숙박시설 확충을 위한 특별법」이 1년 추가 연장되면서, 전반적으로 호텔 건립과 투자수요가 증대될 것이다. 이는 곧 학교정화구역 내 해제와 관련된 심의가 더욱 증가할 것이라는 의미로 풀이된다. 현재 공무원 · 학부모 · 지역사회 유지 등 15인 이내로 구성된 정화위의 심의는 자의적인 기준에 따라 이뤄지는 경우가 많아, 호텔업자들의 불만과 민원사항으로 제기되고 있다. 사안마다 각기 다른 정화위의 의견들은 호텔업자들의 혼란을 더욱 가중시키는 부작용을 초래하므로, 보다 객관적으로 증명할 수 있는 뚜렷한 해제기준이 정립되어야 한다.

그리고 관광호텔의 고질적인 문제점에 대한 국민적 공감대가 형성되고 대응방안이 조속히 마련되어, 관광호텔이 사치향락 산업이 아닌 지역과 함께하는 유용한 부대시설로서 외화획득에 기여하는 효자산업이 되어야 하며, 나아가서는 학교와 경쟁하는 시설에서 더불어 상생(相生)할 수 있는 경제모델로 거듭나 관광대국(觀光大國)을 향한 투자가 더욱 확산되어야 한다.

STORY 요약

「학교보건법」상 학교환경위생정화구역은 정문 앞 50m 이내인 상대정화구역과 반경 200m인 절대정화구역으로 나눠진다. 이 중 절대정화구역에서는 원칙적으로 호텔이 금지되나, 상대정화구역은 교육청의 심의를 거쳐 학습 환경에 지장을 주지 않는 선에서 제한적인 호텔 건립이 허용된다. 실제 도심 내 개발가용지 부족으로 학교정화구역 내 금지행위시설에서 관광호텔을 제외해달라는 심의가 늘어나, 해제율도 60~70%의 높은 수준에 이르렀다. 그 예로, 학교 인근에 들어설 예정인 호텔이 기업과 학부모 간의 사회적 갈등을 빚으며 사업이 무산되었다. 이제는 불합리한 입지규제 철폐와 호텔이 유해시설이라는 부정적 인식에서 탈피해야 할 때이다.

Ⅱ PART

한류에 힘입어 방한 외래관광객 2천만 시대, 세계 관광시장의 최대 큰손 중국인 요우커(遊客) 1천만명이 몰려온다. 이들을 사로잡기 위한 유치 경쟁전은 호텔 부대산업인 면세점으로도 번져나가는 양상이다. 그 사이 호텔시장은 특급호텔과 실속형 비즈니스호텔로 소비가 양극화되며, 외국계 유명 브랜드의 체인들이 선점하고 있다. 호텔업 전체 운영성과(객단가, 이용률, 객실당 매출액)도 소폭 상승하여, 메르스(MERS)발 이전 시점으로 빠르게 회복 중이다. 비록 외부환경에 변동 폭이 극심한 호텔산업이지만, 관광시장의 눈부신 성장이 예고되어 그 미래는 밝다.

관광여행과
호텔시장 동향

메르스 대외변수가 2천만 관광시장에 남긴 교훈

지난해 관광업계의 핫이슈 키워드는 단연코 '메르스(MERS : 중동호흡기중후군)'였다. 5월에 발생한 메르스 여파로 국내 경제와 산업부문의 전반적인 고용, 물가, 투자지표 등이 악화되고, 시장의 변동성(Validity) 또한 크게 확대되었다. 그 중에서도 여행 및 관광산업(Travel & Tourism)은 감염을 우려한 방한 외래관광객의 감소로 매출액이 급감하는 등 경기불황이 지속되어 가장 직접적인 타격을 받았다. 이러한 시점에서 메르스 발생 전·후로 조사된 관광부문의 시장지표 현황을 통해 피해실태를 객관적으로 심층 분석하였다. 더불어 메르스 종식 이후 향후 관광시장 전망을 예측하고 정부가 마련한 대응책을 진단·평가함으로써 메르스가 국내 관광업에 던진 교훈을 되짚어본다.

한국 관광시장의 현주소 및 위기

관광산업은 지난 20년 동안 급격한 양적팽창을 거두면서, 21세기 국가경쟁력을 좌우할 대표적인 미래먹거리 산업으로 대두되고 있다. 흔히 높은 부가가치로 '굴뚝 없는 산업'이라 불리는데, 세계여행관광협의회(WTCC, 2015)에 따르면 관광산업이 국내총생산GDP과 일자리 창출을 통해 고용에 기여하는 효과는 각각 5.6%와 6.2%(고용 유발자수 : 1,599천명)로 나타났다. 이는 전년대비 각각 0.2%p, 0.1%p 감소한 수치이며, 전세계 관광산업의 GDP와 고용기여도 평균인 9.7%와 9.1%에도 못미치고 있다. 국가별로는 홍콩과 싱가포르처럼 관광에 특화된 도시국가들에서 관광산업 기여도가 10~20% 비중으로 높게 나타났다. 즉 한국의 관광산업은 타국가 대비 GDP와 고용에 미치는 영향력이 적어 상대적으로 경쟁력이 약함을 알 수 있다(그림 3.1 참조).

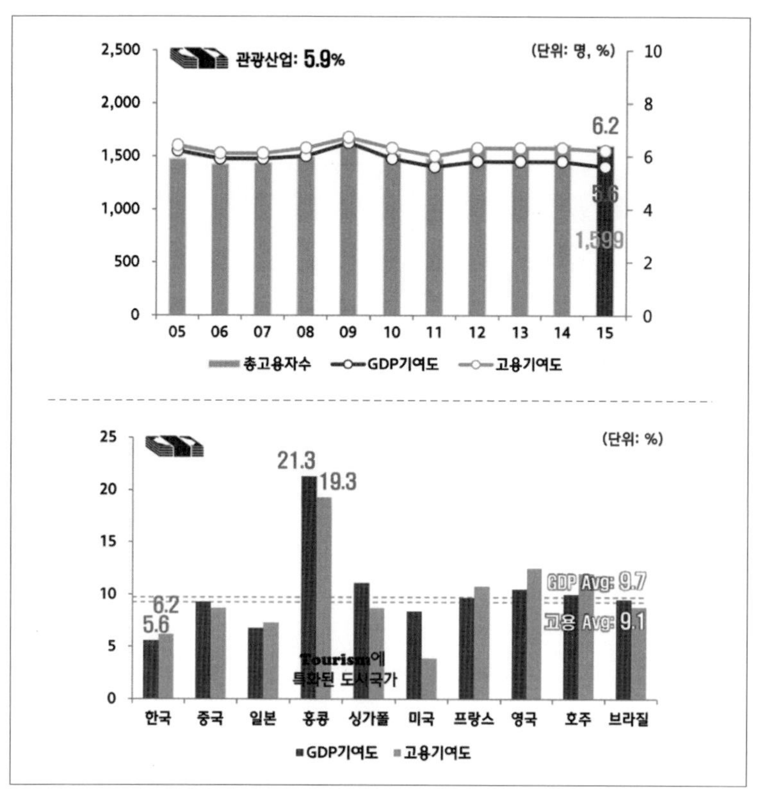

* 출처 : 관광지식정보시스템(www.tour.go.kr)

그림 3.1 국내 관광산업 기여도 및 국가별 비교

상기의 결과는 국가별 관광경쟁력 순위에서도 그대로 드러난다. 세계경제포럼WEF이 발표하는 141개국의 관광산업 경쟁력 순위를 살펴보면, 대체로 유럽의 주요 선진국(스페인, 프랑스, 독일, 영국, 스위스, 이탈리아 등 6개국)이 상위권을 독식하는 가운데, 한국은 지난해 대비 4계단 하락한 29위(4.37점)에 그쳤다. 아시아권 주변국인 일본이 9위로 10위권 이내 신규 진입한 것을 비롯하여, 싱가포르 11위, 홍콩 13위, 중국 17위(△28계단 상승)임을 감안하면, 국내 관광산업의 경쟁력이 여실히 취약함을 보여주고 있다. 그러나 문화체육관광부MCST가 실시한 외래관광객실태조사(2014)에 의하면, 관광수용 태세가 개선되면서 한국여행에 관한 만족도가 4.24점(△0.09p)으로 비교적 높게 나타나, 향후 높은 성장잠재력을 확인할 수 있었다(그림 3.2 참조).

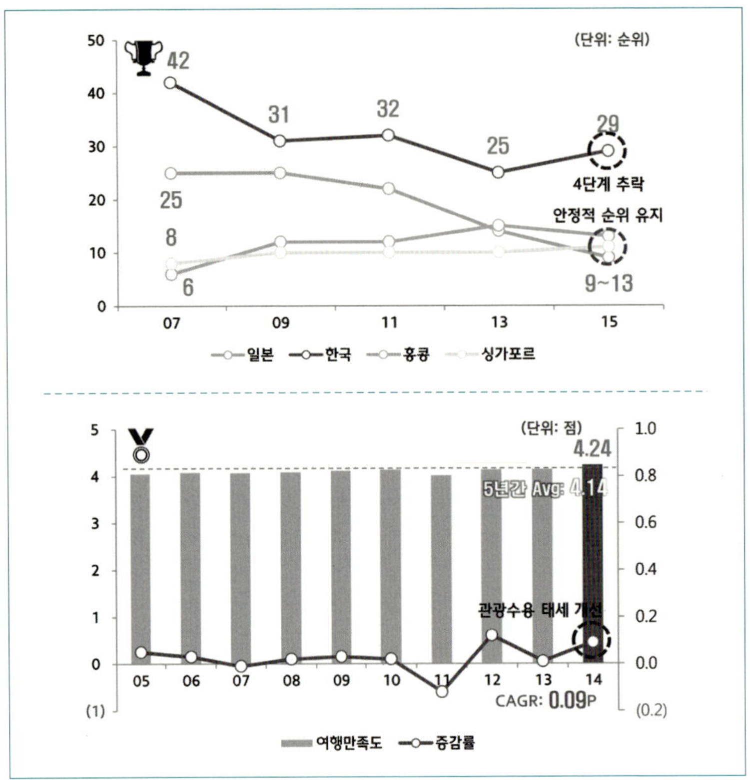

* 출처 : 관광지식정보시스템(www.tour.go.kr), 문체부 「2014 외래관광객실태조사」
* 주 : 순위(Rank)는 규제 형태, 비즈니스 환경과 인프라, 인간 · 자연 · 문화 자원 부문에 대해 평가 후 합산

그림 3.2 국가별 관광경쟁력 순위 및 한국여행 만족도

최근 들어, 관광산업은 국내 · 외 경제상황 · 정책에 따른 환율Exchange에 민감하며, 자연재해 · 질병 등과 같은 불특정한 외적 변수에 따라 영향을 받는 구조적 취약성Risk을 안고 있다. 이런 측면에서 작년에 닥친 유례없는 메르스 여파가 한국 관광시장 전반에 큰 충격Shock을 주었으며, 관광관련 업계는 그 어느 때보다 힘든

시기를 겪었다. 실례로 지난해 일본을 찾은 외국인 관광객수는 1,974만명으로 2천만명 시대를 앞두고 있으며, 7년만에 한국을 추월하였다(일본정부관광국, 2015). 이는 일본이 아베노믹스(Abenomics, 2012)의 양적완화 정책에 따른 엔저(円低)현상으로 가격경쟁력이 강화된 것이며, 반대로 국내 방한 관광시장은 축소되어 위기상황에 직면함을 간접적으로 시사하는 대목이다. 이와 관련하여 미국은 글로벌 금융위기 이후 달러화 안정세에 접어든 반면, 중국은 여유법(旅遊法, 2013) 시행과 함께 위안화 강세를 보이며 중국인관광객 유입이 증가하였다. 이처럼 환율의 변동은 해외여행 경비를 증감시키며, 인바운드 시장에서 관광객 수요에 영향을 미치는 주요인으로 향후 추이를 주의 깊게 관찰할 필요가 있다(그림 3.3 참조).

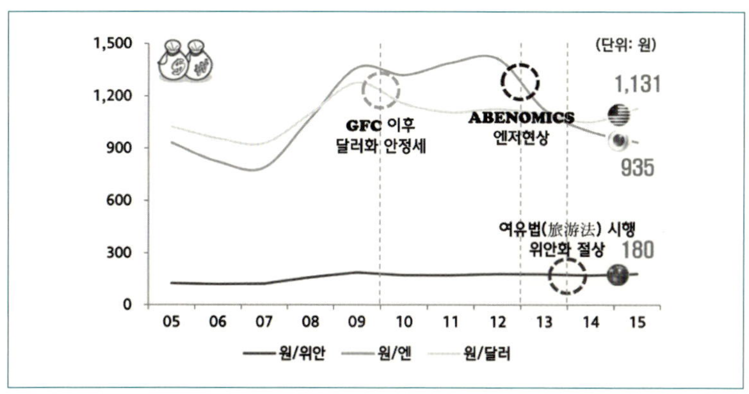

* 출처 : 한국은행 경제통계시스템(http://ecos.bok.or.kr)

그림 3.3 주요국 통화대비 원화환율 추이

메르스 발생 전·후, 인바운드 관광시장 동향

한국관광공사(2015)에 따르면, 작년 한국을 방문한 외래관광객수는 전년대비 6.8% 감소한 총 1,323만명으로 집계되었다. 이는 1978년 100만명, 2000년 500만명, 2012년 1,000만명을 돌파하며, 시장규모가 기하급수적으로 커진 이후 12년 만에 감소세로 돌아서 승승장구하던 관광산업에 급제동이 걸렸다. 애초 정부의 2015년 외래관광객 유치 목표인 1,550만명에는 200만명 남짓 미달하였다. 월별로는 메르스 사태 이전인 1~5월까지 관광객 증가율이 10.7%로 견조한 성장세를 유지하였으나, 그 이후인 6월 41.0%(75만명), 7월 53.5%(63만명), 8월 26.5%(107만명)로 반전 급락세를 보인데 따른 것으로 풀이된다. 관광성수기Peak인 3개월간은 자그마치 전년 동기대비 176만명이 대폭 감소하였다. 그러다가 메르스가 종식되고 정부의 방한시장 활성화를 위한 다양한 노력이 전개되면서, 9월에는 -3.1% 감소에 지나

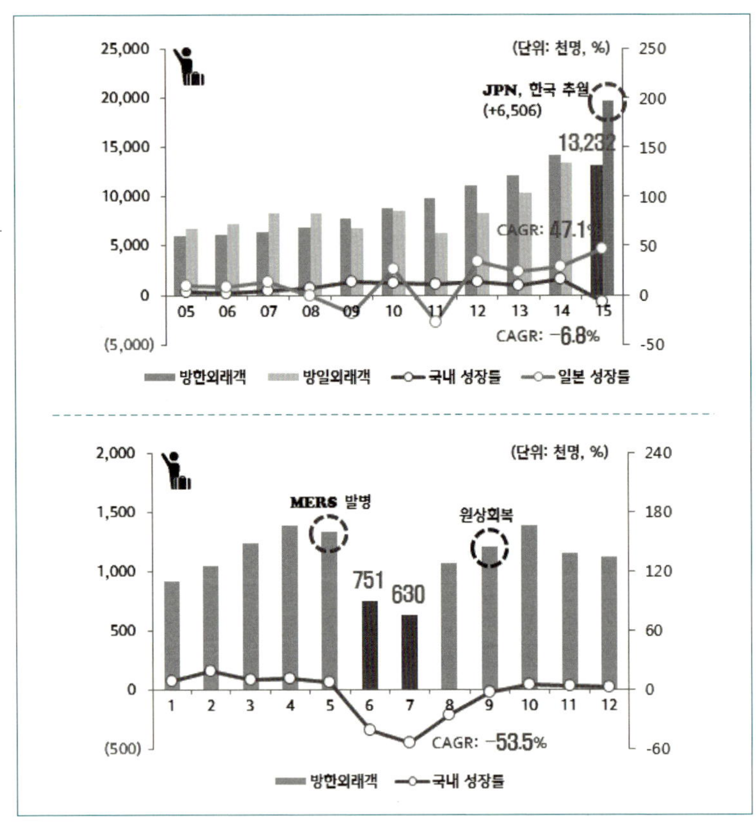

* 출처 : 관광지식정보시스템(www.tour.go.kr), 일본정부관광국(www.jnto.go.jp)

그림 3.4 방한 외래관광객 유치실적 추이(연도별 / 월별)

지 않아 회복세로 전환되었다. 연말인 10~12월까지는 분기별 외래관광객수가 365만명으로, 역대 최대치를 달성하는 등 성장세가 3.4%로 전년수준을 소폭 상회하였다(그림 3.4 참조).

대륙별 외래관광객 방한동향을 살펴보면, 전체의 81.6%인 1,080만명이 지리적으로 인접한 아시아권에 집중되고 있다. 그 다음으로는 미주 7.4%, 유럽 6.1%, 중동과 대양주는 동일한 1.3% 순이나, 비중은 극히 작은 편이다. 성장률은 방문비중이 높은 아시아와 유럽에서 -7.8%와 -5.0%씩 감소한 반면, 신흥국인 중동과 남미, 그리고 아프리카에서는 각각 8.5%, 6.5%, 1.1%가 신장되었다(그림 3.5 참조).

* 출처 : 관광지식정보시스템(www.tour.go.kr)

그림 3.5 대륙별 외래객 입국자수 현황

국가별로는 중국, 일본, 미국이 BIG 3 구도를 형성하며, 관광시장을 주도적으로 이끌어가는 양상이다. 이 중 중국은 메르스 기간(6~8월)을 제외하고 연중 계속해서 높은 증가세를 유지하는 가운데, 전년대비 2.3% 감소한 598만명이 한국을 다녀가 선방하였다. 시장점유율M/S은 과반에 가까운 45.2%로, 2012년 이후부터 일본을 제치고 명실상부한 '국내 제1의 인바운드시장Inbound Market'으로 등극하였다.

이처럼 중국인관광객 붐Boom이 일면서 최대 수혜국(受惠国)으로, 한국이 될 전망이라는 근거가 여기에 있다. 이에 반해, 일본은 전년보다 19.4% 줄어든 184만명으로, 3년째 두 자릿수 감소를 보이며 중국에 이어 2위 시장을 달리고 있다. 엔저현상의 장기화와 한일 우호관계가 경색되면서 시장점유율은 13.9%로, 중국과 점점 격차가 벌어지고 있는 추세이다. 이는 단적으로 중국에 대한 상호의존도Dependence가 심화되고 있음을 보여준다. 3위인 미국은 전체 시장의 5.8%인 77만명이 입국하였는데, 상위 10위권 국가 중 전년대비 감소폭이 -0.3%로 가장 적었다. 다음으로 4위 홍콩 4.0%, 5위 대만 3.9%, 6위 필리핀 3.1%, 7위 태국 2.8% 등이 그 뒤를

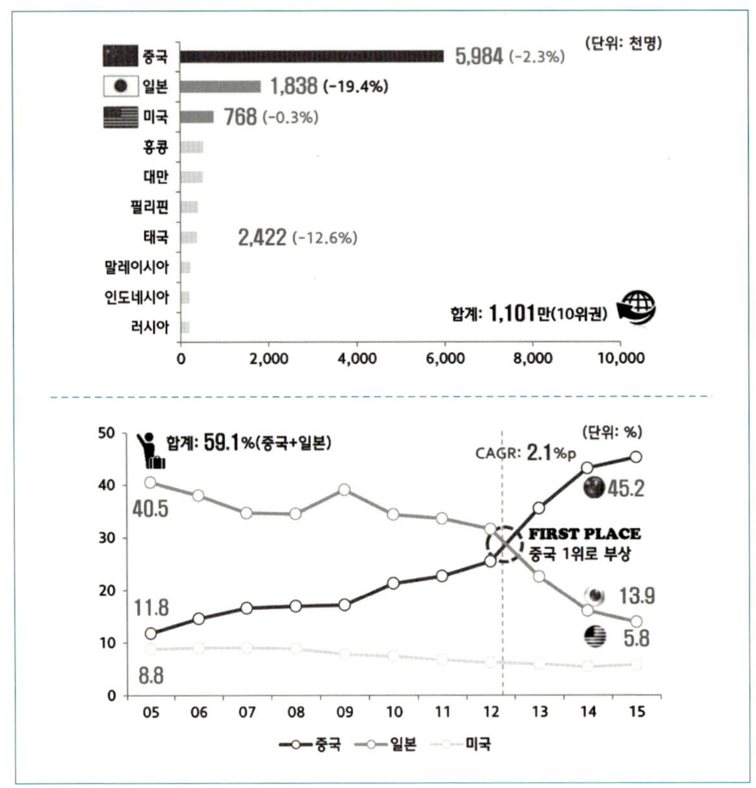

* 출처 : 관광지식정보시스템(www.tour.go.kr)

그림 3.6 국적별 입국자수(상위 10위권) 및 주요 방한국가 BIG3 현황

이었다. 결과적으로는 중국과 일본을 합치면 시장점유율은 무려 59.1%에 달하며, 이를 제외한 나머지 국가들의 시장점유율 간에는 큰 차이가 없어 '제3의 인바운드 시장'을 두고 치열한 경쟁이 펼쳐지는 양상이다. 이에 따라 현재 과도한 중국시장의 편중으로 정치 · 경제적 변수에 따라 중국인 급감 시 사회 · 경제적인 파장이 클 것으로 예상되는 바, 4~10위권의 동남아 관광객 유치에 힘써 시장다변화(多邊化)가 이루어져야 할 것이다(그림 3.6 참조).

외래관광객 방문 시 주요 활동목적으로는 관광 · 여가Tour / Leisure가 76.6%로 압도적이며, 기타Other 20.0%, 상용 · 공용 등 업무Business 1.9%, 유학연수Studying / Training 1.5%

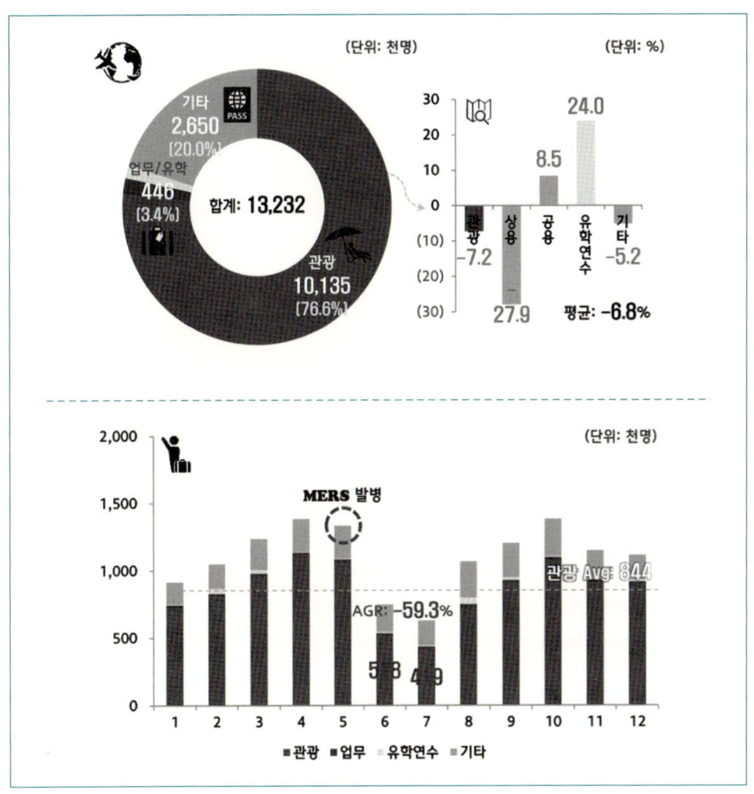

* 출처 : 관광지식정보시스템(www.tour.go.kr)

그림 3.7 목적별 외래객 입국자수 현황

순으로 나타났다. 이 중 관광·여가는 메르스 영향으로 전년대비 7.2% 감소하였으나, 오히려 공용과 유학연수차 방문하는 비율은 각각 8.5%와 24.0% 증가하였다. 이를 월별로 살펴보면 메르스 이후인 6월 45.3%, 7월 59.3%, 8월 32.6%로, 평균 방문객인 84만명을 밑돌아 절대적인 관광활동이 상당수 줄었음을 알 수 있다(그림 3.7 참조).

연령별로는 경제력과 구매력을 갖춘 주요 경제활동인구(經濟活動人口)인 20~40대가 57.8%로 가장 많았으며, 50대 14.2%, 노년층인 60대 이상은 9.8%, 영유아~청소년인 10대는 7.7%의구성비를 점유하였다. 메르스 영향에 미미했던 20대를 배

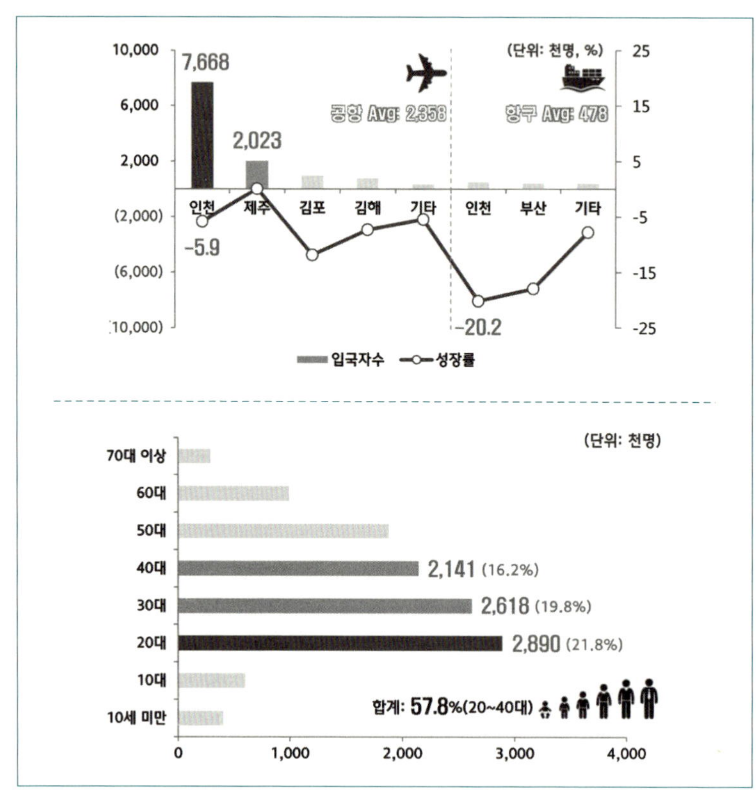

*출처 : 관광지식정보시스템(www.tour.go.kr)

그림 3.8 교통수단 및 연령별 외래객 입국자수 현황

제하고는 전연령층에서 뚜렷한 감소세를 보여, 외국인 방한심리가 크게 위축된 것으로 여겨진다. 한편 교통수단으로는 예전부터 지정학적(地政學的) 위치에 따른 육로를 통한 상시 왕래(往來)가 불가능한 상황으로, 항공기 및 선박의 접근성이 상대적으로 발달하게 되었다. 이에 따라 외래관광객의 89.1%인 1,179만명이 공항을 통해 입국하며, 세계 공항서비스평가ASQ에서 10년 연속 1위를 차지한 인천국제공항은 767만명이 찾는 국내 최대의 관문(關門)이다. 최근 인천항과 부산항을 중심으로 중요한 방한 교통편이 되고 있는 선박은 작년 한해 단체관광객의 크루즈Cruise 입항이 줄면서 -19.0% 감소하며, 약 1/10 수준인 143만명이 이용하였다(그림 3.8 참조).

이와 관련된 한국항공공사 항공통계(2015)에 따르면, 항공여객 운항실적은 메르스 영향에도 불구하고 역대 최대인 8,941만명(국내 : 2,798만명, 국제 : 6,143만명)으로 전년대비 9.8% 상승하였다. 이처럼 항공여행이 증가한 것은 불필요한 서비스를 줄인 저비용항공사LCC : Low Cost Carrier가 가격경쟁력을 갖추면서 신규노선과 운항을 대폭 확대하였기 때문이다. 이 중 항공사별로는 국내선 여객의 경우 대한항공(KAL, 26.0%)과 아시아나항공(AAR, 18.8%)으로 대표되는 대형 항공사의 점유율이 44.8%(국제선 49.6%)로 하락세를 걷는 반면, 저비용항공사의 분담률은 상승세인 55.2%(국제선 14.6%)로 대조를 이루고 있다. 특히 제주항공JJA, 에어부산ABL, 진에어JNA, 티웨이항공TWB, 이스타항공ESR 등은 공급좌석 탑승률에서 매년 평균 22.5%의 꾸준히 두 자릿수 성장률을 달성하는 가운데, 정체Stagnant되어 있는 대형 항공사와의 격차를 좁히며 자리를 위협하고 있다(그림 3.9 참조).

항공료가 절감되면서 외래관광객의 평균 체제일은 8.1일로, 작년 7.4일에 비해 다소 늘어났다. 이를 통해 외국인의 입 · 출국과 관광지출이 비교적 짧은 기간 동안에 이루어짐을 알 수 있으며, 동시에 장기체류형Long Stay 관광상품의 개발이 부족한 실정임을 보여주는 부분이다. 이들이 방한기간 동안 찾는 서울시내 10대 방문지는 명동이 77.6%로 가장 많고, 동대문시장 61.9%, 고궁 43.5%, 남산타워 42.5%, 인사동 30.3%, 남대문시장 27.8% 등 주로 기전통적인 중심지라고 할 수 있는 4대

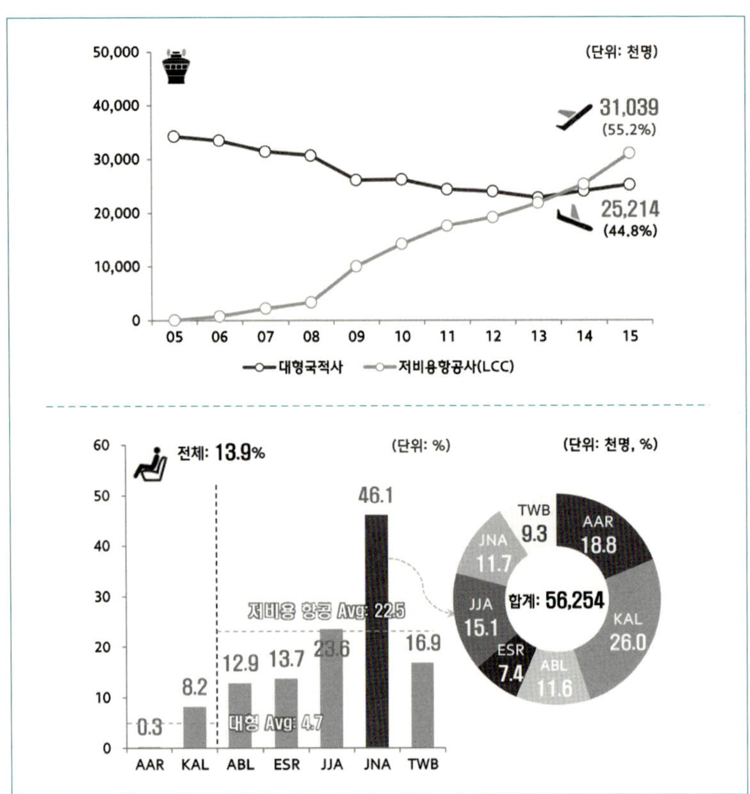

*출처 : 한국공항공사 항공통계(www.airport.co.kr)
*주 : 대한항공(KAL), 아시아나항공(AAR), 제주항공(JJA), 에어부산(ABL), 진에어(JNA), 이스타항공(ESR), 티웨이항공(TWB)

그림 3.9 항공사별 운항실적 및 국내선 저비용항공사 좌석점유율 현황

문 안의 도심CBD에 집중되었다. 이는 도심이 입지 상 교통접근성이 우수하고 관광·쇼핑활동이 편리할 뿐더러, 주변에 역사·문화자원이 풍부하기 때문에 방문 선호도가 높은 것으로 해석된다. 그 밖에 신촌/홍대 29.9%, 잠실 롯데월드 23.6%, 강남역 22.9% 등도 유행세에 힘입어 최근 인기가 급상승한 신흥관광지로 눈에 띄고 있다(그림 3.10 참조).

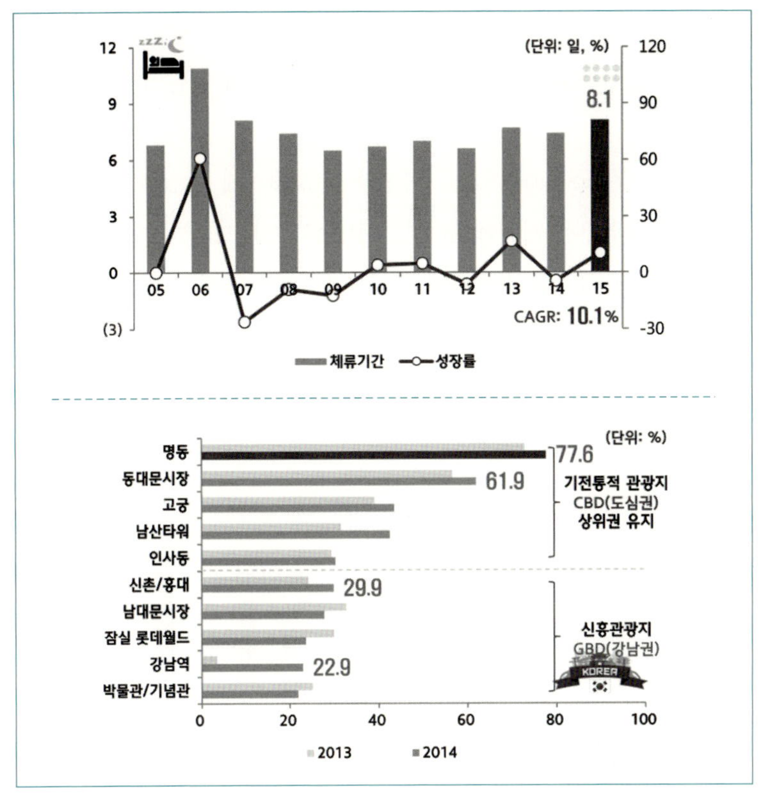

* 출처 : 관광지식정보시스템(www.tour.go.kr), 문체부 「2014 외래관광객실태조사」

그림 3.10 외래객 평균체제일 및 주요 관광방문지

메르스로 인한 국내 관광업계 피해실태 분석

2015년 한해는 저성장에 따른 경기침체와 메르스 악재까지 겹쳐 전산업 부문의 성장세가 둔화되면서, 여행 · 관광을 비롯한 숙박 · 요식 · 소매업 등 전방위적으로 큰 피해를 끼쳤다. 메르스와 같이 발생빈도가 낮고 통제할 수 없는 외생변수(外生變數)의 발생 경우에는 관광분야에 장 · 단기적으로 부정적인 영향을 미친다. 이는 메르스 사태를 전 · 후로 하여, 국내 관광업계 시장지표의 변동Fluctuation이 크게 확대되었다는 사실에서 증명된 바 있다. 따라서 메르스가 관광업계에 직·간접적으로 영향을 미친 부문별 주요 피해현황과 실태는 아래와 같이 몇 가지 특징으로 손꼽을 수 있다.

첫째로, 아웃바운드Outbound Market 여행객 수요증가에 힘입어 관광수지Balance가 적자로 크게 악화되었다. 지난해 한국을 떠난 출국자수는 전년보다 20.1% 증가한 1,931만명으로 역대 최고를 기록하였다(한국관광공사, 2015). 단순히 계산하면 우리나라 인구(5,153만명)로 대략 3명 중 1명꼴로 해외를 다녀온 셈인데, 메르스 발병에도 불구하고 한국인의 해외여행 열기(熱氣)는 식지 않고 지난해에도 지속됨

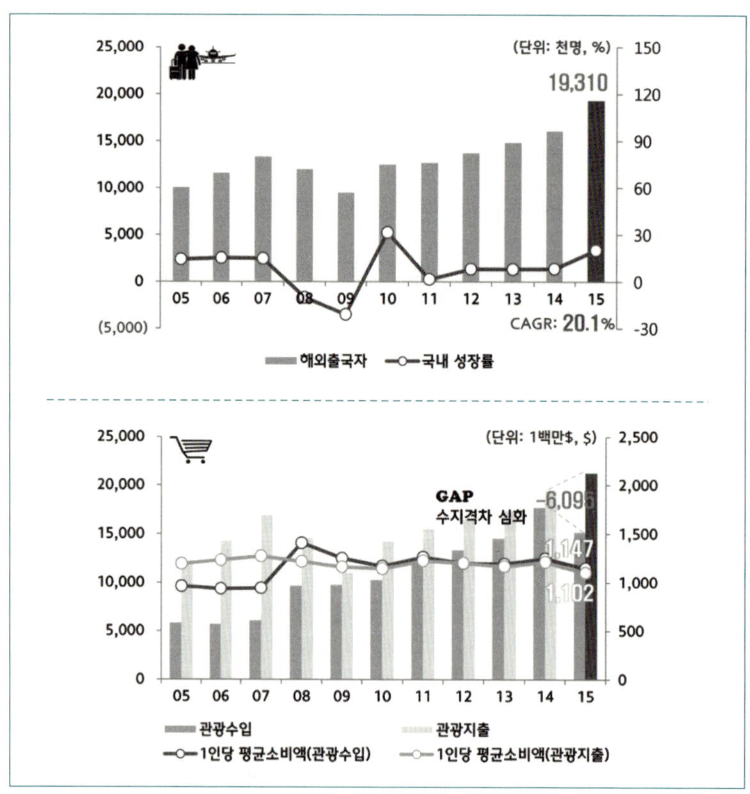

* 출처 : 관광지식정보시스템(www.tour.go.kr)

그림 3.11 출국자수(국민 해외관광객) 및 관광수지 현황

을 알 수 있다. 한국은 지난 2009년을 기점으로 아웃바운드 규모가 지속적으로 성장세를 보이고 있다. 이는 저비용항공사의 노선증대로 이동성Mobility 확장, 대체 공휴일제 도입에 따른 개별 자유여행FIT : Free Independent Tour, 그리고 해외여행이 점차 일상화되면서 국민 해외여행객 수요가 급증한 것으로 판단된다. 작년 한국을 찾은 입국자수가 1,323만명으로 전년대비 6.8% 줄어든 것과 비교해보면, 극히 대조적인 모습이다. 이에 따른 연간 관광수입(R)은 152억$인 반면, 관광지출(C)은 213억$에 달해 국가경제 측면에서 소위 '버는 돈'보다 '쓰는 돈'이 더 많았다. 이 기간 동안 외국인의 1인당 평균 소비액은 세계의 큰손으로 부상한 일명 '요우커족(遊客)'인 중국 관광객의 높은 구매력Buying Power에도 불구하고 1,147$에 지나지 않았으며, 내국인 평균 지출액인 1,102$과 크게 다르지 않았다. 그 결과 관광수입에서 지출을 차감한 관광수지(R-C)는 전년에 비해 3.5배 증가한 61억$로, 적자폭Deficit이 글로벌 금융위기GFC 이후 8년 만에 사상 최대로 늘어나면서 심각한 관광수지 불균형Imbalance 문제를 초래하였다(그림 3.11 참조).

둘째로, 여행업계는 인바운드 관광객의 방문예약 대거 취소 및 연기 요청하는 사례가 급증하였다. 더욱이 계절적 요인Seasonality이 크게 작용하는 관광시장의 특성상, 6~8월은 여름철 성수기 시즌이라 더욱 피해 규모를 키웠다. 한국여행업협회(KATA, 2015)에 의하면 6월 말까지 방한 여행상품을 취소한 관광객은 약 30만명에 달하며, 국내 관광감소 피해액만 따져도 6,300억원에 이르는 것으로 조사되었다. 하위시장별로는 중국이 가장 많은 23만명으로 전체의 77.0%를 점유하였으며, 일본 3.8만명(12.6%), 동남아 2.9만명(9.8%), 구미주 0.2만명(0.5%) 순으로 나타났다. 이러한 추세는 7~8월에도 지속되는데, 국내 숙박과 관광지 이용을 예약한 관광객수는 고작 20만명에 불과할 정도로 신규 단체관광 여행건수가 단절되면서, 전년 동기대비 82.1% 급감한 1,085억원의 손실이 발생하였다(그림 3.12 참조).

셋째로, 외국인의 신용카드 지출액 감소에 따른 면세점 매출규모가 일시적으로 둔화되었다. 한국면세점협회(KDFA, 2015)에 따르면 작년 매출액은 81.4억$로 전년에 비해 3.0% 증가했으나, 이 가운데 외국인 매출액은 54.1억$로 0.63% 소폭 감소하였다. 메르스가 확산되던 6월에는 전국 43개 면세점의 총매출이 4.6억$로 전달보다 무려 42.0%나 줄었고, 7~9월까지 평균치(6.8억$)에 미달하는 등 불황Recession을 드리웠다. 이러한 결과는 협회가 자료를 집계하기 시작한 2009년 이래 처음이며, 가장 낮은 성장률이다. 전체 매출액 측면에서는 선전하였으나, 메르스와 같은 대외 경제환경에 대한 취약성을 고스란히 드러냈다(그림 3.12 참조).

넷째로, 관광객 감소에 따른 호텔이용률OCC이 저하되어 매출액 손실로 인한 경

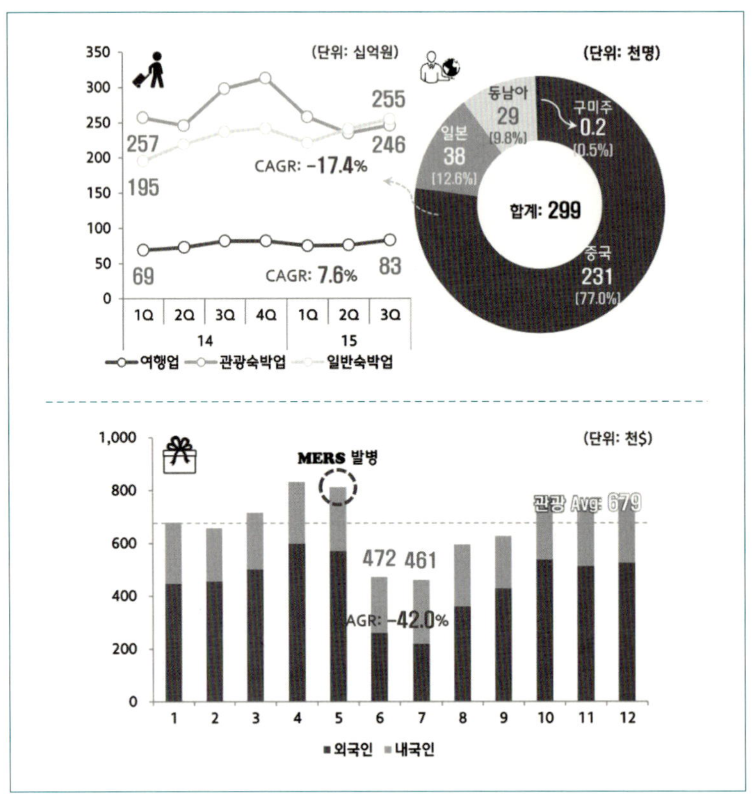

*출처 : 한국문화관광연구원 「2016 관광산업 경기 및 지출 전망조사」, 한국여행업협회 내부자료, 한국면세점협회(www.kdfa.or.kr)

*주 : 해외에서 발급된 외국인이 소지한 BC카드(전체 민간소비금액의 16%에 해당) 매입처리금액

그림 3.12 인바운드 외래관광객 취소에 따른 신용카드 지출액 및 면세점 매출액 현황

영난이 가중되었다. 한국문화관광연구원(2015)에서 외국인이 소지한 BC카드 사용액을 분석한 결과, 여행업과 일반숙박업은 전년 동기대비 1.2%와 7.6%씩 매출이 증가한 반면, 관광숙박업은 17.4% 감소하여 메르스 영향에서 벗어나지 못한 모습을 보여주었다. 관광숙박업 내에서도 1~2급에 해당하는 비즈니스호텔의 증감률은 -24.5%로 하락폭이 가장 크고 특급호텔 -17.1%, 콘도 -14.1% 순으로 나타나, 등급에 따라 받는 충격이 상이함을 알 수 있다. 더불어 호텔관계자의 말을 빌리면 외래관광객 방문이 잦은 명동 근처 호텔의 경우에는 고객유치 경쟁 전으로 객단가ADR가 하락하여 부진한 영업실적을 내거나, 지방호텔들은 경영압박을 이기지 못하고 영업을 중단하기도 하였다(그림 3.12 참조).

이처럼 메르스 확산에 따른 피해 규모가 커지면서 한국문화관광연구원(2015)은 메르스로 인한 국내 관광산업의 전체 피해 규모가 약 2.7~3.4조원에 이른다고 잠정 추산하였다. 이는 온전히 숫자상의 내 · 외국인관광객의 소비지출 감소분에만 국한된 사항으로, 여기에 국가이미지 실추에 따른 부수적인 유발효과를 더하면 국민경제에 더 큰 부정적인 영향을 미쳤을 것으로 예상된다.

메르스 이후 향후 관광시장의 전망

한국관광협회중앙회(EKTA, 2015)에 의하면, 전국 관광사업체는 전년대비 3.2% 증가한 23,887개로, 곧 25,000개 돌파를 앞두고 있다. 이 중 여행업 등록수는 18,175개로 전체의 76.1%를 선점하고 있으며, 편의시설업과 관광숙박업도 각각 11.0%와 5.1%를 차지한다. 그러나 이들 상당수가 재무상태가 좋지 않은 10인 미만의 소규모 영세사업체로, 자금조달 환경이 취약한 실정이다. 더구나 관광숙박업은 인바운드의 저조한 실적에도 불구하고, 오히려 10.9% 늘어난 1,217개로 2010년 이후 꾸준히 성장하며 공급과잉Surplus의 우려를 낳고 있다. 이로 인하여 당분간은 객실이용률 하락에 따라 숙박업 계통의 전반적인 영업이익과 수익률이 불가피하게 저하될 전망이다.

한편 2009년 이래로 외래객 입국자수와 관광호텔 숙박객수간의 간극Gap이 점차 벌어지고 있는데, 현재는 그 차이가 대략 500만명 수준에 근접하고 있다. 이러한 현상은 에어비앤비Airbnb 등 글로벌 숙박공유서비스의 발달과 관광호텔 외 서비스드 레지던스Serviced Residence, 게스트하우스, 호스텔, 여관, 민박, 홈스테이, 콘도, 펜션, 불법 오피스텔, 크루즈 등 다양한 형태를 갖춘 대체 숙박시설의 영향력 증가에 기인한 것으로 파악된다(그림 3.13 참조).

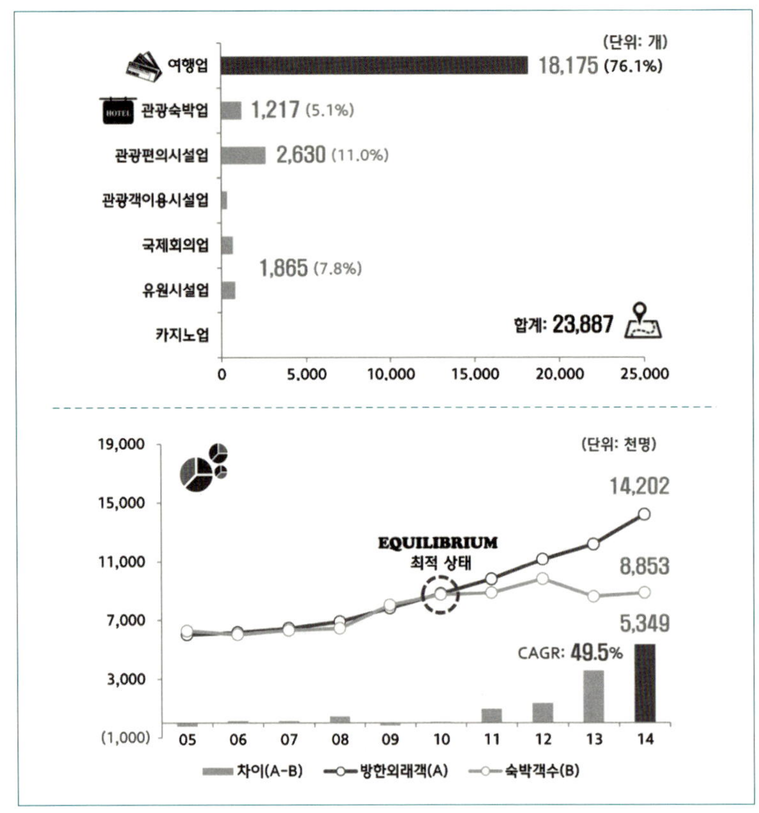

*출처: 관광지식정보시스템(www.tour.go.kr), 한국호텔업협회 「2014 호텔업운영 현황」

그림 3.13 관광사업체 분포에 따른 외래객 입국자수와 숙박객수 차이

한편, 한국문화관광연구원(2015)이 조사 · 발표하는 관광사업체경기동향BSI : Business Survey Index과 소비자지출전망CSI : Consumer Survey Index은 향후 관광시장의 전망을 미리 가늠해 볼 수 있는 유일한 척도Standard가 된다는 점에서 의미가 있다. 이들 BSI와 CSI는 100을 기준으로 그 이상이면 경기회복(+), 이하면 경기악화(-)로 간주된다. 우선 관광사업체 업황 전망지수는 메르스 직격탄으로 한때 2분기의 BSI지수가 세월호 참사(53)와 글로벌 금융위기(54)를 넘어 사상최악인 14까지 추락하는 등 극

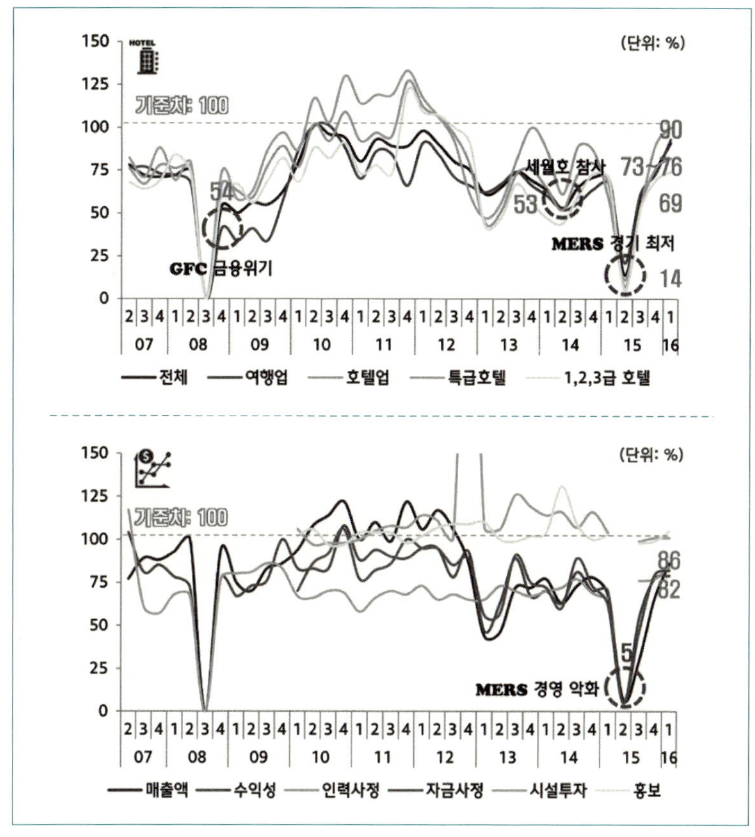

* 출처 : 관광지식정보시스템(www.tour.go.kr)
* 주 : BSI가 100 이상이면 어떠한 현상(업황, 매출액 등)에 대해 조사대상업체가 부정적인 응답보다 긍정적인 응답을 많이 한 것을 의미함

그림 3.14 관광사업체 업종 및 호텔업 부문별 경기동향(BSI) 추이

에 달하였으나, 메르스 대응책이 마련된 3,4분기부터는 각각 57과 75로 가파르게 개선되었다. 이러한 흐름을 이어받아 올해 1분기 업황 전망지수는 91로 전분기 대비 16p 상승하였으나, 그래도 여전히 부정적인 경기전망이 앞서고 있다. 세부 업종별로는 여행업이 93으로 타업종에 비하여 경기상황이 비교적 나은 편이며, 호텔업과 카지노업은 각각 82와 73으로 평균보다 낮아 관광산업의 경기가 어려울 것으로 지켜보고 있다. 이 가운데서도 특급호텔은 100으로 양호하지만, 1~3급 비

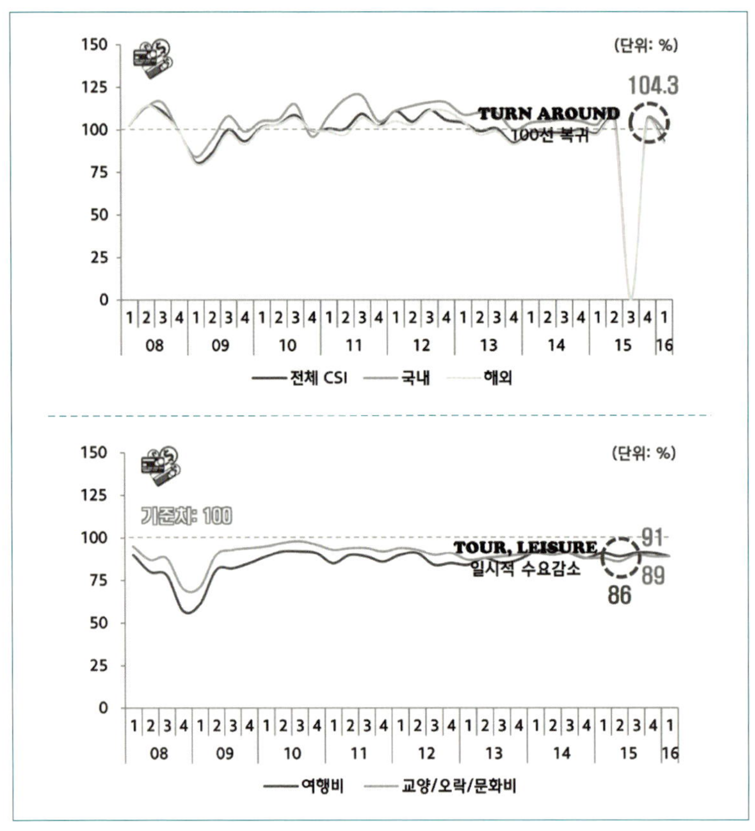

* 출처 : 관광지식정보시스템(www.tour.go.kr)
* 주 : CSI가 100 이상이면, 관광지출액이 전분기 대비 증가할 것이라고 응답한 대상자가 더 많은 것을 의미함

그림 3.15 국내 관광지출 및 소비항목별 전망(CSI) 추이

즈니스호텔은 74로 둔화되어 업체별 양극화(兩極化)가 두드러질 것으로 보인다. 이렇듯 호텔업은 매출액 86, 수익성 79, 자금사정 82, 인력사정 84 등 모든 경영항목에서 기준치 100을 하회하여 관광업계의 낮은 기대감이 반영된 것으로 해석될 수 있다(그림 3.14 참조).

연장선상인 관광소비 지출전망CSI에서 올해 1분기 지수는 전분기 대비 11p 하락한 93.2로 2009년 금융위기 수준에 근접하여, 민간소비심리가 상당히 위축될 것으로 조사되었다. 국내 관광지출에서는 100으로 보합세Steady를 유지하여 비교적 큰 소비의 변화가 없을 것으로 보이지만, 국외 관광지출은 92로 씀씀이가 줄어들 것으로 보인다. 이와 마찬가지로 여행비와 교육 · 오락 · 문화비 등의 소비지출 항목들도 전월대비 2p 감소한 89로, 부정적인 시선이 많다. 상기의 BSI와 CSI 추이를 종합해 보면, 금년 업계가 체감하는 관광산업은 경기부진에서 일시적으로 벗어나 회복세로 전환됨에 따라 메르스의 기저효과Base Effect로 예년수준의 성장세를 당분간 이어갈 것으로 예측된다(그림 3.15 참조).

정부의 대응책 진단과 메르스 사태가 남긴 교훈

지난 한해 정부는 메르스로 인해 방한 취소 및 연기로 관광업계의 피해가 확산됨에 따라 침체된 관광산업을 되살리기 위한 다양한 대응책과 지원방안을 마련한 바 있다. 우선 메르스 확진 환자발생 직후 신속하게 방한 관광시장 상황 점검반을 운영하고, 방한수요 촉진 프로모션Promotion의 일종으로 354개 기업과 3만 5천개 매장이 참여하는 코리아그랜드세일Korea Grand Sale을 7~8월에 개최하였다. 또한 메르스 확산으로 경영난을 겪고 있는 여행업, 호텔업, 국제회의업 등 중소 관광업체에 운영자금 794억원을 시중은행 대비 저리(변동금리 1.5%)로 융자하였다. 더불어 추경을 통해 관광산업 융자지원 2,300억원, 외래관광객 유치마케팅 195억원, 국내관광 활성화 46억원, 문화관광축제 20억원 등 총 2,584억원을 긴급 추가 지원하였다. 그 밖에 출입국 간소화 조치, 단체관광 비자수수료 면제, 단기비자 유효

기간 연장(3 → 6개월) 등 관광촉진책도 시행하였다. 이러한 정부의 다양한 지원책에도 불구하고, 관광업계가 체감하는 메르스 극복을 위한 정책의 효과성은 미미한 것으로 평가되었다(한국문화관광연구원, 2015).

그럼에도 불구하고 메르스가 관광시장에 미치는 긍정적인 영향도 있었다. 바로 메르스와 같은 환경적 요인에 선제적으로 대응할 수 있는 국가의 위기관리 능력 Crisis Management이 배가(倍加)되어 관광시장이 3개월만에 조기 정상화를 이루었다는 점이다. 이는 유사 피해사례인 홍콩 사스(SARS, 2003), 동일본 대지진(東日本大地震, 2011) 등의 회복기가 12개월인 점을 감안하면 매우 괄목할 만한 성과로 볼 수 있다. 메르스 종식 이후에도 꾸준히 한국을 알리고 관광을 유치하는 홍보가 활발히 펼쳐졌고, 새로운 관광콘텐츠 개발도 적극 이루어져 그간 쉼 없이 숨가쁘게 달려온 긴 레이스를 멈추고 관광전략을 재정비하는 귀중한 시간도 가졌다. 바야흐로 한국은 외래관광객 1,500만명이 방문하는 글로벌 관광대국 시대가 개막되었고, 정부는 2016년을 '한국관광(觀光)의 해'로 선포하는 등 재도약의 발판을 만들며 비상(飛上)을 꿈꾸고 있다. 이 사건을 토대로 메르스의 교훈을 가슴 깊게 되새기며, 관광시장에서도 위기를 기회로 만드는 창조적인 기지(機智)를 발휘하여 관광산업의 질적인 성장을 도모해야 한다.

STORY 요약

국내 관광시장이 단군 이래 전례 없는 외국인관광객 2천만 시대에 성큼 다가섰고, 중국인 요우커(游客)는 일본을 넘어 한국 최대의 해외여행 소비국이 되었다. 그러나 관광산업은 근본적으로 환율·질병·전쟁·자연재해 등 불가항력적인 대외 돌발변수에 매우 취약한 구조를 갖는다. 단적으로 2015년 5월경 발생한 메르스(MERS) 사태는 불안감 확산 속에 시장변동성을 키워 상승랠리를 구가하던 인바운드 관광시장에 치명적인 영향을 끼쳤다. 그 결과 외래관광객이 방한예약을 대거 취소 혹은 연기하며 급감하였고, 여행·숙박·외식업계의 매출 실적은 반토막으로 줄어 심각한 경제적 피해를 입었다. 메르스 사건을 계기로 관광시장 다변화를 통한 근본적인 체질개선과 발빠른 위기관리 선제대응책 수립을 교훈으로 삼아야 한다.

황금알 면세점을 둘러싼 대기업 호텔의 대격돌

글로벌 경기침체에도 불구하고 외래관광객 신장과 명품구매력 증가세에 힘입어 국내 면세점 시장이 유례없는 고공성장을 보이고 있다. 일반적으로 호텔에서 부대시설은 전체 매출액에서 차지하는 비중이 작아 간과되기 쉬우나, 현재는 롯데와 신라 등 일부 대기업을 중심으로 면세점이 호텔사업을 견인하는 등 중요한 영향력을 행사하고 있다. 이처럼 면세점은 관광호텔의 대표적인 부대산업 중 하나로서 긴밀한 관계가 있는 바, 국내 면세점 시장의 전반적인 동향과 특징을 살펴본다. 또한 최근에 주요 현안이슈가 되고 있는 대기업의 신규 시내면세점 진출사항을 다루어 향후 호텔시장에 미치는 영향을 진단함으로써 면세시장에 대한 이해를 돕고자 한다.

면세산업에 대한 이해

추진배경

최근 장기불황 속에서도 관광시장은 한류열풍으로 외래관광객이 역대 최다인 1,400만명을 돌파하는 등 유례없는 전성기를 누리며, 인바운드inbound 수요가 지속되고 있다. 이에 따라서 면세시장도 매년 두 자릿수 이상의 가파른 성장세를 시현하면서 소위 '황금알을 낳는 거위'에 비유될 정도로, 대중들의 많은 주목을 받고 있다.

유통과 여행업계에서도 이러한 경향성이 그대로 이어져 향후 미래먹거리 산업의 대안으로 손꼽히며 급부상하고 있는 추세이다. 그 배경에는 소득수준 향상에 따른 국가 간 이동성 확장, 면세한도 증액(600$로 상향), 명품선호 증가, 그리고 단연코 큰손인 중국인관광객의 성장에 기인한다고 볼 수 있다.

정의 및 산업특성

면세점Duty Free Shop이란, 외화획득과 외국인 여행자의 편의를 도모하기 위하여 공항이나 시중(市中)에 설치한 비과세 상점으로 시중보다 상품을 저렴하게 구매할 수 있으며, 관세법상 보세판매장으로 구분된다(법 제196조).

이들 면세점의 특성으로는 정부가 일정기간(5+2년) 독점적 법적 지위를 보장해주는 특허 및 임대사업, 운용에 많은 자금이 투입되는 규모의 경제가 필수적인 사업이다. 더불어 호텔과 마찬가지로 환율추이 및 방문객수 등 외부환경의 변화에 민감하게 반응하는 구조적 취약성을 갖는다. 이런 점에서 비추어볼 때 호텔과 면세산업은 닮은꼴로, 상당히 유사한 성격을 가진다고 할 수 있다.

관련법규

면세산업과 관련한 법적 조치들은 크게 대기업 규제와 중소·중견기업 지원으로 압축된다. 내용의 주안점은 면적이 아닌 외형상 보세판매장 점포수(數)를 기준으로 구체적인 일정비율을 정하고 있는데, 중소·중견기업은 총특허수의 30% 이상(2017년 12월 말까지는 20% 이상)을 부여하고, 상호출자제한기업에 속하는 대기업은 총특허수의 60% 미만으로 제한하는 것이다.

이와 더불어 신규특허 시내면세점에 대해서는 전체 매장면적의 40% 또는 825㎡(250평) 이상을 국산품 전용판매장으로 설치토록 의무화했다(법 제176조, 시행령 제192조). 한편, 특허수수료는 해당년도 매출액 기준으로 대기업은 0.05%, 중소·중견기업은 0.01%로 차등 부과하는 규정을 포함하고 있다(법 제176조, 시행규칙 제68조).

세계 면세시장 동향

국가별 시장규모

전세계적으로 관광산업의 발전에 힘입어 아시아·태평양Asia Pacific과 유럽지역을 중심으로, 면세점 시장이 매년 놀라운 약진을 거듭하고 있다. 스웨덴의 면세 및 여행소매업 조사기관인 General Research에서 발간한 「The Duty Free & Travel Retail Market 2014(tfwa.com)」에 따르면, 2014년 세계 면세점 시장규모는 전년대비 5.8% 신장된 63,480백만$(한화 67.5조원)이며, 향후 2020년에는 85,000백만$에 이를 것으로 추산된다(그림 4.1 참조).

국가별로는 한국이 시장점유율 12.3%로 2009년 이래 6년간 부동의 1위를 기록하며 세계 최대 규모의 면세점 시장을 형성하는 가운데, 뒤를 이어 2위 중국(7.7%), 3위 미국(5.9%), 4위 영국(5.3%), 5위 홍콩(4.7%), 9위 싱가포르(2.7%) 순으로 나

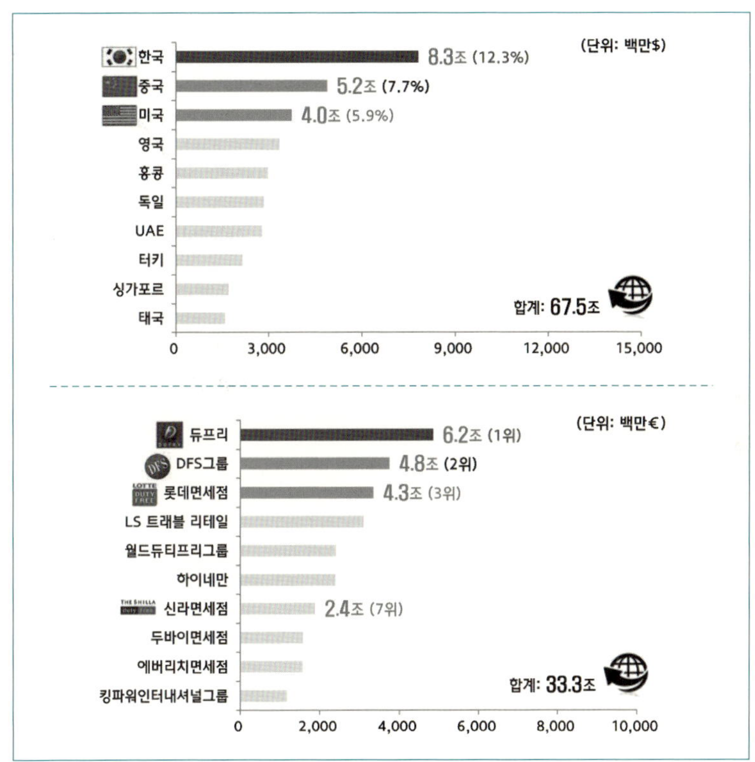

* 출처 : Generation Research(2014), Moodie Report(2014)

그림 4.1 세계 면세점 국가별 시장규모 및 글로벌 기업순위

타났다. 세계 면세점 시장은 전반적으로 아시아 주요 국가들이 10위권 안에 다수 포진하여, 시장을 주도(M/S : 27.2%)하는 양상이다.

글로벌 10대 기업

아울러 국가 간의 치열한 면세점 순위 경쟁구도가 그대로 기업까지 확대되는 분위기다. 영국의 유통전문지인 「Moodie Report 2014」는 글로벌 10대 업체의 매출액이 26,054백만€(한화 33.3조원)로, 비중이 49.8%에 달한다고 밝혔다(그림 4.1 참조).

기업별로는 Dufry(스위스, 9.3%)와 DFS그룹(7.2%)이 시장점유율 1,2위를 달리며, 유럽과 미국계가 우위를 점하고 있다. 이 중 매출액 4,850백만€(한화 6.7조원)를 거둔 Dufry는 막대한 자본력을 바탕으로 Nuance를 인수하여, DFS그룹을 제치고 1위 면세업체로 발돋움하였다. 국내기업으로는 유일하게 롯데와 신라가 전년대비 1단계씩 상승한 각각 3위(6.4%)와 7위(3.6%)에 오르며, 글로벌 리딩업체로 선전하고 있다. 자랑스런 한국의 위상을 발견할 수 있는 대목이다. 그 밖에 6위 Gebr Heinemann(독일, 4.6%), 8위 Dubai(UAE, 3.0%), 9위 Ever Rich(대만, 3.0%) 순이며, 태국의 유일한 면세점인 King Power그룹(2.3%)은 10위로 신규 진입하였다. 이처럼 해외 선진기업들은 전반적으로 경쟁력 제고와 시장점유율 확대를 위해 점차 대형화·전문화를 꾀하는 추세라고 말할 수 있다.

국내 면세시장 개괄 및 동향

시장규모

한국면세점협회에 따르면, 2014년 국내 면세점 시장의 총 매출액은 79,032십만$(한화 8.3조원)로, 최근 5년간 23.1%의 초고속성장을 하고 있다(그림 4.2 참조). 이를 통계청이 집계한 주요 소매업태별로 비교해보면, 동기간의 백화점(4.1%), 대형마트(8.2%), 슈퍼마켓(10.5%), 편의점(14.9%) 모두를 상회하는 가장 높은 수치이다. 이로써 예상컨대, 2015년 면세점 시장규모(*e*)는 10조원 달성을 눈앞에 바라보게 되었다. 즉 한국은 가장 역동적으로 성장하며, 글로벌 면세업계의 중심축으로 모두가 주목하고 있는 시장이라고 볼 수 있다.

이용객 지출액

연간 면세점을 이용하는 방문객수는 총 3,432만명으로, 하루 평균 9.4만명이 찾는 셈이다. 이 중 내국인 이용객은 1,856만명(54.1%)이며, 외국인은 1,577만명(45.9%)으로 거의 유사한 수준이다. 그러나 매출액 실적으로 보면 실상이 달라진다. 외국

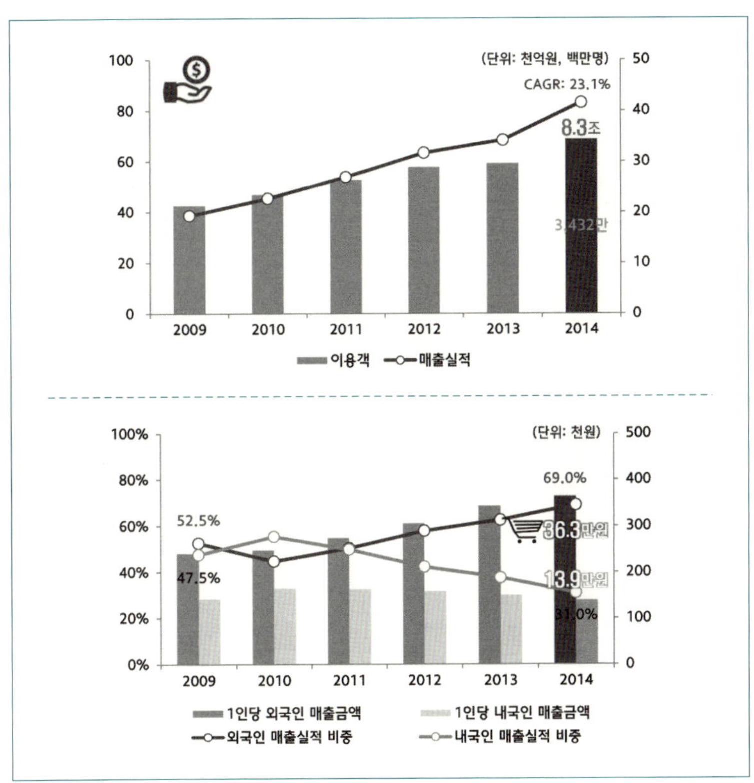

* 출처 : 한국면세점협회(2014)

그림 4.2 국내 면세점 시장규모 및 이용객 지출액 현황

인 구매자 비중이 69.0%(5.7조원)에 달하며 비약적으로 성장하는 추세인 반면, 내국인 구매자 실적은 2.6조원으로 최근 5년간 정체해 있다.

이에 따라 이용객 1인당 구매액도 외국인이 36.3만원, 내국인 13.8만원으로 크게 앞질러, 2.6배 더 많이 지출하는 것으로 나타났다(그림 4.2 참조). 문화체육관광부에서 실시한 「외래관광객 실테조사 2014」에 비추어봤을 때, 국적별로는 구매력이 높다고 알려진 중국인관광객, 일명 요우커족(遊客)이 시장에 큰 영향을 미친 것으로 짐작할 수 있다. 즉 내국인 방문객이 늘지 않는 상황에서 외국인 방문증가에 따른 매출수입 의존도가 높음을 알 수 있다.

지역별 · 유형별 현황

면세점은 김포공항 출국장면세점 개장(1962년)을 시작으로 1979년에 단 6개로 출발하였으나, 올림픽 등 국제행사 개최를 맞이하여 1989년에 34개로 크게 늘었다. 한국면세점협회에 따르면, 현재 2014년에는 역대 최다인 총 43개의 면세점이 운영되고 있다.

지역별로는 외국인 출입이 잦은 인천 9개(20.9%), 제주 8개(18.6%), 서울 6개(14.0%) 등 3곳이 과반을 차지하며, 특정지역에 주로 집중 분포하였다. 뒤를 이어 부산 · 청주 3개(7.0%), 대구 · 김해 · 김포 2개(4.7%), 대전 · 울산 · 수원 · 양양 · 무안 · 군산 · 평택 · 창원 1개(2.3%)를 비롯한 지방대도시 중심으로 곳곳에 산재하는 형태를 띠고 있다.

유형별로는 공항(16개)이나 항만(5개)에 자리한 출국장면세점이 21개(48.8%)로 가장 많으며, 각 도시 내부에 위치한 시내면세점 17개(39.5%), 제주시 전용의 지정면세점 5개(11.6%) 등이다. 이 중 시내면세점의 매출액이 5.4조원(64.9%)으로 압도적이며, 출국장면세점 2.5조원(30.2%), 지정면세점 0.4조원(4.9%) 순으로 나타났다(그림 4.3 참조).

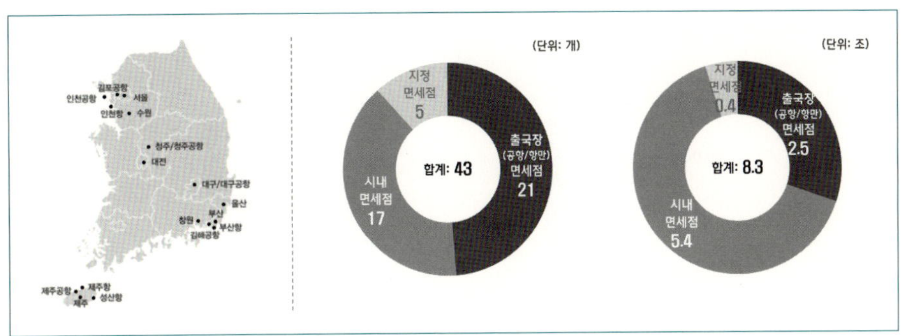

* 출처 : 한국면세점협회(2014)

그림 4.3 국내 면세점 유형별 현황 및 공간적 분포

기업규모별 현황

상호출자제한에 따라 대기업의 면세점 특허수는 18개(41.9%)로 전년대비 소폭 감소하였으나, 매출액은 7.3조원으로 88.3%의 절대적인 비중을 보이고 있다. 현재 롯데 7개, 신라 5개, 신세계 3개 등이 성황리에 운영 중이다(그림 4.4 참조).

반면 중소 · 중견기업은 2012년 이래 정부의 꾸준한 장려정책으로 특허수가 대폭 상승하여 대기업과 동등한 18개까지 성장하였다. 대표적으로 엔타스듀티프리, 그랜드면세점, 앙코르면세점, 중원면세점 등이 이에 해당한다. 그렇지만 외형적인 성장에도 불구하고, 매출액은 0.4조원(4.8%)에 그쳐 대기업에 비해 여전히 미미한 수준이다.

나머지 7곳도 중소 · 중견기업의 사정과 크게 다르지 않다. 주로 한국 / 제주관광공사 등 공기업이 보유하나, 0.6조원(6.8%)에 근접한 매출을 올려 경쟁력이 그리 높지 않은 것으로 파악된다.

이를 기업 당 평균 매출액으로 살펴보면, 대기업 4,078억원, 공기업 810억원, 중소 · 중견기업 223억원으로, 최대 18.3배의 현저한 격차가 발생하고 있음을 알 수 있다. 즉 기업 유형에 따라 불균형적인 성장이 이루어지고 있다.

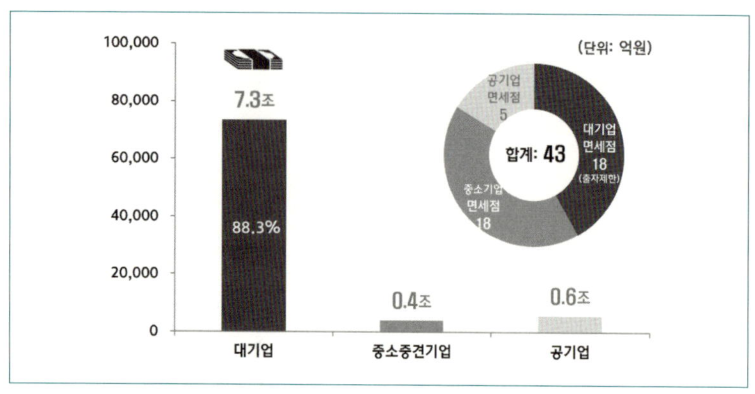

* 출처 : 한국면세점협회(2014)

그림 4.4 국내 면세점 기업규모별 현황

면세점 시장의 주요 이슈 및 특징

업체별 현황 … 대기업 중심의 독과점 체제

앞에서 살펴본 국내 면세점의 기형적인 산업구조는 주요 업체별 현황에서 잘 드러난다. 관세청에 따르면, 2014년 면세점 운영업체별 매출액은 1위 롯데 4.2조원(51.8%), 2위 신라 2.5조원(31.1%)로, 오랜 기간 양강구도인 대기업 독과점Oligopoly 체계를 이루고 있다. 이들의 합산 점유율은 무려 전체 면세점 시장의 82.9%에 달하며, 매년 20%에 가까운 두 자릿수의 성장세를 기록 중이다. 공정거래법상, 롯데와 신라는 일정규모 이상을 충족하여 '시장지배적 사업자'로 규정할 수 있다(법 제4조).[1]

이를 제외한 나머지 기타 면세점 사업자들이 17.1%의 시장을 가지고 치열하게 싸워야 하는 형국이다. 세부적으로는 3위 JDC(4.5%), 4위 동화(3.6%), 5위 SK(3.4%), 6위 신세계(3.2%), 7위 관광공사(2.4%)가 뒤를 이었으며, 전부 매출액이 0.4조원 이하로 5% 미만의 점유율에 그쳤다. 이 중에서도 SK와 신세계는 최근 5년간 연평균

1_ 공정거래법에 따르면, 상위 1개 기업의 점유율 50% 이상이거나 상위 3개사를 합쳐 75%를 넘는 경우, 시장지배적 사업자로 추정하고 있다.

성장률이 각각 22.4%와 20.2%를 보이며, 롯데와 신라를 위협하고 있다(그림 4.5 참조).

이처럼 면세점 운영에 따른 수익과 혜택이 일부 대기업에 집중되고 있지만, 매출액 대비 극히 낮은 특허수수료로 특혜를 준다는 논란이 일고 있다. 실례로 국내 주요 면세점 운영업체의 영업이익은 5,525억원인 데 반해, 특허수수료는 39.9억원에 불과하여 대기업을 중심으로 공익(公益)적 사용을 위한 이익환수 확대가 검토되고 있는 상황이다.

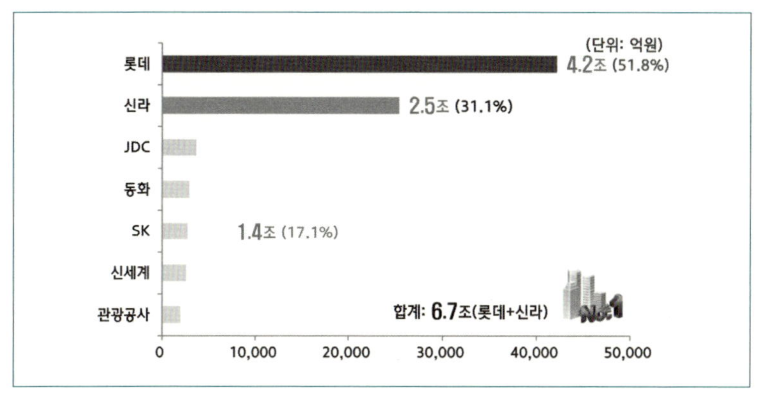

* 출처 : 관세청(2014)

그림 4.5 국내 면세점 운영업체별 현황

사업부문 현황 … 면세사업 약진

업계에서 높은 시장지위M/S를 갖는 기업들은 대체로 면세사업 부문에 지나치게 편중된 사업구조를 지니나, 외형적으로는 면세사업이 핵심성장 동력원으로 자리잡으면서 호텔업계의 전체적인 매출실적을 견인하는 주요인이 되고 있다.

금융감독원 전자공시시스템dart.fss.or.kr에 따르면 주요 대기업인 롯데(83.7%)와 신라(89.8%)의 경우, 면세사업 부문에서 전체 매출액의 80%를 크게 상회하여 거둬들이는 반면, 호텔사업 부문의 비중은 10% 전·후로 비교적 낮게 나타났다. 이에 비해 SK네트웍스와 한화는 면세사업 부문 비중이 각각 24.0%와 6.5%로 상대적으로 미미하여, 위와 대조적인 모습을 보였다(그림 4.6 참조).

지표별 현황 … 안정적 수익으로, 규모별 양극화

대기업 면세점 사업부문의 평균 영업이익률(γ)은 운영기업과 위치에 따라 상이하나, 매출액 누적 합산기준으로 대략 7.6%를 유지하고 있다. 이를 주요 소매업태별로 비교해 보면, 동기간의 대형마트(3~7%)와 백화점(9~13%)의 중간수익 정도를 얻을 수 있는 것으로 여겨진다(면세점 시장구조 개선 공청회 발표자료 인용,

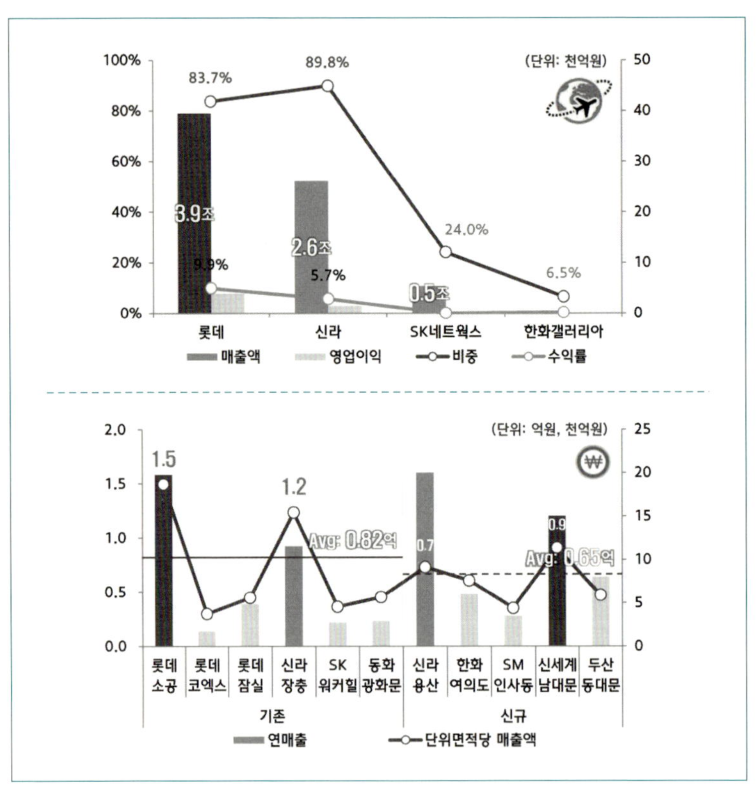

*출처 : 금융감독원(2014)

그림 4.6 국내 면세점 기업군 매출액 현황 및 점유율

2015). 이 중 롯데와 신라가 영업성과 호조로 각각 9.9%와 5.7%로 양호한 수준을 달성하는 반면, SK네트웍스와 한화는 영업이익률이 사실상 제로(0)로 거의 수익이 나지 않아 고전 중인 상황이다(그림 4.6 참조).

특히 동화면세점을 제외하고, 자본력이 취약한 지방의 중소 · 중견기업들은 다수가 매출부진에 따른 만성적자(예 : 대동면세점)로 경영난에 허덕이거나, 특허를 자진반납(예 : 대명레저, 서희건설)하고 폐쇄하는 것으로 드러났다. 중원실업을 포함한 나머지 사업자들 역시 개점 시기를 연장하면서 뒤로 미루고 있다. 그 이유로는 수입브랜드의 입점기피로 소비자를 유인할 만큼 매력적이고 가격경쟁력 있는 다양한 제품 구색Merchandising을 갖추는데 실패했기 때문인 것으로 추정된다.

한편 단순하게 매출액을 영업면적으로 나눈 단위면적당 매출액은 영업이익률과 함께 경영수지를 좌우하며, 매장의 효율성Efficiency을 측정하는 또다른 잣대가 될 수 있다. 국내 면세점 기업군(6곳)의 단위면적당(㎡) 연간매출액 평균은 8,174만원에 해당하며, 이는 백화점 면적효율 대비 약 5~10배까지 높다. 업체별로는 롯데 소공점(1.5억원)과 신라(1.2억원), 단 2곳만이 평균 수치를 뛰어넘고 있다. 뒤를 이어 동화면세점 4,519만원, 롯데 잠실 4,463만원, SK 워커힐 3,634만원, 코엑스 2,972만원 순으로 나타났으나, 큰 차이는 보이지 않고 있다(그림 4.6 참조). 이들 하위 3개 업체는 공통적으로 면세점 운영 실적이 좋지 않으며, 올해 말 특허가 만료되는 지역으로 개선될 필요성이 따른다.

시내면세점 신규 진출현황 … 5곳 추가

면세점 유형 중 가장 경쟁이 치열한 부문은 매출액이 가장 높은 시내면세점이다. 현재 기존에 17개가 있는데, 서울 6개(35.3%), 부산 · 제주 2개(11.8%)에 몰려 있다(그림 4.7 참조). 특히 서울은 롯데 본점, 코엑스점, 잠실점을 비롯하여, 신라 본점, SK 워커힐점, 동화면세점 등이 운영 중이다.

이와 관련하여 관세청은 올해 7월 관광산업 활성화 진작을 위해 2000년 이후 15년만에 1차로 신규 시내면세점 사업자를 모집하였다. 재계와 유통계의 굴직한 대기업을 비롯하여 총 21개의 업체(대기업 7개, 중소기업 14개)가 입찰에 참여하는 등 경쟁률 7 : 1의 뜨거운 열기를 선보였다.

최종적으로 심사결과, 대기업에서는 호텔신라와 현대산업개발의 합작법인인 HDC신라(용산 아이파크몰)와 한화갤러리아(여의도 63빌딩), 중소기업에서는 하나투어 컨소시엄으로 구성된 SM면세점(인사동 하나투어 본사)이 선정되었다.[2] 이 중 HDC신라면세점은 400개의 브랜드를 유치로 세계 최대 도심형 면세점(27,400㎡)을, 한화갤러리아는 랜드마크인 63빌딩의 문화콘텐츠와 인근 관광자원 인프라(한강, 노량진 수산시장)를 적극 활용한 면세점으로 개발할 예정이다. 유일한 중소 · 중견기업인 SM면세점은 해외명품 대신 500~600억$의 중기명품관으로 차별화를 꾀한다는 전략이다.

11월에는 소리 없는 이른바 별들의 전쟁, 2차 면세점 대첩이 계속 이어졌다. 연말 시효가 만료되는 롯데 본점, 월드타워점, SK 워커힐점 등 3개점을 두고 기존 사업자인 롯데와 SK가 수성(守城)에 나서고, 두산과 신세계가 공세(攻勢)에 나서

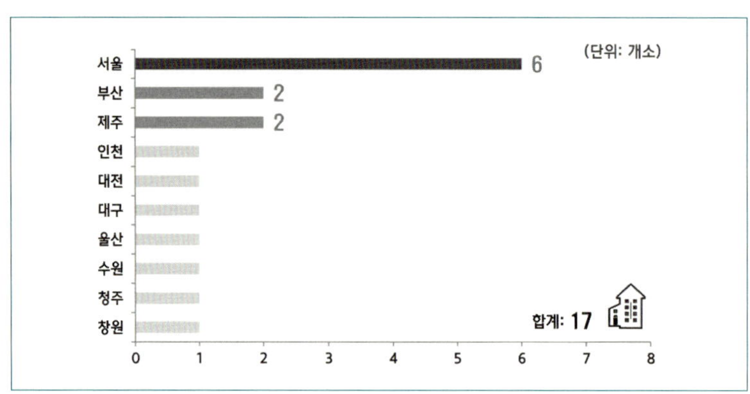

* 출처 : 한국면세점협회(2014)

그림 4.7 시내 면세점 지역별 현황

2_ 관세청에서 제시한 면세점 특허평가 심사기준은 5개 항목(1,000점 만점)으로, 관리역량(300점), 지속가능성 · 재무건전성 등 경영능력(250점), 관광인프라 등 주변 환경요소(150점), 중소기업 제품 판매실적 등 경제 · 사회발전 공헌도(150점), 기업이익 사회환원 및 상생협력 노력(150점) 등이다.

는 4파전이 전개되었다.

결과적으로 두 곳의 특허연장을 노렸던 롯데는 본점을 지켰으나 월드타워점 면세사업권을 두산(동대문 두산타워)에게 넘겨주고, SK 워커힐점은 신세계(명동 본점)를 새주인으로 맞이하게 되었다. 이 중 두산은 100만 유동인구가 넘는 동대문을 심야쇼핑의 메카로 소상공인과 함께하는 지역상생(相生)형 면세점을, 신세계는 명동~남대문~남산의 관광벨트를 연계한 복합쇼핑관광단지를 만들 예정이다.

이처럼 6개월간 진행된 1,2차 서울 시내면세점 대전의 후보지 입지현황을 반영하여 매핑Mapping한 결과(그림 4.8 참조), 전통적으로 외래관광객 빈도가 잦은 4대문 안의 중구·종로구 일대에 공간적으로 집중하는 경향을 보였다(그림 4.8 참조). 이를 통해 기업들이 면세점 입지상 교통이 우수하고 관광·쇼핑이 상대적으로 편리한 도심CBD을 선호함을 알 수 있으나, 관광객들의 다양한 수요를 충족시키

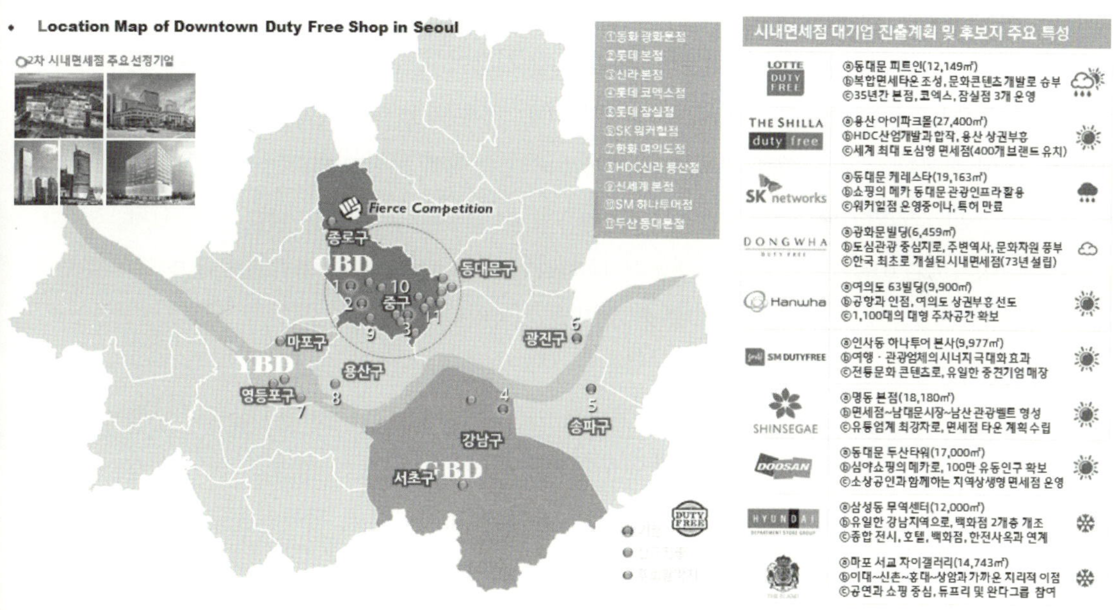

출처 : 언론사 보도자료 취합(2015), 저자 지도 직접 작성

그림 4.8 대기업 진출에 따른 서울 시내면세점 지도(기존 및 신규후보지 반영)

는데 역부족인 한계를 고스란히 드러내고 있다. 그나마 위안으로 이번 대전을 통해 서남권에 전무하였던 면세점을 신규로 마련하여 균형적인 지역발전을 모색할 수 있게 되었다.

시장구도 변화 … 다자간 구도로 재편, 수익 약화

시내면세점 추가사업자 선정 결과에 따라 기존 롯데와 신라 간의 공고한 양강 구도가 깨지고, 롯데 · 신라 · 신세계의 다자간 구도(3강)로 판도가 뒤바뀔 것으로 보인다. 이에 따라 업계 최고의 시장 지위를 확보한 롯데는 사업장을 잃어 시장점유율이 하락하는 반면, HDC 신라면세점을 추가로 확보한 신라와 신규사업자로 진입한 신세계는 시장지배력이 소폭 향상되는 등 희비(喜悲)가 갈릴 것으로 예상된다.

이러한 가운데 시장 내 주요 플레이어Player가 늘어나 고객유치 경쟁 격화로, 불가피하게 업계의 전반적인 영업이익이 다소 저하될 가능성이 다분하다. 구체적으로 신규로 진입한 면세점 기업군(5곳)의 연간매출액 예정 규모는 HDC신라면세점 2조원, 신세계 1.5조원을 비롯해 총 5.3조원 시장이며, 단위면적당(㎡) 매출액 평균으로는 6,497만원을 목표로 하고 있다. 이는 기존 시장 대비 영업효율성이 79.5%에 불과한 낮은 수준을 보여주며, 업체별로는 신세계 본점(9,075만원)과 신라 용산점(7,299만원)이 상대적인 경쟁우위를 점할 것으로 관측된다. 뒤를 이어 한화 여의도점 6,061만원, 두산 동대문점 4,706만원, SM 인사동점 3,508만원 순으로, 기존 면세점과 거의 유사한 수준을 유지할 전망이다(그림 4.6 참조).

한편, 서울 면세점의 입지측면에서도 기존 명동 · 장충동 · 강남에서 신규로 남대문 · 동대문 · 용산 · 여의도가 추가되어 지역이 다변화되고, 침체된 상권이 부흥Renaissance할 것으로 판단된다. 특히 3대 권역별 중심지인 도심, 강남, 여의도 일대를 잇는 강력한 관광허브 삼각편대Triangle Zone가 형성되면서, 외국인관광객 분산 등 지역 간의 상호시너지Synergy 효과를 낼 것으로 기대된다.

주식시장 영향 … 면세점 관련주 등락 뚜렷

면세점 사업은 수익과 위험에 직·간접적으로 영향을 미치며, 호텔업체의 신용도Credit 산정과 평가 시에 중요한 요소로 작용한다. 일례로 1,2차 면세점 대전 선정결과를 두고, 관련주들의 주가가 등락Up & Down을 거듭하였다(그림 4.9 참조). 국내증시 코스피KOSPI 지수로 발표 한 달 전·후를 비교한 결과, 승자인 한화갤러리아가 38.8%, 하나투어 26.5%, 신라 21.3%로 가장 큰 상승폭을 보이며, 현대산업 14.3%, 신세계 13.8%, 두산 7.8% 순으로 현저히 주가가 급등하였다. 이는 면세점 사업권 획득에 따른 실적 향상에 대한 기대치Expectation가 반영된 것으로 풀이된다.

이에 반해 탈락의 고배를 마신 SK네트웍스는 -20.5%의 가장 큰 낙폭을 보이며, 롯데 -15.9%, 현대백화점 -3.9% 등으로 발표 후 한때 일제히 주가가 하락하였다. 이는 사업장 손실에 따른 수익성 악화와 불안감으로 거래량이 증가하는 현상도 관측되었다. 결론적으로 주식시장Stock Market의 움직임이 대체로 면세점 사업자 선정 결과와 부합하고 있음을 알 수 있다.

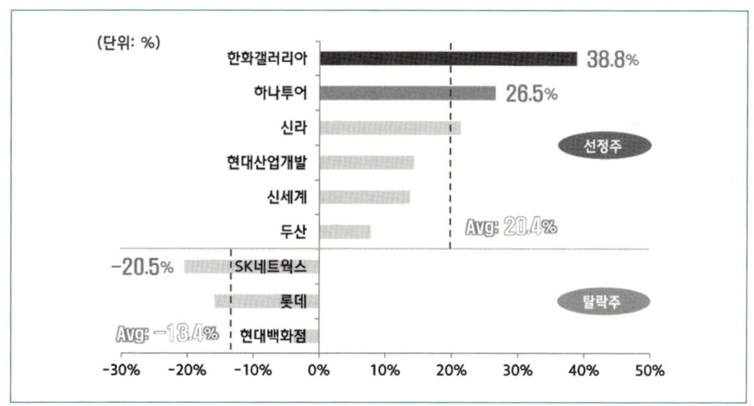

* 출처 : 증권거래소(2015)

그림 4.9 면세점 사업자 선정결과에 따른 주가등락률

면세점 해외진출 현황

지난해 국내 면세점 유치를 위한 치열한 대전이 2017년부터 해외로까지 번지고 있다. 이는 2017년 이후 달라진 면세점 시장의 가장 큰 변화이며, 중국 사드배치 보복에 따른 학습효과로 기업들이 국내 시장에 안주하지 않겠다는 의도로 풀이된다. 그럴 것이 연초만 하더라도 중국의 노골적인 한한령(한국행 단체관광여행 전면금지)으로 면세점 시장이 위축될 것이란 의견이 절대적이었으나, 이들을 대신하여 따이궁代工, dàigōng이라고 불리는 중국인 보따리상들이 대리구매로 면세점 싹쓸이 쇼핑에 나서면서 보기 좋게 지난해 사상 최대 매출(128억만 달러, +20.7%)을 경신하는 반전을 이뤄냈다(한국면세점협회, 2017).

그럼에도 국내 면세시장은 파이가 한정된 만큼 공급포화 상태(2011년 32개소 → 2016년 50개소)에 다다랐고, 특허 면세권의 수수료 인상으로 수익성 악화가 불가피하여 해외시장의 문을 두드리는 상황이다. 이에 국내 소비자들은 해외에서도 별다른 거부감 없이 자국기업의 면세점을 만날 수가 있다.

이미 국내 면세업계 선두주자인 롯데는 2012년 인도네시아(철수 완료)를 시작으로 일본(긴자, 간사이), 베트남(다낭), 인도네시아(자카르타), 태국(방콕), 미국(괌) 등 6곳, 신라는 홍콩(첵랍콕)을 시작으로 일본(도쿄), 싱가포르(창이공항), 태국(푸켓), 홍콩, 마카오 등지에 5곳의 사업장을 개설하면서 해외 매출 1조원의 아시아 3대 국제공항에서 매장을 동시에 운영하는 최대 사업자가 되었다(표 4.1 참조). 이들은 외래관광객이 급증하고 바잉파워를 갖춘 동남아지역의 신흥국이 주요 공통적 타깃이 되었으며, 요우커의 천국인 중국은 롯데마트 영업중지를 단행하는 등 반감이 거세어 단 1곳도 개설하지 못하였다. 롯데가 국내 업계 최초로 베트남에 다낭공항점(1,092㎡)을 오픈한 사례가 중국을 우회해 진출한 전략적 선택이란 평가이다(그림 4.10 참조).

올해 한 · 중 정상회담으로 중국 단체관광이 재개되는 등 해외 면세시장이 고속성장을 이룰 것이란 전망이 다분하다. 앞으로도 국내 기업들은 대외 악재가 발생하더라도 살아남을 수 있도록 철저한 현지화 전략과 지속적인 해외진출을 통해 전략적 요충지를 확보하고 기업 이미지를 쇄신함으로써 글로벌 브랜드를 견고하게 다져간다는 계획이다. 더불어 해외 면세점 진출은 고객 다변화의 포트폴리오 효과와 국내시장 대비 높은 성장성 측면에서도 해외 다점포 공략이 가속화 될 것이다.

표 4.1 국내 면세점의 해외진출 현황

기업명	지점명	매장면적(평)	개점일
롯데 (6곳)	괌 공항점	725	2013.04
	자카르타 시내점	1,239	2013.06
	간사이 공항점	98	2014.09
	도쿄 긴자점	1,337	2016.03
	다낭 공항점	330	2017.05
	방콕시내점	2,074	2017.06
	합 계	5,803	–
신라 (5곳)	싱가포르 창이공항점	2,162	2013.01
	마카오 공항점	340	2014.11
	태국 푸켓점	7,575	2016.11
	일본 도쿄점	850	2017.04
	홍콩 첵랍콕공항점	1,000	2017.12
	합 계	11,927	–

* 출처 : 롯데면세점, 신라면세점

* 출처 : 롯데면세점, 신라면세점

그림 4.10 롯데와 신라면세점의 해외출점 매장사례 : 베트남 다낭공항점(좌)과 싱가포르 창이공항점(우)

부대시설로서 면세점을 보유한 호텔업 현황

「관광숙박시설 확충을 위한 특별법(2012.07.27)」에 따르면, 호텔업 부대시설의 범위에 영업장으로서 관광객 이용비율이 높은 외국인환자 유치 의료기관, 보세판매장(외국인전용 시내면세점 등)을 포함하고 있다(법 제2조, 시행령 제3조).

이에 따라 대기업 계열 호텔업체들은 주력업종으로 면세사업을 영위하는데, 롯데와 신라 등이 이 유형에 속한다. 또한 InterContinental 코엑스, Sheraton 디큐브, Courtyard 타임스퀘어, Conrad 서울 등처럼 호텔이 백화점 혹은 복합몰Mall과 바로 연계하여 원스톱One Stop 쇼핑이 가능한 곳도 여럿 있다.

이에 반해 중소·중견기업들은 부대시설 차원에서 일부층을 면세점과 쇼핑 아케이드Arcade로 조성하여 편의를 제공하고 있는데, 대표적으로 그랜드힐튼서울, 르네상스호텔, 호텔캐피탈, 노보텔앰배서더독산 등이 그러하다. 이들에 설치되는 쇼핑 아케이드는 주로 커피숍, 꽃집, 미용원, 양복점, 여행사, 사진관, 화랑, 주얼리숍, 기프트숍Gift Shop, 메디컬 클리닉, 잡화점 등으로 구성되며, 지하 혹은 1층에 공급되는 특성을 지닌다.

실제로 저자가 서울시에 소재한 관광호텔 196개의 부대시설을 조사한 결과, 9.7%에 해당하는 19곳이 면세점(쇼핑 아케이드 포함)을 보유한 것으로 드러났다.

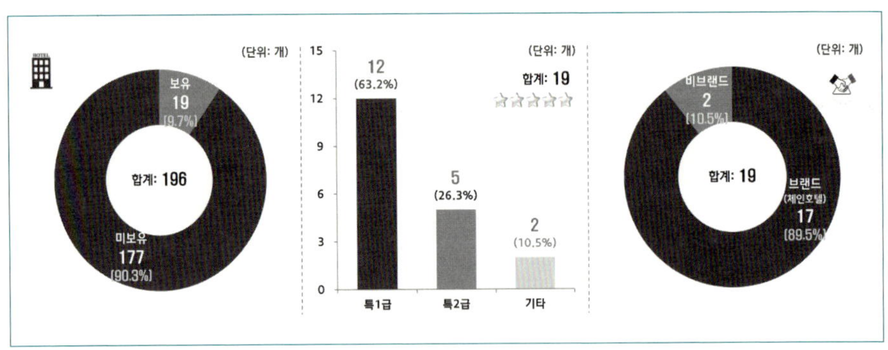

* 출처 : 호텔업등록현황(2014), 업체별 홈페이지 조사

그림 4.11 면세점(쇼핑 아케이드 일부 포함)을 보유한 호텔시장 현황

이를 통해 면세점을 보유한 호텔 중 대다수인 17곳(89.5%)이 특급호텔 위주였고, 브랜드에 치중한 체인형Chain 호텔임을 확인할 수 있었다(그림 4.11 참조).

이처럼 주요 호텔업체들은 단순히 객실운영에만 그치지 않고 면세사업을 영위하거나 부대시설로서 면세점을 보유함으로써 경기여건에 따른 호텔사업 부문의 변동성Variance을 보완하여 리스크를 줄이고, 수익구조를 다각화하여 외형 확대를 지속하는 등 긍정적인 작용을 하는 것으로 여겨진다.

맺음말

호텔과 면세사업은 서로 연관성이 없는 듯하지만, 여러모로 공통점이 많아 궤(軌)를 같이한다. 따라서 호텔시장과 긴밀한 면세산업에 대한 이해도 요구된다고 할 수 있다. 따라서 국내·외 면세점 시장동향 및 현안이슈 특성 파악을 통해 향후 호텔시장에 주는 시사점을 정리하면 다음과 같다.

과거 면세점이라고 하면 호텔업체들의 부대사업 일부로 인식되어 소홀히 운영·취급되는 경향이 있었다. 그러나 지금은 호텔부문의 가동률OCC 저하에 따른 매출신장세가 둔화되면서, 역(逆)으로 면세점이 호텔업의 외형 성장을 도모하며 관광사업에 있어 현금흐름을 창출하는 중요한 캐시카우Cash Cow 역할을 담당하고 있다.

이러한 연유로 국내 특급호텔을 영위하는 업체들은 면세점 등 부대사업에 적극 진출하며 부가가치를 제고하는 추세이다. 여기서 기존 대기업 호텔업체들은 국내 시장에만 안주할 것이 아니라, 우수한 브랜드와 다년간 축적된 운영노하우를 바탕으로 적극적인 해외진출을 통해 글로벌 점유율M/S 확대를 도모해야 할 것이다.

한편, 특급호텔을 제외한 대다수의 중소기업이 운영하는 중저가의 비즈니스호텔은 부대시설에 많은 투자를 하기 어려운 특성상, 환율과 메르스MERS 같은 경기변동으로 매출실적에 직접적인 타격을 받기 십상이다. 따라서 중소기업의 여건상 참여를 이끌어내기 어려운 상황에서, 면세점 조성 시 독특한 M/D구성과 테마Theme

가 있는 차별화된 품목을 구비하는 방향으로 승부수를 던져야 할 것이다. 이는 현재와 같이 치열한 호텔 경쟁시장에서 낮은 인지도를 극복하고 자산가치를 드높이는 효과적인 방편이 될 것이다.

향후에는 호텔업이 면세사업에 종속되는 시장이 아닌, 견고한 성장세를 바탕으로 면세사업을 이끌 수 있는 선진화된 호텔시장이 하루 빨리 다가오기를 기대한다.

STORY 요약

국내 면세시장은 어려운 환경에서도 세계 1위를 굳건히 유지한 가운데, 글로벌경쟁력을 갖춘 롯데와 신라가 영업 호조를 보이며 주도하는 양상이다. 특히 2015년 이후부터 공항의 꽃이라 불리는 면세점 특허권 쟁취를 위해 유통 공룡들의 뜨거운 입찰전쟁이 3차례나 치러졌다. 이 과정에서 면세업계의 주요 동향과 특징은 ① 대기업 중심의 독과점체제, ② 면세사업 약진으로 성장 견인, ③ 시내면세점 유치 각축전으로 다자간 구도 재편, ④ 면세점 선정 희비로 주가등락, ⑤ 해외영토 확장 가속화 등으로 대변된다. 이처럼 호텔업을 영위하는 대기업에게 면세점 운영권은 외화벌이를 통한 안정적 수익창출의 캐쉬카우(Cash Cow) 역할뿐만 아니라, 브랜드 이미지 고급화 전략으로도 훌륭한 마케팅 수단임에 틀림없다.

경영성과 지표로 보는 서울시 호텔 운영시장

글로벌 금융위기에도 불구하고 국가브랜드 위상제고와 한류열풍에 힘입어, 우리나라를 방문하는 외래관광객수는 최근 5년간 14.5%(△94.8만명/年)의 꾸준한 성장세를 달리고 있다. 작년 2012년 한해에는 외래관광객 1천만 시대를 도래하면서 관광산업은 유래 없는 전성기를 맞이하고 있다. 그러나 외래관광객 급증에 따른 숙박수요 대비 공급물량은 현저히 부족한 상태로, 수급불균형 문제가 야기되고 있다. 이에 정부에서도 관광숙박시설 확충을 위한 관계법령을 마련하여 사업인·허가 절차 간소화, 용적률 상향, 주차장 면적완화, 세제지원 확대 등 다양한 특례와 지원책을 제공하고 있다. 우호적인 사회적 여건에 힘입어, 최근에는 외래관광객 수요가 많은 도심과 강남을 중심으로 신·개축물량이 급증하여 호텔의 과잉공급이 우려되고 있는 실정이다. 그럼에도 불구하고, 최근 몇 년간 관광호텔 업계는 객실단가와 이용률 동반 상승으로 객실매출액이 증가하는 등 주요 영업성과 지표(OCC / ADR / Rev PAR)가 최고조를 달성하고 있다. 이처럼 호텔의 매출신장률 상승은 기관투자자들에게 높은 수익률 창출이 가능한 대체투자 수단으로 인식되면서 뜨거운 관심을 받고 있다. 이러한 상황에서 호텔시장의 수급상황과 운영성과를 판단할 수 있는 공급량과 운영실적 지표(2011년, 호텔업운영현황 재가공)를 구분하여 시계열·공간적으로 상호 비교함으로써 서울시 권역별 호텔시장의 동향을 파악하고 향후 전망을 예상한다.

호텔수Hotel

호텔수는 집중 혹은 분산이라는 공간적 입지를 설명하는 기본적인 수치로, 서울시내 소재한 호텔수는 총 170개소로 집계되었다. 시기적으로는 1985~95년(61개소/35.9%) 다음으로 2005~13년(59개소/34.7%)에 가장 많은 신축 건설이 이루어져 호텔 공급량이 증가하는 등 부흥기를 맞고 있다. 공간적 분포현황을 살펴보면, 전통적으로 외래관광객이 많이 방문하는 종로·중구·용산 일대의 CBD(46개소/27.1%)와 강남·서초·송파 일대의 GBD(45개소/26.5%)를 중심으로 밀집해 있다. 반면, 여의도·마포 일대의 YBD(17개소/10.0%)는 CBD와 GBD의 약 1/3 수준으로, 특정지역을 중심으로 현저한 분포 격차를 보여주고 있다. 이와 같이 호텔들의 입지는 상업중심지에 한정하여 도심부와 강남으로 편중되어 있으나, 공통적으로는 교통이 편리한 역세권, 관광지 인접지역, 쇼핑 밀집지역, 비즈니스 수요가 있는 업무중심지를 선호함을 알 수 있다.

표 5.1 서울시 권역별 호텔수 추이 및 공간적 분포현황 (단위 : 개소)

권역	70	75	80	85	90	95	00	05	10	13	합계
SEOUL	24	9	11	23	21	17	6	26	18	15	170
CBD	19	7	1	5	2	3	1	1	4	3	46
GBD	–	–	4	11	8	5	1	11	3	2	45
YBD	–	1	2	2	–	1	1	2	4	4	17
ETC	5	1	4	5	11	8	3	12	7	6	62

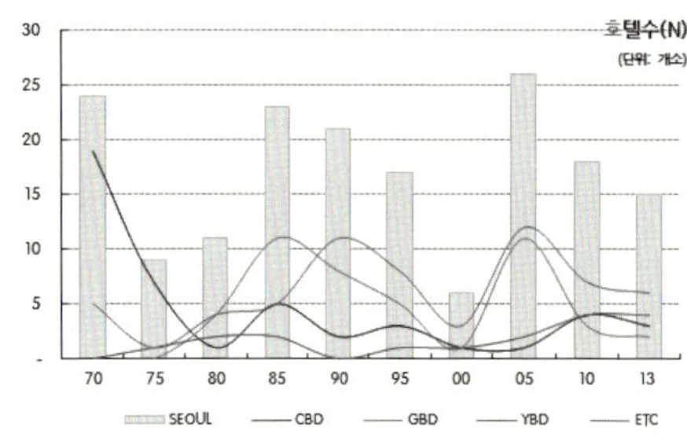

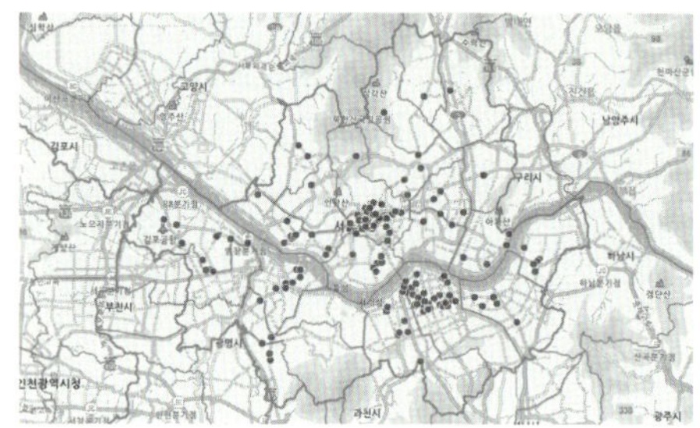

객실공급량Room

객실공급량은 호텔수와 연면적과 함께 호텔시장의 실질적인 공급량을 측정할 수 있는 가장 대표적인 지표로, 현재 서울시내 총 27,488실이 운영 중에 있다. 지역별로는 외래관광객 빈도가 잦은 4대문 안의 CBD(9,102실/33.1%)와 업무중심지인 GBD(8,146실/29.6%)의 점유율이 60%를 상회하는 등 공간적 집중현상이 극히 두드러지는 가운데, YBD(2,756실/10.0%)는 호텔수(17개소/10.0%)와 동등하게 일정한 공급량을 유지하고 있다. 호텔수 대비 객실공급량 또한 마찬가지로 ETC(120.7실)를 제외한 CBD(197.9실), GBD(181.0실), YBD(162.1실) 모두 서울시 평균(161.7

실)을 상회함으로써 3대 주요 권역을 중심으로 대형 평형 위주의 객실공급이 이루어져 왔음을 짐작할 수 있다. 이러한 밀집현상은 외래관광객들의 관광행태에 따른 경제적인 시장논리가 호텔의 입지에 따른 객실공급량에도 반영된 것으로 풀이된다.

표 5.2 서울시 권역별 객실공급량 추이 및 공간적 분포현황 (단위 : 실)

권역	70	75	80	85	90	95	00	05	10	13	합계
SEOUL	3,317	1,817	3,104	4,041	4,326	2,326	781	3,513	2,302	1,961	27,488
CBD	2,866	1,660	415	2,447	131	469	156	81	797	80	9,102
GBD	–	–	324	1,152	2,372	981	94	2,445	400	378	8,146
YBD	–	107	587	177	–	283	186	95	512	809	2,756
ETC	451	50	1,778	265	1,823	593	345	892	593	694	7,484

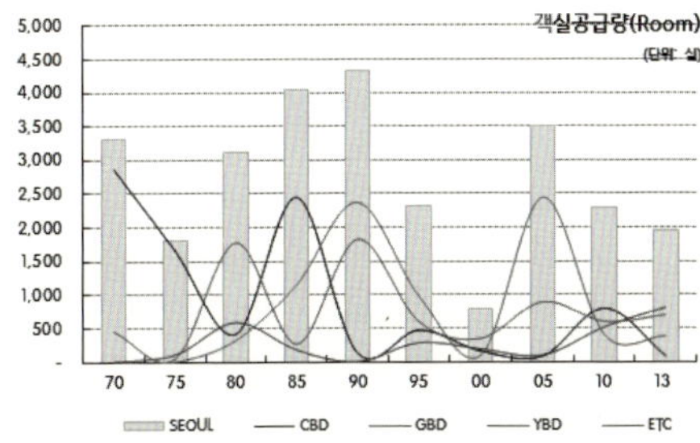

재고량Stock

재고량은 과거(1970년 이전)부터 현재까지 기존 호텔의 누적된 객실공급량으로, 1985년 최초로 1만실을 기록한 이래 불과 20년 만에 2005년 2만실을 가뿐히 돌파하였다. 시기적으로는 86아시안게임, 88올림픽, 2002월드컵과 ASEM 정상회의 등 국가적 이벤트 개최에 맞추어 호텔 공급이 증가하면서, 객실 재고량 측면에서 큰 성장을 이룩하였다. 최근에는 공실이 많은 저수익형의 오피스와 쇼핑몰에서 호텔로의 용도변경 및 리모델링이 활발히 진행되면서, 꾸준한 공급량 증가 추세(최근 3년간 연평균 증가율 : 2.56%/年)를 보이고 있다. 특히 YBD(13.85%)의 객실재고량 연평균 증가율이 타권역(CBD : 0.30%, GBD : 1.62%, ETC : 3.41%)을 주도하는 가운데, 2013년에는 공사진행 중인 신규 추가 공급량(4,691실 예정)이 많아 재고량 3만실 초과가 확실시되어 숙박 수급불균형이 다소 해소될 것으로 보인다.

표 5.3 서울시 권역별 객실재고량 추이 및 연면적 공간적 분포현황 (단위 : 실)

권역	70	75	80	85	90	95	00	05	10	13	증가율
SEOUL	3,317	5,134	8,238	12,279	16,605	18,931	19,712	23,225	25,527	27,488	2.56%
CBD	2,866	4,526	4,941	7,388	7,519	7,988	8,144	8,225	9,022	9,102	0.30%
GBD	–	–	324	1,476	3,848	4,829	4,923	7,368	7,768	8,146	1.62%
YBD	–	107	694	871	871	1,154	1,340	1,435	1,947	2,756	13.85%
ETC	451	501	2,279	2,544	4,367	4,960	5,305	6,197	6,790	7,484	3.41%

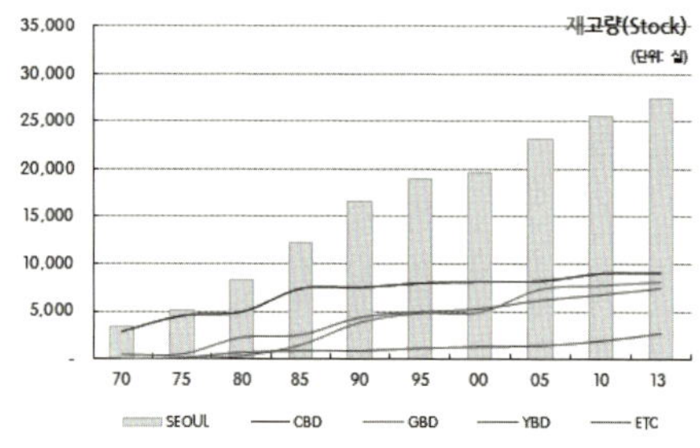

판매가능객실수

판매가능객실수는 객실이 1년(365일) 내내 가동될 시에 판매가능한 최대 객실수로, 객실의 연간 공급량(객실수×365)이라 할 수 있다. 서울시내 판매가능객실수는 총 7,561천실로, 최근 5년간 1.49%/年의 증가율을 기록하고 있다. 지역별로는 CBD(2,955천실/39.1%)와 GBD(2,827천실/37.4%)의 비중이 높아 전체 호텔시장의 대다수인 3/4 이상을 차지하고 있다. 그러나 증가율CAGR로 살펴보면, GBD

가 해마다 꾸준히 증가(3.47%)하는 모습과 달리, CBD는 일시 정체/소폭 감소하는 추세(-0.02%)로 다소 차이점을 보인다. 이는 아마도 GBD는 신축이, CBD는 리모델링으로 인한 운영 중단이 판매가능객실수에 반영된 것으로 풀이된다. 이러한 가운데, YBD(446실/5.9%)는 점유율이 낮으나 연평균 증가율이 9.09%로 빠른 성장세를 보이고 있다.

표 5.4 서울시 권역별 판매가능객실수 추이 및 공간적 분포현황 (단위 : 천실)

권역	02	03	04	05	06	07	08	09	10	11	증가율
SEOUL	6,741	6,912	6,935	6,990	7,036	7,145	7,547	7,745	7,713	7,561	1.49%
CBD	3,231	3,204	3,185	3,159	2,957	3,139	3,369	3,226	3,448	2,955	-0.02%
GBD	2,251	2,221	2,212	2,228	2,410	2,460	2,425	2,630	2,589	2,827	3.47%
YBD	302	385	212	259	307	230	223	491	305	446	9.09%
ETC	958	1,102	1,327	1,344	1,362	1,316	1,529	1,398	1,372	1,333	-0.42%

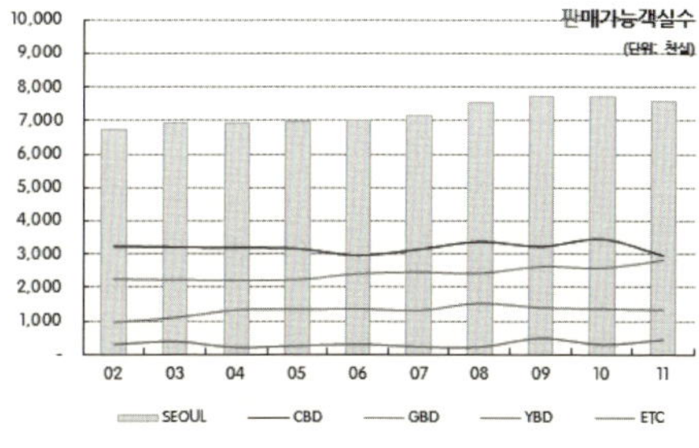

판매객실수

판매가능객실수가 연간 공급량을 측정하는 지표였다면, 판매객실수는 실제로 고객에게 판매된 객실수로 잠재적인 연간 수요량을 대변한다고 할 수 있다. 서울시내 판매객실수는 총 6,102천실로, 최근 5년간 6.11%/年의 높은 증가율을 나타내고 있다. 지역별로는 쇼핑/관광 밀집지역이면서 교통 접근성이 우수한 CBD(2,480천실/40.6%)와 GBD(2,345천실/38.4%)가 전체 호텔시장을 양분하며 지배하는 양상이다. 증가율CAGR면에서는 판매가능객실수와 유사하게 YBD(381천실/14.72%)의 성장세가 돋보이는 가운데, GBD(6.35%), ETC(6.00%), CBD(4.98%) 모두 외래관광객 방문 증가에 힘입어 연간 4% 이상의 양호한 성장률을 유지하고 있다.

표 5.5 서울시 권역별 판매객실수 추이 및 공간적 분포현황 (단위 : 천실)

권역	02	03	04	05	06	07	08	09	10	11	증가율
SEOUL	4,992	4,284	4,910	4,834	4,674	4,967	5,420	5,984	6,092	6,102	6.11%
CBD	2,417	2,037	2,344	2,250	1,985	2,231	2,488	2,595	2,873	2,480	4.98%
GBD	1,655	1,448	1,722	1,679	1,780	1,906	1,941	2,096	2,093	2,345	6.35%
YBD	244	225	170	183	220	169	177	377	105	381	14.72%
ETC	676	574	674	720	688	662	813	915	1,020	895	6.00%

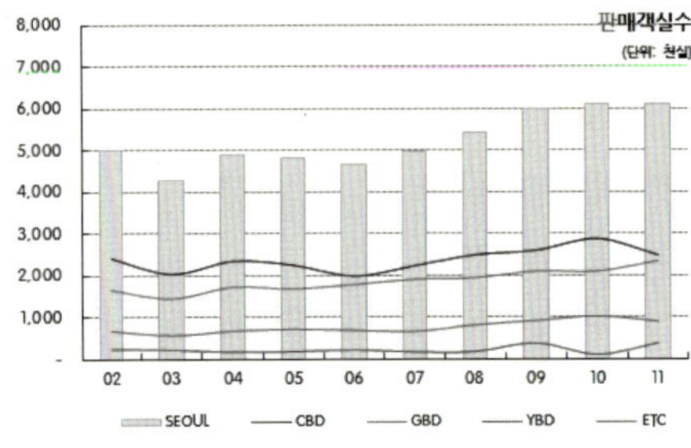

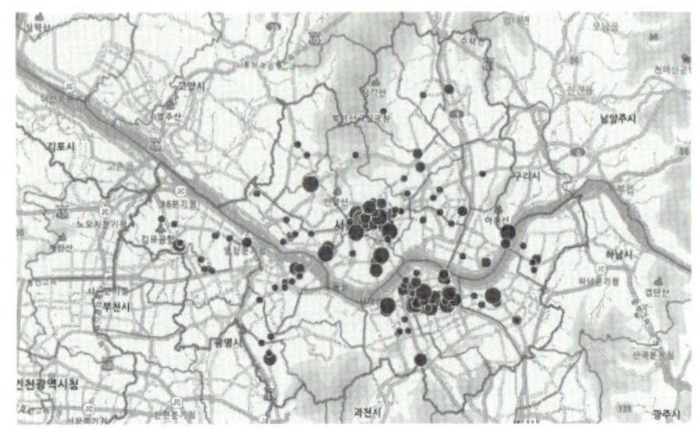

객실밀도Density

객실밀도는 연판매객실수 대비 연숙박객수로, 1객실당 평균 투숙인원을 의미한다. 이는 가격과 수요/공급 사이의 매개변수로 작용하여 이용률과 평균 객실요금에 영향을 미친다. 서울시내 소재한 호텔의 평균 객실밀도는 2.12인/실이며, 평균적으로 연간 2.67%의 증가율을 보이고 있다. 그러나 시기적으로는 2009년을 기점Peak으로, 상승세에서 하락하는 추세로 급반전하고 있는 양상이다. 지역별로는 CBD(2.55인/실)의 객실밀도가 가장 높은 가운데, 타권역은 서울 평균과 유사한 수치(2.12인/실 내외)를 보였다. 이러한 결과는 CBD의 평균 숙박요금이 상대적으로 타권역에 비해 비싸, 여행경비에 민감한 복수(2인) 이상의 관광객이 하나의 객실을 공동으로 이용하고자 하는 수요가 많기 때문인 것으로 해석된다.

표 5.6 서울시 권역별 객실밀도 추이 및 공간적 분포현황 (단위 : 인/실)

권역	02	03	04	05	06	07	08	09	10	11	증가율
SEOUL	2.14	1.86	1.80	1.77	1.87	1.99	2.31	3.03	2.50	2.12	2.67%
CBD	2.74	2.06	1.76	1.84	1.96	2.02	2.59	3.95	3.40	2.55	5.99%
GBD	1.89	1.66	1.86	1.81	1.97	2.22	2.14	1.81	1.49	2.12	1.57%
YBD	1.55	1.96	3.66	1.80	1.54	2.34	1.88	3.57	2.46	2.16	8.14%
ETC	2.14	1.71	1.58	1.64	2.34	1.94	2.17	3.09	2.64	2.13	-1.79%

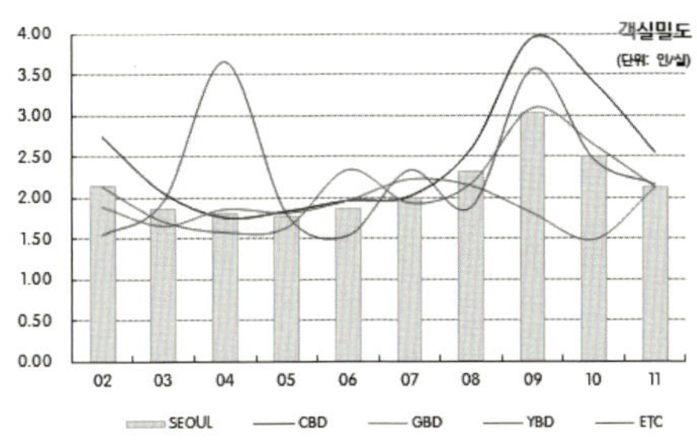

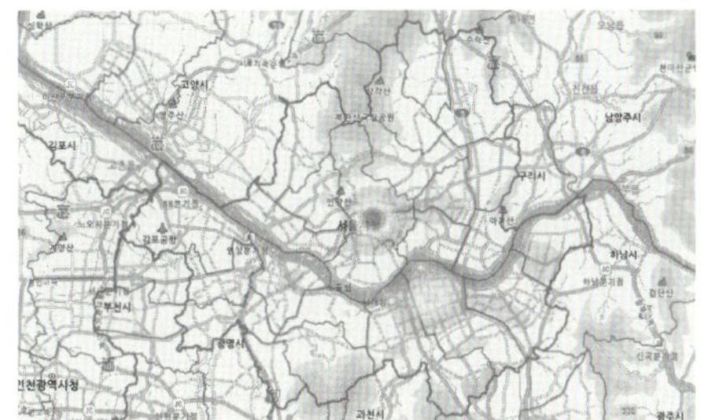

이용률OCC : Occupancy Rate

흔히 가동률과 판매율로 불리는 객실이용률은 객실이 고객에 의해서 점유되는 정도를 나타내며, 이는 판매객실수를 판매가능객실수로 나눈 값으로 산정할 수 있다. 서울시내 소재한 호텔의 평균 객실이용률은 외래관광객의 꾸준한 방문으로 점진적인 증가 추세(최근 5년간 연평균 증가율 : 2.85%/年)에 있으며, 올해에는 최초로 80%를 넘어서는 등 매년 신기록을 작성 중이다. 지역별로는 YBD(85.4%), CBD(83.9%), GBD(83.0%) 등 주요 3대 권역의 이용률이 서울시 평균(80.7%)을 상회하며 호황을 누리는 가운데, ETC(67.1%)만 상대적으로 이용률이 저조하여 대조적인 모습을 보였다. 이 중 GBD는 FIT 중심의 고객 구성으로 국내 · 외 관광환경 변화에 따른 변동성이 적어 안정적인 판매율을 유지하고 있다. 그러나 증가율CAGR로는 모든 권역에서 3% 내외의 양적(+)인 성장률을 기록하여, 호텔시장의 밝은 전망을 보여주는 단면이다.

표 5.7 서울시 권역별 이용률(OCC) 추이 및 공간적 분포현황 (단위 : %)

권역	02	03	04	05	06	07	08	09	10	11	증가율
SEOUL	74.1	62.0	70.8	69.1	66.4	69.5	71.8	77.3	79.0	80.7	2.85%P
CBD	74.8	63.6	73.6	71.2	67.1	71.1	73.9	80.4	83.3	83.9	3.36%P
GBD	73.5	65.2	77.8	75.4	73.9	77.5	80.0	79.7	80.9	83.0	1.82%P
YBD	80.9	58.4	80.5	70.8	71.6	73.3	79.6	76.8	34.4	85.4	2.77%P
ETC	70.6	52.	50.8	53.6	50.5	50.3	53.2	65.5	74.4	67.1	3.32%P

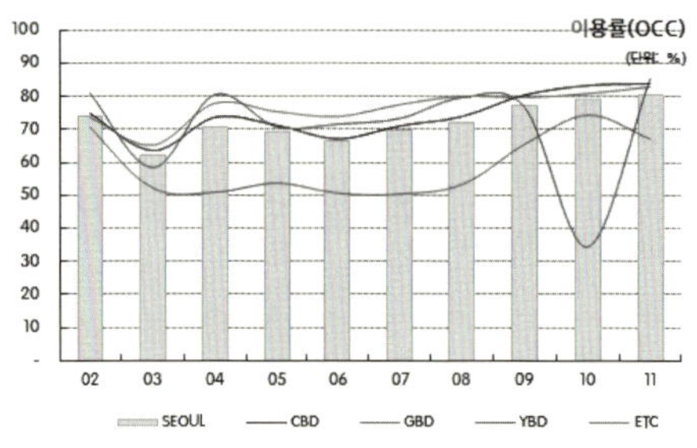

평균 숙박요금ADR : Average Daily Rate

평균 숙박요금은 객실총수입을 객실판매실수로 나눈 값으로, 흔히 객단가 혹은 1객실당 판매요금으로도 한다. 이는 객실이용률OCC과 함께 장래의 호텔 수입을 결정짓는 주요 변수 중의 하나로, 고객과 호텔업체의 입장에서는 각각 객실에 대한 지불용의액과 호텔의 수익성을 판단하는 잣대이다. 서울시내 소재한 호텔의 평균 숙박요금은 2007년 이후 매년 물가상승률 수준(3.77%)으로 지속적으로 인상하여 157천원을 기록 중이다. 지역별로는 상대적으로 지가(地價)가 비싼 CBD(164천원/△6.64%)와 GBD(160천원/△0.38%)의 객실운영이 가장 양호한 것으로 나타났다. 이들 지역은 타권역과 1.5~2.0배 이상의 격차를 보이며 전체적인 호텔시장을 리드해 나가고 있다. 반면, 공급물량 대비 외래관광객 수요가 적은 YBD (97천원/0.61%)와 ETC(79천원/△2.93%)는 서울시 평균에도 미달하여 양극화된 모습을 보여주고 있다.

표 5.8 서울시 권역별 평균 숙박요금(ADR) 추이 및 공간적 분포현황 (단위 : 천원)

권역	02	03	04	05	06	07	08	09	10	11	증가율
SEOUL	152	137	139	137	132	128	133	138	150	157	3.77%
CBD	142	124	134	128	123	127	132	143	150	164	6.64%
GBD	162	153	160	161	157	148	145	131	143	160	0.38%
YBD	95	84	95	85	94	97	101	98	239	97	0.61%
ETC	91	88	74	75	69	75	87	85	88	79	2.93%

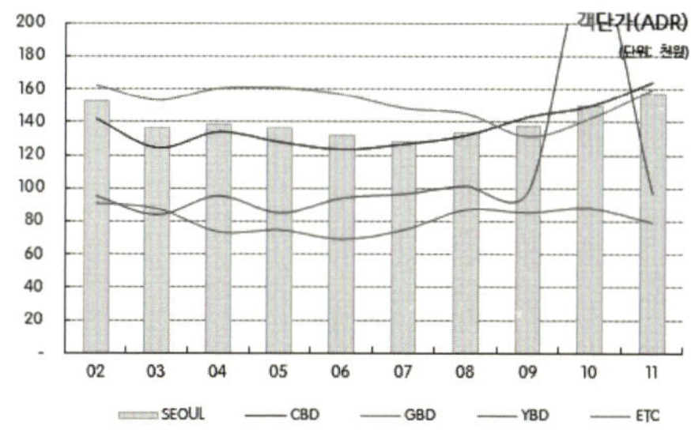

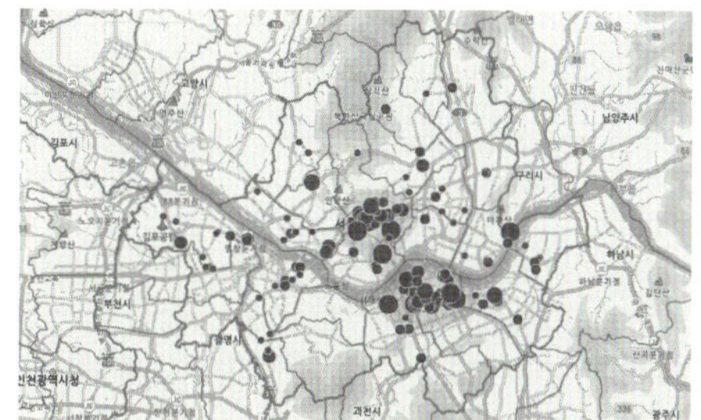

객실당 수입Rev PAR : Revenue per Available Room = ADR × OCC

객실당 수입은 실제 1객실당 1일 기준으로 창출하는 매출액이자, 호텔의 경제적인 운영성과를 파악할 수 있는 지표로서 중요한 의미를 지닌다. 객실당 매출생산성을 나타내는 객실당 수입은 서울시내 소재한 호텔업이 전반적으로 주요 영업성과가 개선되면서 매년 8.89%의 높은 성장률 아래, 사상 최고치인 127천원을 달성하였다. 지역별로는 평균객단가와 객실이용률이 높은 CBD(138천원/△13.30%)와 GBD(133천원/△2.89%)가 주도하는 양상 가운데, YBD(83천원/4.59%)와 ETC(53천원/△10.45%) 또한 객실당 수입이 많이 호전되고 있는 모습이다. 이는 계산식(판매객실 평균요금×객실이용률)에서도 알 수 있듯이, 일반적으로 객단가ADR 및 이용률OCC과 정비례(+)하여 증가하는 경향이 있음을 말해주고 있다.

표 5.9 서울시 권역별 객실당 수입(Rev PAR) 추이 및 공간적 분포현황 (단위 : 천원)

권역	02	03	04	05	06	07	08	09	10	11	증가율
SEOUL	113	85	98	95	88	89	96	106	118	127	8.89%
CBD	106	79	99	91	83	90	97	115	125	138	13.30%
GBD	119	100	125	121	116	115	116	105	115	133	2.89%
YBD	77	49	77	60	67	71	81	75	82	83	4.59%
ETC	64	46	37	40	35	38	46	56	65	53	10.45%

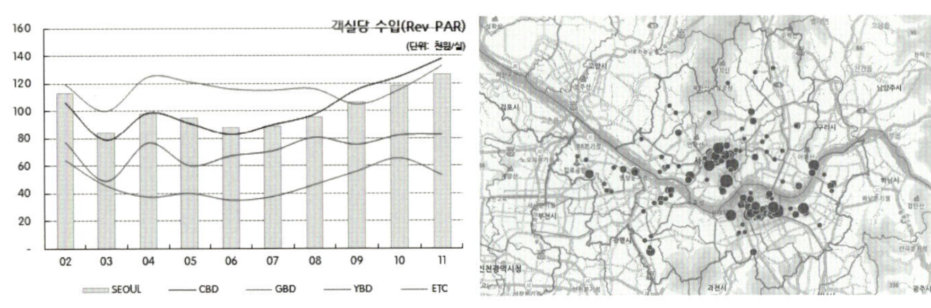

부대시설 1인당 평균 소비액

부대시설 1인당 평균 소비액은 부대시설 이용자수 대비 부대시설 수입으로, 객실당 수입과 함께 호텔의 주요 수입원이라 할 수 있다. 서울시내 소재한 호텔의 부대시설 1인당 평균 소비액은 53천원으로, 매년 물가상승률 수준(3.92%)으로 증가하는 추세를 보이고 있다. 2008년에는 세계 금융위기로 최저점을 맞이하였으나, 그 이후에는 빠르게 회복하고 있는 모습이다. 지역별로는 예상 외로 객단가가 비교적 저렴한 외곽지역의 ETC(58천원/△5.78%)가 특급호텔 위주로 공급이 이루어진 GBD(53천원/△7.62%)와 CBD(53천원/△1.39%)를 제치면서 상대적 우위를 점하는 반면, YBD(27천원/▽-1.74%)는 타권역의 절반 수준인 평균소비액과 마이너스 성장률을 보이는 등 모든 측면에서 부진한 것으로 드러났다.

표 5.10 서울시 권역별 부대시설 1인당 평균 소비액 추이 및 공간적 분포현황 (단위 : 원/인)

권역	02	03	04	05	06	07	08	09	10	11	증가율
SEOUL	38	39	42	45	44	44	33	47	53	53	3.92%
CBD	49	50	52	53	50	46	23	54	65	53	1.39%
GBD	30	32	35	37	38	43	44	44	47	53	7.62%
YBD	18	20	22	22	29	23	23	23	84	27	-1.74%
ETC	29	31	36	43	45	47	47	47	49	58	5.78%

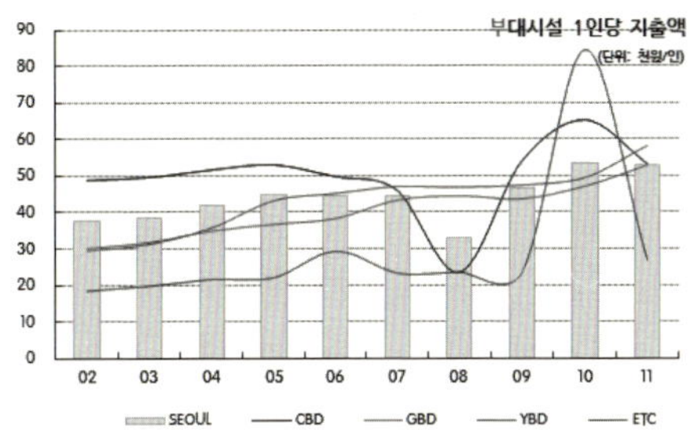

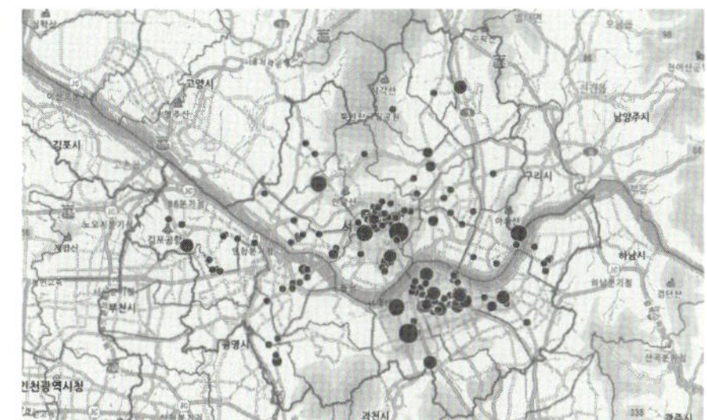

객실 이용현황

객실 외국인 점유비율은 판매된 객실 이용현황 중 전체 연 숙박객수 대비 외국인 숙박객수로, 국내 호텔의 시장잠재력을 예측하는 지표이다. 서울시내 소재한 호텔의 평균 외국인 객실점유율은 71.8%로 소폭 하락하는 추세이나, 2002년 월드컵 개최 이후 꾸준히 70% 수준을 계속 유지하고 있다. 지역별로는 국내 대표상권인 명동, 동대문, 인사동을 중심으로 CBD(87.8%)가 90%에 육박하는 가장 높은 외국인 점유비율을 보이며, 국내 호텔의 높은 시장잠재력을 입증하였다. 그 뒤를 이어 후순위로는 YBD(72.4%), ETC(58.8%), GBD(58.3%)가 외국인과 내국인 객실 점유율을 6 : 4로 안분하여 안정적으로 유지하는 것으로 나타났다. 이처럼 CBD는 국내·외 경기여건(환율/산업동향/국제적 이벤트)에 민감한 외래관광객 추이 변동에 따른 객실 수입이 불안정해질 가능성이 크므로, 이에 대한 리스크 저감 및 관리대책이 필요하다.

표 5.11 서울시 권역별 객실 외국인 점유비율 추이 및 공간적 분포현황 (단위 : %)

권역	02	03	04	05	06	07	08	09	10	11	증가율
SEOUL	77.1	73.8	79.3	77.9	75.6	72.7	70.8	75.3	72.1	71.8	-0.75%P
CBD	86.8	83.4	96.8	87.6	85.3	85.5	85.0	87.5	87.1	87.8	0.52%P
GBD	68.2	64.0	70.5	64.5	66.6	61.0	59.6	65.9	58.7	58.3	-1.65%P
YBD	76.6	70.9	80.1	82.9	79.5	72.2	73.3	75.1	60.8	72.4	-1.42%P
ETC	62.6	62.7	74.1	70.2	65.0	59.4	49.2	56.3	53.8	58.8	-1.24%P

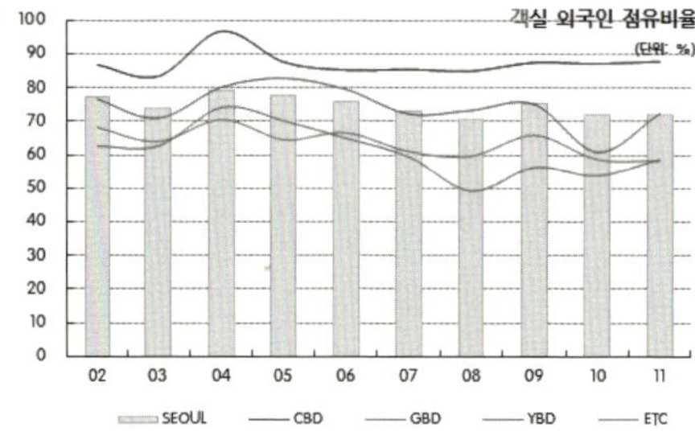

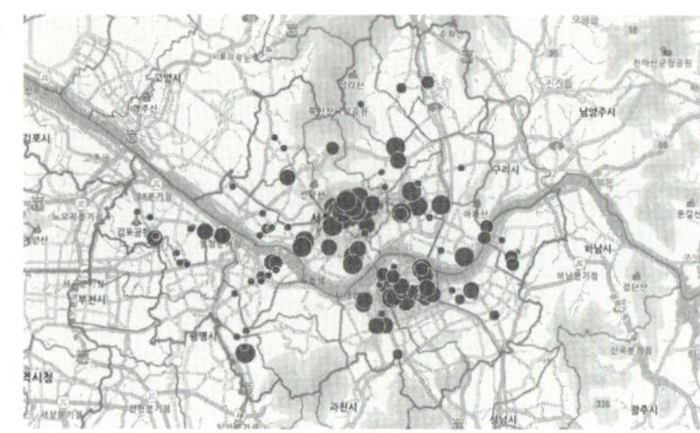

부대시설 이용현황

호텔 매출액은 크게 객실운영 수입과 식음료, 회의실, 연회장, 휘트니스 등 각종 편의시설에서 발생하는 호텔서비스의 부대시설 수입으로 양분화할 수 있다. 이 중 부대시설 매출 비중은 서비스 범위를 결정하는 호텔 등급에 가장 밀접한 영향을 받는 것이 보편적이다. 서울시내 소재한 호텔의 부대시설 매출 비중은 절반 수준인 51.1%를 유지하고 있으나, 관광객이 증가하기 시작한 2006년 이후 객실 운영수입의 증가로 점차 감소하는 추세(연간 하락율 : -3.00%/年)이다. 지역별로는 공통적으로 부대시설 매출 신장률이 둔화되는 양상 속에서, ETC(62.8%)와

GBD(54.3%)가 서울시 평균을 상회하며 선전하고 있다. 반면, CBD(44.5%)와 YBD (33.6%)는 부대시설 매출 비중보다는 객실 운영수입이 우위를 점하여 상반된 모습을 보여주고 있다. 위의 결과에서 ETC는 부대시설을 최소화하고 객실 위주의 운영을 하는 중저가 비즈니스호텔(1~3급)이 많은 지역적 특성에도 불구하고, 부대시설 매출 비중이 가장 높게 나타나 정반대의 결과를 도출하였다.

표 5.12 서울시 권역별 부대시설 매출 비중 추이 및 공간적 분포현황 (단위 : %)

권역	02	03	04	05	06	07	08	09	10	11	증가율
SEOUL	57.5	63.6	60.4	62.6	66.1	60.2	57.4	53.7	51.4	51.1	-3.00%P
CBD	60.4	66.3	62.3	65.1	68.8	55.9	51.9	47.3	44.9	44.5	-4.85%P
GBD	52.5	58.1	55.7	57.2	60.5	61.7	61.2	58.4	56.5	54.3	-1.24%P
YBD	35.0	49.2	49.4	49.6	49.9	49.1	46.3	39.7	23.6	33.6	-3.27%P
ETC	62.0	68.3	65.4	66.9	72.8	69.7	63.8	62.7	60.0	62.8	-2.01%P

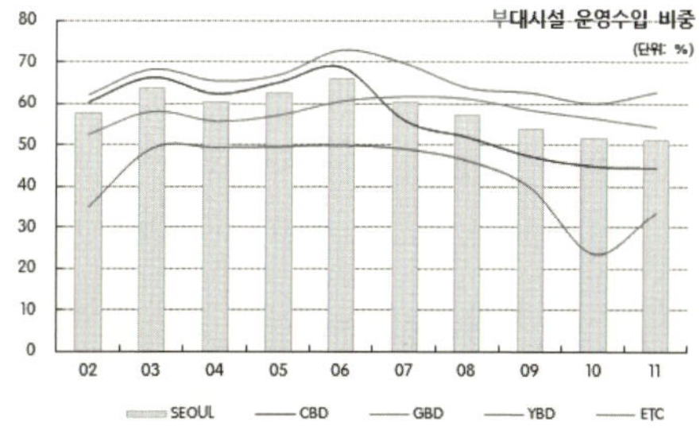

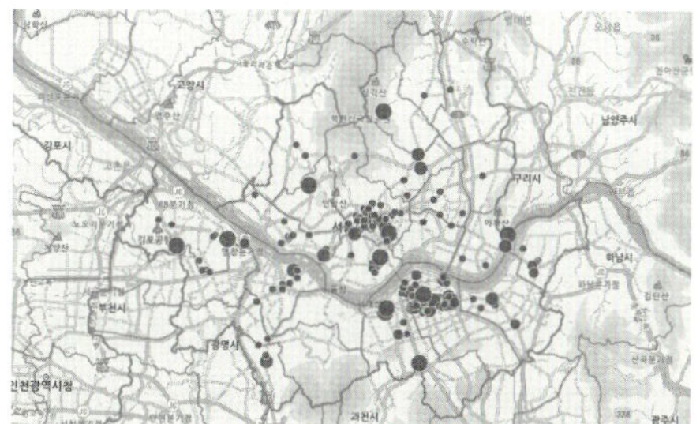

운영시장 전망Outlook

지금까지 호텔시장의 주기성과 동태적인 방향을 파악하고, 경제적 영업성과와 호텔의 장래 수익성을 예측하는데 유용한 공급량(호텔수, 재고량, 객실당 숙박외래객 비율) / 운영실적 지표(OCC, ADR, Rev PAR 등)에 대해 살펴보았다. 이러한 다양한 지표의 객관적인 분석을 통해 서울의 호텔시장은 우호적인 영업환경 하에 높은 시장잠재력Market Potential을 보유하고 있음을 엿볼 수 있었다. 이에 외래방문객 증가에 따라 서울의 3대 주요 핵심권역을 중심으로 호텔시장의 양적인 규모 확대와 질적 변화도 가속화될 전망이며, 세부적으로는 아래와 같은 특징적인 동향이 주시될 것으로 보인다.

첫째, 호텔의 입지환경의 중요성이 더욱 강조되어 외국인 선호도에 따른 지역 간 편중이 뚜렷이 나타나 격차는 더욱 심화될 것으로 예상된다. GBD와 YBD는 강남 테헤란로와 여의도 금융가를 중심으로 한 업무 목적의 비즈니스 고객이, CBD는 동대문과 명동, 인사동을 중심으로 한 쇼핑/관광 목적의 외래관광객이 우위를 점할 것이다. 그 밖에 3대 주요 권역을 제외한 서울 외곽지역의 ETC는 FIT중심의 외국인 여행객과 내국인 수요를 위주로, 각 세부권역별 특성에 맞는 호텔 하위시장이 형성될 것이다.

둘째, 단기적으로 외래관광객 성장률 둔화가 지속되는 가운데, 일시적인 숙박시설 공급량 증가(~2017년)로 호텔의 영업환경 수지가 다소 하향 안정화를 이룰 것이다. 일본과 중국의 의존도가 지나치게 높은 여건 하에, 일본의 엔저현상과 같은 경기변동(환율/정치적 이슈)은 국내 호텔시장의 사업 환경을 위협하는 요소로 작용할 여지가 있다. 최근에는 과잉공급의 우려가 맞물리면서 과다경쟁에 따른 이용률 향상과 객단가 인상의 어려움이 따를 것이며, 이는 호텔의 전반적인 주요 영업성과 지표OCC/ADR/Rev PAR에 부정적인 영향을 미쳐 다소 악화될 것으로 예상된다. 권역별로는 안정적으로 내국인을 상대하는 ETC보다는 외국인 투숙률이 높은 CBD와 GBD가 경기상황에 민감하게 반응하여 영업수지의 변동폭이 클 것이다.

셋째, 오피스와 리테일을 대신하여 저금리 저성장시대에 높은 수익률(연간 7~10%)을 기대할 수 있는 매력적인 투자상품으로서 향후 호텔을 대상으로 하는 부동산 간접투자시장이 활성화될 전망이다. 실제로 동양토투앤1호(명동 이비스, 2005)와 종로 아벤트리(2012)의 성공적인 개관 사례처럼, 부동산펀드REF나 리츠REITs 등 간접투자기구를 적극 활용하여 호텔을 투자/운영하는 시장규모가 더욱 확대될 것으로 보인다. 한 발 더 나아가 관광호텔의 산업발전에 기여하고 투자기회를 증대시키며, 호텔의 대중화를 이끄는 기회요인으로서 긍정적인 효과를 기대한다.

STORY 요약

호텔시장의 객관적인 운영성과를 측정하는 3대 지표로 객단가(ADR), 가동률(OCC), 객실당 평균수입(Rev PAR) 등이 있으며, 역으로 수요와 공급에 의해 결정되기도 한다. 지난 호텔시장은 방한관광객 급증에 힘입어, 객실과 부대시설 부문의 영업 성과지표(Performance)가 고공행진을 그리며 호황기를 누려왔다. 통상 외래객이 선호하는 서울 도심과 강남 일대는 숙박수요가 집중되면서 객실료 15~20만원, 이용률 80~90%의 양호한 실적을 시현해냈다. 이처럼 3대 권역을 중심으로 이용객 우위의 차별적인 호텔 하위시장이 형성된 가운데, 최근 3년간 관광객 유입 감소와 일시적인 공급확대 영향으로 당분간 하향안정화 국면이 예상된다. 따라서 호텔운영 측면에서 객실당 매출을 극대화하기 위한 객단가와 가동률의 최적 비율, 탄력적인 책정이 중요한 과제가 된다.

호텔 브랜드 자산관리와 포트폴리오 전략

이제까지 국내 호텔시장은 대기업 위주의 특1,2급 호텔과 다수의 여관과 모텔 등 저가 숙박업소를 중심으로 발전되어 왔다. 그러나 최근 들어 관광객의 소비수준 향상 및 체험을 중시하는 여행패턴 변화에 따라, 중저가 비즈니스호텔이 소비자의 다양한 기호와 니즈에 부합하는 새로운 틈새시장(Niche Market)으로 중흥기를 맞이하고 있다. 이에 따라 국내에서도 높은 인지도 및 체계적인 운영시스템을 갖춘 글로벌 호텔체인들이 급속도로 증가하는 추세이며, 브랜드화 경향이 가속화되고 있다. 특히 해외 유명업체들은 가격, 등급 및 서비스 수준 차등에 따라 수많은 서브브랜드를 수직 확장하는 등 탄탄한 브랜드 포트폴리오(Brand Portfolio)를 기반으로, 안정적인 수익을 올리고 있다. 이처럼 호텔시장에서 경쟁우위를 선점하기 위한 브랜드 가치의 중요성이 증대되고 있으나, 외국계 브랜드에 비하여 국내 토종 호텔브랜드는 소수에 불과한 실정이다. 이러한 시점에서 글로벌 호텔체인들이 보유한 브랜드 포트폴리오 특성 및 전략사례는 국내 호텔운영 기업에게 많은 시사점을 줄 것이다.

세계 호텔시장을 움직이는 10대 그룹 및 브랜드
… 그룹은 IHG, 브랜드는 Holiday Inn + Hi Express

유럽과 미국에서 발전한 세계적인 글로벌 체인호텔이 자국을 넘어 아시아로까지 시장영역 범위가 점차 확장되고 있다. MKG가 발표한 보도자료에 따르면(표 6.1 참조), 2013년 IHG, Hilton, Marriott, Wyndham, Choice 등 글로벌 10대 호텔그룹이 보유한 호텔수는 총 3.7만개로 객실수는 456만실에 달하며, 작년대비 △1.1% 소폭 증가하였다. 호텔수로는 Wyndham(미국)이 7.3천개로 전세계에 가장 많은 지사를 두고 있으며, 객실수로는 IHG(영국)가 가장 큰 규모인 67.5만실(국내 호텔 객실공급량의 8.2배)을 갖고 있다. 대부분 미국기업의 호텔이 다수인 가운데, Accor(프랑스)의 하락세(▽15.3%, 8.1만실 감소)에 견주어 중국계 호텔인 Home Inn의 놀라운 성장세(△21.2%, 3.7만실 증가)가 눈부시다. Home Inn은 Best Western(3개),

표 6.1 글로벌 호텔그룹 Top 10 순위

(단위 : 개소, 실)

순위		그룹명	브랜드	국가	호텔수		객실수		증감	
2013	2012				2013	2012	2013	2012	양	%
1	1	Inter Continental Hotel Group	11	GB	4,602	4,480	675,982	658,348	17,634	+2.7%
2	2	Hilton Hotels	10	USA	3,992	3,861	652,378	631,131	21,247	+3.4%
3	3	Marriott International	18	USA	3,672	3,595	638,793	622,279	16,514	+2.7%
4	4	Wyndham Hotel Group	17	USA	7,342	7,205	627,437	613,126	14,311	+2.3%
5	6	Choice	11	USA	6,198	6,203	497,023	502,460	-5,437	-1.1%
6	5	Accor	14	FRA	3,515	4,426	450,199	531,714	-81,515	-15.3%
7	7	Starwood Hotels and Resorts	10	USA	1,121	1,076	328,055	315,346	12,709	+4.0%
8	8	Best Western	3	USA	4,024	4,018	311,611	295,254	16,357	+5.5%
9	9	Home Inns	3	CHI	1,772	1,426	214,070	176,562	37,508	+21.2%
10	10	Carlson Rezidor Hotel Group	6	USA	1,077	1,077	166,245	165,802	443	+0.3%
–	–	합계	103	–	37,315	37,367	4,561,793	4,512,022	49,771	+1.1%

* 출처 : MKG Hospitality Database(2013), 저자 일부수정

Carlson Rezidor(6개)과 함께 적은 브랜드수에도 불구하고, 호텔분야에 있어 글로벌 리딩업체로의 입지를 굳혀왔다. 이들을 제외한 1~7위까지 상위권 그룹이 운영하는 브랜드는 평균 10개 내외로, 호텔 체인수에 따라 순위도 높은 경향을 보이고 있다. 이 중 Marriott(18개)는 중저가~최고급에 이르는 가장 폭넓은 상품구성의 브랜드 전략을 자랑한다.

그렇다면 과연 글로벌 호텔그룹 순위가 선호하는 브랜드로도 그대로 이어질까? MKG가 발간한 세계 호텔체인 10대 브랜드 순위(그림 6.1 참조)에 따르면, 글로벌 호텔그룹의 중저가 비즈니스호텔급인 대표브랜드(Holiday Inn, Best Western, Hampton Inn, Ibis, Home Inn, Days Inn)가 순위에 골고루 포진하고 있음을 알 수 있다. 이 중 1위인 IHG의 Holiday Inn과 Hi Express는 총 42.4만실로, 가장 많은 객실을 운영 중이다. 이와 함께 단독브랜드로는 Best Western이 전세계 각국에 걸쳐 최대 규모인 4천개의 호텔을 보유하며, 연간 5천만 이상의 관광객이 이용하고 있다. 그룹 중 유일하게 Hilton은 복수 브랜드인 Hilton Hotel & Resort(19.1만실)와 Hampton Inn(18.4만실)을 5,6위에 올리며 선전하고 있는 양상이다. 상위권에 해당하는

Marriott의 Marriott Hotel & Resort(▽0.3%)와 Choice의 Comfort Inn & Suites(▽2.8%)는 하향화를 그리는 반면, Accor의 Ibis(△11.6%)와 Home Inn의 Home Inn(△27.8%)은 이와 상반된 폭발적인 증가를 보인다. 그 밖에 최저가여행을 선호하는 최근 트렌드를 반영하듯, Super 8 Motels(11위)와 Ramada(14위) 등 Wyndham의 Budget급 호텔의 약진이 눈에 띈다.

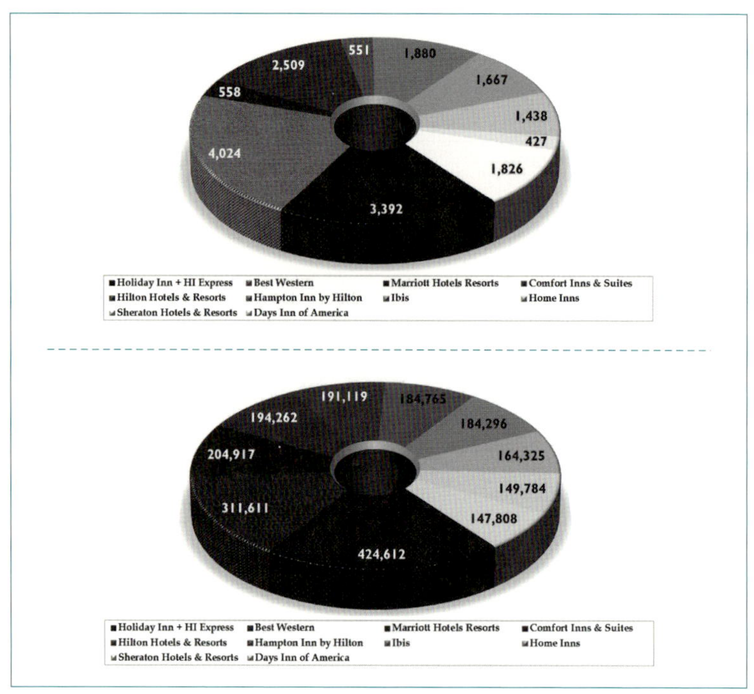

*출처 : MKG Hospitality Database(2013), 저자 일부수정

그림 6.1 글로벌 호텔브랜드 Top 10 순위

호텔 시설 및 서비스 수준에 따른 시장세분화

… 최고급~저가라인의 틈새상품시장, 중저가 비즈니스호텔

현재 수많은 기업들이 제품 및 서비스 판매 분야에서 특정 목표시장을 선점하

기 위한 마케팅 수단으로, 시장세분화 전략을 활용하고 있다. 물론 호텔업도 예외는 아니다. 호텔상품의 시장세분화Segmentation란, 이질적인 기호와 지불의사 욕구를 지닌 잠재고객군을 공통적 특징에 따라 동질의 하위시장으로 그룹핑하는 과정이다. 이때 분류기준으로는 가격, 객실 규모, 부대시설 제공범위, 서비스 수준에 따라 풀서비스 호텔Full Service과 제한된 서비스 호텔Selected Service로 구분할 수 있다.

우선 풀서비스 호텔은 글로벌 대도시 중심부와 유명 관광지에 입지한 연면적 2만평 내외의 대규모 호텔이다. 5성급 호텔에 준하는 초호화 객실은 물론, 최고급 F&B, 면세점, 연회장, 회의장, 멤버십 전용 피트니스 및 수영장 등 고객이 기대하는 수준 이상의 다양한 부대시설을 제공한다. 주로 High-end User, 고위간부VVIP, MICE 관광객 등 최상류층을 대상으로 하며, Luxury(최상급), Deluxe(상급)류의 특1,2급 호텔이 이에 해당한다. 대표적인 사례로는 Marriott, Four Season, Park Hyatt, Grand Hilton, Sheraton, Conrad 등 인터내셔널International 브랜드가 있다(표 6.2 참조).

표 6.2 호텔시설 및 서비스 수준에 따른 시장세분화

세그먼트	등급	브랜드	입지	규모	객실면적	부대시설	타깃고객
Luxury	특1급	파크하얏트 콘래드 포시즌	글로벌 비즈니스 중심지 쇼핑 메카 / 한류 관광지	2만평 이상	15평 이상	최고급 F&B 수영장 & 휘트니스(M) 면세점, 웨딩홀 컨벤션, 연회장	고위간부 / 임직원 VVIP(최상위층) High-end User
Deluxe	특1급	인터컨티넨탈 웨스틴조선 신라호텔	국가별 대도시 중심지 도심 전면	1~2만평	10~15평	다수의 F&B 스파 & 휘트니스 컨벤션, 연회장	Local High-end VIP MICE
Upper~mid	특2급	코트야드 롯데시티 신라스테이	비즈니스 중심지 / 관광지 지방 대도시 중심지 도심 전면 / 이면부	5~7천평	8~10평	소수의 F&B 연회장 & 휘트니스 소규모 회의실 비즈니스센터	비즈니스 / Tourist 개인관광객(FIT) 단체관광객(기업) MICE
Midscale	특2~1급	베스트 웨스턴 라마다 머큐어		3~5천평	6~8평		
Economy	1~3급	이비스 토요코인(일본) 홈인(중국) 베니키아(한국) 기타…	지방 중소도시 중심지 주요 산업단지 보유도시 이면부 활용가능	3천평	4~6평	조식 Lounge 소규모 회의실 인터넷 Zone 코인세탁룸, 편의점	비즈니스(저가) 단체관광객(저가) Extended Stay 내국인(가족, 친구)

* 출처 : 비즈니스호텔 크리에이터(2013), 저자 일부수정

이에 반해, 제한된 서비스 호텔은 비즈니스 중심지와 산업단지 보유도시에 인접한 연면적 1만평 미만의 중·소규모 호텔이다. 대로변에 접하여 가시성이 좋아야 하지만, 높은 토지대로는 수익성 확보가 어려워 이면부 입지를 선호한다. 기본적으로 5평 미만의 객실과 조식이 가능한 F&B, 간단한 사무작업을 볼 수 있는 비즈니스코너, 편의점, 코인세탁룸 등 최소한의 부대시설을 유지함으로써 비교적 동선구조 및 공간구성이 간결한 특성을 지니고 있다. 주로 비즈니스 출장객, 개인 FIT, 인바운드 단체, 장기체류자 등 중저가 여행객을 대상으로 하는 Upper~Mid(중상급), Midscale(중급), Economy(저급)류의 호텔이다. 제한된 서비스를 채택하고 있는 사례로는 Best Western, Ramada, Ibis, Days Inn, Super 8, Hotel Formule 1, Home Inn, Toyoko Inn, Benikea 등 로컬Local 브랜드가 있으며, 대표적으로 중저가 비즈니스호텔이 바로 이 범주에 해당된다(표 6.2 참조).

실제로 중저가 비즈니스호텔은 특급호텔보다는 저렴하며, 모텔보다는 편리하고 안락하길 바라는 소비자의 니즈에서 나온 대표적인 칩시크Cheap Chic 상품이다. 즉 고급시장의 특급호텔과 저가시장인 숙박업소(여관, 모텔) 사이의 새로운 틈새상품인 것이다(그림 6.2 참조).

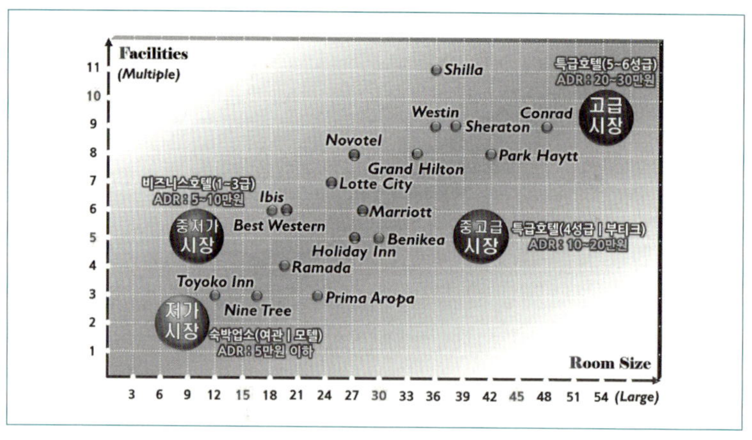

*출처: 개별 호텔 홈페이지 참조, 저자 작성

그림 6.2 중저가 비즈니스호텔의 포지셔닝맵

이는 고급과 저가시장으로 양분화 되어가던 기존 시장에 합리적인 가격과 쾌적한 환경 제공을 강점으로, 중간영역인 중저가 시장에 포지셔닝Positioning함으로써 대중화 반열에 올라섰다. 더욱이 반복되는 불황과 낮은 경제성장률은 비즈니스호텔이 성장할 수 있는 원동력이 되고 있으며, 선택권 확대로 인한 고객층이 많아지면서 기존 시장을 빠르게 잠식하고 있다. 이로 인해 국내 호텔시장은 크게 고급호텔(5~7성급), 일반특급호텔(4성급, 부티크호텔), 비즈니스호텔(1~3급) 등으로 재편되고 있다. 이 중 고급호텔 시장은 표준 객실면적 34.0~48.0㎡, 부대시설 7~10

표 6.3 호텔체인의 객실 및 부대시설 서비스 수준 비교 (단위 : 실, ㎡)

체인명	입지	등급	객실	객실면적		부대시설										
				최소	최대	F&B	W	B	M	I	F	P	S	D	C	G
Shilla	남산	특1급	461	36.0	380.0	●	●	●	●	●	●	●	●	●	●	●
Westin Chosun	을지로	특1급	462	36.0	310.2	●	●	●	●	●	●	●	●	–	●	–
Grand Hilton	서대문	특1급	503	34.0	218.0	●	●	●	●	●	●	●	●	–	–	–
Conrad	여의도	특1급	434	48.0	144.0	●	●	●	●	●	●	●	●	●	–	–
Sheraton	구로	특1급	269	38.0	265.0	●	●	●	●	●	●	●	●	●	–	–
Park Hyatt	강남	특1급	185	42.0	70.0	●	●	●	●	●	●	●	●	–	–	–
Best Western	강남	특2급	128	19.8	42.9	●	●	●	●	●	●	–	–	–	–	–
Marriott	영등포	특2급	283	28.0	50.0	●	–	●	●	●	●	–	–	●	–	–
Lotte City	마포	특2급	284	24.8	33.0	●	–	–	●	●	●	●	●	–	●	–
Novotel	금천	특2급	219	26.4	52.4	●	●	●	●	●	●	●	–	–	●	–
Holiday Inn	성북	특2급	128	27.6	48.3	●	●	●	–	●	●	–	–	–	–	–
Nine Tree	명동	1급	144	16.6	29.1	●	–	–	–	●	–	–	–	–	●	–
Ramada	동대문	1급	154	19.4	58.4	●	–	●	●	●	–	–	–	–	–	–
Ibis	강남	1급	317	18.5	55.5	●	–	●	●	●	●	–	●	–	–	–
Aropa	남대문	1급	90	23.0	50.0	●	–	–	–	●	–	–	●	–	–	–
Benikea	을지로5가	1급	134	29.7	130.0	●	●	●	●	●	–	–	–	–	–	–
Toyoko-inn	동대문	일반	175	12.2	16.1	●	–	–	●	●	–	–	–	–	–	–

* 출처 : 개별 호텔 홈페이지 참조, 저자 작성
* 주 : 레스토랑(F&B), 웨딩홀(W), 연회장(B), 회의장(M), 비즈니스센터(I), 피트니스(F), 수영장(P), 스파(S), 면세점 / 쇼핑몰(D), 편의점(C), 정원(G)

개로 크고 다양한 반면, 비즈니스호텔 시장은 객실면적 12.2~29.7㎡, 부대시설 3~5개로 양과 질적인 측면에서 수준차이가 드러났다(표 6.3 참조). 대체로 1급 이하보다는 특1,2급에 가까울수록 객실 규모가 증가하고 부대시설의 서비스 수준이 높아져, 가격 또한 고가에 근접함을 알 수 있다. 이러한 사실은 호텔시장 포지셔닝을 위한 분류기준으로, 객실 규모(x)와 부대시설 수준(y) 그리고 가격(z) 등이 중요한 요인이 될 수 있음을 보여준다. 이처럼 글로벌 체인기업의 경쟁 브랜드와의 비교를 통한 포지셔닝맵은 하위시장별 세부특성을 파악하고, 현 비즈니스호텔의 위치를 파악하는데 유용한 자료가 되고 있다.

호텔그룹사별 브랜드 포트폴리오 특성 및 전략

… 서브브랜드 개발, 수직적 확장으로 계층별 수요다양화 대응

미국과 유럽을 비롯한 전세계 각국에는 수백 개에 달하는 호텔브랜드가 있으며, 매년 양적인 성장을 이루어왔다. 단연코 오늘날과 같은 비즈니스 무한경쟁 및 체험경제시대에는 호텔만의 고유한 이미지와 정체성을 표현하며, 차별성을 드러내는 브랜드의 영향력이 더욱 중요해지고 있는 것이다. 이 중 우리에게 널리 알려진 Holiday Inn, Best Western, Ramada, Ibis 등 유명한 해외 호텔브랜드는 시설 및 서비스의 표준화, 체계적인 운영시스템을 바탕으로 일관성을 유지한다. 이러한 속성은 이질적인 문화권의 관광객들로부터 어디서나 동등한 수준의 서비스를 제공받을 것이라는 기대 아래, 높은 사전예약률을 보인다. 이와 같이 브랜드는 관광객들이 호텔을 선택하는 주요인 가운데 하나이며, 높은 브랜드 인지도는 호텔업계 내 시장지위와 직결되는 평가지표인 셈이다.

이에 따라 해외 호텔그룹들은 최고급Luxury, 상위Upscale, 중급Midscale, 중저가Economy, 저가형Budget으로 시장을 세분화하여, 가격 및 서비스 수준과 운영방식이 각기 다른 다양한 호텔체인들을 개발 · 확장해 나가고 있다(그림 6.3 참조).

이 중 Marriott는 Wyndham, Accor와 함께 사업부문별로 가장 견고한 브랜드 포

트폴리오를 자랑하고 있다. 중저가(Moxy, Days Inn, Ibis Budget)에서부터 최고급~부티크호텔(Bvlgari, Wyndham Grand, Sofitel)에 이르기까지, 폭넓은 상품라인을 갖추어 호텔시장에서의 입지를 강화하고 있다. 세계 최대 중저가 호텔브랜드인 Best Western 또한 Best Western Premier와 Plus 등 3단계의 단순한 포지셔닝으로, 각각 고급 및 중저가의 숙박 수요를 흡인하고 있다. 반면, 전체 다수가 아닌 특정 고객층을 위한 세부 하위시장에 특화되는 경우도 있다. 그룹으로는 Starwood와 Choice, 브랜드로는 IHG의 Holiday Inn과 Indigo, Hyatt의 Andaz가 그렇다. SPG 멤버십이 강점인 Starwood가 Westin, W Hotel, Sheraton 등 타경쟁사와 대비하여 고급호텔의 운영 비중이 높은데 반해, Choice는 Sleep Inn, Econo Lodge, Rodeway Inn 등 중저가 위주의 프랜차이즈 호텔사업에 강한 면모를 보이고 있다. 특히 유럽에서 인지도가 높은 IHG의 Holiday Inn은 동일 브랜드 내에서 독립된 3개 체인(Holiday Inn Express, Resort, Vacation Club)으로 분리되며, 고급~저가 사이의 중간시장의 고객층을 중점 공략하여 큰 성공을 거둔 사례이다. Hyatt의 Andaz와

*출처: 개별 호텔 홈페이지 참조, 저자 작성

그림 6.3 호텔그룹사별 브랜드 포트폴리오 위계

IHG의 인디고Indigo도 젊고 감각적인 분위기에 재미있는 콘셉트를 더한 라이프스타일Lifestyle 호텔브랜드를 지향하며, 유행을 이끄는 10~30대 소비층으로부터 전폭적인 호응을 얻고 있다.

이처럼 호텔시장은 국내·외를 불문하고, 치열한 경쟁 속에서 다양한 고객층의 수요를 충족시키기 위한 지속적인 노력을 펼치고 있다. 비록 해외 호텔그룹이 보유한 브랜드 자산은 서로 다르지만, 공통적으로는 수직적인 위계구조Hierarchy를 이루며 고가에서 저가브랜드로의 하향확장Downward Expansion 경향이 뚜렷이 나타나고 있다. 즉 하위시장별로 수많은 서브브랜드들이 포진되어 안정적인 브랜드 포트폴리오Brand Portfolio를 마련하고 있는 것이다. 이러한 브랜드 포트폴리오 전략은 호텔이용객 수요다양화에 따른 수익원 다변화 및 지역적 다각화를 통해 매출을 극대화하고, 경기변동에 민감한 리스크를 대처하기 위한 방안으로 볼 수 있다. 이는 향후 기업의 장기적인 관점에서, 단일브랜드를 넘어 여러 브랜드 자산을 효율적이며 총체적으로 운영·관리해 나갈 수 있는 모델로서 귀추가 주목된다.

호텔브랜드의 입지분포 및 공급 특성

… 도심과 강남에 집중 불균형, 대규모 특급호텔 선호

환대사업Hospitality을 영위하는 호텔 또한 여타 부동산처럼 입지환경의 중요성이 강조된다. 아무리 좋은 시설과 서비스를 제공하더라도, 입지가 받쳐주지 않으면 경쟁력이 떨어지기 마련이다. 이처럼 입지적 특성Location은 호텔경영 성과에 영향을 미치며, 브랜드의 흥망성쇠를 결정짓는 핵심적인 요인이다. 그렇다면 과연 호텔브랜드가 선호하는 지역은 어디이며, 비브랜드 호텔과는 입지에 어떠한 차이가 있을까?

2013년 현재 서울시내 소재한 호텔브랜드는 58개이며, 객실공급량은 1.7만실(60.1%)로 과반 이상을 점유하고 있다. 비브랜드 호텔이 서울 외곽지역인 ETC에 많이 분산된 것에 비해, 호텔브랜드는 전통적으로 외래관광객 빈도가 잦은 4대문 안의 CBD(6천실/37.2%)와 업무중심지인 강남 일대의 GBD(5천실/33.4%)에 집중되어 있다(표 6.4 참조).

표 6.4 브랜드 유 · 무에 따른 서울시 호텔의 입지분포 현황 (단위 : 개소, 실)

권역	브랜드(체인)				비브랜드(독립경영)			
	호텔	%	객실	%	호텔	%	객실	%
CBD	23	39.7%	6,391	37.2%	31	25.4%	3,410	30.0%
GBD	17	29.3%	5,738	33.4%	35	28.7%	3,394	29.8%
YBD	6	10.3%	1,701	9.9%	11	9.0%	1,135	10.0%
ETC	12	20.7%	3,328	19.4%	45	36.9%	3,446	30.3%
합계	58	32.2%	17,158	60.1%	122	67.8%	11,385	39.9%

* 출처 : 호텔업운영현황(2013), 저자 가공
* 주 : CBD(도심), GBD(강남), YBD(여의도), ETC(3대권역 제외)

이와 같이 호텔브랜드의 입지 특성은 공간적인 불균형을 보이며, 관광객들의 다양한 수요를 충족시키는데 역부족인 한계를 드러내고 있다. 그러나 공통적으로는 지역상권이 발달한 중심상업지, 교통이 편리한 역세권, 관광지 및 쇼핑가 인접지역, 국내 · 외 비즈니스 수요가 있는 업무지역, 그리고 주변 호텔들이 밀집하여 집적에 따른 규모의 경제Economy of Scale를 실현할 수 있는 요충지 등을 선호함을 알 수 있다.

한편, 입지와 더불어 호텔브랜드 증가에 따른 공급특성 또한 호텔의 경쟁력을 가늠할 수 있는 주요 변수이다. 통상 호텔브랜드는 250실 이상의 특급호텔이 대다수로, 非브랜드 호텔대비 3배 가량 많은 객실을 보유하고 있다. 주로 가시성이 좋은 대로변에 연면적 5만㎡의 대규모로 건설되어, 대형 평형(100~150㎡) 위주의 객실 공급이 이루어졌다. 권역별로는 MICE 산업이 발달한 강남 테헤란로 일대의 GBD가 물리적 측면(객실수, 건물규모, 객실면적)에서 타권역을 모두 압도하는 것으로 나타났다(그림 6.4 참조). 이러한 지역적인 편중현상은 외래관광객 이용행태에 따른 경제적인 시장논리가 호텔브랜드 입지에도 일부 반영된 것으로 해석할 수 있다.

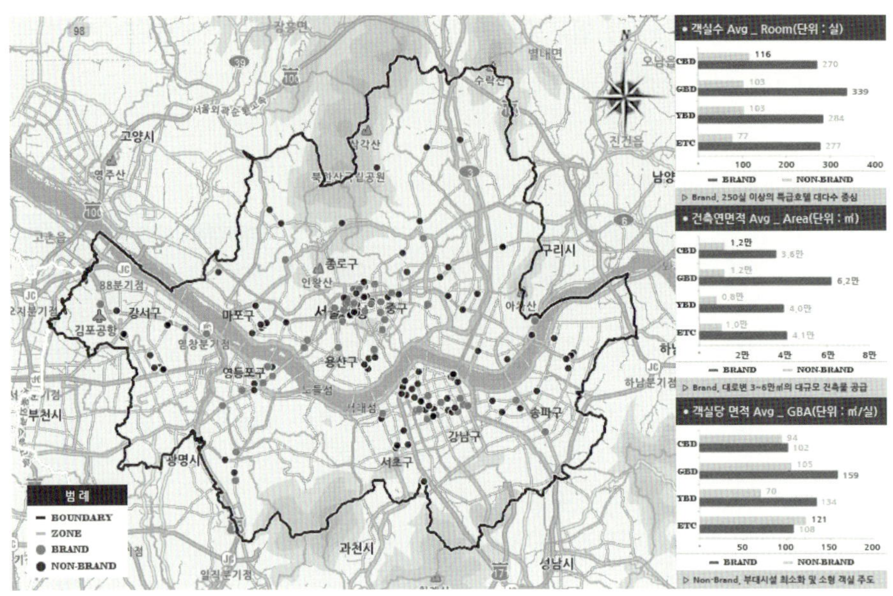

* 출처 : 호텔업운영현황(2013), 저자 가공

그림 6.4 서울시 호텔의 공급현황 및 실태분석 – 브랜드 해당여부를 중심으로(GIS 분석)

글로벌 호텔체인의 국내 진출사례 및 운영실적

… 브랜드는 영업성과 지표 호조로, 국내 시장진출 활성화

호텔시장의 글로벌화로 미국과 유럽 등 해외브랜드의 국내진입이 활발해지면서, 한국은 무수한 호텔브랜드가 피고지는 격전지가 되고 있다. 과거 초기에는 외국계 호텔체인들이 주도하는 고급화된 특급호텔 시장으로 발전하여, 고객이 호텔을 선택하는데 제한이 뒤따랐다. 2000년대 들어 Best Western과 Ibis를 필두로, 해외 유명업체들이 위탁경영과 프랜차이즈를 통하여 중저가 비즈니스호텔 시장에 새로이 진출하는 등 변화를 맞이하고 있다. 글로벌 체인브랜드 중 2003년에 개관한 강남 Ibis는 국내 비즈니스호텔의 효시이며, 2006년 명동 Ibis(특1급)의 성공사례는 외국계 중저가 호텔이 급속도로 증가하는 계기가 되었다.

현재 글로벌 호텔체인 기업이 국내 중저가 비즈니스호텔 시장에 진출한 브랜드는

Best Western(2001년), Ibis(2003년), Ramada(2004년), Toyoko Inn(2007년), Courtyard (2009년) 등을 비롯해 총 58개(32.2%)에 달한다(표 6.5 참조).

이 중 인터내셔널 외국계 브랜드는 37개(63.8%)로, Best Western(8개), Accor(6개), Marriott(5개)그룹 산하의 호텔이 다수를 이루었다. 특히 프랑스 호텔체인의 선두주자인 Accor는 Pullman, Novotel, Mercure, Ibis를, 미국 호텔체인 Marriott는 JW Mariiott, Renaissance, Ritz Carlton, Courtyard 등 다수의 멀티브랜드를 선보이고 있다. 반면, 국내 로컬 브랜드는 21개(36.2%)로 한국관광공사가 운영 중인 토종체인 Benikea(6개)와 Lotte(4개), Shilla, GS, Hanhwa, Eland 등 대기업 계열의 호텔이 우위를 점하였다. 그 밖에 Aventree와 Centermark 등 객실확보가 필요한 여행사의 브랜드와 개별 독자적으로 운영하는 자체브랜드가 많았다. 등급별로는 특1급 20개(34.5%), 특2급 17개(29.3%), 1급 9개(15.5%), 2급 이하 12개(20.7%) 순으로, 특급호텔에 편중되어 국내시장 진출이 활발하였음을 알 수 있다(표 6.5 참조).

표 6.5 서울시 국내 · 외 체인브랜드 현황 (단위 : 개소)

그룹명	특1급	특2급	1급	2급	가족호텔	미정	합계	브랜드(체인)
Best Western		5	1	2			8	베스트웨스턴, 베스트웨스턴 프리미어
Accor	2	2	2				6	이비스, 노보텔, 머큐어, 풀만
Marriott	3	2					5	JW메리어트, 르네상스, 리츠칼튼, 코트야드
IHC	2	1					3	인터컨티넨탈, 홀리데이인
Starwood	3						3	W호텔, 웨스틴, 쉐라톤
Hilton	3						3	밀레니엄힐튼, 그랜드힐튼, 콘래드
Fraser					2	1	3	프레이저
Hyatt	2						2	그랜드하얏트, 파크하얏트
Wyndham		1	1				2	라마다
Oakwood					1		1	오크우드 프리미어
Banyan Tree					1		1	반얀트리
Benikea			3	3			6	베니키아
Etc	5	6	2			2	15	롯데(소공, 월드, 시티), 신라, 더플라자, 렉싱턴 외
합계	20	17	9	5	4	3	58	International(37), Local(21)

* 출처 : 호텔업운영현황(2013), 저자 가공

이렇듯 글로벌 호텔업체들이 앞다퉈 국내시장에 진출하는 이유는 무엇일까? 이는 한류의 영향에 따른 방문매력도 상승 및 숙박시설 과부족으로 인한 국내 호텔시장의 높은 잠재력 때문이다. 실제로 브랜드 유·무에 따른 호텔업체의 영업성과 지표(OCC, ADR, Rev PAR)는 호텔상품의 특성상 브랜딩이 운영실적과 매우 밀접한 관련이 있음을 보여주고 있다(표 6.6 참조).

표 6.6 브랜드 유·무별 호텔 운영실적 지표 분석 (단위 : 실, 원)

권역	브랜드(체인)				비브랜드(독립경영)			
	판매객실수	OCC	ADR	Rev PAR	판매객실수	OCC	ADR	Rev PAR
CBD	97,633	86.9%	195,159	168,649	44,381	74.0%	110,924	88,629
GBD	95,716	78.9%	191,325	147,701	24,151	67.0%	87,638	59,809
YBD	57,012	76.8%	184,530	139,417	31,287	78.6%	71,939	56,296
ETC	78,586	77.3%	140,508	107,824	25,998	78.7%	66,020	51,676
합계	89,601	81.2%	181,530	146,122	29,845	72.9%	85,604	63,889

* 출처 : 호텔업운영현황(2013), 저자 가공
* 주(1) : 객실이용률(OCC, Occupancy) = 판매객실수 ÷ 판매가능 객실수
* 주(2) : 판매객실 평균요금(ADR, Average Daily Rate) = 객실매출액 ÷ 판매객실수
* 주(3) : 객실당 수입(Rev PAR, Revenue per Available Room) = 판매객실 평균요금 × 객실이용률

2013년 현재 서울시내 소재한 호텔브랜드의 객실이용률(81.2%)은 非브랜드 호텔과 10% 내외의 가동률 차이를 보이며, 객단가(18만원)와 객실당 수입(14만원) 또한 2배 이상 값비싼 호황을 누리고 있다. 이에 따라 글로벌 호텔체인과 국내 독립경영 호텔 간의 운영실적 격차가 심화되는 등 브랜드 양극화 현상이 두드러졌다. 지역적으로는 외래관광객 방문률이 높은 CBD와 GBD가 안정적인 판매율과 높은 객단가로, 전체 국내 호텔시장을 선점하며 리드해가는 양상이다. 이처럼 외래관광객 수요증대에 따른 글로벌 호텔체인들의 영업성과 호조는 매출신장률 동반상승으로 이어져, 동급호텔 대비 양호한 영업이익률(20~40%)을 달성하고 있다. 이는 호텔체인들의 높은 브랜드 인지도, 선진화된 다국적 예약시스템, 축적된 운영노하우 등 다방면의 이점이 상호작용한 것으로 풀이된다.

향후 개발계획에 따른 국내 · 외 호텔브랜드 진출형태

··· 소유(펀드 · 리츠 매입)와 운영(책임임차 방식)의 분리

소유와 운영을 같이 하는 국내 호텔시장과는 반대로, 오늘날 글로벌 호텔시장의 트렌드 화두는 소유와 운영의 철저한 분리이다. 1993년 Marriott에서 시작된 소유Marriott International Corporation와 운영Host Hotel & Resort Inc의 분리는 호텔업의 판도를 바꿀 만큼 가히 성공적이었고, 글로벌 체인기업 다수인 Starwood, Accor, Choice 등도 이와 같은 트렌드를 따르고 있다. 이는 해외시장이 호텔업의 목적 자체를 호텔 소유가 아닌 브랜드 확장의 개념으로 보기 때문이다. 최근 들어 국내 호텔시장도 경기침체 및 저금리기조에 따라 기관투자자(연기금 · 공제회 · 금융권)가 호텔을 새로운 투자대상으로 인식하면서, 부동산펀드와 리츠 등 간접투자기구Vechicle : REF, REITs를 통해 활발한 사업투자를 하는 등 위와 동일한 변화의 움직임이 주시되고 있다.

이처럼 글로벌 트렌드에 따른 투자환경 변화에 발맞추어, 국내 대기업과 외국계 호텔체인의 사업진출 형태가 다변화되고 있다. 과거 전형적인 소유주 직영운영 방식에서 벗어나, 소유와 운영을 분리하는 형태인 위탁운영, 프랜차이즈, 임대차운영 방식 등으로 체인호텔을 늘려나가고 있다. 통상 직영운영Independent은 브랜드 없이 독자적인 상호를 가진 국내 중 · 소형 호텔 대다수가 가족경영 형태로 운영하고 있는 방식이나, 브랜드가 있는 글로벌 체인기업은 이 방식을 선호하지 않는다. 호텔업 진출을 선언한 대기업 중 대림산업(2014)만이 자회사인 오라관광을 통하여 본사 직영체인을 선보일 예정이다. 반면, 호텔운영의 전반적인 업무를 전문 외부기관에게 믿고 맡기는 위탁운영Consignment은 글로벌 브랜드를 도입한 메이저급의 특급호텔 대다수가 채택하고 있으며, 대표사례로는 Hilton, Park Hyatt, Ibis, JW Marriott 등이 있다. 국내 최초 6성급 호텔로 주목받는 포시즌호텔 광화문(2015) 또한 미래에셋과 장기 위탁운영 계약을 맺고 준비 중이다. 과다한 로열티 지불에도 불구하고, 본사와 체인가맹을 맺어 브랜드와 예약시스템만 빌려 운영하

는 방식인 프랜차이즈Franchise는 이미 국내에 많이 도입된 Ramada, Best Western, Holiday Inn 등이 대표적이다. 최근에는 부동산펀드와 리츠를 중심으로 호텔완공 이전 선도매입Pre-Sales 형태가 활발히 전개되면서, 우수한 신용등급을 가진 기업이 장기간 책임지고 임차하는 임대차운영Master Lease이 일반화되고 있다. 이는 소유주에게 매출액 일정비율(40% 내외)을 지급하되 최소임차료(MRG 3~5%)를 보장하는 계약구조로, 임차인으로부터 안정적인 수익을 확보할 수 있어 선호되는 운영 방식이다. 대표브랜드로는 Shilla Stay, Lotte City, Toyoko Inn 등이 이러한 방식을 취한다. 실례로 Ibis 인사동 호텔(2013)은 Ibis가 리치먼드자산운용으로부터 장기

표 6.7 개발계획으로 살펴본 향후 호텔체인의 국내 진출동향 및 전망

Type	신라스테이 종로 (구 G타워)	롯데시티호텔 구로 (지밸리비즈플라자)	동자동8구역 호텔 (용산 쌍용플래티넘)	서여의도 대림호텔 (구 대림산업 사옥)	포시즌호텔 광화문 (세종로구역 2지구)	토요코인 홍대 (구 청기와웨딩길)
Bldg Image						
Location	종로구 수송동 51-8	구로구 구로동 188-25	용산구 동자동 37-85	영등포구 여의도동 17-5	종로구 당주동 29	마포구 서교동 447-1
Accessibility	광화문역 이면	구로디지털단지역 전면	서울역 전면	국회의사당역 전면	광화문역 전면	홍대입구역 전면
Total Area	34,619(17,573)	22,877	20,066	22,559	67,127	18,226
Floor	B5/18F(8~18F)	B4/20F	B7/30F(19~30F)	B5/11F	B7/25F	B5/150F
Room	344	290	359	261	316	295
Class	특1~2급	1급	2~3급	특2급	특1급	미정
Service Level	Upscale	Upscale	Midscale	Upscale	Luxury	Economy
Hotel Brand	신라스테이	롯데시티	웨스턴조선	대림(오라관광)	포시즌	토요코인
Operation	책임연차(15년)	책임연차(20년)	책임연차(20년)	본사 직영체인	장기 위탁운영	건물 일괄임대(30년)
Built year	2015-하반기	2014-07	2014-05	2014-04	2015-02	2015-하반기
Sales Price	2,265억	620억	961억	–	5,225억	–
Seller	SK D&D	지밸리비즈플라자	동자PFV	대림산업	광화문PFV	원앤온니AMC
Buyer	이지스자산운용	이지스자산운용	맥쿼리자산운용	〃	미래에셋맵스자산운용	〃
Development	용도변경	선매각, 신축	선매각, 신축	용도변경	용도변경	신축

*출처 : 호텔 개발계획 관련 언론스크랩(2013), 저자 가공
*주 : 상기자료는 개발계획(안)으로 추후 사업진행 여부에 따라 변동가능

임차계약(20년)을 체결하여 성공적으로 개관하였으며, 롯데시티 구로(2014) · 웨스틴조선 동자동(2014) · 신라스테이 종로(2015) · 토요코인 홍대(2015) 모두 책임임차(15~30년) 방식으로 운영될 예정이다(표 6.7 참조).

이와 같이 호텔의 새로운 투자수단으로 간접투자기구의 활용성이 증대되면서, 호텔을 직접 소유하기보다 펀드와 리츠가 투자하고 전문 운영업체가 운영하는 분리 구도로 바뀌고 있음을 알 수 있다. 소유주(투자자)는 자금조달을 원활히 하며 수익률을 제고하고, 호텔운영사(체인기업)는 투자부담을 줄이며 운영업에 전념하여 브랜드 확장을 이룰 수 있는 구조인 것이다. 이러한 추세에 따라 호텔운영사 Operator의 신용도와 전문성이 투자자들에게 더욱 중요시 되는바, 임대차운영 방식을 통한 브랜드 있는 글로벌 체인기업의 국내진출이 더욱 본격화될 전망이다. 이에 대응하여 국내에도 BGH Korea(베스트웨스턴), AAK(이비스), 산하-HM(라마다), HTC(아벤트리), AHLA Korea(밸류) 등과 같은 실력 있고 전문적인 호텔운영사가 많이 나타나, 호텔업 성장을 도모해야 할 것이다.

마치며

… 테마(차별화)를 입은 토종 호텔브랜드 정착

국내 호텔업체들은 약 100년간의 짧은 환대산업 역사에도 불구하고, 끊임없는 노력과 경험을 축적하며 자체 경쟁력을 키워왔다. 그러나 강한 브랜드를 보유한 글로벌 호텔업체의 국내시장 진입과 Lotte City(2009), Shilla Stay(2013) 등 일부 대기업의 비즈니스 호텔업 진출로 상대적으로 인지도가 낮은 단독호텔의 생존이 위협받고 있다. 이러한 상황이 지속될 경우, 낮은 생산성으로 버텨온 열악한 국내 호텔시장이 글로벌 호텔체인 업체에 예속될 가능성도 전혀 배제할 수 없다. 지금까지 국내에 런칭된 비즈니스호텔급 토종 브랜드로는 전국 63개 체인가맹점을 둔 Benikea(2009)와 명동 4개 지점을 성공리에 오픈한 Skypark(2011)를 비롯하여, Centermark(2012), Nine Tree(2012), Aventree(2012), Prima Aropa(2013) 등 극소수에 불과한 실정이다(그림 6.5 참조).

또한 소프트웨어적인 측면에서 국내를 대표하는 전문적인 호텔운영사가 그리 많지 않은 점도 국내 호텔산업의 경쟁력을 떨어드리는 요인이 되고 있다. 향후 외국계 브랜드의 의존도를 낮추기 위해, 독자적인 자생브랜드 개발과 더불어 전문적인 호텔운영사 육성이 요구되는 부분이다.

이와 같이 외국계 호텔브랜드 전성시대에는 특색 있고 차별화된 콘셉트의 부티크, 테마형 호텔을 지향하여 브랜드 경쟁우위를 확보할 수 있다. 단순히 호텔이 잠을 자기 위해 머무르는 1차원적인 공간이 아니라, 창조산업의 하나로 시설 · 서비스 · 산업 간 융합을 통해 라이프스타일을 즐길 수 있는 공간으로 거듭나야 하는 것이다. 기존 호텔에 각각 의료와 뷰티산업을 접목한 Meditel과 Cosmetel이 신규수요를 창출한 좋은 사례이다. 나아가 글로벌 호텔그룹이 시장세분화(저가~최고급)에 따른 다양한 호텔브랜드를 개발하여 체인을 확장해 나간 것처럼, 향후 국내 호텔업체들도 장기적 관점에서 브랜드 포트폴리오 전략을 마련하여 변화하는 시장수요에 능동적으로 대응해야 할 것이다.

*출처 : 개별 호텔 홈페이지 참조, 저자 가공

그림 6.5 국내 중저가 비즈니스호텔 토종 브랜드 대표사례

한국 호텔시장이 수많은 자국 호텔브랜드의 전시장으로 평가받으며, 역으로 대한민국 토종 호텔브랜드를 해외에 수출할 수 있는 전성시대가 곧 도래하기를 기대한다.

STORY 요약

오늘날 글로벌 호텔기업이 추구하는 브랜드 포트폴리오 전략은 ① 호텔 시장세분화에 따른 브랜드 포지셔닝 구축, ② 브랜드 자산의 수직적인 위계구조 확립(저가~최고급), ③ 브랜드 포트폴리오의 치밀한 조정과 관리 등이다. 이는 호텔이용객 수요다변화에 대응하여 안정적인 수익창출과 경기변동에 따른 시장리스크를 헤지(Hedge)하는 유용한 전략이며, 최근엔 브랜드 자산의 관리모델로 진화하고 있다. 따라서 국내 호텔기업이 성공적인 브랜드 포트폴리오 전략 마련을 위해서는 우선적으로 고객 표적시장과 브랜드 자산에 진지한 고민이 수반되고, 향후 비즈니스 방향 및 실행방안과 긴밀한 연계도 이루어져야 할 것이다.

PART III

호텔시장이 양적 성장기를 지나 질적 성숙기에 진입함에 따라, 주요 기능인 객실 못지않게 부차적인 도입 부대시설 그리고 환대서비스가 경쟁력이 되고 있다. 이제 호텔은 소비자에게 단순히 객실을 판매하는 것이 아니라, 일상에서 느낄 수 없던 기대감과 설레임을 채워주는 공간으로 바뀌어야 한다. 과거 붕어빵과 성냥갑의 특색 없는 건축은 더 이상 고객에게 체크인 되지 않는다. 자기만의 스토리와 체험적 요소, 디자인을 강조한 부티크호텔은 대안이 될 수 있다.

합리적인 호텔개발과 건축계획 특성

대지의 효용가치를 고려한 호텔 건축계획

근래 들어 관광숙박시설의 환경여건이 급변함에 따라 여행객의 다양한 니즈와 활동을 수용하는 공간계획이 점차 중요시되고 있다. 그러나 타상업용 부동산시장과 달리 아직까지 관광숙박시설은 정보가 제한적인 특수성으로 인해, 가장 기본이 되는 대지 및 건축계획의 현황조차 파악이 어려운 실정이다. 따라서 여기서는 2015년 말 준공완료된 관광숙박시설을 대상으로 대지 및 건축계획의 기초적인 물리적 현황과 특성을 총망라하여 살펴보고자 한다. 이는 과거 공급자 위주의 대지 및 건축계획 동향을 파악함으로써 향후 민간기업이 수요자 중심의 건축설계 및 인·허가 업무를 진행하는데 많은 도움이 될 것이다.

관광숙박시설의 공간계획 개념 및 분류

현대 건축에서 관광숙박시설은 통상 거주와 업무용 목적의 주택 혹은 사무실 빌딩Office처럼 타용도의 건물로 쉽게 개조가 되지 않으므로 초창기 설계단계부터 신중한 계획이 요구된다. 따라서 호텔의 고유시설과 서비스를 고려하여 기능적

유형별	분류항목	구성요소
대지이용	토지지용상태	형상 · 지형 · 지세
	입지적 특성	점도상태, 도보접근성
	관련법률	용도지역, 기타법규, 공시지가
개발밀도	총량규모	대지면적, 연면적
	밀 도	건폐율, 용적률, 객실밀도
건축계획	설 계	용도, 구조, 층수, 노후도
	시설 및 설비	승강기, 주차대수

그림 7.1 관광숙박시설의 대지 및 건축계획 분석접근 과정

효율성은 물론이고, 이용객의 편리성을 동시에 추구해야 한다. 최근에는 고객의 요구가 다변화되면서 실내 · 외부 공간형태의 상징성Symbol 등 차별적인 디자인적 요소도 중요시되고 있다. 이러한 사항을 수용하는 호텔 설계의 출발점은 가장 기초적인 대지와 건축계획에서부터 비롯된다고 할 수 있다.

여기서는 관광숙박시설이 가장 많이 분포하고 있는 서울시를 대상으로, 2015년 말까지 준공 승인이 완료된 총 304건(44,320실)에 한해 개별 토지 및 건축물 대장을 전수 열람하여 정량적인 분석을 시도하였다. 실증분석에 앞서 조사유형은 크게 대지이용, 개발밀도, 건축계획 등 3가지로 분류하였으며, 이들의 세분화된 항목과 구성요소는 위와 같다(그림 7.1 참조).

관광숙박시설의 대지계획 일반현황

일반적으로 용도지역은 건폐율과 용적률의 최대 한도 등 개발밀도를 결정하는데 중요한 요인이다. 현재 관광숙박시설의 24,556실(55.4%)이 일반상업지역에 포진하며, 간선도로변을 따라 둘 이상의 용도지역이 혼재한 노선상업지역(일반상업+제3종일반주거지역)도 11.9%를 차지하였다. 이러한 결과는 대체로 호텔의 특성상 조용한 주거지역보다는 유동인구가 많은 상업지역 근처에 입지하는 것이 유리하기 때문인 것으로 풀이된다.

이들 관광숙박시설이 자리하고 있는 대지형상은 부정형(37.3%)과 세로장방형(13.4%)이 과반을 점유하고 있다. 즉 불규칙한 형상과 폭이 좁고 길이가 긴 형태의 필지로 최유효이용High and Best Use에 상당한 제약을 받는 등 사실상 건축에 부적합한 토지가 다수임을 보여준다(그림 7.2 참조).

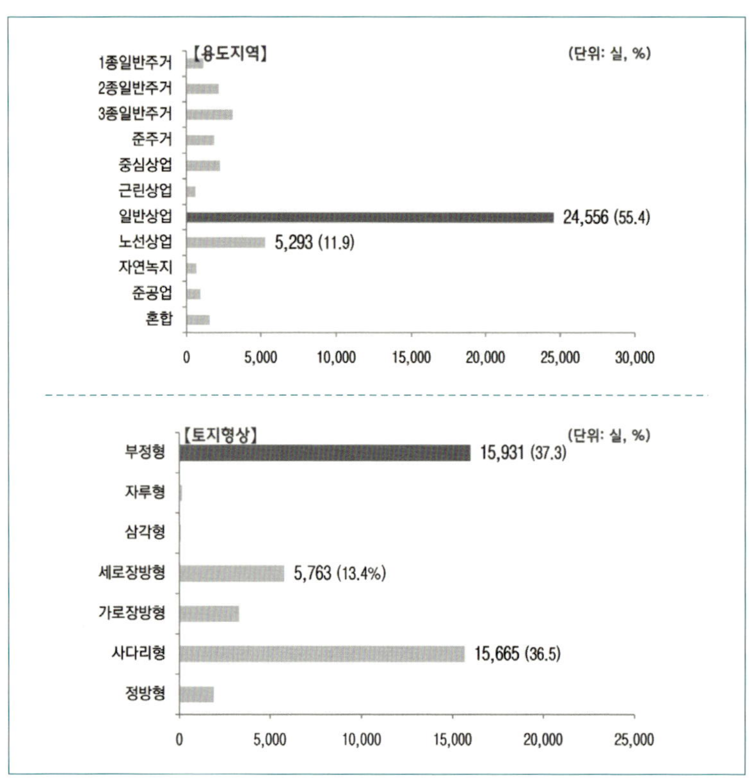

*출처 : 개별 토지이용계획 열람(2016)

그림 7.2 관광숙박시설의 용도지역 및 토지형상

한편, 대지형상과 함께 지형 · 지세로는 경사가 거의 없는 평지(平地)가 약 4만 실에 가까운 91.5%로 압도적이었으며, 완경사지는 3,640실로 겨우 8.5%에 지나지 않았다. 다행히 경사도가 15도를 초과하는 급경사지는 단 한 곳도 없었다. 도로와의 접면관계는 차량 위주의 넓은 대로변에 접한 전면이 74.4%로 많았으며, 큰 도로에서 1~2블럭 후면에 있는 좁은 골목의 이면도로(25.6%)로까지 확대되는 추세이다.

그 배경에는 전면보다 상대적으로 훨씬 적은 비용으로 부지를 확보할 수 있기 때문이다. 대중교통 접근성의 척도Parameter인 지하철역과의 최단거리는 평균 429m

이며, 이 중 관광숙박시설의 48.1%가 도보 5분 거리의 300m 반경 이내 구간에 속하여 비교적 양호한 접근성을 나타냈다(그림 7.3 참조).

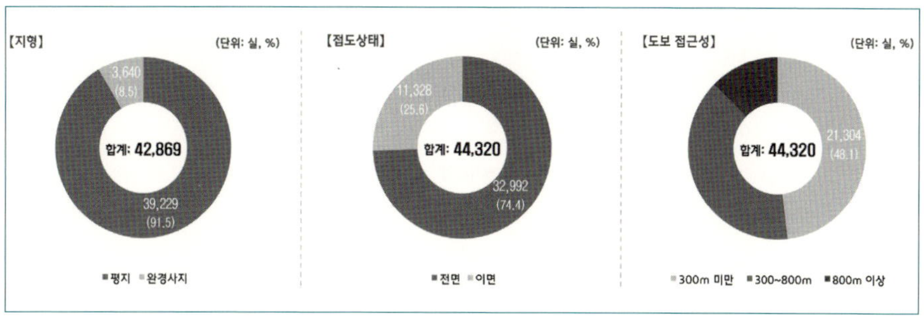

*출처 : 개별 토지이용계획 열람(2016), 인터넷지도

그림 7.3 관광숙박시설의 지형 및 입지적 조건

대지는 현행법상 용도지역 말고도 다른 법령 등에 따른 지역 · 지구 · 구역 등 복수로 중복지정이 되기도 하며, 관련 각종 행위들이 규제를 받게 된다. 실제 용도지역 이외에 구체적인 지구단위계획이 수립(45.6%)된 지역에 속하거나, 도시정비사업을 추진(18.0%)하는 구역들도 더러 존재하였다. 무엇보다 관광숙박시설 주변으로 학교 50~200m 이내 상대정화구역(37.3%)이나 문화재보호 · 보존영향검토대상구역(5.8%) 등이 산재하여 호텔 건립을 제한하는 요소가 많음을 알 수가 있다.

상기의 모든 대지의 특성을 반영한 평균 개별공시지가는 2016년 기준 11,734천원으로 2013년 10,383천원보다 1,351천원 올랐으며, 연상승률은 4.3%를 기록하였다. 오히려 3년 전 공시지가와 비교했을 때 하락한 지역은 서울외곽ETC 중심으로 단 4곳에 불과하며, 6성급 럭셔리호텔을 지향한 광화문 소재의 포시즌스 서울과 같이 최대 76.0%까지 급상승한 지역도 있었다. 이러한 사실에 비추어볼 때 소비자물가상승률(0.78%)과 회사채 금리(1.65%)를 상회하는 경제적 효과가 충분히 존재함을 알 수 있다(그림 7.4 참조).

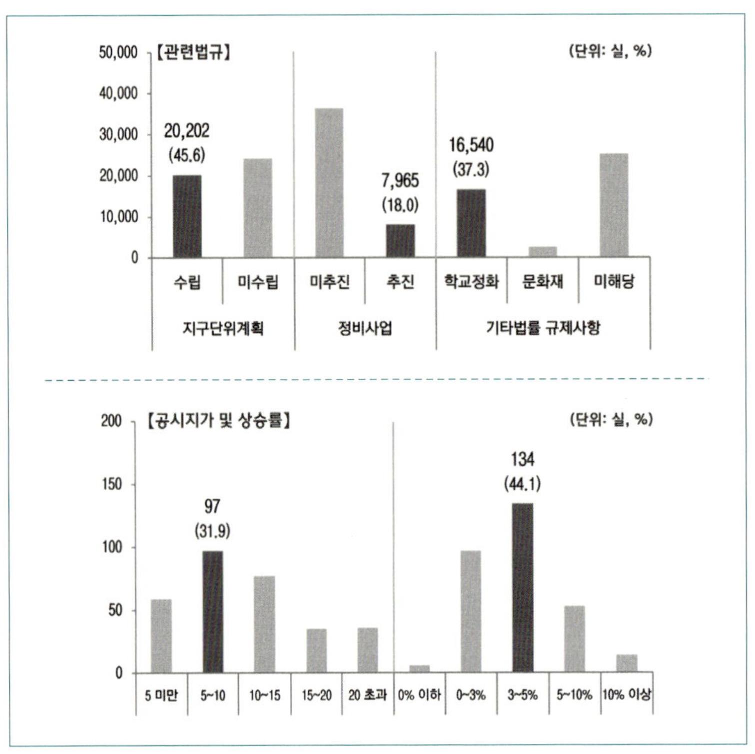

*출처 : 개별 토지이용계획 열람(2016)

그림 7.4 관광숙박시설의 관련법규 및 공시지가 현황

관광숙박시설의 개발밀도 변화

개발밀도Density에 대한 개념은 대지와 건축물 용량의 총면적 혹은 단위면적당 객실의 수량으로 규정할 수 있으며, 가장 흔히 쓰이는 밀도의 산정지표로는 건폐율, 용적률, 객실밀도, 층수(높이) 등이 있다. 이에 앞서 전체 총량의 개발규모 관점에서 대지면적과 연면적을 나란히 살펴보면, 전자인 대지면적의 경우 적게는 112㎡에서부터 크게는 광진구 광장동 산자락에 위치한 SK네트웍스 워커힐호텔(261,288㎡)의 경우처럼 20만㎡를 훨씬 초과할 정도로 다양한 크기Size를 지닌다.

평균 대지면적은 버스의 주·정차 및 화물차량의 입·출자 처리가 가능한 600평 전·후인 1,999㎡이며, 전체의 33.9%(15,026실)가 1~3천㎡에 집중해있다. 반면, 후자인 건물의 연면적 평균은 16,152㎡로 약 5천평 수준이며, 비즈니스호텔이 중·소형인 3~10천㎡(55.6%)에 치우친 반면 특급호텔에 가까울수록 대형화 경향을 보인다(그림 7.5 참조).

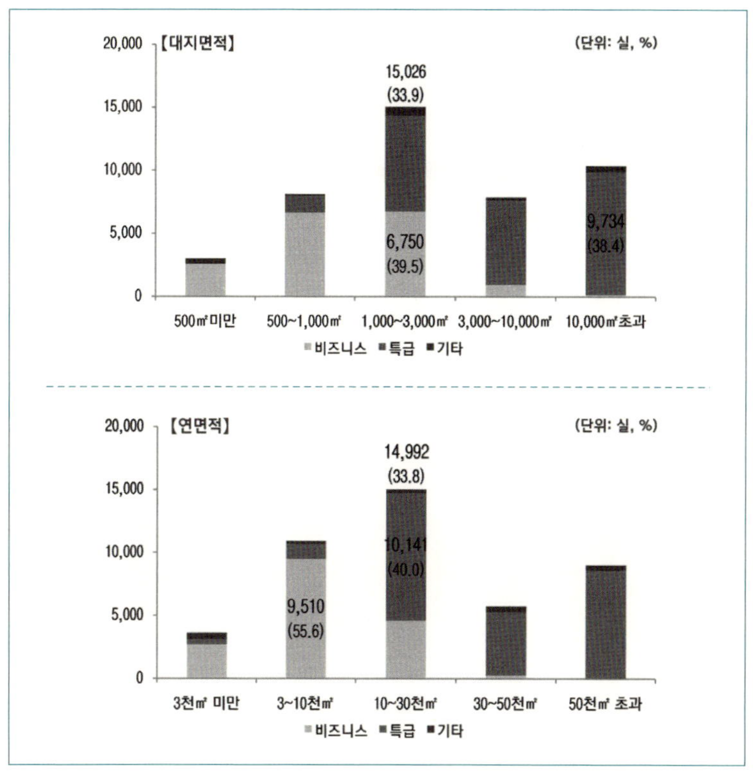

* 출처 : 개별 토지이용계획 및 건축물대장 열람(2016)

그림 7.5 관광숙박시설의 대지면적 및 연면적(총량 규모)

이상에서 살펴본 대지규모와 연면적으로 건립 사업이 진행된 결과, 최종적인 관광숙박시설의 실현된 건폐율BCR과 용적률FAR은 각각 52.9%와 475.9%로 나타났다.

공통적으로 시간이 지날수록 건폐율과 용적률이 정비례(+)하여 동반 상승하는 등 점차 과밀 · 고밀화 현상이 심화되는 가운데, 비즈니스호텔은 400~600%(28.5%), 특급호텔은 800% 초과(26.1%) 구간에 몰려 다소 상반된 모습이다. 이러한 결과는 주어진 법적 상한 개발가능 범위 안에서 사업성Feasibility을 극대화하려는 노력으로 풀이된다(그림 7.6 참조).

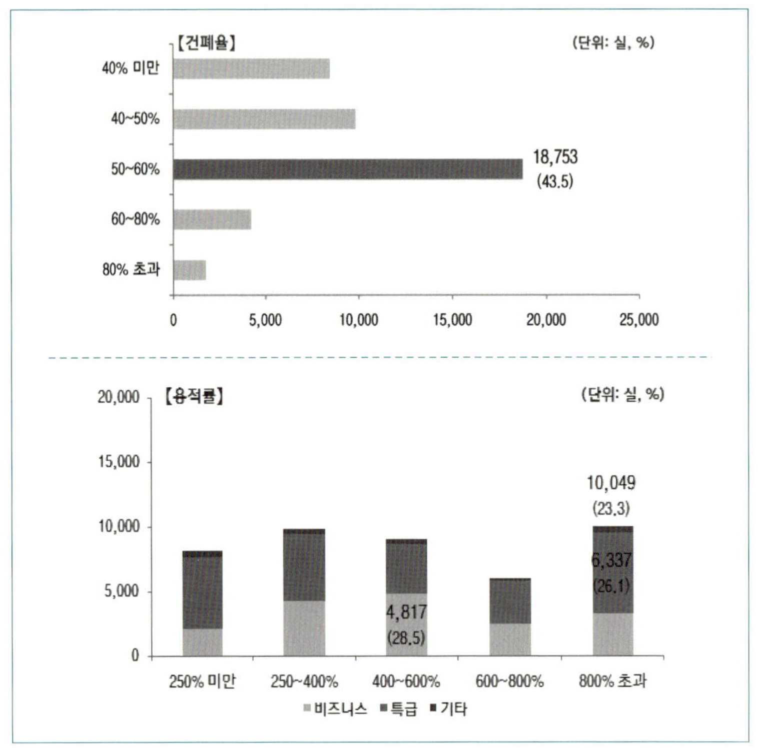

* 출처 : 개별 건축물대장 열람(2016)

그림 7.6 관광숙박시설의 실현된 건폐율 및 용적률(개발밀도)

앞의 용적률 상향은 수직적 규모인 층수(높이)와 바로 직결되며, 층수가 높아지면 가시성이 좋아진다. 분석결과 지하와 지상을 합한 총층수Floor는 50m 내외인

15층이었으며, 비즈니스호텔(12.3층)보다는 지역의 랜드마크급 성향이 강한 특급 호텔(23.1층)에서 고층화 경향이 좀 더 명확히 관찰되었다. 주로 지하는 비수익용인 주차장, 기계실, 관리실 등 후방지원시설BoH이 배치되며, 지상은 저층부 로비, 아케이드 등 부대시설을 포함하여 수익시설인 객실(스탠다드~스위트)로 구성된다. 일부 최상부는 조망을 고려하여 최고급 레스토랑 혹은 옥상정원 등으로 운영되기도 한다(그림 7.7 참조).

층	이용현황		
옥탑	옥상정원, 스카이라운지		
12F	객실(스위트)		
11F	객실(디럭스)		
10F	객실(디럭스)		
9F	객실(스탠다드)		
8F	객실(스탠다드)		
7F	객실(스탠다드)		
6F	객실(스탠다드)		
5F	객실(스탠다드)		
4F	객실(스탠다드)		
3F	객실(스탠다드)		
2F	식음료장(식당, BAR), 미팅룸		
1F	로비, 프론트	근생시설(커피숍)	
B1	사우나	체련장	아케이드
B2	주차장		
B3	주차장 / 기계실 / 관리실		

* 출처 : 관광숙박시설의 통계치를 토대로 표준안을 재구성함

그림 7.7 관광숙박시설의 층별 이용현황(Stock Plan)

마지막으로 객실수를 건물 연면적으로 나눈 개발밀도는 쾌적성Amenity과 깊은 연관이 있는데, 대개 개발밀도가 낮으면 쾌적성이 올라가지만 반대로 지나치게 높으면 불쾌감을 유발하기도 한다. 이들의 대략적인 평균값은 17.9실/천㎡이나 이와 다르게 10실/천㎡ 미만에 최다인 37.8%가 밀집해 있으므로, 향후 적정 개발밀도를 유지하고 관리하는 방안이 필요하다(그림 7.8 참조).

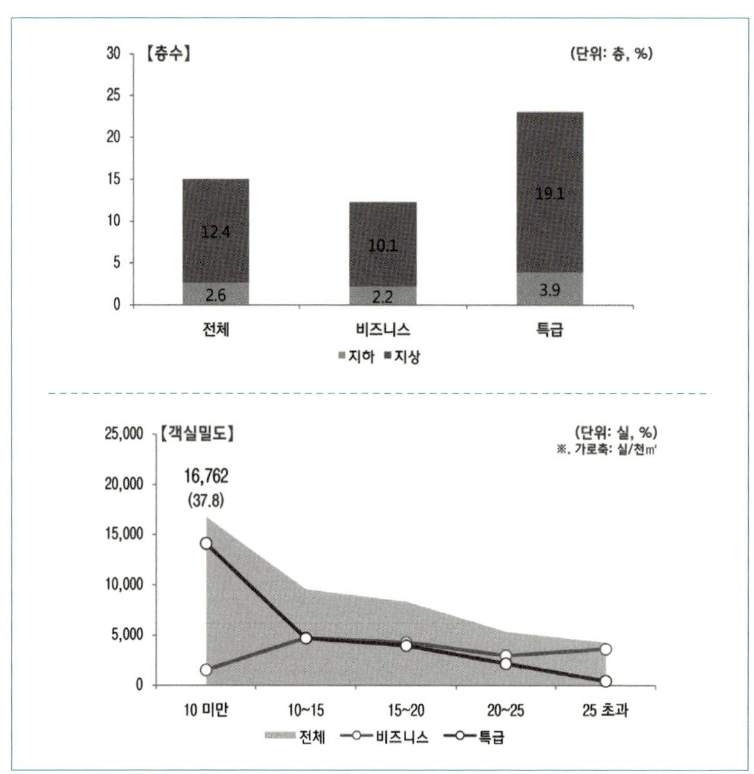

* 출처 : 개별 건축물대장 열람(2016)

그림 7.8 관광숙박시설의 층수 및 객실밀도

관광숙박시설 건축계획의 물리적 특성

관광숙박산업의 본질은 환대Hospitality라고 할 수 있으며, 타부동산과 달리 높은 공사비가 필요하다. 대중화된 주거용 아파트의 경우 평당 공사비가 300~500만원으로 낮으나, 숙박시설은 500~1,200만원(펜션~특급호텔)까지 높다. 이러한 공사비 단가에 비추어보면, 용도별로 차별화된 건축적 특성이 반영될 것으로 기대할 수 있다.

따라서 가장 먼저 현존 숙박시설 건축물의 용도 시설군을 분류한 결과, 숙박시설 전용의 단일용도(51.2%)가 조금 우세하였으나, 복합용도(48.8%)와 별다른 차이를 보이지 않았다. 최근에 건설되는 관광숙박시설은 한 건물에 숙박 외 판매, 근생과 문화시설 등 다양한 기능이 복합MXD : Mixed Used Development되는 특성을 가지며, 이러한 경향은 관광객들의 쇼핑이용시간 절감 선호현상과 맞물려 당분간 지속될 전망이다. 건축구조는 건설재료 중 가장 튼튼하여 예전부터 고층복합 건축에 광범위하게 널리 사용되는 철골철근콘크리트(SRC, 55.9%)가 적용되고 있다. 이처럼 건축구조는 숙박시설의 수명을 결정지으며, 준공년도Age는 객단가와 가동률 등 각종 운영지표에 영향을 미치므로 관광객이 호텔을 선택하는 기준 중 하나가 된다. 재미있는 사실은 관광산업의 오랜 역사에도 불구하고, 관광숙박시설의 30.5%(13,136실)가 2010년 이후에 건설되었다는 점이다. 이는 정부가 관광숙박시설의 공급을 장려하기 위해 한시적으로 규제를 완화했던 「관광숙박시설확충을위한특별법」 때문이며, 실제 2012년 이후 과잉공급이라 할 정도로 비즈니스호텔의 건설이 급증하기 시작하였다(그림 7.9 참조).

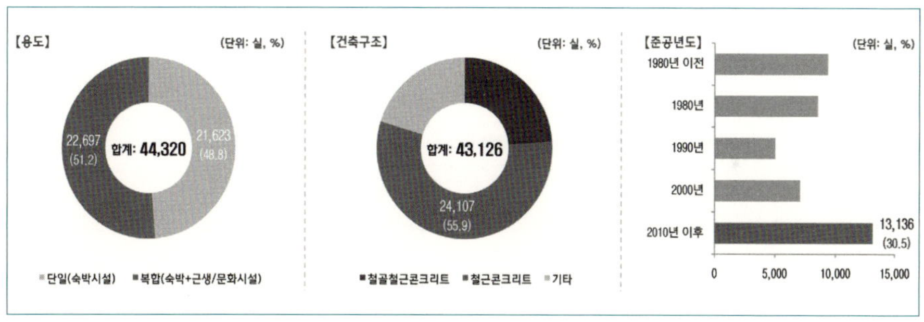

* 출처 : 개별 건축물대장 열람(2016)

그림 7.9 관광숙박시설의 용도 및 건축적 특성

위와 유사하게 현재 시점에서 준공년도를 차감한 노후도 평균은 20.3년이며, 이 가운데 2010년 이후 준공된 최신식의 건물이 가장 많은 구간인 5년 미만이 12,114실로 전체의 27.3%를 차지하였다. 동일기간 등급별 노후도는 상대적으로 특급호텔(23.1년)에 비해 중 · 소형 비즈니스호텔(19.3년)의 신규공급이 잇따르면서 경쟁력 우위를 보였다. 여기서 관광숙박시설의 경제적인 내구연한이 통상 40~50년임을 감안할 때(건물신축단가표, 2015), 경과년도가 20년 이상인 23,474실(53.0%)은 자산의 잔존가치 향상을 위해 적절한 리모델링 · 개보수 작업Remodelling이 필요하다. 그 밖에 관광숙박시설에서 건축계획을 구성하는 중요한 물리적 설비로는 엘리베이터와 주차장이 있다. 이 중 여러 공간을 유기적으로 연계하는 엘리베이터E/L의 경우 승강과 화물용을 합쳐 호텔당 3.6대이며, 객실은 41.6호당 1대를 보였다. 비상승강기를 겸해 엘리베이터 최소 2대 이상을 확보하는 것이 장기적인 운영 측면에서 유리한 점을 감안할 때, 비교적 바람직한 수준이다. 또한 옥내 · 외를 합한 평균 보유 주차대수Parking는 119.5대이며, 10~50대가 13,018실(30.1%)로 비중이

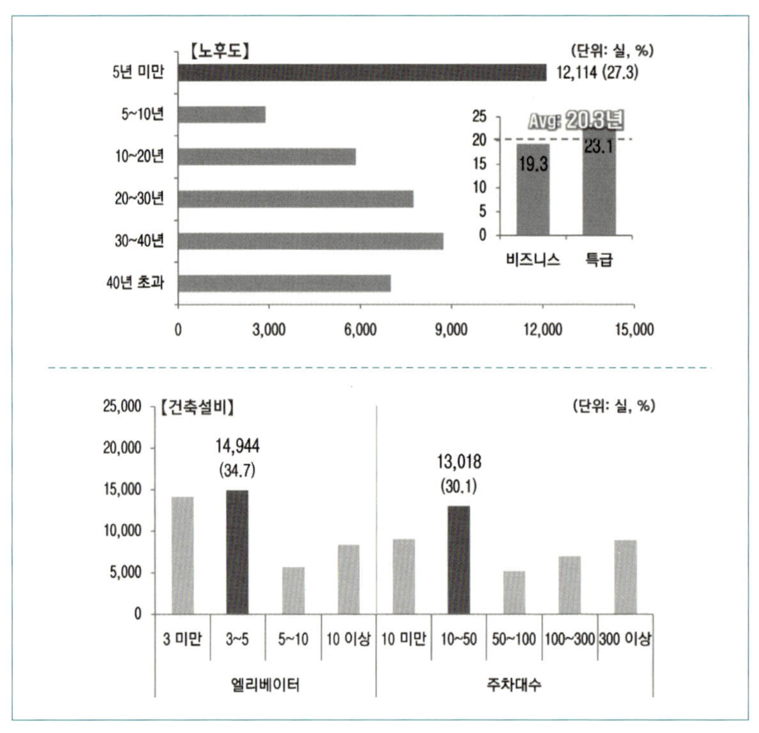

* 출처 : 개별 건축물대장 열람(2016)

그림 7.10 관광숙박시설의 노후도 및 건축설비

가장 높았다. 아마도 외국인 투숙비율이 높은 반면, 직접 운전하고 오는 투숙객 주차비중이 적은 현상을 반영하는 것으로 이해된다(그림 7.10 참조).

결언 및 시사점

지금까지 대지 및 건축계획을 종합적으로 살펴보면, 기초통계량에 의거하여 비즈니스호텔의 가장 최적화된 이상적인 규모는 대략 대지면적 600평, 건축 연면적은 5,000평 내외라고 판단된다. 일례로 국내 비즈니스호텔의 대표사례격인 강남 이비스호텔(地 472평 / 建 5,397평)의 경우가 바로 이러하다. 그러나 현재 건설된 대다수의 호텔은 '용적률 상향 = 사업성'이라는 공식 하에 사업규모를 최대화시키는 방향으로 건립되었고, 그 결과 잘못된 계획수립이 예산낭비로 이어지며 영업적자 등 악순환을 초래하였다. 이러한 점에서 향후 관광숙박시설의 주요 과제는 주어진 사업예산Budget 범위 안에서 대지 및 건축계획의 적정 규모를 모색하는 일이며, 이는 효율성을 극대화하고 지속적인 경쟁력을 갖추는 방향으로 진행되어야 할 것이다. 더불어 현 공급자 위주의 획일화된 계획이 아니라, 현장에서 장래 이용자Consumer 니즈를 충분히 반영한 계획수립으로 전환이 이루어져야 한다.

그동안 중요도가 낮아 충분히 다뤄지지 않았던 관광숙박시설의 대지 및 건축계획의 전반적인 현황을 되짚어 보았다. 호텔업 종사자들에게 건축설계 및 인·허가 실무를 진행하는데 직·간접적으로 활용할 수 있는 기초자료이자 활발히 논의될 수 있는 장이 마련되기를 기대한다.

STORY 요약

호텔 사업계획은 주변 대지와의 맥락을 이해하고 건축물을 설계하는 일에서부터 시작된다. 우리나라 호텔 대지의 이용현황은 대개 상업지역 전면부에 접하는 부정형이고, 그 외 지구단위계획과 문화재 보존구역 등 용도구역도 중복 지정되어 건립이 제한적이다. 이 때문에 건축물은 주어진 법규 내 낮은 사업성 극복을 위해 건폐율·용적률 등 개발밀도 상향과 저층부에 상업·판매시설을 배치하는 용도 간 시설복합화(MXD)가 뚜렷해졌다. 반면, 공간 구성과 배치는 최대한 간결하되 유기적으로 상호 연계하고, 동선이 분리된 특성을 갖는다. 그리하여 비즈니스호텔로는 대지 600평, 연면적 5,000평의 150~300실이 최적유효 이용 측면에서 가장 이상적인 모델이다. 이와 같이 계획단계부터 관광객 특성을 고려한 대지와 건축물의 최적규모 산정은 운영 효율성에서 성공적인 개발방향을 제시해준다.

호텔의 주 · 부기능인 객실과 도입 부대시설

오늘날 호텔산업을 둘러싼 주변 여건과 사회 · 환경 트렌드는 빠르게 변화해가지만, 근본적으로 업(業)의 본질인 "고객에게 합리적인 객실과 부대시설 서비스를 제공하여 기대감을 만족시키는 점"에는 변함이 없다. 따라서 호텔업자들에게 숙박을 담당하는 객실계획과 부대시설의 적정 범위 및 규모 등은 운영수입과 바로 직결되며 차별화를 가져오는 중요한 요인이 된다. 그럼에도 아직까지 관광호텔의 객실 및 부대시설 도입현황 정보가 부족하다고 판단되어, 여기서는 특별히 등급별로 유형화하여 객실과 부대시설의 종류와 규모, 수입현황 등을 살펴보고 전반적인 선호 특성 및 차이점을 비교 · 분석하였다. 이는 오랜 기간 미지로 남아있던 관광호텔의 객실 및 부대시설 운영 분야에 관한 궁금증을 일부 해소해 줄 것으로 생각된다.

관광호텔의 주 · 부기능으로서 객실 및 부대시설

호텔은 집과 일터를 떠나 일상에서 벗어난 '제3의 공간'으로 불릴 정도로, 이용객에게 새롭고 독특한 경험을 향유하는 동시에 편안한 잠자리를 제공하는 공간이다. 이러한 인식의 밑바탕에는 기본적으로 안락한 객실과 더불어 부대시설의 편의성이라는 충분조건이 깔려있다. 따라서 숙박시설로서 현대 호텔의 일차적인 기능상 객실이 주(主)라고 한다면, 부차적인 부대시설은 부(部)라고 말할 수 있겠다. 즉 이 둘은 서로 분리되어 동떨어진 관계가 아니라 서로 상호보완적인 불가분(不可分)의 관계를 취하고 있다(그림 8.1 참조).

이처럼 오늘날과 같이 한국을 방문하는 외래객이 증대되고 호텔 이용이 보편화됨에 따라, 주 · 부기능으로서 작동하던 객실 및 부대시설의 역할이 재인식되고 있다. 또한 같은 호텔이라 하더라도 등급 유형에 따라 객실 및 부대시설 구성과 면적의 차이를 보이고 있다. 이러한 배경 하에 여기에서는 호텔영업의 가장 기본이 되는 객실과 부대시설 등 제반요소에 대한 이해를 알아본다.

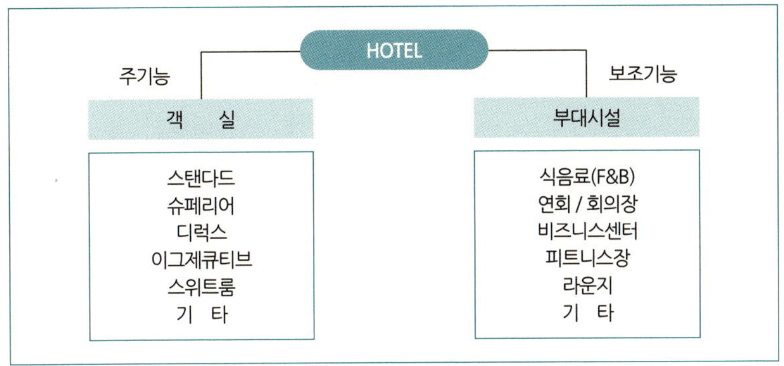

그림 8.1 관광호텔의 구성요인으로서 객실과 부대시설 분류

관광호텔의 객실면적 및 구성현황

호텔은 객실이라는 공간을 직접 판매하는 상품으로서 객실부 그 자체가 호텔경영의 단위와 척도가 된다. 즉 객실 크기는 호텔시장에서 위치Position를 결정지으며, 이에 따라 마케팅 활동도 달라진다. 그렇기 때문에 객실의 면적 및 구성이 호텔건축 설계에 있어 가장 중심이 되는 사안인 이유이다.

흔히 객실은 침대수와 형태Bedding System에 따라 Single(1인용 : 단독 침대), Twin(2인용 : 1인 침대*2개), Double(2인용 : 2인 침대*1개), Triple(3인용 : 2인 더블 + 1인 싱글) Room으로 나뉘며, 등급에서도 스탠다드Standard, 슈페리어Superior, 디럭스Deluxe, 이그제큐티브Executive, 스위트룸Sweet Room 등으로 각각 구분된다(그림 8.2 참조).

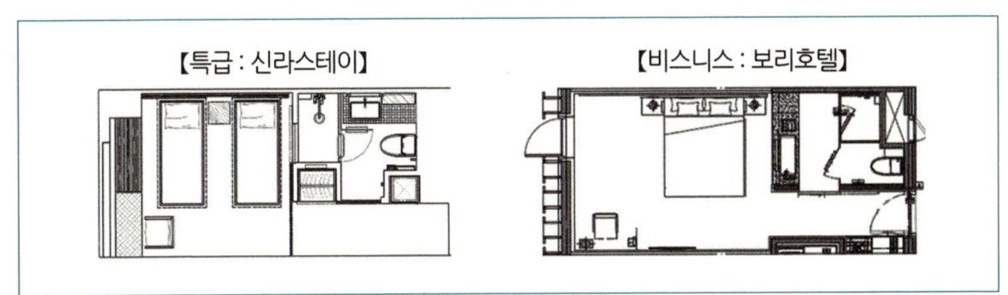

* 출처 : 개별 호텔 홈페이지

그림 8.2 호텔 등급별 표준객실 평면 예시

이에 근거하여 2015년 기준 서울시를 대상으로 현존하는 관광호텔 304건의 객실현황을 살펴보면, 표준객실인 스탠다드룸Standard Room의 면적은 대략 7~8평인 24.5㎡이며, 평균 객실타입 수는 6.9개로 나타났다. 등급별로는 예상한 바와 같이 특급호텔의 객실면적이 10평 내외인 29.0㎡로 가장 크고, 객실타입도 7.7개로 가장 하위인 스탠다드룸부터 최상위인 로얄과 각종 스위트룸까지 가장 많은 형태의 룸을 보유하고 있었다. 적게는 18㎡에서 크게는 150㎡에 가까이 이를 정도로 상품구색의 폭이 넓었다. 이에 반해, 일본계 모델의 영향을 받아 5~7평의 싱글룸이 대다수인 비즈니스호텔의 객실면적은 평균 23.1㎡로 비교적 좁고 협소하였다. 객실구성 또한 스탠다드, 슈페리어, 디럭스 등에 한정되어 이용객의 선택폭이 제한적이었다. 특히 비즈니스호텔의 객실크기를 다른 부동산시장의 경쟁상품과 비교하면, 일반 오피스텔 혹은 도시형생활주택의 단위객실 규모 수준에 근접한다.

이러한 결과에 비추어보면, 비즈니스호텔의 경우 한정된 보유객실 수를 적은 인력으로 운영해야 하는 특성상, 특급호텔처럼 다양한 객실군(群)보다 가능한 트윈과 더블 형태의 스탠다드룸, 한 단계 규모가 더 큰 디럭스 등으로 표준화하여 간결하게 구성하는 것이 합리적일 것으로 보인다. 그러나 관광객의 삶의 질 향상

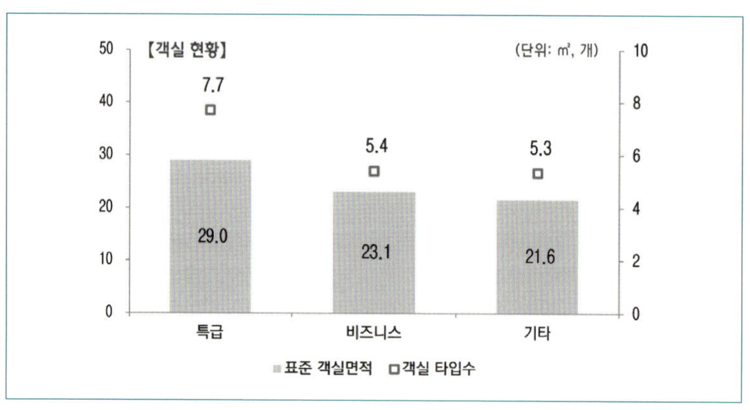

*출처 : 「2015 서울시 호텔업등록현황」 바탕으로 저자 수정 · 보완

그림 8.3 관광호텔의 객실면적 및 타입 구성현황

에 따른 생활수준이 높아지고 중국인관광객의 고급화된 상품수요가 늘어나는 현상을 감안하면, 향후 건설되는 관광호텔은 적어도 7평대 객실 규모 이상을 확보해야 경쟁력을 점할 것으로 보인다(그림 8.3 참조).

관광호텔의 부대시설 유형별 도입현황

최근에는 부티크호텔Boutique 출현과 비즈니스호텔 과잉공급으로 시장경쟁이 더욱 심화되어 전반적인 호텔의 시설 및 서비스 수준이 상향 이동되고 있다. 특히 과거 호텔의 전통적인 부대시설이라 함은 단순히 객실을 판매하기 위한 지원시설로서 식음료F&B와 연회 및 집회기능이 전부였으나, 지금은 여기에 덧붙여 문화, 쇼핑, 엔터테인먼트(사교), 업무지원 기능을 포함하는 추세로 변하고 있다. 이에 따라 여기서는 호텔 내 다양한 부대시설 중에서도 레스토랑, 연회장, 웨딩홀, 회

*출처: 인터컨티넨탈 서울 코엑스 홈페이지

그림 8.4 특급호텔에 도입된 다양한 부대시설 유형 예시

의장, 비즈니스센터, 피트니스장, 실내 · 외 골프장, 수영장, 스파 / 사우나, 쇼핑아케이드, 편의점, 코인세탁실, 유흥업소, 옥상정원 등 공통적으로 설치 이용빈도가 높은 14개 시설Facility을 선정하고 이에 한정하였다(그림 8.4 참조).

분석결과 객실과 마찬가지로 2015년 기준 서울시 관광호텔의 평균 부대시설 타입 수는 약 4.0개로 나타났다. 이를 등급별로 살펴보면, 특급호텔의 부대시설 수는 무려 6.9개로 가장 많아 5성급Five Star답게 고급 레스토랑은 물론이고 대형 컨퍼런스와 이벤트 행사를 유치할 수 있는 연회장 · 회의장, 수영장, 피트니스센터, 엔터테인먼트 공간을 고루 갖추고 있었다. 반면, 비즈니스호텔의 평균 부대시설 수는 특급호텔의 절반 수준인 3.5개로 빈약하였다. 기본적으로 비즈니스호텔은 앞에서 논의된 시설은 가급적 지양하되, 조식(朝食)이 가능한 소규모 레스토랑과 카페, 간단한 업무를 볼 수 있는 비즈니스코너, 체력단련장, 코인세탁룸 등 최소한의 시설만을 갖추었을 뿐이다. 이는 아마도 비즈니스호텔이 객실영업에 주력하는 한편, 가격경쟁력을 최대한 확보할 수 있게 가급적 부대시설 규모를 줄이는 것으로 해석된다(그림 8.5 참조).

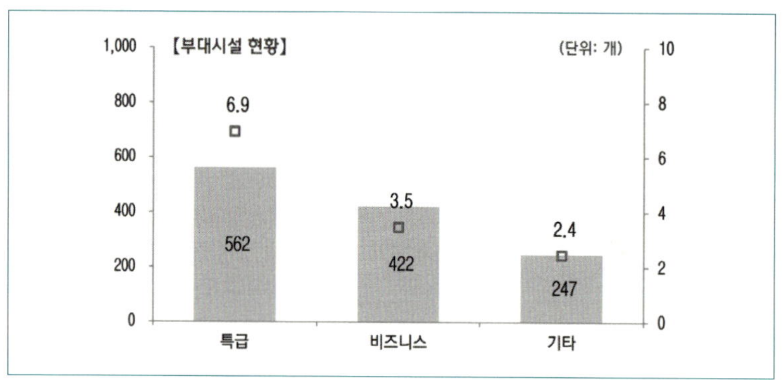

*출처 : 「2015 서울시 호텔업등록현황」 바탕으로 저자 수정 · 보완

그림 8.5 관광호텔의 부대시설 총계 및 평균 개수

한편, 실제 호텔에 도입되는 부대시설 유형별 조사결과에 따르면, 빈도수와 설치비율 모두 동일한 결과를 얻었다. 세부적으로는 레스토랑 265개(87.2%), 비즈니스센터 203개(66.8%), 회의장 128개(42.1%), 연회장 111개(36.5%), 피트니스장 106개(34.9%), 스파 · 사우나 85개(28.0%) 순으로 순위가 높아 호텔 내 부대시설 도입 시 가장 기본적으로 설치되어야 하는 이용편의시설임을 짐작할 수 있다. 이 중에서도 식음료부문은 호텔서비스의 척도Barometer로 지속적으로 성장세이며, 그 중요성이 계속 강조되고 있다.

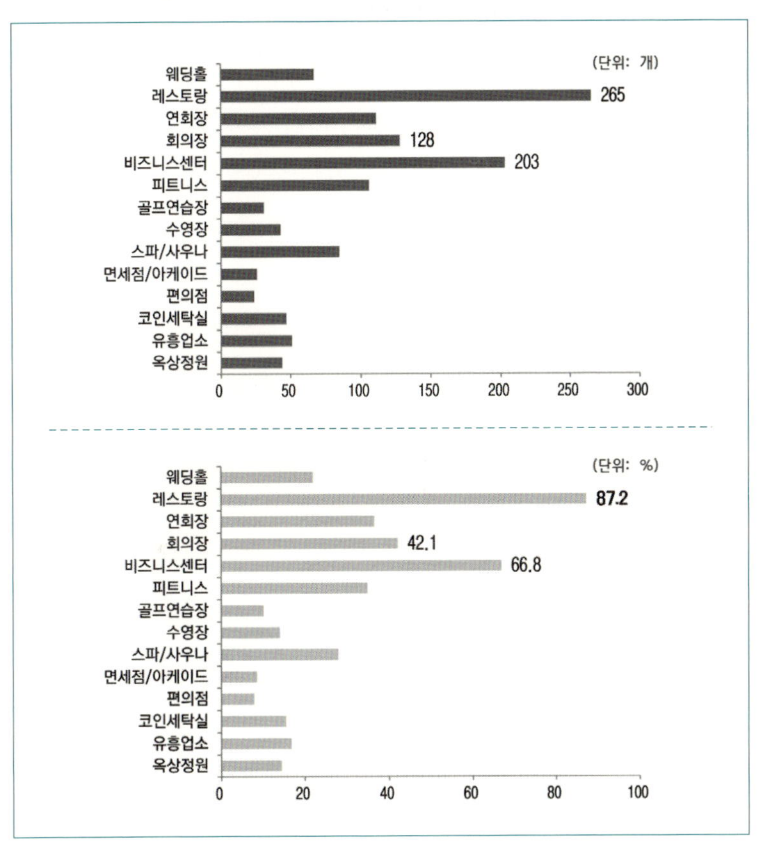

*출처 : 「2015 서울시 호텔업등록현황」 바탕으로 저자 수정 · 보완

그림 8.6 관광호텔의 부대시설 유형별 도입현황

재미있는 사실은 선호시설(Top 5)에서 호텔 등급에 관계없이 레스토랑, 비즈니스센터, 연회 · 회의장 등의 도입비율이 비교적 높은 순위에 오르는 공통점이 있는 반면, 비선호시설(Bottom 5)은 특급호텔과 비즈니스호텔이 서로 상반된 결과로 대조를 이루는 차이점이 발견되었다. 그 예로 비즈니스호텔의 경우 호화스러운 수영장, 골프연습장, 쇼핑아케이드 시설의 설치비율이 3% 미만으로 극소수에 지나지 않았는데, 이러한 시설은 다분히 특급호텔의 부대시설 유형에 속하는 것이라고 할 수 있다. 정반대로 특급호텔의 경우 유흥업소(4.9%), 편의점(11.1%), 코인세탁실(14.8%)의 비중이 낮았는데, 이는 비즈니스호텔의 선호 순위가 높은 시설이기도 하다(그림 8.6 참조).

특히 요즘 들어 비즈니스호텔 저층부는 단기체류객의 선호가 높은 편의점으로 운영되는 경우를 종종 볼 수 있는데, 상황에 따라 자체 시설운영 인력을 들여 배치하는 것보다 임대공간Leasing으로 필요한 기능을 유치하는 것이 더욱 경제적일 수 있다. 이처럼 비즈니스호텔의 부대시설은 특급호텔에 비해 전반적으로 규모나 종류 면에서 부족한 것이 사실이나, 근래에는 이를 극복하고 운영비 절감을 도모하기 위해 시설규모를 최소화하면서 멀티기능을 수행할 수 있도록 복합화MXD하는 추세로 이러한 경향은 당분간 지속될 전망이다(표 8.1 참조).

표 8.1 관광호텔 등급별 부대시설 선호 상 · 하위권 순위

순위 (Rank)	선호 시설(Top 5)						비선호 시설(Bottom 5)					
	특급호텔		비즈니스호텔		기 타		특급호텔		비즈니스호텔		기 타	
1	레스토랑	96.3	레스토랑	95.1	레스토랑	70.3	유흥업소	4.9	수영	1.6	쇼핑아케이드	2.0
2	비즈니스센터	95.1	비스니스센터	62.3	비즈니스센터	49.5	편의점	11.1	골프연습장	2.5	웨딩홀	4.0
3	회의장	84.0	연회장	32.8	회의장	23.8	코인세탁실	14.8	쇼핑아케이드	2.5	골프연습장	5.0
4	피트니스	82.7	유흥업소	30.3	피트니스	15.8	옥상정원	16.0	편의점	4.9	수영장	7.9
5	연회장	72.8	회의장	29.5	코인세탁실	14.9	쇼핑아케이드	25.9	웨딩홀	11.5	스파 / 사우나	7.9

* 출처 : 「2015 서울시 호텔업등록현황」 바탕으로 저자 수정 · 보완

관광호텔의 객실 및 부대시설 수입현황

호텔경영 성과인 매출액은 기본적으로 이용자수에 크게 영향을 받으며, 부문별로는 주력상품인 객실운영 수입과 식음료, 회의실, 연회장, 피트니스 등 각종 편의시설에서 발생하는 호텔서비스의 부대시설 수입으로 양분화 할 수 있다. 2014년 기준 호텔업운영현황에 따르면, 서울시 관광호텔의 연간 객실 이용자수는 전년과 거의 동등한 613만명에 머물렀으나, 부대시설 이용자수가 203만명의 입국객 증가에도 불구하고 오히려 전년대비 31.8% 줄어든 1,434만명으로 나타났다.

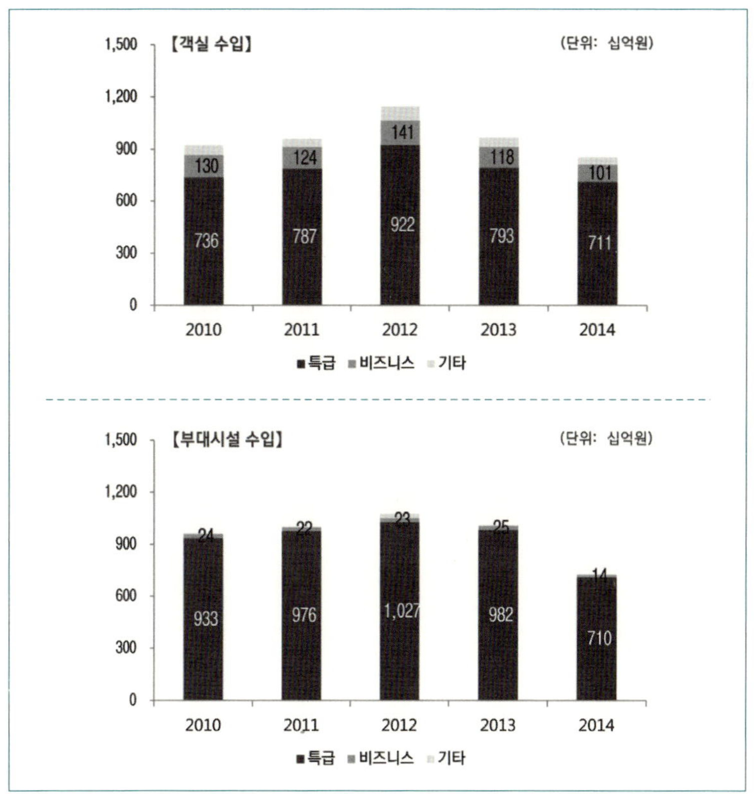

*출처:「2014 호텔업운영현황」 바탕으로 저자 수정 · 보완

그림 8.7 서울시 관광호텔 등급별 객실 및 부대시설 수입현황 추이

또한 입국객이 연간 소비하는 금액으로 벌어들인 객실 수입이 8,536억원, 부대시설 수입이 7,246억원이었다. 이 중 객실 수입은 2012년을 기점으로 특급호텔과 비즈니스호텔 모두 전반적으로 둔화되는 추세이나, 특히 특급호텔이 더 큰 폭으로 줄어든 양상을 보였다. 부대시설 수입도 마찬가지로 2011년 이후 특급호텔은 꾸준히 1조원 이상을 유지하였으나 2014년 1조원 달성이 붕괴되면서 대폭 감소하였고, 비즈니스호텔은 140억원에 그쳐 영향력이 미미하였다. 아마도 부대시설 수입에서 상당수 비율이 식음료 부문의 매출에서 발생한 것으로 추측된다(그림 8.7 참조).

이러한 사실은 객실 수입이 호텔 등급에서 차지하는 비중에서 더욱 명확히 드러난다. 실제로 특급호텔에서는 객실과 부대시설 수입이 각각 50%를 점유하며 나란히 균형을 맞추고 있지만, 비즈니스호텔은 매출액에서 객실수입 비중이 87.9%에 달할 정도로 치우쳐 의존도가 상당히 심하다. 위와 같은 사실을 통해 비즈니스호텔은 제한적 서비스Limited Service를, 특급호텔은 연회, 이벤트 중심의 다양한 부대시설 제공으로 풀서비스Full Service를 지향하며 부대시설 수입에서 경쟁우위를 점하는 것을 재차 확인할 수 있다(그림 8.8 참조).

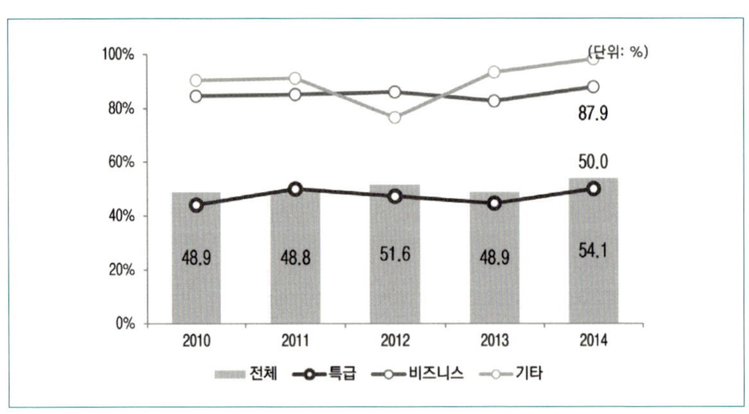

*출처:「2014 호텔업운영현황」 바탕으로 저자 수정 · 보완

그림 8.8 서울시 관광호텔 등급별 객실 수입 비중 추이

관광호텔의 객실 · 부대시설 규모와 수입의 관계

관광호텔의 수입은 객실 규모와 부대시설의 함수(Δf)로 결정된다. 그러나 식음료판매 등 부대시설의 수입발생은 원칙적으로 숙박객 증대에 따른 객실 수입에 의존하고 있는 형국이다. 따라서 체류하는 숙박객이 많으면 부대시설의 활용도가 그만큼 높아져 영업수익이 향상되므로, 개별 호텔에서는 다방면으로 객실 수입을 증대시키기 위한 노력을 하고 있다. 이러한 배경에서 호텔의 주요 구성인자인 객실의 면적과 부대시설 수는 각각 객실판매 및 부대시설 수입에 영향을 미치게 된다.

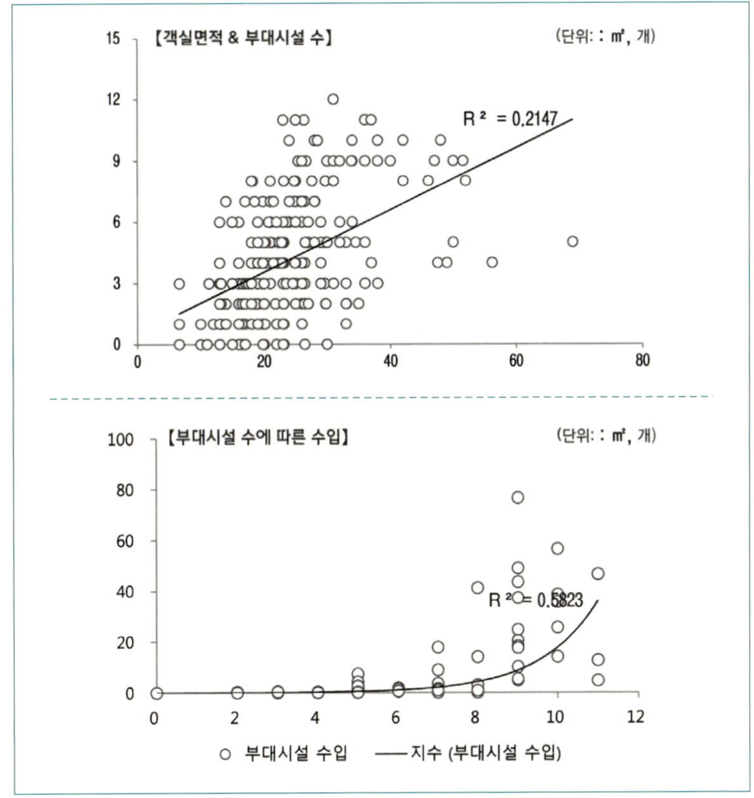

*출처 : 「2015 서울시 호텔업등록현황」 바탕으로 저자 수정 · 보완

그림 8.9 관광호텔의 객실 · 부대시설 규모와 수입의 상관관계

서울에 소재한 호텔의 표준 객실면적과 부대시설의 수는 정(+)의 관계로 긴밀히 나타났다. 즉 표준 객실면적이 넓을수록 비례하여 부대시설의 도입 수도 늘어나는 것이다. 이는 대형 객실을 많이 보유한 호텔일수록 이에 상응하는 서비스 수준Level of Service도 높아져 충분한 부대시설을 확보해야 함을 의미한다. 한편, 부대시설 수에 따른 부대시설 수입도 증가하나 무한정으로 지속되지 않으며, 그 영향력은 특급호텔에 비해 미미할 것으로 예상된다. 즉 비즈니스호텔의 경우 부대시설 증가가 단순히 부대시설의 수입만을 가져다주지 않기 때문에 한정된 예산안에서 부대시설 수를 결정해야 함을 단면적으로 시사하고 있다(그림 8.9 참조).

관광호텔의 객실 및 부대시설 발전을 위한 시사점

과거에는 양적으로 호텔의 객실과 부대시설 규모가 수입의 주요인으로 작용하였으나, 너무 과도한 규모는 불필요한 비용 발생을 초래하기도 한다. 이러한 관점에서 볼 때 현재 전반적인 호텔시장의 여건상 경제적·재무적 상태가 여의치 않은 상황이 많다 보니 관광 이용객들의 기호와 취향을 고려한 객실과 맞춤형 서비스Customized Service를 제공할 수 있는 부대시설의 설치가 강조되고 있다. 예를 들어, 한 나라의 관습 혹은 문화적 특성의 차이는 호텔 선택에 중요한 영향력을 미친다. 통상 동양인이 트윈, 서양인은 더블룸을 선호하는가 하면, 중국인은 작은 객실 규모에 불만이 많고, 일본인은 샤워보다 욕조가 딸린 객실의 예약률이 높은 점이 위의 사실을 방증한다.

이처럼 호텔 사업자들은 관광객 타깃의 명확한 선정을 토대로 비용대비 투자효율성Cost-Effectiveness을 고려하여 객실과 부대시설 중 어느 곳에 집중할 것인가에 대한 진지한 고민이 필요하다. 즉 설치 가능한 부대시설에 선택과 집중을 하되, 적은 면적으로도 이용객 만족도를 최대한 극대화시켜야 할 것이다. 이러한 점에서 상기에 논의하였던 객실의 적정규모로 7~8평형을 도출하고, 부대시설로 선호도가 높았던 레스토랑, 비즈니스센터, 회의장 등을 최우선순위Priority로 고려할 수 있다. 모든 상품이 다 그러하겠지만 초기 시설계획 수립 시 설치만큼이나 향후 서비스와 시설의 수준을 일정하게 지속적으로 유지 · 관리하는 것도 무엇보다 중요한 사안이다. 하루빨리 국내 호텔의 객실과 부대시설이 상호 윈-윈 할 수 있는 효과적인 방안들이 강구되어 호텔산업의 균형 있는 발전을 꾀하는 동시에 관광선진국으로 한 단계 도약하기를 기대한다.

STORY 요약

호텔 본연의 주기능이 객실이라면, 부기능은 객실을 보조하며 각종 편의서비스를 제공하는 부대시설이다. 그러나 요즘은 부대시설의 이용목적으로 호텔을 찾는 욜로(YOLO)족이 나타나 경계가 무너지면서, 객실면적 대형화와 부대시설 다양화가 진행되고 있다. 특히 비즈니스호텔보다 특급호텔에 가까울수록 이러한 성향은 더욱 강하게 나타났다. 등급을 떠나 부대시설 중에서는 식음료와 집회 공간인 레스토랑, 연회장, 회의장, 비즈니스센터가 잦은 이용 빈도로 도입 우선순위가 높았다. 요컨대 호텔산업의 DNA가 환대임을 고려할 때, 고객만족도와 편의성 향상을 위한 객실과 부대시설 서비스의 맞춤형 패키지 개발 노력에 경주해야 한다.

개성적인 디자인과 품격을 입은 부티크호텔

오늘날 현대사회에서 여행객들의 개성이 중시되고 가치관이 다양화됨에 따라 과거 저렴한 모텔과 값비싼 특급호텔로 이원화되던 호텔시장이 한계에 봉착하였고, 그 중간격인 부티크호텔이 급부상하였다. 2010년 이후 공급이 본격적으로 이루어진 부티크호텔은 기존 호텔과 달리 100실 미만의 개인이 운영(탈체인화)하며, 고유한 개성과 디자인, 독특한 분위기, 인테리어 및 소품의 차별화, 다채로운 객실 구성, 지역문화와 접목되는 특징을 가진다. 이러한 시점에서 서울시 부티크호텔의 전반적인 현황과 개발특성을 살펴보고, 운용성과 실적지표를 통해 시장경쟁력 및 효용성을 객관적으로 평가하였다. 여기서는 호텔업계 실무종사자들이 국내 부티크호텔의 시장동향과 트렌드를 파악함으로써 향후 개발계획 수립과 관련된 의사결정시에 유용한 참고자료가 될 것이다.

부티크호텔의 개념과 출현 배경

국내 호텔시장은 세계적 유명브랜드를 갖춘 대규모 호텔과 모텔 혹은 여관으로 불리는 소형 호텔로 양분되며, 기형적인 불균형 성장을 해왔다. 이러한 과정에서 고객들의 욕구는 점차 다양화되고 호텔이용도가 잦아지는데 비해 선택의 폭이 좁아 한계에 도달한 것이다. 즉 새로운 스타일Style의 호텔을 갈망하는 고객의 니즈Needs가 바로 부티크호텔을 출현시킨 원동력이 되었다.

원래 부티크Boutique라는 용어는 복식분야에서 고급맞춤 의상을 뜻하는 오트쿠튀르Haute couture에서 유래하여 '멋있고 개성적인 의류를 취급하는 작은 규모의 점포(한경 경제용어사전)'를 가리킨다. 하지만 호텔이란 단어와 만나면서 '독특하고 개성 있는 디자인과 콘셉트, 이색적인 서비스로 차별화를 이룬 소규모 호텔'이라 정의할 수 있다. 상기의 부티크호텔과 연상되는 관련 이미지로는 독특한Unique, 현대적Trendy, 분위기 있는Intimate, 멋진Hip & Cool, 디자인 지향적Design Oriented과 같은 단어들이다.

이미 1970, 80년대 미국과 유럽 등 선진국에서는 디자인호텔 등으로 불리며 일찍이 하나의 호텔 형태로 발전되어 왔으나, 우리나라는 뒤늦게 2010년 이후 부티크호텔의 개념이 시장에 도입되고 있다. 최근에는 대형 브랜드호텔이 소유한 부티크형 체인식의 라이프스타일Life Style 호텔을 비롯하여 콘셉트Concept, 아트Art, 콜라보레이션Collaboration, 콜렉션Collection, 소프트브랜드Soft Brand 등으로 진화되고 있다. 이들은 모두 부티크호텔로부터 파생한 일종의 변형된 상품이라는 점에서 공통적이나, 호텔 간의 서로 유사점이 많고 구분이 모호하여 오히려 혼란을 야기하고 있는 실정이다. 그러나 이는 명칭 여하에 관계없이 호텔사업자들이 이용객의 다양한 요구를 수용하며 경쟁력을 제고하기 위한 자구책의 일환이다(그림 9. 1 참조).

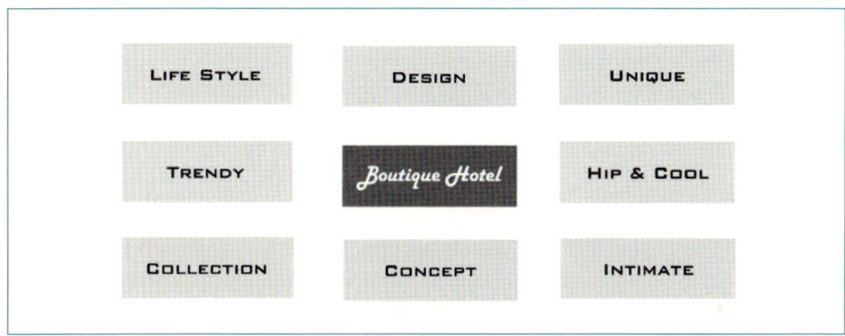

그림 9.1 부티크호텔의 연상되는 이미지

부티크호텔의 시장규모 및 현황

전세계를 막론하고 부티크호텔은 호텔시장에서 하나의 새로운 트렌드가 되며 지배력이 강화되고 있다. 이러한 가운데 국내 호텔시장의 변화와 움직임을 주도하는 혁신적인 흐름 또한 단연코 중·소형 규모급의 부티크호텔 시장이다. 그렇다면 국내 부티크호텔의 시장규모와 그 비중은 과연 얼마나 되는지 근원적인 질문에 해답을 내리고자 한다.

2015년 말 기준으로, 서울시 전체 호텔의 공급량Stock 304개 중 '부티크'와 '라이프스타일'을 표방한 호텔수는 17.1%인 52개로 잠정 추산되었다. 이들의 보유객실수는 6,662실로 연면적은 자그마치 730천㎡에 달하며, 전체물량 대비 각각 15.0%와 14.9%를 차지한다. 바꾸어 말하면 현존하는 호텔 6~7개 중 1곳은 부티크호텔이라는 의미이다(그림 9.2 참조).

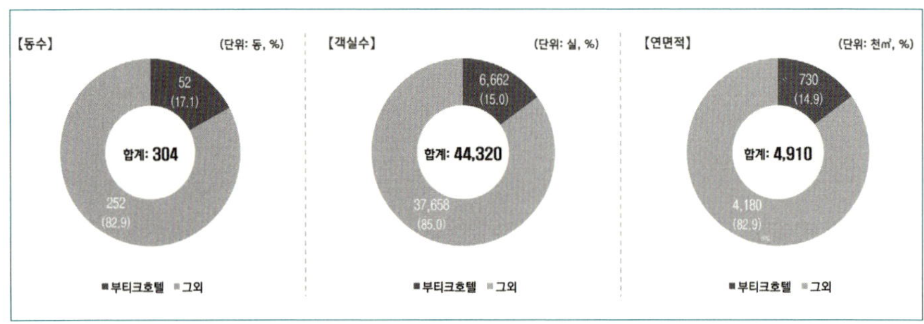

*출처: 서울시 호텔업등록현황 수정 · 보완(2015)

그림 9.2 부티크호텔의 공급물량으로 살펴본 시장규모 추정치

이처럼 부티크호텔 산업이 커지고 존재감이 부각되자, 2000년대 이후 기득권을 향유하던 대형 호텔체인들 또한 부티크시장에 진입하며 속속 브랜드를 런칭하였다. Hyatt의 Andaz, InterContinental의 Indigo, Starwood의 Aloft, Marriott의 Edition, Hilton의 Curio 등이 대표적인 예이다(그림 9.3 참조). 대형호텔은 브랜드 확장 차원에서 상품구색을 갖추어 포트폴리오Portfolio를 강화하고, 충성고객을 증진시킬 수 있다. 그 밖에 Dissel, Ferragamo, Armani, Bulgari, Versace, Camper, Levis 등 해외 명품브랜드가 자산의 핵심 DNA를 근간으로 부티크호텔을 개관하는 경우도 늘고 있다. 향후 위와 같은 이점에 비추어볼 때 대형호텔의 부티크시장에 관한 관심이 더욱 고조될 것으로 예상되는 바, 공급물량은 당분간 지속적으로 확대될 것이다.

*출처 : 알로프트 서울 강남

그림 9.3 Starwood그룹의 부티크호텔 라인, 알로프트(Aloft)

부티크호텔의 주요 개발특징

부티크호텔은 태생적Inherent으로 기존의 대형호텔과 다른 특성을 지닌다. 우선 규모 · 등급과 같이 물리적으로 드러나는 가장 큰 특성은 첫째, 100실 미만, 1급 이하의 중 · 소형 비즈니스급 호텔이라는 점이다. 실례로 규모가 큰 특급호텔은 11곳인 21.2%에 지나지 않으며, 100실 미만이 36개(69.3%)로 절대 다수를 이룬다. 이는 부티크호텔을 규정짓는 중요한 형질인 고유의 특성을 대형호텔이 브랜드를

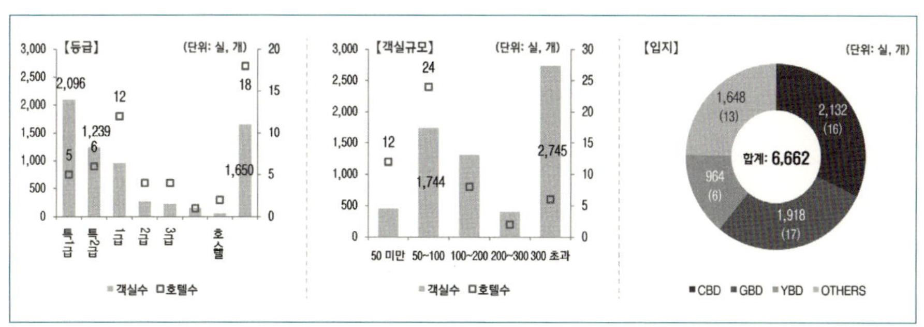

*출처 : 서울시 호텔업등록현황 수정 · 보완(2015)

그림 9.4 부티크호텔의 공급 기본특성

확장시키면서 표준화하기 어렵다는 것을 알 수 있다. 대형호텔이 추구하는 표준화Standard란 곧 획일성을 의미하는데, 이는 개별 호텔의 고유한 특성을 죽이는 동시에 대척점에 있기 때문으로 해석된다. 더불어 대형호텔의 바람직한 운영 규모는 100~300실이 확산의 용이성, 관리의 편리성, 수익성 측면에서 위험부담이 크지 않을 것으로 보인다(그림 9.4 참조).

둘째, 입지Location 상 여행 관광객 수요가 높은 도심과 강남 주변의 핫플레이스Hot Place에 위치한다. 관광객 방문지 1순위인 4대문안 일대의 도심(32.0%, 2,132실)을 비롯, 강남(28.8%, 1,918실), 여의도(14.5%, 964실) 순으로 밀집도가 높으며, 흔히 말하는 고차 업무중심지인 3대 권역(75.3%)의 상호의존도Dependence가 심화됨을 확인하였다. 아마도 이들 지역은 서울 외곽부인 기타지역Others에 비해 상대적으로 관광 · 쇼핑 · 문화활동이 편리하고 교통접근성이 유리하기 때문에 공간적 집중현상Spatial Concentration이 나타난 것으로 여겨진다(그림 9.5 참조).

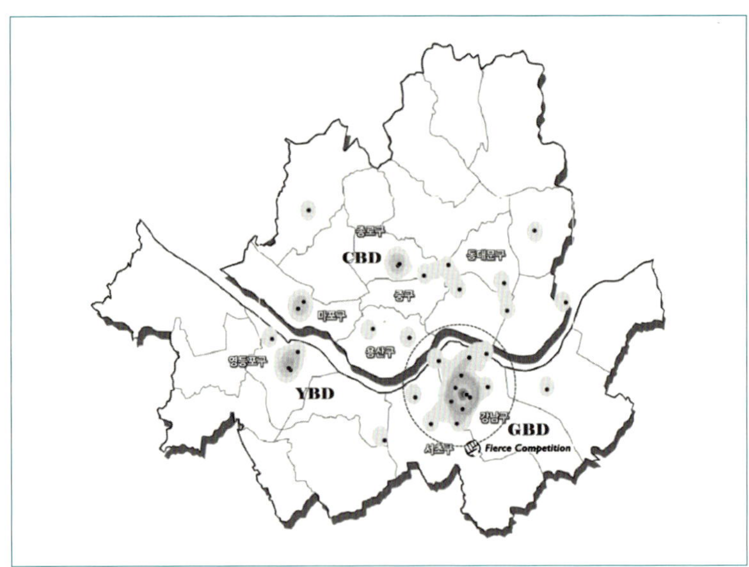

*출처 : 서울시 호텔업등록현황 수정 · 보완(2015)

그림 9.5 부티크호텔의 공간적 분포현황

셋째, 부티크호텔 설계의 핵심인 건축과 디자인, 인테리어의 독창성Originality을 들 수 있다. 여기서 부티크호텔의 표현양식은 시간적, 공간적, 장르적 혼성Hybrid 성향을 보인다. 즉 과거와 현재를 넘나들거나 동 · 서양의 스타일을 병치하며, 조형Objet적 요소를 공간에 적용하는 등 둘 이상의 혼성이 복합적으로 나타났다(장덕인, 2004; 조윤주, 2008, 박세미; 2012). 대표적으로 시간적 장르 중 역사가 오래된 클래식Classic 호텔은 고풍스럽고 앤티크한 가구로 빈티지한 분위기를, 반대로 최신식High-Tech의 호텔은 세련되고 도시적인 감각으로 현대적Modern인 이미지를 풍기는 경우가 많다. 전자는 국내 순수자본으로 유럽풍을 지향한 강남의 임피리얼 팰리스 부티크호텔(1988년), 후자는 대림산업 사옥을 대수선Remodeling하여 새롭게 단장한 여의도 글래드호텔(2014년)이 해당한다. 특하 글래드호텔은 서울에서 유일한 '디자인 호텔스(www.designhotels.com)' 멤버로 등재된 부티크호텔이며, 짙은 청화색 벽돌의 건물외관부터 내부 로비까지 일관성 있게 연출하였다(그림 9.6 참조).

*출처 : 각 호텔 홈페이지

그림 9.6 부티크호텔 건축과 디자인의 내 · 외부 공간 대비사례

또한 이러한 시장트렌드는 50년 남짓한 1980년 이전(22.6%)과 5년 미만인 2010년 이후(49.4%)로 크게 양분화되는 호텔 준공시기Age의 특성과 관련이 깊다. 그렇다면 부티크호텔에서 디자인Design이 부각된 이유는 무엇일까? 예측컨대 호텔의 새로운 콘셉트로 가장 채택하기 수월한 수단인 동시에, 그 효과가 눈에 띄게 관찰되기 쉽기 때문인 것으로 보인다.

넷째, 개인 혹은 가족이 직접 경영형태로 운용하는 독립호텔 위주로 탈체인화Non-Chain의 경향이 강하다. 호텔수 기준으로 사업주체는 개인이 40.4%로 비교적 많아, 73.1%가 독자적인 상호아래 브랜드를 차용하지 않고 있다. 이는 반대로 말하면 부티크호텔의 단 26.9%만이 대형체인 호텔과 제휴하여 높은 브랜드 인지도와 예약망 시스템을 공유하는 등 제한적으로 이용하는 것으로 볼 수 있다(그림 9.7 참조).

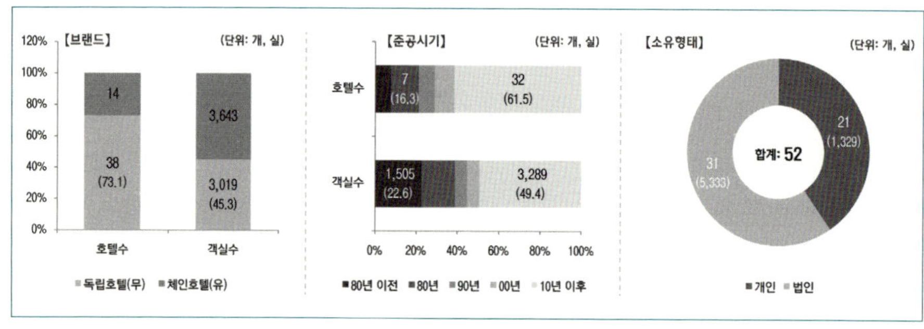

* 출처: 서울시 호텔업등록현황 수정 · 보완(2015)

그림 9.7 부티크호텔의 개발특성

다섯째, 부대시설의 선택과 집중을 통한 다채로운 객실 및 베드 구성의 다양성Diversity 확보이다. 부티크호텔의 대다수가 레스토랑과 바, 비즈니스 라운지 등으로 부대시설을 간소화하는 반면, 객실은 스탠다드, 슈페리어, 디럭스, 스위트, 패밀리룸에 다수의 베드형태Bed System(싱글, 더블, 트윈, 트리플)를 갖추어 고객만족도를 높이고 있다. 일례로 부티크호텔의 객실면적은 18~133㎡에 이를 정도로 구간대의 폭이 넓으며, 층마다 다른 디자인을 전개한 호텔도 더러 있다. 표준객실인 스탠다드룸Standard의 경우 7~8평형인 24.5㎡이며, 상품의 타입 또한 6.9개로 전체 평균수치(24.2㎡, 6.0개)보다 많음을 룸매트릭스Room Matrix에서 확인하였다. 이른바 부티크호텔은 고객눈높이에 맞춘 밀착형 서비스 일종이라 볼 수 있다(그림 9.8 참조).

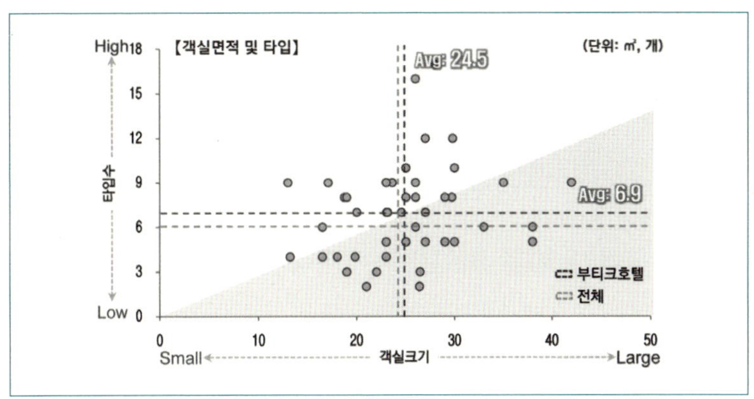

* 출처 : 서울시 호텔업등록현황 수정 · 보완(2015)

그림 9.8 표준 객실면적과 유형에 따른 부티크호텔의 공간구성

여섯째, 콜라보레이션Collaboration 마케팅을 통한 과감한 실험과 재미의 추구이다. 다양한 분야의 유명인사인 디자이너, 예술가, 요리사, 플로리스트, 사진가, 바리스타, 뮤지션 등과 협업으로 이벤트 및 프로그램을 마련한다거나 일정공간을 꾸며 고객에게 색다른 경험을 제공하는 것이다. 그 예로, 호텔 더 디자이너스는 전담 디자이너들이 여행을 모티브로 객실디자인 개발에 직접 참여하여 6개 지점을 오픈하는 등 성황리에 운영 중이고, 호텔 라까사Lacasa는 실제 까사미아의 가구와 인테리어 소품을 전시하여 객실이 일종의 '가구 쇼룸' 역할을 하고 있다(그림 9.9 참조).

*출처 : 각 호텔 홈페이지

그림 9.9 협업을 통해 디자이너가 호텔개발에 참여한 사례

일곱째, 지역문화를 가미한 재료의 활용 및 변용성이다. 강남에 자리한 52실의 작은 호텔 소설(小雪)의 경우, 일상생활에 친숙한 자연Nature을 키워드로 주재료인 나무와 돌을 이용하며 패턴과 배치 등 디테일을 살린 노력이 엿보인다. 이는 객실 규모 확장에 치중한 기존의 획일화된 호텔들 사이에서 차별성을 가져오는 핵심요소로, 훌륭한 홍보수단이 된다(그림 9.10 참조).

*출처 : 각 호텔 홈페이지

그림 9.10 재료와 디테일 변용을 훌륭하게 소화한 호텔 소설

지금까지 앞에서 살펴본 부티크호텔의 특성은, 특정지역에 자생해 성장하면서 고유한 사회·문화적 특성을 잃지 않고 개성적인 스타일과 디자인을 갖춘 독립호텔이라고 말할 수 있다. 더불어 일정한 콘셉트를 가지고 문화 및 예술과 접목하고, 지역주민과 체험을 공유하는 등 일상에 지친 현대인을 주요 타깃팅으로 삼아 고도화된 서비스를 실현하고 있다.

부티크호텔의 운용성과 및 시장경쟁력 평가

최근 5년간 약 3,000실 남짓한 부티크호텔의 공급물량이 시장에 쏟아지며, 비슷한 콘셉트의 호텔들이 경쟁적으로 우후죽순 생기고 있다. 단기간에 무작정 시장트렌드를 좇다보니, 인근에 독창성 가진 호텔을 찾아보기란 여간 쉽지 않은 일이 되어버렸다. 더불어 글로벌 경기둔화와 관광산업이 침체된 악조건 상황에서도 부티크호텔은 과연 시장경쟁력이 있는 것일까? 이에 대한 해답은 호텔의 운용성과 실적지표Performance Index를 통해 효용성을 객관적으로 검증해보고자 한다.

「호텔업운영현황(2014)」 자료를 토대로 부티크호텔의 영업성과를 추산한 결과, 객실이용률OCC은 80.4%(YoY : +2.6%p)로 연속 3년간 상승하며 2012년 이후 역전세를 보였다. 객단가ADR 또한 7.6% 상승한 144천원으로 조사 이래 최고점을 기록하며, 전체 호텔의 평균을 매년 앞지르고 있다. 그러면서 격차Spread는 32.0%로 확대되는 추세이다. 앞의 이용률과 객단가를 감안한 객실당수입Rev Par은 2013년 98천원으로 잠시 주춤하였으나 2014년 110천원으로 전년대비 무려 11.8%가 오르며, 부진한 실적을 회복하는 양상이다. 이는 전반적으로 객실이용률의 추세곡선과 흡사하다.

즉 부티크호텔은 안정적인 가동판매율과 높은 객단가 유지로 전체 호텔업계 대비 32.5%가 넘는 양호한 매출실적을 달성하는 것으로 나타났다. 이러한 영업성과 호조에 비추어볼 때 부티크호텔의 전반적인 시장경쟁력은 높으며, 향후 전망 또한 우호적인 것으로 평가된다. 이는 최근 호텔시장의 트렌드 변화와 맞물려 부티크호텔이 평균 이상Upscale에 근접한 합리적인 가격대로 특급호텔의 이용층을 꾸준히 흡수하기 때문인 것으로 풀이된다(그림 9.11 참조).

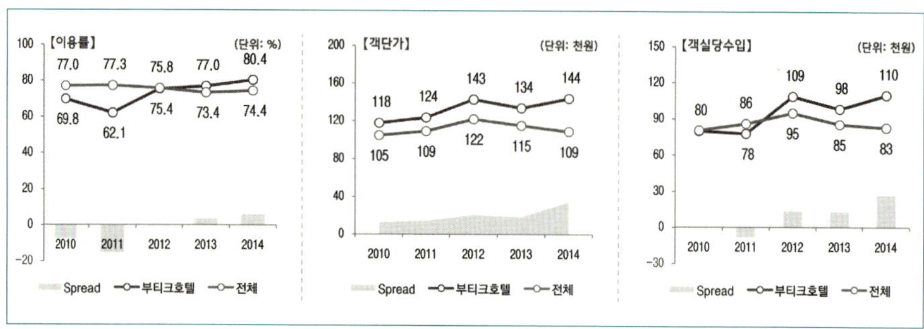

*출처: 서울시 호텔업등록현황 수정 · 보완(2015)

그림 9.11 부티크호텔의 운용실적 지표 추이

부티크호텔의 경쟁력 강화를 위한 제언

부티크호텔은 단순히 객실만을 제공하는 일반호텔과 달리 색다른 경험과 라이프스타일을 즐기는 공간으로 외연을 확장시켰다. 즉 부티크호텔의 등장 자체가 곧 호텔산업 여건이 한층 성숙했다는 간접적인 표현이라고 볼 수 있다. 그 이면에는 부티크호텔의 개성과 특수성이 있는데, 이는 대형호텔 체인브랜드가 쉽게 흉내낼 수 없는 영역으로 필연적인 차이를 내포하고 있다.

최근에는 롯데의 호텔 L7 등 막강한 자본력을 가진 대기업들이 부티크호텔 시장에 뛰어들며 시장선점을 위한 경쟁이 심화되고 있다. 따라서 사업주들은 부티크호텔 개발 이전에 명확하고 구체적인 테마, 그리고 정체성Identity에 대한 진지한 고민이 충분히 수반되어야 한다. 특히 대형호텔의 경우 고유한 특성이 희생되지 않는 선에서 마케팅 자산을 효과적으로 활용하는 지혜가 필요하다. 물론 특화된 시설과 서비스 제공으로 고객에게 어필하는 것도 중요하지만, 호텔의 본질인 '소박하며 따뜻한 환대문화Hospitality로 작은 감동을 선사하는 것' 역시 부티크호텔이

해나갈 몫이다. 이제는 하루 빨리 부티크호텔 내부에서 다양한 문화와 예술작품을 만나 21세기 관광코리아의 미래를 제시하고 한류를 이끄는 새로운 유형의 창조경제 모델이 되어야 한다.

STORY 요약

특급호텔과 비즈니스호텔로 양분화 된 호텔시장에서 고객의 라이프스타일을 고려한 틈새상품인 부티크호텔이 전성기를 맞이하고 있다. 특히 투숙경험을 중시한 20~30대 젊은 계층의 소비욕구에 부응, 동급호텔 대비 객단가와 가동률 확보 면에서 우위를 점한다. 부티크호텔이 지향하는 핵심전략은 ① 100실 규모의 도심 핫플레이스, ② 개성을 살린 건축디자인과 인테리어, ③ 역사·문화·아트적 요소 활용, ④ 탈체인화의 독립운영 체제이다. 공통적으로 대형호텔의 심벌인 표준화를 거부하는 대신, 부티크호텔의 고유한 특성을 유지하면서 색다른 콘셉트를 구현한다. 평범함은 벗고 특별함을 입은 부티크호텔이 경쟁의 무리에서 이기려면, 기존 호텔에서 찾아볼 수 없던 독창성과 차별성으로 승부를 걸어야 한다.

Ⅳ PART

대한민국은 전국 관광호텔 1천개, 12만 객실을 보유한 호텔공화국이다. 관광호텔 외에도 숙박공유 신흥강자인 에어비앤비를 비롯하여 게스트하우스, 호스텔, 서비스드 레지던스 등 대체 숙박시설의 역습이 무섭다. 호텔과 대체 숙박시설의 신규 공급량 증가는 수년째 객실 수급불균형 논란(객실부족 vs 과잉)을 만들어냈다. 과연 대체 숙박시설이 호텔과 대립하는 경쟁재인지, 아니면 부족한 중저가 시장의 객실 확보와 다양성을 더하는 보완재로 거듭날지 두고 볼 일이다.

호텔과 대체 숙박시설의 수급실태 진단

공유경제 에어비앤비 출현과 중저가 대체 숙박시설의 반란

우리나라도 저성장·저소비로 대두되는 뉴노멀(New Normal)시대에 진입함에 따라 호텔산업의 시장 환경이 급속도로 변화하고 있다. 특히 외국관광객 수요증대에 발맞춘 숙박시설 유형의 다양화 및 확충 현상은 현 호텔시장을 대변하는 주요 사회트렌드 중 하나이다. 그러나 합법적인 관광호텔 외에 제도권 밖의 모텔·여관, 게스트하우스, 호스텔, 서비스드 레지던스, 에어비앤비 등 유사역할을 하는 대체 숙박시설이 난립하면서, 외래이용자들에게 이용불편과 혼란가중을 야기하고 있다. 한편, 대체 숙박시설 상품의 성장세에 따라 단기적으로는 경쟁심화에 따른 호텔업계의 전체적인 영업실적 감소로 이어져 부정적 영향이 우려되지만, 중·장기적으로는 공급 측면에서 숙박시설의 다양성 증대와 소비자의 선택권 확대로 긍정적인 효과가 예상된다. 따라서 그간 법적 기준이 미비하여 현황파악이 어려웠던 호텔의 대체 숙박시설 상품별 시장동향을 짚어보고, 장·단기 관점에서 대체 숙박시설 상품이 호텔산업에 미치는 영향을 알아본다.

대체 숙박시설 개념 및 유형 분류

오늘날 호텔 외에 모텔, 민박, 펜션, 콘도미니엄, 리조트, 레지던스, 호스텔 등 숙박업소를 지칭하는 유사 용어들이 많아지고, 숙박시설 간의 경계Boundary가 모호해지면서 명확한 차이점을 구별하기가 어려워졌다. 이에 따라 소비자는 물론 외래이용자들에게 혼란 가중과 이용 불편을 야기하고 있는 실정이다. 그렇다면 현실적으로 이들 숙박시설의 차이를 뚜렷이 구분할 수 있는 객관적인 기준Standard은 무엇이 있을까? 아마도 제도적 법률에 의거한 체계분류가 그 해답이 될 것이며, 바로 「관광진흥법」 적용 유·무가 가장 큰 차이점이라 할 수 있다.

현재 국내에 존재하는 숙박시설은 여러 가지 유형이 있으나, 법률상 크게 5가지 범주Category로 구분된다. 대표적으로 ① 「관광진흥법」에 따라 등급이 부여된 일반적인 관광호텔(특급~3급), ② 통상 모텔·여관으로 불리는 일반숙박시설, ③ 생활숙박시설로 취사가 가능한 서비스드 레지던스, ④ 게스트하우스 및 홈스테이 형태의 외국인관광 도시민박, ⑤ 기타 단체여행객 대상의 호스텔 등을 들 수 있다. 아래의 그림 10.1은 기존 호텔을 대체할 수 있는 숙박시설 종류를 나열하고, 이들의 개념과 특성 차이를 간략히 요약·비교한 것이다(그림 10.1 참조, 자세한 설명은 생략).

이와 관련하여 대체 숙박시설의 법적기준이 미비한 여건 하에 이들의 정확한 개념과 해석에 대해서는 아직까지 일관된 합의가 부족하다. 따라서 여기에서 조작적으로 정의한 '대체 숙박시설Supplementary Accommodation'이라 함은 기본적으로 여행객에게 숙식을 제공하며 호텔과 거의 비슷한 역할을 수행하는 경쟁상품으로서, 관광호텔을 제외한 제도권 외 후자인 ②~⑤의 유형과 에어비앤비와 같은 신규 숙박공유업체를 포괄하여 다루고자 한다. 다음은 앞서 정의한 대체숙박업의 대표 업종들을 하나씩 세부적으로 살펴보기로 하겠다(그림 10.2 참조).

구 분	호텔업	관광객이용시설업	관광편의시설업	숙박업		기타 체험형숙박시설
숙박업소 종류	관광호텔·가족호텔·호스텔·소형호텔	외국인관광 도시민박업	한옥체험업	일반숙박업 일반호텔·모텔·여관·여인숙	생활숙박업 서비스드레지런스	
수용대상	내·외국인	외국인만 가능	내·외국인	내·외국인	내·외국인	내·외국인
주요 특징	특1,2급~3급 구분 객실 외 부대시설 제공 개기업 중심 운영	한국 가정문화 체험 숙식제공 개인영업	한옥전통문화체험 가능 개인영업	취사시설 없음 대실사용(4시간 내·외) 상업지역내 저가형 상품	요리와 세탁 가능 장기숙박형 체류 적합 분양 및 수익배당 추구	개별여행자 및 단체 대상 지방에 다수
정부지원 혜택	○ (관광진흥기금, 용적률)	△ (지자체 예산, 운영지원)	△ (지자체 예산, 운영지원)	×	△ (제도정비, 합법화)	×
규모제한	30실 이상 확보	연면적 230 미만㎡(70평)	N/A	N/A	N/A	N/A
관련법률	관광진흥법	관광진흥법	관광진흥법	공중위생관리법	공중위생관리법	청소년활동진흥법
소관부서	문화체육관광부	문화체육관광부	문화체육관광부	문화체육관광부	문화체육관광부	문화체육관광부

* 출처 : 국가법령정보센터(www.law.go.kr), 서울시 발표자료(2016)를 토대로 연구자 내용 재구성

그림 10.1 대체 숙박시설 개념 및 상품별 차이 비교

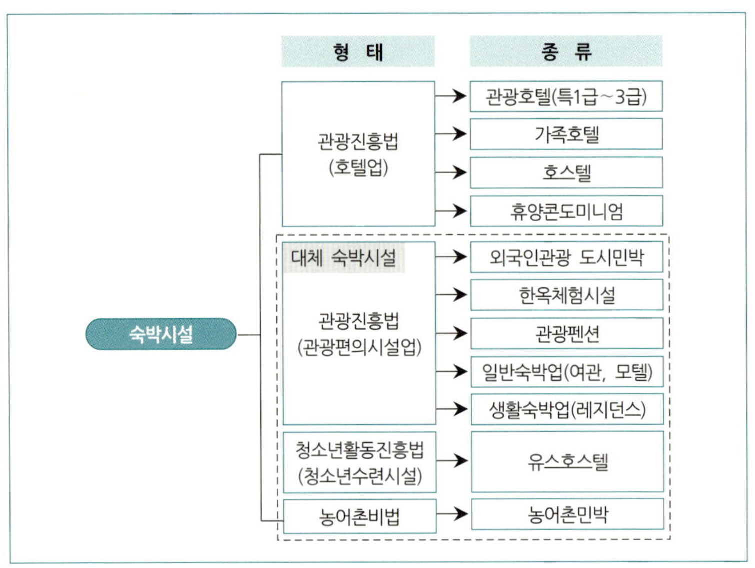

* 출처 : 국가법령정보센터(www.law.go.kr) 토대로 필자 내용 재구성

그림 10.2 법률상 숙박시설 체계 및 분류

대체 숙박산업 활성화 정책 및 지원제도

지금까지 정부가 펼친 관광·숙박산업 정책은 「관광진흥법」의 엄격한 기준과 높은 수준의 지속적인 관리를 필요로 하는 지극히 호텔업 중심이었다. 이러한 과정에서 대체숙박업은 마땅히 별도의 규제 법률도 없거니와 제도권 편입이 어려워, 지원 적용대상에서 상시적으로 배제되어온 것이 사실이다. 그 결과 「관광진흥법」의 적용을 받는 관광호텔과 그렇지 않은 시설 간 양극화로 이질적(異質的)인 형태를 보이고 있다.

그러나 최근에는 외국인관광 수용태세 확충의 일환으로 호텔업 이외 대체 숙박시설의 필요성이 강력히 제기되면서, 문화체육관광부와 서울시 지자체 주도하에 대체 숙박산업 활성화를 위한 지침 수립(2014)과 통합예약 커뮤니티(서울스테이 홈페이지 : Seoul Stay) 운영 등 다양한 지원책들이 마련되고 있다. 예를 들어 ① 신규 등록업소 대상 객실물품 제공, ② 사업설명회 및 교육아카데미 정례 개최, ③ 온·오프라인 홍보 강화(관광지도, 번역서비스) 등 대체 숙박업 활성화 도모를 위한 전방위적인 활동을 펼치고 있다(그림 10.3 참조).

* 출처 : 서울스테이(http://stay.visitseoul.net)

그림 10.3 서울시 대체숙박업 운영활성화 지원사항

이러한 서울시의 전폭적인 지원 현상은 대체숙박업 활성화 부문의 예산액 증가 추이에서 잘 드러난다. 실제 2013년 단 4.5억원 집행에 그쳤던 소요예산액은 전년 대비 11.9% 상승하면서, 2016년 결산실적이 7.1억원으로 급증하였다. 그럼에도 불구하고, 참여업체 대비 예산확정 규모가 현저히 낮아 향후 대폭적인 사업비 증액 편성 및 확대가 요청된다(표 10.1 참조).

표 10.1 대체숙박업 활성화 지원관련 예산액 추이 (단위 : 백만원)

구 분	2013	2014	2015	2016	증 감	
예 산	452	584	638	714	76	(11.9)

* 출처 : 서울시 내부자료(2013~2016)

대체 숙박시설 상품별 시장동향 및 특성

대중적인 모텔·여관

우리가 흔히 말하는 모텔·여관·여인숙(장)은 보건복지부가 주관하는 「공중

위생관리법」의 적용을 받고 있으며, 「건축법」상 취사시설이 없는 대표적인 일반 숙박시설의 일종이다. 원래 서양에서 모텔Motel은 Motor(자동차)와 Hotel의 합성어인데 Auto Court(일본은 료칸, りょかん)로도 불리며, 장거리 운전자Motorist들이 잠시 들러 휴식할 수 있는 간이 숙박형태를 의미한다. 즉 자동차를 가지고 출입하는 숙박업소로 드넓은 주차공간이 특징이며, 자연스레 국토가 넓고 자가용 보급이 많은 미국에서는 고속도로변을 따라 Motel 6, Super 8과 같은 유명 모텔 체인들이 급속도로 발달하게 되었다(그림 10.4 참조).

【한국의 난잡한 여관골목】

【미국의 유명 모텔체인, Motel 6】

* 출처 : Motel 6, TBS 보도자료(2015.07)

그림 10.4 한국과 미국의 모텔 · 여관 양식

1990년대 우리나라 도입 이후에는 3~4시간 가량 대실 위주One Night의 불법영업이 성행하면서, 성(性)적 의미를 담는 러브호텔의 부정적인 이미지로 변질되었다. 이에 모텔 · 여관은 도심 상업지역 일대와 단란주점, 노래방, 나이트클럽 등이 밀집된 유흥가 이면에 주로 형성되었다. 대체로 낡고 노후된 시설로 객실의 청결도가 떨어지며, 부가서비스도 전무한 경우가 많다. 반대로, 운영자 입장에서는 건설 및 유지비용이 적게 드는 장점이 있고, 소비자 측면에서도 가격이 3만원 내외로 비교적 저렴하여 내국인 이용이 잦아 가장 대중적인 숙박시설로 손꼽힌다.

2016년 기준 서울시내 모텔 · 여관은 총 64,141실로 전체 숙박시설 중 55.2%의 과반을 차지하며, 기존 호텔업 물량의 약 1.4배에 맞먹는 수치이다. 그러나 최근 3년간 외국인 선호에 따라 관광호텔이 급증하는 반면, 모텔 · 여관의 폐업수가 많아 등록업체가 줄면서 점유율은 하락(YoY : 4.1%▼)하는 추세이다. 하지만 숙박업을 이끄는 양대 축으로 모텔 · 여관이 호텔과 함께 여전히 주류(主流)를 이루며 건재함은 분명하다. 이는 아마도 과도한 심사와 인가제가 적용되는 일반호텔과 달리, 상대적으로 규제가 덜해 시장진입이 용이한 모텔 · 여관의 특성에 기인한다고 볼 수 있다(그림 10.5 참조).

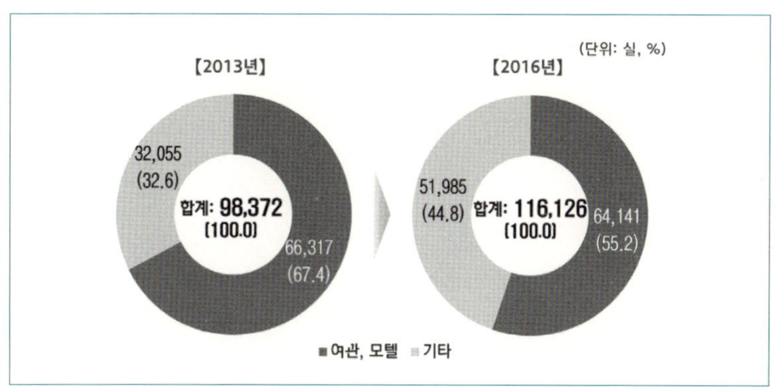

* 출처 : 서울시 내부자료(2013, 2016)

그림 10.5 서울시 전체 숙박시설 중 여관 · 모텔의 비중변화

특히 '저급하며 불결한 유해시설'이라는 국민들의 사회적 편견은 모텔 · 여관업의 시장 활성화를 저해하는 최대 걸림돌이다. 이를 극복하기 위해 한국관광공사가 중점 추진한 중저가 우수 숙박시설 발굴 인증제인 굿스테이(Goodstay, 2006)는 이미지 개선에 효과적인 해법Solutions이 될 수 있다. 앞으로 외국관광객이 안심하고 이용할 수 있도록 양호한 시설과 서비스를 갖춘 모텔 · 여관의 관광상품화가 더욱 절실한 시기라고 할 수 있다.

도시민박업과 한옥체험업 일종의 게스트하우스

얼마 전부터 단기 체류관광객 대상으로 지인 · 동료들이 함께 숙박하며 한국의 가정문화를 체험할 수 있는 소위 게스트하우스Guest House 혹은 홈스테이Homestay

형태가 큰 인기를 얻고 있다. 이에 개인 가정의 일부 빈방(공실)을 활용하여 현지 운영자의 수익 창출에도 보탬이 되는 매력적인 상품으로 알려져 빠르게 확산되고 있다. 여기에는 근래 법제화가 본격적으로 시행된 '외국인관광 도시민박업(2011)'과 '한옥체험업(2009)'이 해당된다. 이 중 전자는 외국인 접객 전용으로 반드시 사업주가 함께 거주하며 도시지역 내 건물 연면적이 230㎡ 미만으로 제한되는가 하면, 후자는 한국 고유의 전통가옥인 한옥에 한해서만 특별히 허용해주고 있다(그림 10.6 참조).

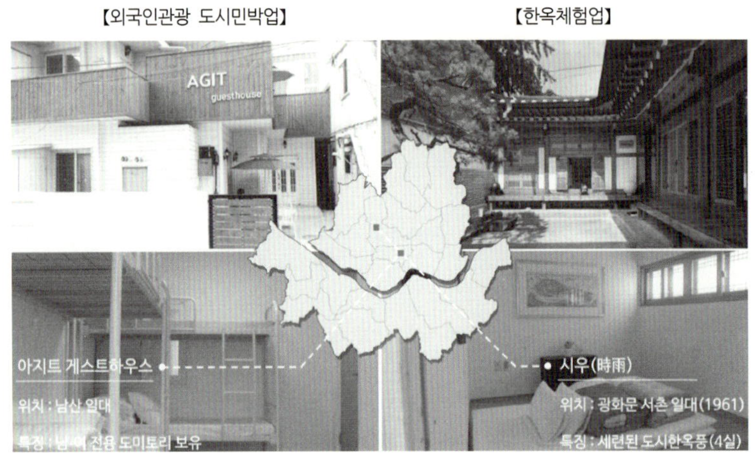

*출처 : 서울스테이(http://stay.visitseoul.net)

그림 10.6 서울시 게스트하우스 업종별 운영사례

이를 구분해서 좀 더 자세히 살펴보면, 첫 번째 유형인 외국인관광 도시민박업은 서울시에서 공식집계를 시작한 2012년 185개 업체, 610실에 불과했던 것이 2016년 9월 878개 업체, 2,790실로 시장규모가 4배 이상 대폭 증가하였다. 연평균 성장률은 무려 30%에 근접하며, 외국인들이 즐겨찾는 홍대와 이태원을 중심으로 종로·강남·송파 부근에 대거 포진되어 있다. 이들 지역의 게스트하우스 대부분은 간단한 아침식사B&B 제공과 2~3층 침대로 구성된 다인실 형식의 도미토리

Dormitory : 기숙사 전형을 따르고 있다. 이처럼 도시민박업이 단기간 내 크게 확대된 원인으로는 외국인 수요 증대와 더불어 기존 주택을 리모델링하여 손쉽게 사업화가 가능한 이점에서 비롯된다(그림 10.7 참조).

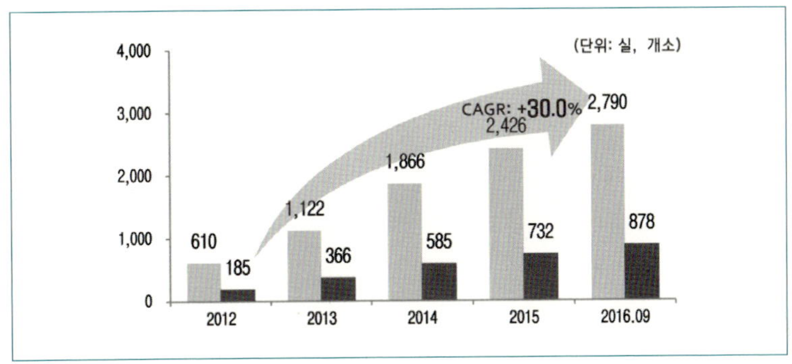

* 출처 : 서울시 내부자료(2012~2016.09)

그림 10.7 서울시 도시민박업 등록추이

두 번째 유형인 한옥체험업은 도시민박업과 달리 총량도 적고 증가율이 10% 내외로 미미한 형국이다. 2016년 9월 기준 서울시내 한옥체험업은 총 122개소,

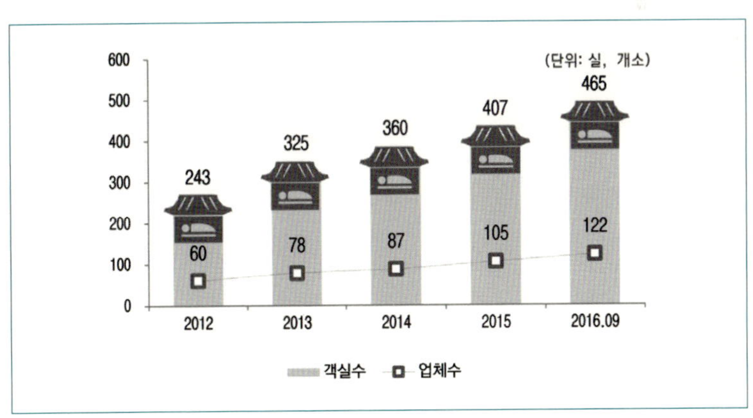

* 출처 : 서울시 내부자료(2012~2016.09)

그림 10.8 서울시 한옥체험업소 지정추이

465실이 지정되어 있고, 개별적으로 한복 · 다도 · 전통놀이체험 등 다양한 프로그램을 운영 중이다. 주로 역사 · 문화자원이 풍부한 도심 내 종로구 계동과 가회동 일대에 다수 분포하는데, 이는 한옥마을의 대표격인 북촌과 인접할 뿐더러 타건축물 대비 공급이 제한적인 한옥의 높은 희소성Scarcity 때문이다(그림 10.8 참조).

이러한 차이에도 불구하고, 외국인관광 도시민박업과 한옥체험업 모두 언어나 국적이 서로 다른 친구들과 가족적인 분위기 속에서 긴밀히 교류하고 숙박비 부담도 덜 수 있어 자유분방한 20~30대 젊은 연령층으로부터 많은 선택을 받고 있다. 특히 중국 · 일본 · 미주 등 인바운드관광 상위 3개국(4.4~11.4%)보다 하위권에 속하는 동남아(28.5%), 유럽(21.3%), 대만(15.1%) 관광객의 게스트하우스 이용률이 월등히 높았다(한국문화관광연구원, 2015). 이 결과는 게스트하우스에 우호적인 유럽과 동남아시장의 관광객을 집중 공략하는 마케팅이 필요함을 역설적으로 말해주고 있다(그림 10.9 참조).

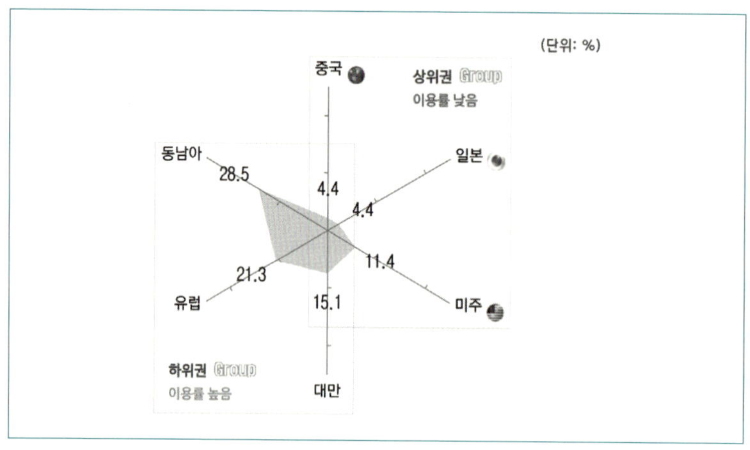

* 출처 : 한국문화관광연구원, 「외래관광객 실태조사(2015)」

그림 10.9 서울시 외국인 국적별 게스트하우스 이용률

그러나 이들 유형의 현존하는 공통적인 문제점도 적지 않다. 우선 무허가의 소규모 불법 게스트하우스가 비밀리에 성업 중인데, 에어비앤비에 가입한 국내 숙소물량과 도시민박업의 등록건수를 감안하면 대략 80~90%선에 이를 것으로 잠정 추산된다. 이와 같이 불법 게스트하우스의 양산은 운영미숙 불만, 위생 불량, 소방·안전시설 미비에 따른 각종 사고발생 위험으로도 연결된다. 무엇보다 숙박객 이용경로에서 온라인(81.1%) 비중이 높은 것과 대조적으로, 사실상 숙박정보에 대한 접근과 예약·결제시스템 환경은 취약하다. 외국인관광 도시민박업과 한옥체험업이 구전효과WOM가 크고 재방문율이 높은 시설임을 고려하여, 노출된 사안들을 보완함으로써 고객만족도CSI 향상에 힘써야 한다(표 10.2 참조).

표 10.2 도시민박업 및 한옥체험업 예약선호도 (단위 : %)

구 분	온라인	전 화	직접방문	기 타	무응답
구성비	81.1	6.6	1.0	7.6	3.7

* 출처 : 서울시 대체숙박업 실태조사(2014.02)

단체여행객 중심의 호스텔

호스텔은 국내보다 미국과 유럽 등지에서 번창한 저가 숙박시설 중 하나로, 1909년 독일에서 시작되어 우리나라에는 2009년 「관광진흥법」 개정을 통해 엄연히 호텔업의 일부로 정식 도입되었다. 단체관광객과 특정여행자 집단(학생·기업) 수용에 적합하며, 간소화된 부대 편의시설로 저렴한 가격대의 경제성Economy을 지향한다. 대개 한 객실에 여럿이 투숙하며, 화장실·샤워장·취사장 등은 공동(共同)으로 이용하는 것이 보통이다. 객실유형은 게스트하우스와 유사하게 복층식 이중침대의 도미토리가 일반적이나, 크기는 4인실부터 많게는 12인실(5~15평)까지 다양하다.

특히 최신의 호스텔은 단순히 잠만 자는 숙박시설에서 벗어나 여행자들의 만남과 소통을 중시하며, 머무르는 경험자체가 새로운 숙박트렌드가 되면서 시장규모가 급속히 커지고 있다. 2016년 9월 서울시 소재의 호스텔은 총 42개소, 1,008실로 전년대비 83.7% 성장하며, 통계발표 이래 5년만에 1천실을 가뿐히 돌파하였다. 이들이 보유한 객실수는 20~30실 안팎으로 영세하며, 공간적 입지상 교통 접근성과 쇼핑이 편리한 종로와 동대문 인근에 집중되어 있다(그림 10.10 참조).

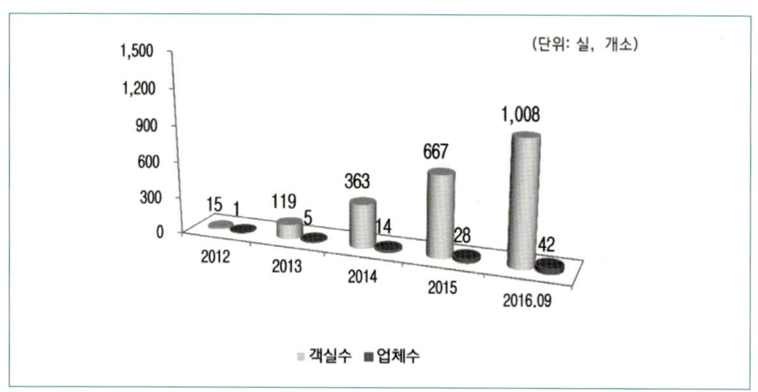

*출처: 서울시 내부자료(2012~2016.09)

그림 10.10 서울시 호스텔 시장규모 추이

넓은 의미에서 영리Profit를 추구하는 사설기업과 달리 청소년들의 건전한 심신 단련 및 단체활동을 장려하는 유스호스텔Youth Hostel도 그 일부라고 볼 수 있다. 의례적으로 국내 유스호스텔은 10대 청소년 대상의 단골수련회 장소로 사용되는 경향이 강한데, 바로 하이서울유스호스텔(2011, 95실)이 호스텔링Hosteling 문화를 선도하는 모범사례이다. 고객 중심의 숙박시설과 친절한 서비스를 모토Motto로 작년까지 총 95만명이 방문하며, 국제적 호평(HI5ive Awards, 3관왕 달성)을 이끌어 낸 바 있다(그림 10.11 참조).

하지만 불특정 다수의 공용시설이니 만큼 독립된 공간을 원하는 여행자에게 불편이 뒤따르며, 사생활Privacy 침해의 소지도 다분하다. 또한 객실구조상 물건 분실 및 치안사고, 혼숙에 따른 성추행 발생도 배제할 수 없어 개인 편차가 심한 상품이다. 이러한 단점에도 불구하고 호스텔은 합리적인 비용과 문화·교육적 요소를 두루 접목시킨 제도권 내의 실속형 숙박시설로, 게스트하우스 난립(亂立)에 따른 부작용 해소와 저가 숙박시설류의 확충면에서 바람직한 대안이 될 수 있다.

【국제평가 3개 부문, 최우수호스텔 선정】

【도심형 고품격의 하이서울유스호스텔】

* 출처 : 하이서울유스호스텔(http://hiseoulyh.com)

그림 10.11 국내 최고 호스텔링 문화의 선도기관 사례

장기투숙으로 취사 가능한 서비스드 레지던스

숙박용 호텔Hotel과 주거용 오피스텔Officetel의 개념이 합쳐진 서비스드 레지던스 Serviced Residence는 싱가포르나 런던과 같이 외국인의 왕래(往來)가 잦은 도시에서 발달하여, 지금은 전세계에 이미 보편화된 숙박유형으로 자리잡고 있다. 우리나라는 1988년 올림픽을 겨냥해 일부 객실을 숙박시설로 개조한 스위스그랜드호텔(현, 그랜드힐튼서울)이 효시로, 현행법에서는 「관광진흥법」의 가족호텔과 「공중위생관리법」상 취사가 완비된 생활숙박시설이 이에 포함된다.

통상 객실과 별도로 실내 거실 · 주방 · 세탁실에 빌트인Built-in 가구와 가전제품, 생활집기 등이 풀옵션으로 설치되어, 이용객들로 하여금 “집과 같이 편히 쉴 수 있는 환경Home for your Comfortable Stay”을 마련하였다. 뿐만 아니라 레스토랑, 회의실, 사우나, 피트니스센터, 수영장 등 모든 부대시설을 갖추고, 객실정돈은 물론 청소 · 세탁House Keeping, 발렛파킹, 장보기 대행, 유아놀이방 운영 등 호텔식 수준의 고급서비스를 제공한다. 그러면서도 특급호텔에 비해 가격이 상대적으로 낮아, 가족동반으로 중장기Long-Stay 체류하는 외국인 비즈니스관광객이 주요 대상이다. 이 점이 곧 관광 · 휴양 목적의 일시적 체류 및 단기숙박을 전제로 하는 기존 호텔과 다르다. 실제 투숙객의 상당수가 한국에 파견되어 최소 1개월 이상 거주를 목적으로 하는 외국계기업 임원, 고위급 간부, 대사관 직원들이다. 그리하여 이들 선호지역의 위치상 서비스드 레지던스는 업무시설이 밀집한 종로와 시청 주변의 도심권CBD에 주로 분포하게 된다.

이러한 높은 수요에도 서비스드 레지던스는 그간 법적 제제에 따라 크게 발전하지 못하다가, 2012년 「공중위생관리법」 개정으로 생활숙박업이 신설되면서 서비스드 레지던스가 합법화되는 전환점을 맞이하였다. 상기 이유로 2016년 9월 기준 서비스드 레지던스는 서울시 전역에 걸쳐 28개 업체, 2,740실이 상존하나, 3년 전 재고량(19개 업체, 2,622실)과 비교하여 거의 변함이 없다. 특히 가족숙박업은 약 10개 미만의 일부 특정시설에 한정되는 반면, 새롭게 도입된 생활숙박시설은 기존 서비스드 레지던스의 숙박업 업종전환이 저조해 성장이 부진함을 알 수 있다(그림 10.12 참조).

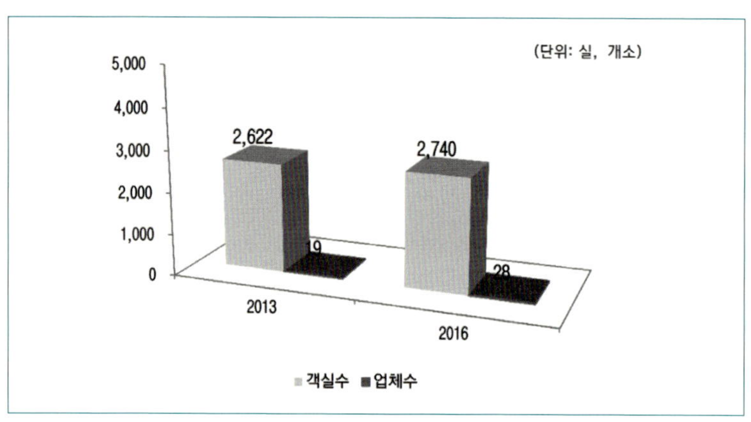

*출처 : 서울시 내부자료(2013, 2016)

그림 10.12 서울시 서비스드 레지던스 재고추이

그러나 재고Stock가 적은 탓에 가족호텔을 비롯한 서비스드 레지던스는 때 아닌 경기호황을 누리고 있다. 한국관광호텔업협회가 발간한 「호텔업운영현황(2010~2014)」에 의하면, 최근 5년간 가족호텔의 평균 객실요금ADR은 하락과 반등세를 반복하는 가운데, 20만원 근처의 값비싼 객단가를 유지하고 있다. 또 다른 지표인 이용률OCC도 모두 80.0%를 상회할 뿐더러, 2012년 이후 지속된 상승세속에 2014

년은 만실에 가까운 94.7%로 매년 사상 최대 기록을 경신 중이다. 이는 동일기간 관광호텔의 객실요금이 12~15만원, 그리고 이용률이 60~70%에 그치는 점에 견주어, 서비스드 레지던스가 얼마나 우수한지 경쟁력을 엿볼 수 있다. 이로써 당분간 서비스드 레지던스는 안정적인 가동률과 높은 객단가 달성으로, 영업성과 호조가 예상된다(그림 10.13 참조).

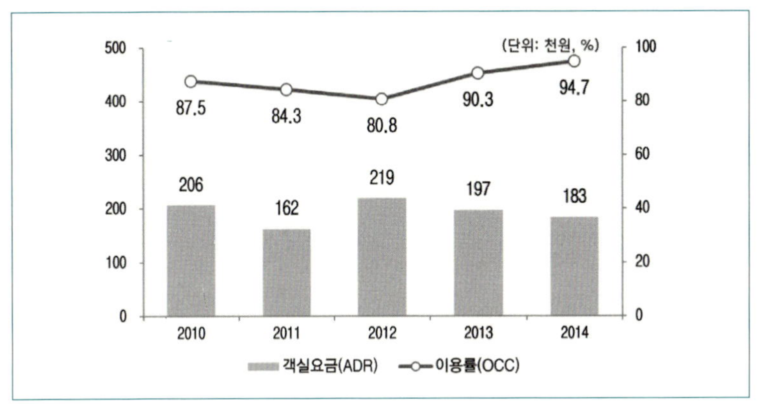

* 출처 : 한국관광호텔업협회, 「호텔업운영현황(2010~2014)」

그림 10.13 서울시 가족호텔의 운영실적 추이

국내 가족호텔로 인가받은 수많은 서비스드 레지던스 브랜드 중 싱가포르계 서머셋Somerset과 프레이저Fraser가 각각 출시한 서머셋팰리스 서울(2005)과 프레이저 플레이스 센트럴(2006)이 대표적인 성공모델로 언급된다. 두 호텔 모두 서울 중심부인 시청과 광화문 일대에 소재하며, 200실 이상의 대규모시설Large Scale을 자랑한다. 객실구성은 1인실 소형 스튜디오Studio부터 온 가족이 쓰는 대형 펜트하우스Penthouse까지 그 면적만 30~180㎡(10~60평)에 이르며, 멀티회의장과 실내수영장 등 고품격 부대시설로 최상Premium의 서비스를 선사한다. 위치와 규모, 시설수준에 따라 한달 이용료 정상가Monthly Rate는 상이하나, 대략 400~2,000만원(20~90만원/일)이며 월 단위 계약 시 할인되는 구조이다. 현재 글로벌 서비스드 레지던스 기업인 에스콧 리미티드Ascott Limited와 프레이저 호스피탤리티Fraser Hospitality 그룹이 위탁 운영하고 있다(그림 10.14 참조).

【프레이저플레이스 센트럴(2006)】 【서머셋팰리스 서울(2005)】

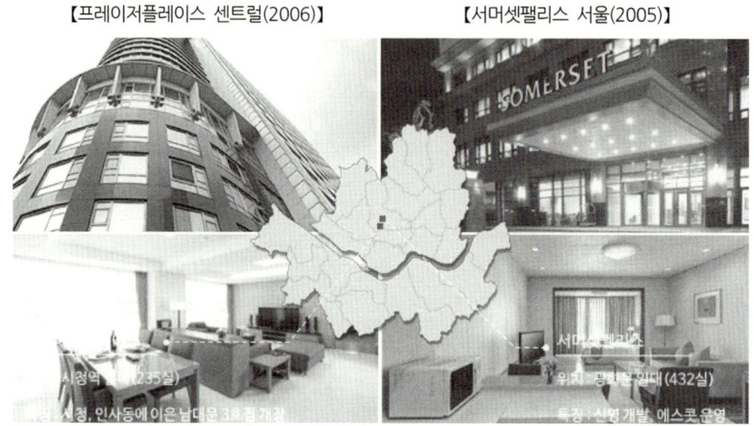

*출처 : 각 가족호텔 홈페이지

그림 10.14 서울시 도심 내 합법화된 최고급 가족호텔 체인

이처럼 성공사례 이면에는 단일기업에 의한 전문화되고 체계적인 운영 · 관리 시스템Management System이 뒷받침되고 있다. 과거 개별분양의 전유물로 인식된 서비스드 레지던스가 한 단계 성장하기 위해 신뢰성 있는 운영기업이 필요한 이유가 바로 이 때문이다. 지금 국내 서비스드 레지던스는 시행사가 투자자들에게 개별분양한 후 일괄임대를 받아 위탁계약을 맺은 전문기업의 운영 하에 수익을 거둬들이는 방식이나, 숙련화 된 호텔운영사Operator가 부족하여 발전이 더딘 상황이다. 이와 함께 기존 오피스텔, 고시원의 경우 「건축법」 요건 충족(피난계단, 소방설비 확보 등)에 따른 용도변경이 어려워 위법행위를 조장하는 요인이 된다. 따라서 해외와 같이 강력한 운영시스템을 가진 유명 브랜드Quest, Adagio, Oakwood 육성과 법률 사각지대(死角地帶)에 놓인 시설의 규제완화를 통해 저평가된 국내 서비스드 레지던스 시장의 잠재력을 이끌어내는 것이 급선무이다.

글로벌 숙박공유 플랫폼 업체의 에어비앤비 등장

미래에 다가올 4차 산업혁명4th Industrial Revolution을 맞이하여 소유의 경제가 종식되고, 바야흐로 공유시대에 접어들고 있다. 협력적 소비활동을 토대로 한 공유경제(Sharing Economy, 2008)는 이제 주거 · 자동차 영역을 뛰어넘어 숙박산업 전반에 확장되면서, 중요한 글로벌 화두(話頭)로 대두되고 있다. 더불어 현대사회 IT기술의 급속한 발전은 원활한 정보교류의 장(場)을 만들고, 2010년대 전 · 후로 미국 · 영국 · 독일 등지에 숙박공유 플랫폼을 운영하는 스타트업(신생 벤처기업) 창업열풍이 불었다. 대표적으로 숙박공유 업체의 대명사인 에어비앤비 등장을 필두로, 여행전문사 익스피디아Expedia의 홈어웨이Home Away, 하우스트립House Trip, 플립키Flipkey 등 경쟁업체가 속속 생겨났다(그림 10.15 참조).

이 중 2008년 브라이언 체스키Brian Chesky 등 공동창업자 3인이 설립한 에어비앤비Airbnb는 말 그대로 가벼운 잠자리인 메트리스Air Bed와 아침식사Breakfast를 제공하는 아이디어 상품에서 착안, 현지인들의 실제 거주공간에서 체험하며 생활하는

*출처 : 에어비앤비, 각 숙박공유 업체 홈페이지

그림 10.15 글로벌 숙박공유 업체의 대표주자인 에어비앤비

숙박공유체계이다. 본 사업모델은 온라인 숙박공유 플랫폼Rental Platform이자, 온·오프라인 연계형O2O : Online to offline 서비스에 기초를 둔다. 간단히 말해 웹과 모바일 접속을 통해 숙박공간을 임대하려는 집주인Host과 이용하려는 예약 대상자인 여행자Guest를 플랫폼 안에 수용하고, 이들을 상호 연계하는 매칭Matching시스템이다. 기본적인 수익구조는 호스트와 게스트 당사자 간의 개인 거래P2P : Peer to Peer 과정에서 발생하는 결제금액의 일정요율을 중개수수료(Fee : 6~12%)로 수취한다. 즉 임대인은 남는 방을 대여하여 부가수입을 올리고, 여행자 또한 값싼 비용으로 호텔 대신 개인주택에 살며 현지의 다양한 숙소체험이 가능해 서로가 윈-윈Win-win 할 수 있는 비즈니스 모델이다(그림 10.16 참조).

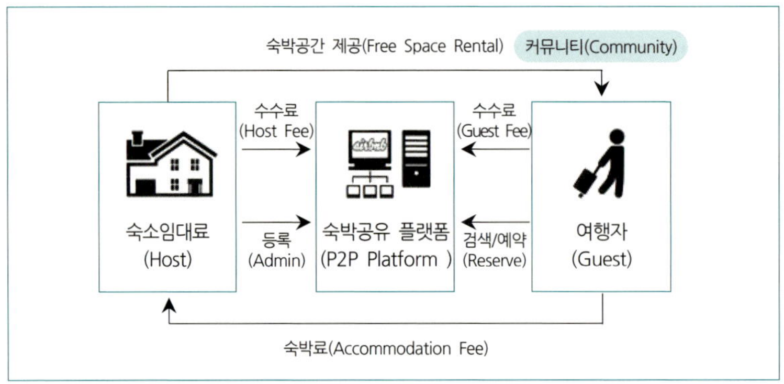

* 출처 : 에어비앤비 홈페이지를 참고하여 연구자 재구성

그림 10.16 에어비앤비 비즈니스 모델 및 서비스개요

이와 같이 에어비앤비는 온라인상 플랫폼 구축을 통해 호텔을 직접 소유하지 않으면서도, 2016년 기준 세계 곳곳(191개 국가, 3만 4천개 도시)에 2백만실을 보유하며, 누적 이용객수가 8천만명이 넘는 255억$(30조원)의 거대기업으로 성장했다. 글로벌 비상장기업 중 우버Uber와 샤오미Xiaomi에 이은 시가총액 3위 기록인 동시에 세계 유수의 대형 호텔체인(Hilton 236억$, Marriott 180억)과 어깨를 나란히 하며 높은 위상을 입증하였다(표 10.3 참조).

표 10.3 에어비앤비 기업가치 및 사회적 위상 (단위 : 억$)

순위	비상장기업	제품	금액	순위	호텔명	국적	금액
1	Uber	차	680	1	Airbnb	미	255
2	Xiaomi	전자	460	2	Hilton	미	236
3	Airbnb	숙박	255	3	Marriott	미	180
4	Didi Chuxing	차	250	4	Host	미	127
5	Palantir	Data	200	5	Accor	불	90

* 출처 : Wall Street Journal, CB Insight(2016)

해외시장의 우호적인 분위기 속에, 2013년 국내시장에 본격 진출한 에어비앤비는 소비자로부터 좋은 반응을 얻으며 순항(順航) 중이다. 일례로 상륙 첫해인 2013년 2천개 남짓했던 에어비앤비 국내 가입숙소는 2014년 6천개, 2015년 1만 3천개로 기하급수적인 영업확장을 거듭한 가운데, 2016년 11월 현재 전년대비 9.2% 신장한 2만 2천개에 달한다. 주된 숙소형태는 다인실(12.4%)에 비해 집 · 아파트 전체(45.4%)와 개인 / 전용실(42.2%)이 압도적이다. 마찬가지로 에어비앤비 숙소를 이용한 외래관광객도 2014년 15만명에서 2015년 50만명으로 3배 이상 대폭 늘었다. 지난해 호텔업 전체가 메르스 질병MERS : 중동호흡기증후군 악재로 이용률이 일시

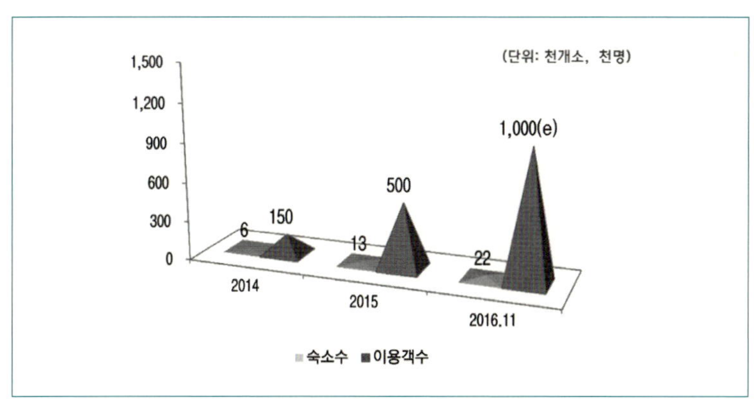

* 출처 : 에어비앤비코리아(2016.11)

그림 10.17 국내 에어비앤비 가입숙소 현황추이

급감한 것과 비교하면, 에어비앤비의 성장속도가 짧은 기간 동안 얼마나 가파르게 진행되어 왔는지를 짐작할 수 있다(그림 10.17 참조).

에어비앤비의 성공은 관광 숙박산업에서 공유경제가 갖는 잠재력을 확인하고, 경험하는 여행의 패러다임을 제시하여 신규 블루오션Blue Ocean을 창출한 점에서 그 의미가 깊다. 이에 우리나라도 2012년 숙박공유 토종Local 플랫폼 업체인 코자자(Kozaza, 2012)가 한옥스테이와 내국인 게스트 중심으로 차별화를 시도하며 등록숙소 5천 개소(한옥 DB 800건)와 가입자 1만 6천명의 영업기반 확보로 선전하고 있다(그림 10.18 참조).

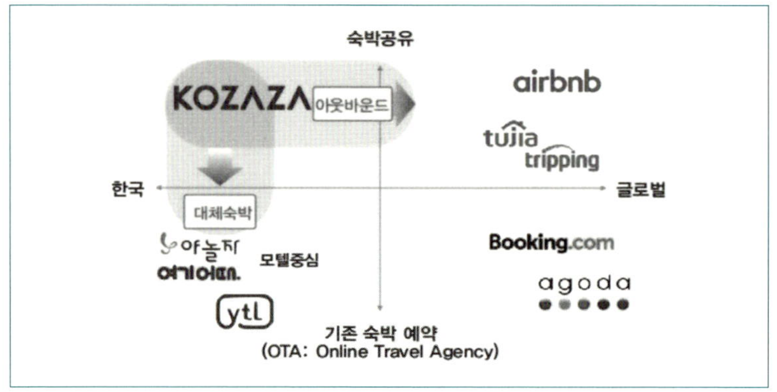

*출처: KTB투자증권, 코자자 사업계획서(2016)

그림 10.18 한국형 에어비앤비를 지향하는 코자자의 포지셔닝

그러나 아직은 숙박공유에 대한 일반 대중들의 사회적 인식이 낮아 투자유치Funding가 어려운 형편이고, 시장 초기단계로 법·제도적 측면이 미비하여 높은 진입장벽을 지닌다. 이와 관련해서 공유경제를 둘러싼 숙박업 허용·금지여부를 두고, 정부와 숙박업계의 첨예한 갈등이 대립되며 마찰을 빚고 있다. 채널Channel 부재에 따른 이용자 안전사고, 숙박시설 허위·과대광고로 인한 피해 민원, 기존 사업자와의 형평성 및 불공정 경쟁, 기타 소수 인종차별 등도 또 다른 사회적 논란거리이다. 앞으로 온라인·모바일의 커뮤니케이션이 진일보하여 숙박공유서비스

가 더욱 가속화(加速化)될 것으로 확실시되는 바, 양질의 우수 숙박시설 보장을 통해 거래안정성 담보와 신뢰도 회복 등 한국판 에어비앤비가 출범할 수 있는 투명한 시장환경 조성이 요구된다.

대체 숙박시설 상품이 호텔산업에 미치는 영향

저성장 · 저금리의 장기화 및 불확실성의 시대The Age of Uncerntainty에 게스트하우스, 서비스드 레지던스, 비즈니스호텔 등 숙박용 부동산이 고수익을 낼 수 있는 대체 투자대안AI : Alternative Investment으로 급부상하고 있다. 이와 동시에, 방한외래객 증가에 따라 이들을 수용할 수 있는 호텔 객실수가 절대적으로 부족(Tourist 〉 Hotel Room)하게 되면서 그간 신규 관광숙박시설의 대대적인 공급이 이루어져 왔다.

특히 「숙박특별법」이 공표된 2012년 이후로 관광호텔에 한정되지 않고, 저가의 모텔 · 여관부터 단독주택을 활용한 민박개념의 게스트하우스 · 호스텔 그리고 중고가의 서비스드 레지던스에 이르기까지 다양한 형태의 대체 숙박시설이 급격히 증가하는 추세이다. 단적인 예로 외국인 숙박촌 메카로 변신한 합정~홍대 라인의 양화로변(1.6㎞ 구간)은 롯데L7, 아주, 켄트인, 켄싱턴 등을 포함한 신축호텔

*출처 : Daum 지도 로드맵

그림 10.19 홍대 양화로변 신축호텔 건립, 숙박촌 메카로 변신

예정 9곳과 중국 · 일본인을 겨냥한 게스트하우스 46곳(2016년 상반기)이 우후죽순으로 들어서며 건립이 활발히 진행 중이다(그림 10.19 참조).

한국문화관광연구원이 실시한 외래관광객 실태조사(2015)에 의하면, 국내여행 중 가장 많이 이용한 숙박형태는 일정등급 이상의 호텔 비중이 69.5%로 높아 의존도가 심했고, 다음은 모텔 · 여관 · 호스텔 · 게스트하우스(16.6%), 친척 · 친구집(9.6%), 콘도 · 펜션 · 레지던스(3.8%) 순이었다. 이 중 고가의 호텔 이용률은 점차 감소하며 70%선이 붕괴된 반면에, 국제적으로 통용된 저가 숙박시설 중 모텔 · 여관 · 호스텔 · 게스트하우스는 2012년 이래 소폭 상승세인 점이 눈에 띄었다. 이를 통해 호텔과 유사역할을 수행하는 제도권 외 대체 숙박시설이 중저가 호텔시장을 빠르게 잠식하고 있음을 알 수 있다(그림 10.20 참조).

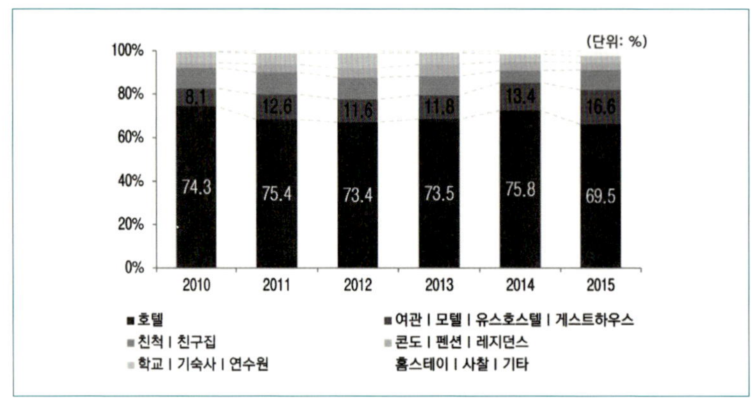

* 출처 : 한국문화관광연구원, 「외래관광객 실태조사(2010~2015)」

그림 10.20 외래관광객의 이용 숙박시설 실태

이제는 오히려 객실수요를 초과하여 호텔러쉬Rush라 할 정도로, 숙박시설 과잉공급Surplus : Supply > Demand이라는 의견이 좀 더 지배적이다(호텔업 관련 종사자 및 전문가 설문결과 참고, 2016). 지난해 2016년 기준 관광호텔과 대체 숙박시설을 전부 합한 서울시내 전체 숙박시설 물량은 총 116천실로 파악되며, 3년간 98천실에 멈추었던 2014년 이후 상승가도를 달리고 있다. 이는 관광호텔의 지속적인 공급량 증가 덕분이며, 매년 3~5천실씩 추가건설로 두 자릿수 이상의 성장(YoY : 19.4%▲)을 이끌었기 때문이다.

반면에 대체 숙박시설은 2012년 73천실에서 2014년 68천실로 하락한 뒤 2016년 71천실 로 반등세(YoY : 1.6%▲)에 돌아섰으나, 점유율은 4년간 13.0%p 떨어진 60.8%로 계속 하향 중이다. 그 이유는 대체 숙박시설에서 절대비중을 차지하는 모텔 · 여관의 부도가 많고, 게스트하우스 · 호스텔 · 서비스드 레지던스는 규모의 경제Economy of Scale 특성상 객실공급이 미약할 뿐더러, 합법적으로 신고한 숙박업소가 극히 적기 때문이다. 짐작컨대 규제를 피해 등록하지 않은 과반의 업체물량을 반영하면, 대체 숙박시설의 규모 및 증가폭은 더욱 클 것으로 보인다(그림 10.21 참조).

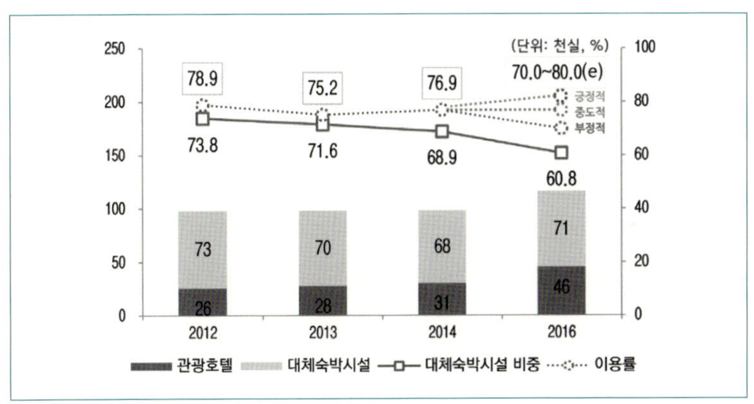

* 출처 : 서울시 내부자료, 한국관광호텔업협회 발표자료(2012~2014)

그림 10.21 대체 숙박시설 증가에 따른 호텔업 시나리오 전망

이처럼 국내 경기침체Recession로 불황인 가운데서도 대체 숙박시설 상품 증가 및 에어비앤비의 숙박공유 활성화 등이 호텔시장에 미치는 직 · 간접적인 영향 및 파급효과가 지대하므로, 산업 전반의 적지 않은 변화를 가져올 것으로 보인다. 우선 단기적(Short : 5년 미만)으로는 기존 숙박산업을 위협하는 요소로 부정적(-)인 영향이 우세하다. 시장과포화 상태에서 경쟁심화에 따른 객단가와 이용률 동반 하락으로, 매출실적 감소 등 호텔의 영업수익성Return 악화가 불가피할 전망이다. 상대적으로 글로벌 호텔체인과 중저가 비즈니스호텔보다 독립적인 개별 숙박시설에서 더 큰 타격을 받을 것으로 보인다. 일례로 2011년 국내 호텔업의 운영실적상 이용률이 80%를 넘으며 최고조Peak에 이른 시기였으나, 객실공급이 폭증한 2012년 이후 가동률이 70%대로 낮아져 관광객 유치에 난항을 겪은 점은 향후 호텔시장의 전망을 미리 가늠할 수 있는 단초(端初)가 된다. 또한 숙박공유서비스 혁명이라 일컫는 에어비앤비의 가입 등록숙소가 10% 증가할 때마다 호텔체인 매출액이 0.35%씩 줄어든다는 연구결과(NY Times, 2015)와 에어비앤비가 뉴욕 전체 객실수요의 7.8%(290만실)를 잠식하며 호텔업계에 21억$(2.4조원)의 경제적 피해손실을 입힌 사례(HVS, 2015)도 힘을 실어주고 있다.

한편, 중장기적(Long : 10년 이상)으로는 공급과 다양성 관점에서 숙박산업의 양과 질(量 - 質)을 모두 향상시켜 시장효율성Efficiency이 제고되는 긍정적(+)인 영향이 기대된다. 즉 호텔 이외의 저렴하고 다양한 대체 숙박시설의 양적 확충이 숙박비 절감과 부족한 숙소문제 해결은 물론, 차별화된 경험 제공으로 수요기반 확대 등 호텔산업의 다변화를 추구하여 소비자 선택폭 확대와 만족도 향상에 기여할 것으로 예측된다. 무엇보다 숙박산업 부문의 온라인여행사OTA : Online Travel Agency가 영향력 있는 매체수단으로 부각됨에 따라 숙박공유 서비스에 대응하기 위해 시장질서가 재편될 것으로 보인다. 이에 벤처기업의 인수합병M&A, 지분투자, 업무제휴Partnership 등의 활발한 움직임이 예의 주시된다. 이미 해외에서는 윈덤Wyndham의 러브홈스왑LoveHomeSwap 투자, 아코르Accor의 원파인스테이Onefinestay 인수, 인터컨티넨탈Intercontinental 호텔과 스테이닷컴Stay.com의 파트너십 체결을 실행한 바 있다.

향후 우리나라는 과거 전통 호텔업 중심에서 벗어나 관광호텔에 치우친 분담률을 대체 숙박시설 확충으로 분산시켜 기존 호텔이 제공하지 못했던 현지 문화체험서비스 등 관광 · 숙박문화의 다양성을 증진시키고 차별화된 매력성을 확보할 필요가 있다. 현재 국내 호텔시장이 직면한 숙박공유 서비스와 대체 숙박시설의 저변 확대는 경쟁상대Rival로 위협 존재인 동시에 상황에 따라 신규수요를 창출하여 새로운 사업기회가 될 수 있는 양날의 검(劍)과 같다. 따라서 숙박업 간의 무차별경쟁으로 인한 제로섬Zero-Sum 게임을 추구할 것이 아니라, 전통 호텔업과 상생(相生)할 수 있는 시너지 방안 및 경쟁력을 모색해야 할 때이다. 이 시점에서 상기의 글로벌 호텔체인이 선보인 행보는 위기의식을 느낀 구(舊)호텔업이 확대되는 대체 숙박시설 및 숙박공유서비스 시장에 대응하기 위한 전략수립에 많은 시사점을 던져준다.

마지막으로, 국내 숙박업계가 이러한 사회적 환경변화 및 트렌드에 대처하고 선도해 나갈 수 있도록 정부는 유연한 자세로 불합리한 법적 규제를 개선하고, 대체 숙박시설의 정확한 현황파악을 위해 면밀한 사후관리와 지속적인 모니터링Monitering에도 힘써야 한다.

STORY 요약

한때 호텔에 밀려 이용률이 저조했던 홈스테이, 게스트하우스, 호스텔, 서비스드 레지던스 등 다양한 형태의 중저가 대체 숙박시설이 실속파 개별여행객(FIT)으로부터 절대적 지지를 받으며 범세계적 인기다. 특히, 글로벌 숙박공유 신생업체인 에어비앤비의 등장은 여행산업의 판도를 뒤바꿀 정도로 막강한 영향력을 행사한다. 이들 시설 모두 합법적인 정식등록을 요하지만, 대부분 규제단속을 피해 무허가 영업이 만연하게 자행되는 관리 사각지대에 놓여있다. 상황이 이렇다보니 정확한 공급물량과 운영현황에 대한 실태조사가 제대로 이뤄질리 없고, 이 점은 대체 숙박시설의 건전한 발전을 저해하는 가장 큰 걸림돌이다. 현재로선 대체 숙박시설의 공급 혹은 활용성이 호텔시장을 위협하는 대체재(경쟁재)인 동시에, 정부의 당면과제인 모자란 호텔 객실을 확보하는 보완재 역할을 수행한다. 다만, 대체 숙박시설이 단기적 임시방편에 머무르지 않고 근본적인 해결책이 되기 위해선 청결·위생·안전 등 양질의 숙박서비스 제공이 선행되어야 한다.

공급부족과 과잉논란의 진실, 숙박 수급불균형

오늘날 국내 관광숙박업계의 핫이슈(Hot Issue) 중 하나는 단연코 '객실수급의 적정성'이다. 그간 외래관광객 급증에 따른 숙박시설의 객실부족 문제로 수급불균형이 계속되고, 이용자의 불편을 초래하면서 관광산업의 경쟁력을 저해하는 요소로 지적되어 왔다. 그러나 최근 5년간 호텔시장은 유례없는 공급시기를 맞이하면서 오히려 업계 내 과잉 우려의 목소리가 높아진 실정이다. 이에 정부를 비롯한 여러 기관과 민관단체들이 호텔수급의 전망을 발표하기 시작하였으나, 결과치(초과수요 vs 과잉공급)가 서로 달라 사업자에게 혼란만 가중시키는 결과를 초래하였다. 따라서 여기서는 외래관광객 수요가 가장 많은 서울지역 관광숙박시설을 대상으로 현 객실수급 실태를 분석하고, 전망을 예측하여 향후 시장상황을 점검하기로 한다. 이 결과는 수요와 공급이 일치하는 적정균형점을 찾아 시장참여 주체들이 수급불균형 쟁점에 대한 해답을 제시하는데 실마리가 될 것이다.

관광숙박시설의 현안이슈, 과연 공급초과인가?

한국 대중문화(K-POP, 드라마, 영화)에 힘입은 소위 '한류(韓流)' 열풍으로 국가이미지가 향상되면서 전세계의 뜨거운 관심이 코리아관광 방문으로도 이어지고 있다. 그 결과, 글로벌 경기가 둔화되는 악재 속에서도 우리나라를 찾는 외래관광객이 단기간 내 폭발적으로 증가하는데 반해, 이들을 수용할 수 있는 숙박시설의 공급은 턱없이 부족하기만한 실정이다. 가령 지난해는 외래관광객수가 역대 최대인 1,700만명을 돌파하며 '07년~'16년까지 연평균 11.2%의 가파른 성장세를 보인 반면, 동기간의 숙박시설 증가율은 8.3%에 그쳐 뒤쳐지고 있다. 분명 총량규모도 늘고 있지만 성장률 관점에서 더딘 상태임이 틀림없다(그림 11.1 참조).

또 다른 객실재고 현황과 적정 공급수준을 가늠할 수 있는 지표를 살펴봐도 상황은 마찬가지다. UNWTO(2015)에 의하면, 우리나라의 객실당 외래관광객수는 130.1

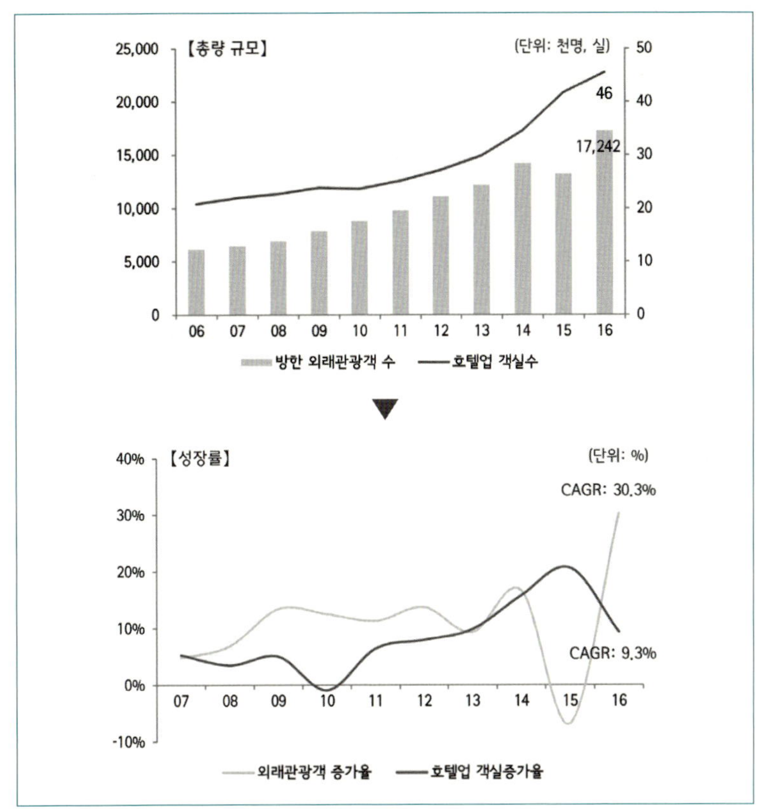

*출처 : 관광지식정보시스템, 문화체육관광부, 서울시(2016)

그림 11.1 총량과 성장률 관점에서 외래관광객 증가에 따른 숙박시설 객실추이

인(서울 : 378.5인)으로 도시국가인 홍콩과 싱가포르를 제외하고 아시아권에서 가장 높다. 국가별 관광산업 경쟁력 순위(WEF, 2015)에서도 숙박시설이 포함된 인프라Infra 분야는 전체 순위보다 낮은 40위로, 호텔비용까지 15위(310$)로 높아 상대적인 열세에 있다(BTN, 2014). 해외 관광산업의 지표Index 비교를 통해 경쟁력 확보차원에서 반드시 관광인프라 확충과 수용태세 개선이 수반되어야 함을 엿볼 수 있다(그림 11.2 참조).

이처럼 방한외국인의 수요가 숙박시설 공급을 추월하는 이례적인 현상이 지속되면서, 서울을 중심으로 호텔 객실의 수요와 공급에 심각한 불균형(不均衡)이 야기되었다. 특히 도심 일대는 숙박대란(大亂)이 현실화되면서 외국인관광객이 시설을 이용하는데 불편을 겪자, 공급확대의 필요성이 제기되어 왔다. 그리하여 '12년 정부도 객실부족 문제를 국가적 차원에서 관광산업의 가장 큰 경쟁력 저해요인으로 인식하고, 관광숙박시설 확충을 위한 다양한 제도적 지원방안을 마련하였다. 그 이후부터 호텔 공급이 급증하면서 시장상황이 역전되는 등 수많은 언론기

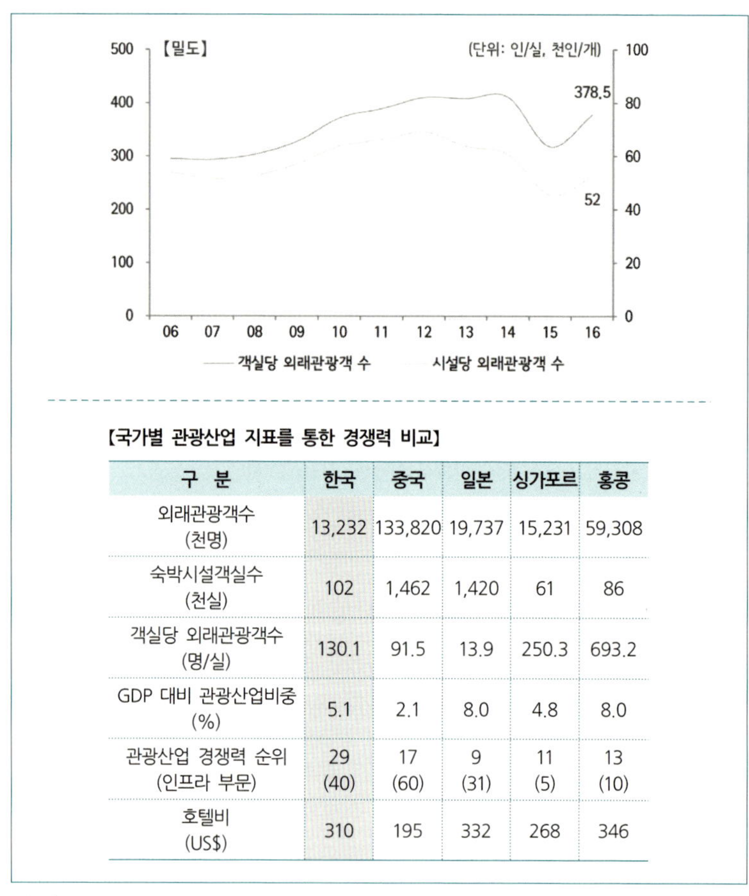

【국가별 관광산업 지표를 통한 경쟁력 비교】

구 분	한국	중국	일본	싱가포르	홍콩
외래관광객수 (천명)	13,232	133,820	19,737	15,231	59,308
숙박시설객실수 (천실)	102	1,462	1,420	61	86
객실당 외래관광객수 (명/실)	130.1	91.5	13.9	250.3	693.2
GDP 대비 관광산업비중 (%)	5.1	2.1	8.0	4.8	8.0
관광산업 경쟁력 순위 (인프라 부문)	29 (40)	17 (60)	9 (31)	11 (5)	13 (10)
호텔비 (US$)	310	195	332	268	346

*출처 : UNWTO, 「Compendium of Tourism Statistics(2015)」

그림 11.2 국내 · 외 숙박시설의 객실공급 관련 지표현황

사에서 집중조명을 받았다(조선일보, 2013; KBS, 2015; 동아일보, 2015; 중앙일보, 2017; 매일경제, 2017).

관광숙박업계 내 숙박시설 과잉이라는 위기감 속에 문광부를 비롯한 여러 민·관 단체(서울시, 문광연, 우리은행, 신한은행 등)들이 서둘러 호텔수급 전망을 발표하였으나, 각 기관마다 예측결과가 서로 달라 사업자에게 혼란만 가중시켰다(표 11.1 참조). 그렇다면 이 시점에서 객실수급의 적정성Adequacy을 두고, 논란의 쟁점(爭點)이 되고 있는 '서울시 관광숙박시설은 과연 초과수요에 따른 객실부족인가, 아니면 과잉공급인가?' 계량분석을 통해 국내 호텔 객실 수급상황의 정확한 진단과 체계적인 전망예측이 절실히 요구되는 이유가 여기에 있다. 왜냐하면, 수급예측 실패는 잘못된 정보로 숙박산업 생태계를 교란·붕괴시켜, 호텔가에 상당한 경제적 피해를 입히는 등 이로 인한 처방과 선제 대응책이 완전히 달라지기 때문이다.

표 11.1 기관들의 엇갈린 수급추정 전망 결과

입 장	객실부족				공급과잉		
기관(발표)	문광부('16)	문광연('14)	금기용('14)	서울시('13)	우리銀('13)	신한銀('13)	권태일('12)
과부족(목표)	△10('20)	△7('17)	△7('17)	△24('17)	3('17)	24('16)	4('15)

* 출처: 기관별 보도자료 및 연구보고서(인용문헌 참조)
* 주: 단위는 천실, 최근 발표·전망시점순 정렬

경제학 관점에서 숙박용 부동산시장의 수요와 공급

관광분야의 물리적 인프라로서 숙박용 부동산Lodging시장의 수요와 공급은 근본적으로 여행과 호텔산업의 특성과 긴밀한 관계를 지닌다. 일단 호텔산업은 경기동향·환율·소득수준·재해/질병·정세변화 등 불특정한 외생변수에 취약하고, 계절성Seasonality에 민감하여 등락(성수기/비수기, 주말/주중)을 거듭하는 등 수요의 변동폭이 매우 크다. 또한 건설 초기에 많은 시설 투자비용이 들고 장기간

회수(10년 이상)에 걸친 자본집약적인 장치산업으로, 시장진입 장벽이 높아 탄력적 공급이 이루어지기 힘들다. 즉 호텔산업은 그림 11.2와 같이 매출에 관계없이 인건비와 일반관리비를 포함한 고정비 지출이 많고 변동비는 낮아 손익분기점BEP이 높게 형성된다. 따라서 일정 매출액에 도달하기 전까지는 손실폭이 크기에 유통업과 대조적이다. 덧붙여 호텔 객실은 항공 좌석처럼 저장이 불가하여 한 번 시간이 지나면 판매할 수 없는 소멸성Perishability, 그리고 생산과 소비의 동시성을 갖는다. 이를 요약해보면 숙박용부동산은 여타 상품시장과 달리 외부상황에 따른

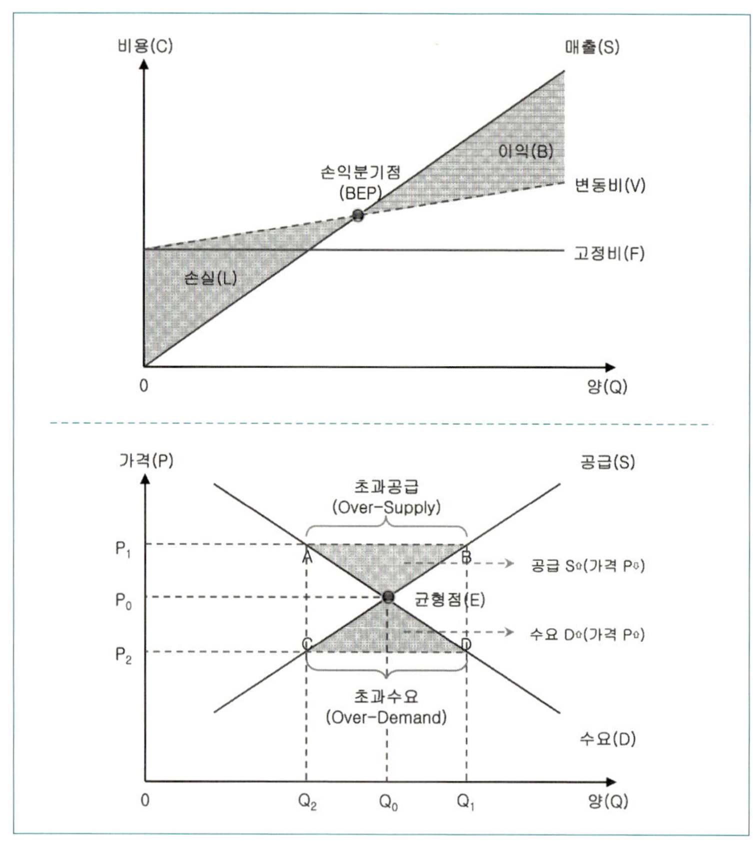

* 출처 : 정상만(2015), 「비즈니스호텔 크리에이터」(상); 김사헌(2016), 「관광경제학」(하)

그림 11.3 호텔산업의 특성 및 수요와 공급 메커니즘

수요의 탄력성Elasticity이 큰 반면, 쉽게 확충되기 어려워 가히 비탄력적이라 말할 수 있다(그림 11.3 참조).

한편, 일반재화와 서비스가 거래되는 시장과 동일하게 숙박용 부동산시장에서도 경제학의 고전이론인 '수요 · 공급의 법칙Law of Demand and Supply'이 그대로 적용된다. 그러므로 호텔 객실의 수요와 공급은 가격(예 : 객실요금)에 따라 가변적이며, 이들 상호작용에 의해 결정되는 구조이다. 그림 11.3처럼 통상적인 수요곡선D : Demand은 가격과 수요량Q : Quality이 반비례(–) 관계의 우하향(＼)을, 공급곡선S : Supply은 가격과 공급량이 정비례(+)의 우상향(／) 기울기 형태로 나타난다. 이때 이상적인 시장가격P : Price은 자유경쟁시장에서 수요곡선과 공급곡선이 서로 만나는 균형점E : Equilibrium에서 형성된다.

그러나 현실은 대개 수요와 공급, 둘 중 한쪽에 치우쳐 수급불균형 시장인 경우가 많으며, 호텔시장이 바로 그러하다. 일례로 시장가격(P_1)이 균형가격(P_0)을 상회하면 숙박시설의 잠재적 이용자보다 공급자가 많은 초과공급(B-A)이 일어나 가격이 하락한다. 반대로, 시장가격(P_3)이 균형점보다 낮은 경우 초과수요(D-C)로 가격은 상승하게 된다. 이처럼 간단한 수요 · 공급의 법칙은 현대사회의 불완전한 경쟁시장에서 숙박용 부동산 수급의 작동원리Mechanism를 이해하고, 객실수급량 변화에 따른 가격결정 요인을 설명하는데 유용한 기초적인 틀Framework을 제공한다(그림 11.3 참조).

관광숙박시설의 수급분석 방법론 및 주요 가정

본 연구의 공간적 범위는 외래관광객 수요가 가장 많은 국내 최대 숙박시설의 밀집지역인 서울시 전역이며, 분석대상은 i) 「관광진흥법」에 규정된 관광숙박시설(호텔업)과 ii) 새롭게 제도권에 편입된 대체 숙박시설(게스트하우스 · 호스텔 · 서비스드 레지던스에 한정)이다(그림 11.4 참조). 이 중 후자는 근래 호텔을 위협할 정도로 고속성장 중인 대체 숙박시설로서 사회적 트렌드에 부응하고 높은 활용도를 감안한 조치이다. 다만 저가 숙박시설 중 「공중위생관리법」(보건복지부 관할)상 여관/모텔은 미등록 숙박업소가 많고, 내국인 영업 위주로 관광호텔과 성격이 상이하여 불가피하게 제외하였다. 시간적 범위는 통계자료 구득이 가능한 '16년 기점으로 과거 추이('06년~'16년)와 미래 전망('17년~'22년)까지 다루며, 내용적 범위는 크게 수요와 공급 부문으로 구분된다. 이로써 목적은 관광숙박시설의 객실수요 산정과 공급 예측량을 견주어 현재~미래의 수급타당성(F/S)을 진단하며, 수요와 공급이 일치하는 적정균형점을 밝히고자 한다. 객실수급 변화가 숙박시장에 미치는 직·간접적인 영향을 파악한다면, 해결방안에 관한 정책적 시사점을 도출할 수 있다.

이를 위해 분석방법은 관광숙박시설의 정량적인 객실수요 추정에 가장 대표적인 McIntosh & Goeldner(1995) 방식을 사용하였다. 객실수요의 주요인을 외래관광객수, 지역방문율, 평균체제일수, 숙박시설이용률, 객실당 투숙인원으로 선정하고, 위의 변수를 모형에 적용한 계산식은 아래와 같이 표현된다. 그 결과 내·외국인의 관광여행 이동총량(T×R×S)이 많고 객실당 투숙인원(E)이 적을수록 수요가

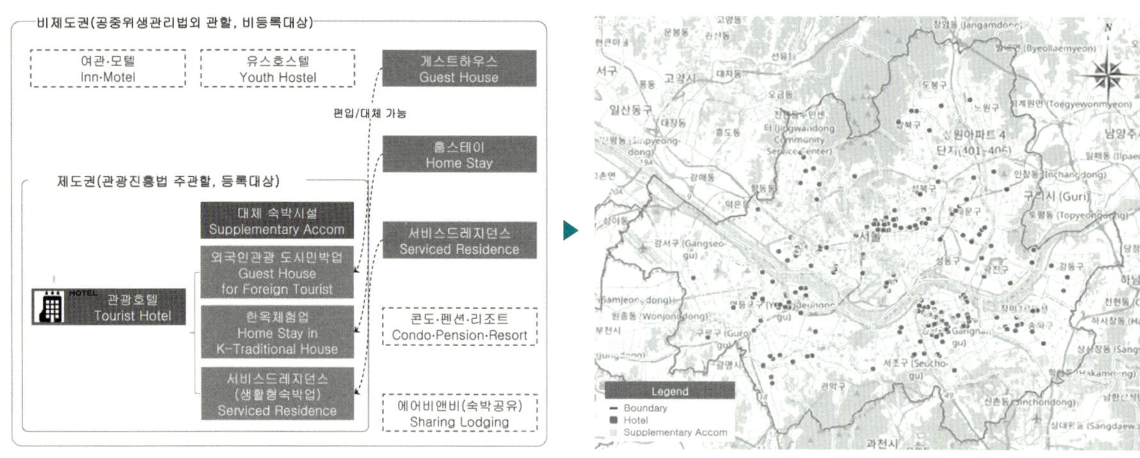

*출처: 서울시 호텔업 및 대체 숙박시설 등록현황(2016)

*주: 관계법령에 따른 숙박시설 체계상 분석대상을 재분류한 뒤, 위치상 주소지 기준으로 맵핑(Mapping) 실시

그림 11.4 숙박시설 분석대상 선정 및 조사현황

증가한다고 해석할 수 있다. 이처럼 일종의 원단위법(原單位法)으로 산식이 비교적 간단하여 이해가 쉽고 관광시장 내 수요자의 이용성향을 반영할 수 있는 이점 때문에, 권태일(2012)과 금기용(2014) 등 다수 선행연구와 공공기관들의 정책적 접근차원에서 수차례 경험적으로 기수행된 바 있다(그림 11.5 참조).

$$\text{외국인 1일 객실수요(D)} = \frac{\{(T \times R \times S) \times O\}}{365 \times E}$$

T : 방한 외래관광객수(관광 · 상용 · 공용 · 목적)
R : 지역방문율(서울)
S : 평균체제일수
O : 숙박시설이용률(호텔)
E : 객실당 투숙인원

내국인 1일 객실수요(D') = 지역숙박여행이동총량×숙박시설이용률(호텔)

* 출처 : McIntosh(1995), 「Tourism : principles, practices, philosophies」

그림 11.5 McIntosh & Goedlner(1995)의 수요추정 모형

한편, 공급 측면에서는 관광숙박시설과 대체 숙박시설의 물리적인 재고현황을 조사하여 향후 공급예정인 사업계획승인 물량을 추가 반영하였다. 단 원안대로 사업계획 실현율이 100%에 이른다는 요건에 한해서, 최대치Max로 간주할 수 있다. 이 때 산정된 공급물량에서 객실수요를 차감한 수급갭G : Gap을 기준으로 0 미만이면 공급과잉Over-Supply이고, 반대로 초과시는 객실부족Shortage인 불균형 상태를 의미한다. 만약 수급이 일치되면 그 값은 0으로 균형을 이뤄, 가장 바람직한 최적현상Optimum이라 할 수 있다. 이러한 바는 관광객 만족도와 효용을 저해하지 않는 범위 내 숙박시설의 적정규모 개발과 수요 · 공급 간의 조화를 중시한 수용력Carrying Capacity 지표와 밀접히 연관된다. 그림 11.6과 같이 공급능력과 수요량 변화에 따라 각기 다른 서비스 수준Level of Service의 차이는 크게 4단계(초과수요~과잉)로 구분하여 설명할 수 있다(Lovelock, 2010; Zeithaml, 2012).

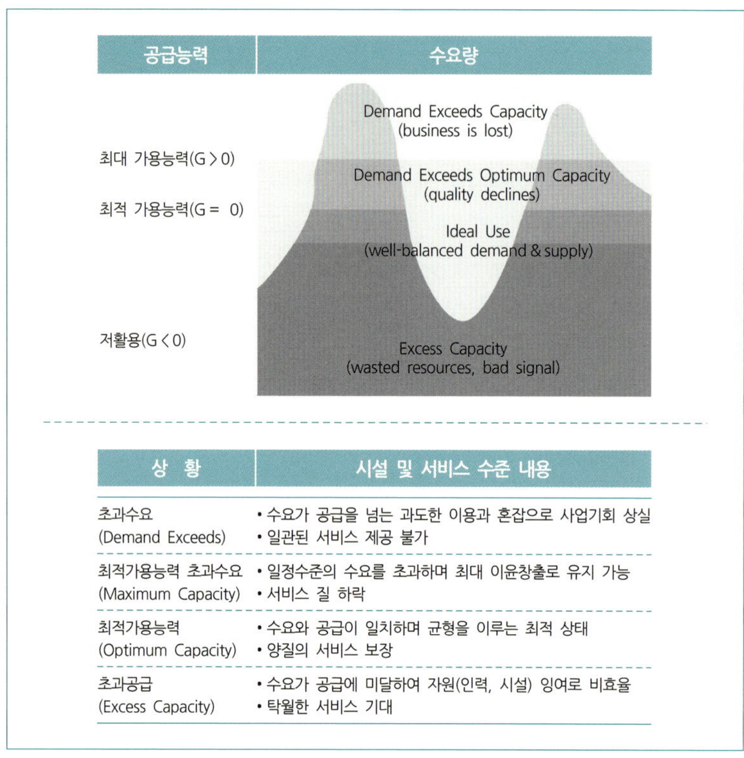

상 황	시설 및 서비스 수준 내용
초과수요 (Demand Exceeds)	• 수요가 공급을 넘는 과도한 이용과 혼잡으로 사업기회 상실 • 일관된 서비스 제공 불가
최적가용능력 초과수요 (Maximum Capacity)	• 일정수준의 수요를 초과하며 최대 이윤창출로 유지 가능 • 서비스 질 하락
최적가용능력 (Optimum Capacity)	• 수요와 공급이 일치하며 균형을 이루는 최적 상태 • 양질의 서비스 보장
초과공급 (Excess Capacity)	• 수요가 공급에 미달하여 자원(인력, 시설) 잉여로 비효율 • 탁월한 서비스 기대

* 출처: Lovelock(2010), Services Marketing 중 내용 일부 연구자 재구성
* 주: 수평선은 서비스의 고정된 공급능력, 곡선은 고객의 유동적인 수요를 나타냄

그림 11.6 숙박시설의 물리적 수용력 대비 수요량 변화

수급 추정시 필요한 기본적인 분석자료는 문체부, 한국관광공사, 문광연, 호텔업협회, 서울시 등에서 발간한 연간 관광보고서와 법무부 출입국관리소, 서울시, 관광지식정보시스템Tourgo의 통계를 참조·가공하였다. 분석에 활용된 주요 가정Assumption과 전제조건의 세부적인 내용은 그림 11.7과 같으며, 아래 제시한 숙박수급 분석절차Process에 따라 연구를 진행하였다(그림 11.7 참조).

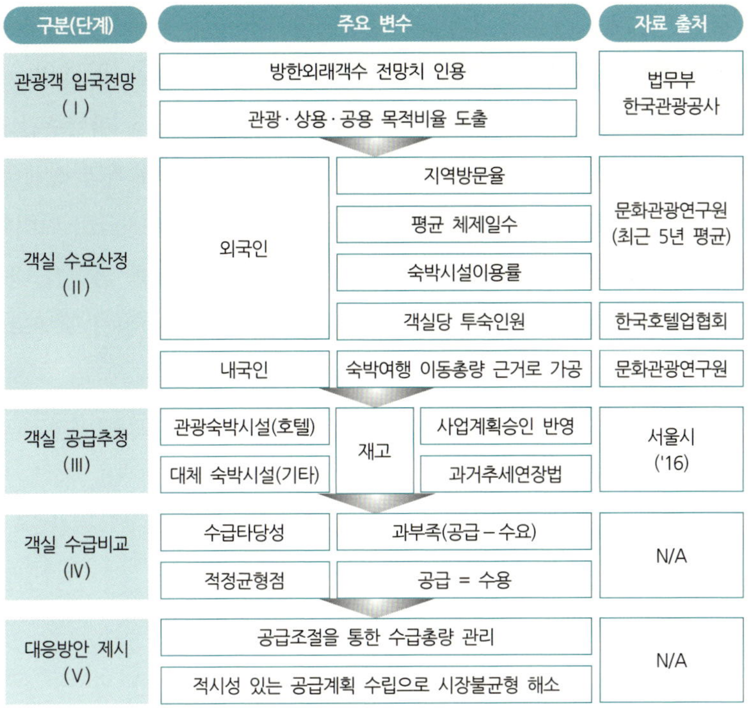

*주: 변수의 적용기준과 수치는 연구자마다 상이할 수 있으므로 생략

그림 11.7 관광숙박시설 수급 분석절차 및 과정

관광숙박시설의 수급현황 및 실태분석

수요현황

관광시장에서 객실수요는 '숙박시설 상품에 대한 관광객의 지불의사WTP : Willingness to Pay가 동반된 구매행위'를 의미하는데, 일반적으로 외래객 입국자 수가 기초가 되며 이와 궤(軌)를 같이 한다. 글로벌 경기침체 국면에서도 우리나라 관광산업은 전례 없는 호황을 맞이하며 인바운드Inbound 수요를 창출하고 있다. 한국관광공사(2015)에 따르면, 올해 방한 관광시장 규모가 1,844만명, '21년에는 2,520만명에 근접할 것으로 점진적인 상승세를 예상하였다. 특히 한국 관광시장 점유율의 80%

이상을 차지하는 중국과 일본의 외래여행객 유입이 관광호텔 체류의 높은 숙박수요를 견인한 것으로 보인다. 이에 반해, 수요의 다른 한 축(軸)인 내국인의 국내 관광여행 이동총량은 '15년 4.1억일로, 주5일 근무제 시행(2004)과 여행주간 장려시책(2014)에도 불구하고 해외로 떠나는 아웃바운드 수요가 많아 거의 정체 중이다. 이로써 내국인 관광활동이 전체 숙박수요에 미치는 영향력은 지극히 미미하였다.

이와 같이 McIntosh & Goedlner(1995) 방식을 활용하여 과거 10년간 내 · 외국인의 실적 추이를 객실수요로 환산해보면, '16년 말 외국인 57천실과 내국인 4천

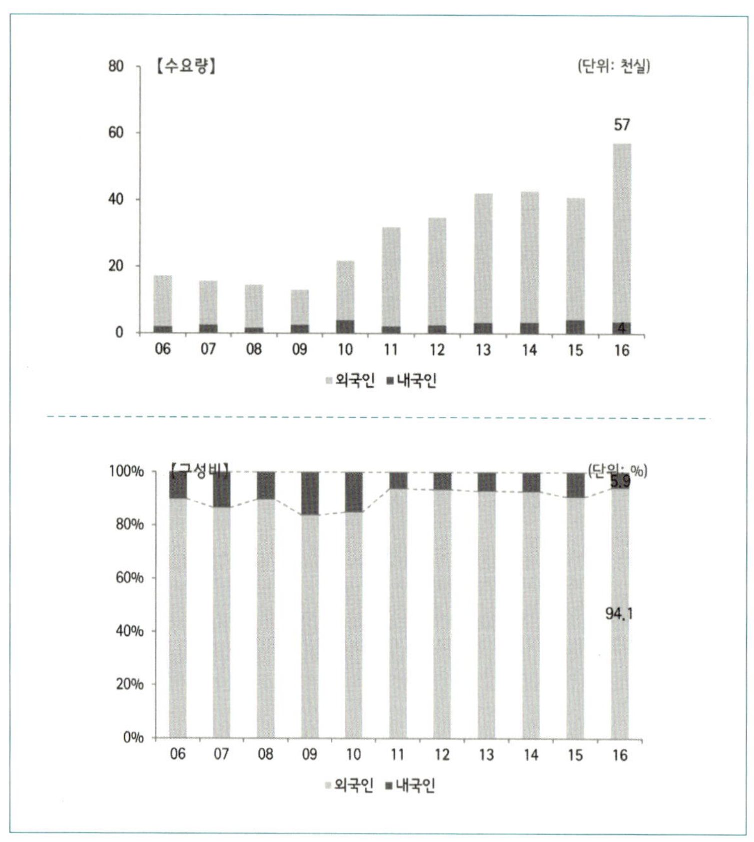

*출처 : 한국문화관광연구원, 「외래관광객 및 국민여행 실태조사(2015)」

그림 11.8 서울시 관광숙박시설의 내 · 외국인 객실수요 및 구성비 추이(2006~2016)

실을 합산한 총 61천실로 파악된다. 이 가운데 내국인의 비중은 '11년 이래 꾸준히 한 자릿수를 기록하며, 여전히 주 수요층인 해외관광객의 의존도가 94.1%로 심화되었다. 이 사실은 내수보다 외부충격에 극히 취약한 국내 관광시장의 현주소를 단적으로 드러내며, 결국 외래관광객에 의해 호텔 가동률과 매출액이 좌우되는 기형적 산업구조임을 말해준다. 관광호텔 등급 내에서도 상당수가 합리적 비용과 쾌적한 숙박환경을 제공하는 특2급~1급의 비즈니스호텔 객실수요로 직결될 것으로 예견된다. 서비스의 질이나 고객만족을 위한 호텔의 적정 객실이용률이 70% 내외인 점(문광부 · 서울시 기준)에 비춰볼 때, 명동 일대의 호텔 객실가동률이 80~90%를 넘어서며 방을 구하지 못해서 예약이 취소되는 사례가 비일비재(非一非再)함은 초과수요가 존재함을 방증하는 대목이라 할 수 있다(그림 11.8 참조).

공급현황

초기 관광숙박시설은 아시안게임(1986), 올림픽(1988), ASEM총회(2000), 월드컵(2002) 등 각종 국제행사 및 메가이벤트Mega Event 개최를 계기로 대대적인 공급이 이루어졌고, 이 과정에서 호텔은 관광산업의 필수적인 핵심 인프라 역할을 담당하며 급속도로 발달하였다. 금융위기(2008) 이후에는 저성장 · 저금리 기조의 장기화에 호텔이 대체 투자대안AI으로 급부상함에 따라, 막강한 자본력을 앞세운 대기업(삼성 · 롯데 · 대림)과 여행사(하나 · 모두투어)가 부동산 개발사업에 적극 참여하며 신규공급이 대거 확충되었다. 그리하여 '16년 말 서울시내 소재 호텔은 329개소, 46천실이 운영 중이다. 특히 호텔 건립에 민간투자를 장려하고 인 · 허가 절차를 간소화한 「관광숙박시설 확충을 위한 특별법」이 발효된 '12년 이후 호텔이 큰 폭으로 증가하였는데, 연기금 · 공제회 주도 하에 부동산펀드와 리츠REF / REITs 등 간접투자Vehicle 방식을 이용한 공급이 많았다. 이 기간 공급된 객실수가 무려 18천실로 매년 12.7%씩 신장한 셈이다(그림 11.9 참조).

그러나 관광호텔 과반이 주류(主流)를 이루는 브랜드 체인의 특급호텔(49.0%)에 편중된 탓에, 규모가 작은 1~3급의 중저가 비즈니스호텔(26.2%) 공급은 부진했다. 호텔 등급에 이어 지역 간의 편차도 컸다. 지역별 공간적 분포현황을 보면, 주로 쇼핑활동이 편리한 강북(중구 · 종로구, 39.6%) - 강남(22.4%)으로 이원화된 신구(新舊) 도심의 양강(兩强)체제 구도를 이뤘다. 그 밖에 문화 · 업무중심지인 여의도(마포 · 영등포구, 10.3%), 외국인의 메카인 용산구(이태원), 김포공항과 인접한 강서구에 집중되는 양상이다. 실제 이들 지역 내에서는 노후된 오피스를 호텔로 용도변경하거나 리모델링(개보수)이 활기를 띠었다. 향후 서울시내 도시공간 구조상 중심지 위계변화(1도심 → 3도심 : CBD, GBD, YBD)와 외국인의 관광 이

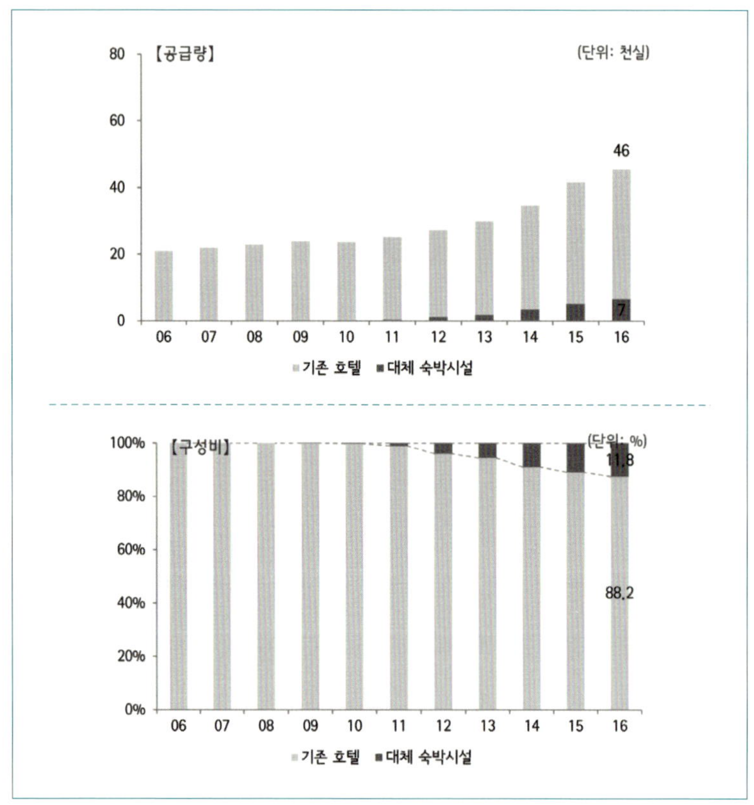

* 출처 : 서울시, 「호텔업 등록 및 사업계획승인 현황(2016)」, 「외국인관광 도시민박업 및 한옥체험업 현황(2016)」

그림 11.9 서울시 숙박시설 유형별(호텔, 대체 숙박시설) 공급실태 추이(2006~2016)

용행태를 고려할 경우, 강북과 강남권의 호텔 밀집은 당분간 계속될 전망이다(그림 11.10 참조).

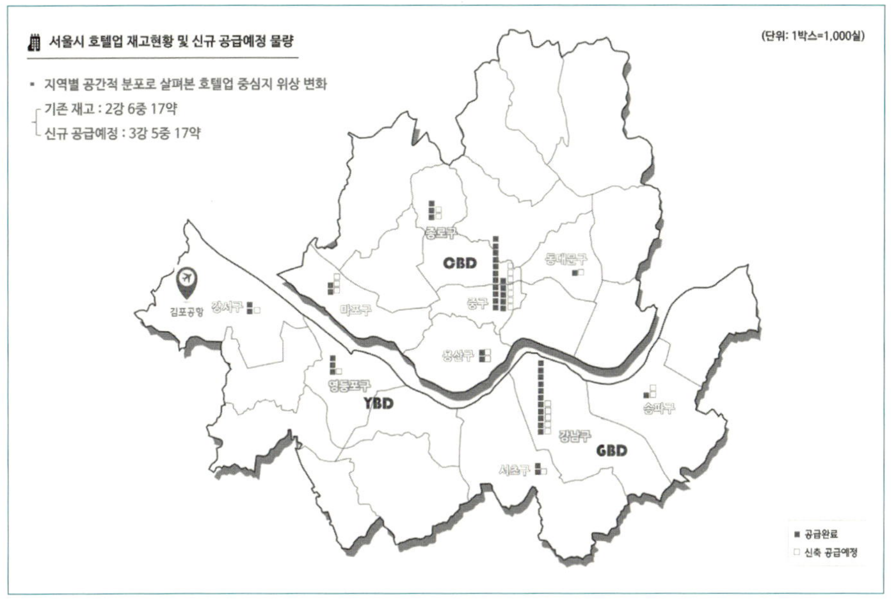

* 출처 : 서울시, 「호텔업 등록 및 사업계획승인 현황(2016)」

그림 11.10 QGIS분석을 통한 서울시 지역별 호텔업 재고현황 및 신규 공급예정 물량

이제 호텔 설립의 열풍은 범세계적으로 개별여행자FIT들 사이에 인기가 있는 게스트하우스 · 호스텔 · 서비스드 레지던스 등 다양한 형태의 대체 숙박시설로 점차 확산되는 분위기다. 「관광진흥법」 개정 후에는 한옥체험업('09)과 외국인관광 도시민박업('11)이 한층 탄력을 받으면서, 현지의 가정문화를 체험할 수 있는 홈스테이와 게스트하우스가 양성화되었다. 그 결과 전체 공급에서 대체 숙박시설의 비중이 '12년 4.0%에서 '16년 11.8%로 상향되었다. 예컨대, 현재 서울시내 등록된 외국인관광 도시민박업(892개, 3천실)과 서비스드 레지던스(33개, 3천실)는 6천실에 달하며, 한옥체험업은 0.5천실(121개)이 지정되었다. 이와 같이 대체 숙박시설

수가 이용률 증가에 따라 매년 기하급수적으로 팽창하고 있으나, 절대 공급량이 현저히 적고 정식 신고율도 낮아 숙박시장에 미치는 영향력은 크지 않다. 사실상 관리 사각지대에 놓여 있는 상당수의 불법 게스트하우스가 규제를 피해 무허가로 성업 중인 점을 감안하면, 대체 숙박시설의 공급량은 훨씬 늘어날 것으로 예측된다.

이와 같이 서울시내 객실공급은 '16년 말 기준 「관광진흥법」상 등록된 기존 호텔 46천실과 대체 숙박시설 7천실을 합산한 총재고량Stock은 56천실로 집계되었다. 이를 동기간의 객실수요와 비교할 시 과부족이 △6천실로 그 차이가 조금씩 줄고 있으나, 여전히 호텔시장의 지역 · 등급별 양극화의 공급 특성이 뚜렷하여 현 시점에서 수급상황은 불균형에 가깝다고 볼 수 있다. 이를테면 '09년 이전까지 호텔시장은 공급에 비해 수요가 적어 불꺼진 객실Vacancies이 넘쳐났으나, '10년 이후부터는 역으로 수요가 많아 공급이 부족한 객실난이 빚어졌다. 이는 서울시(2013)와 문광연(2014)이 객실부족이라고 주장한 연구결과와 일치하며, 숙박시장 수급변화 양상이 불규칙하고 동태적Dynamic으로 전개되어 왔음을 관측할 수 있다(그림 11.11 참조).

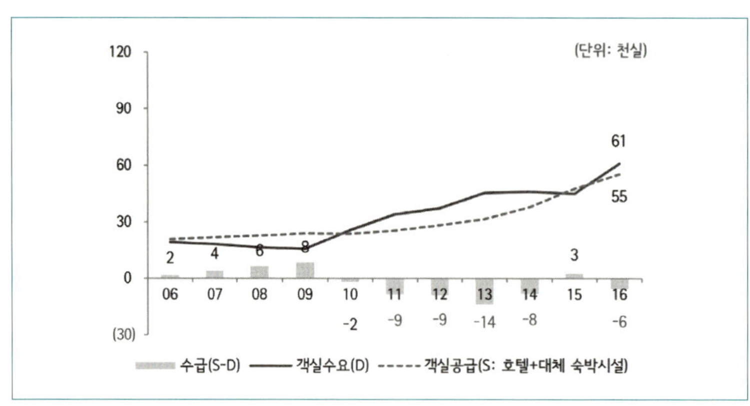

*주: 그림 11.8, 그림 11.9의 수급차이를 재가공하여 도식화

그림 11.11 서울시 관광숙박시설 수급변화 분석

관광숙박시설의 대안별 수급추정 및 향후 전망

그렇다면 "현재 호텔시장이 처한 객실 수급불균형 상황이 앞으로도 지속될 것인가, 이로 인해 향후 호텔시장의 영업환경은 어떻게 변화될 것인가?" 이 문제는 사업손익과 결부되어 관광숙박업계를 둘러싼 수많은 공급자와 소비자의 최대 관심사이면서, 주요 사회적 현안으로 대두되고 있다. 이 시점에서 관광숙박시설의 수급추정은 앞서 언급한 가정과 방법론(McIntosh & Goeldner, 1995)에 의거, 현재로부터 장래 5년 후인 '17~'22년까지 2가지 대안Alt으로 접근하였다. 단 수요는 동일시하되, 공급여건상 숙박시설의 범주에 따라 「관광진흥법」에 의한 기존 호텔에 한정한 건(1안 : Min)과 호텔 외 대체 숙박시설을 포함하는 경우(2안 : Max)로 대별하여 수급분석(S-D)을 실시하였다.

분석결과 1안은 외래객 방한규모 확대와 지역별 시장다변화에 힘입어, 서울시의 숙박 1일 객실수요가 올해 '189년 63천실, '19년 74천실, 그리고 목표연도인 '22년은 92천실에 근접해 순조로운 상승세(CAGR : +7.6%)가 예상된다. 그러나 당분간 국내 여행시장은 내수경기 진작이 힘들어, 내국인 관광활동이 숙박수요에 미치는 영향력은 4.7~5.9%로 제한적일 전망이다. 서울시내 호텔사업승인 완료를 기준으로 188곳에 현 재고량의 61.9%에 해당하는 28천실이 건설 추진 또는 대기 중이다. 이들 사업이 당초 의도대로 해당시기 이행 시, '19년까지 일시적인 공급량이 집중되어 26천실이 추가 공급 · 보완되어 '18년에는 가장 이상적인 적정균형점에 도달할 것으로 판단된다. 그러다가 '19년 이후부터 수급격차Gap가 점차 확대되어 '22년에는 수요 92천실, 공급 74천실에 불과해 과부족Shorts이 -18천실로 추산된다. 요컨대 향후 5년간 호텔업 신규 공급계획은 시장 내 풍부한 유효수요를 흡수Pull하기에 미약한 편으로, 적정균형점까지 최소 18천실 이상 객실확충Expansion과 시설투자가 시급함을 알 수 있다. 다시 말해, 기간 내 공급부족분 한도의 호텔 객실증가를 현실적으로 기대하기 어렵다면, 유휴 대체 숙박시설 활용이 또 하나의 근원적 해법Remedy임을 반증한다(그림 11.12 참조).

반면, 1안이 확장된 2안은 대체 숙박시설 유형별 자연증감률(3년 평균)을 적용, 추가 발생할 객실공급이 '17년 8천실에서 '22년 28천실(+20천실)로 견조한 신장세가 유력시된다. 이로 인해 당장 '17년부터 수요 63천실, 공급 69천실로, 6천실의 과잉이 우려된다. 공급이 우위를 점하는 형국은 '22년까지 지속되며, 수급간극은 11천실 내외로 일정 수준의 스프레드Spread를 유지할 가능성이 크다. 그 결과 '22년에는 수요 92천실, 공급 103천실로 과부족Overs이 +11천실 잉여로 나타나, 공급초과에 따른 포화상태Saturation임을 간접적으로 시사하고 있다. 이제는 외형적인

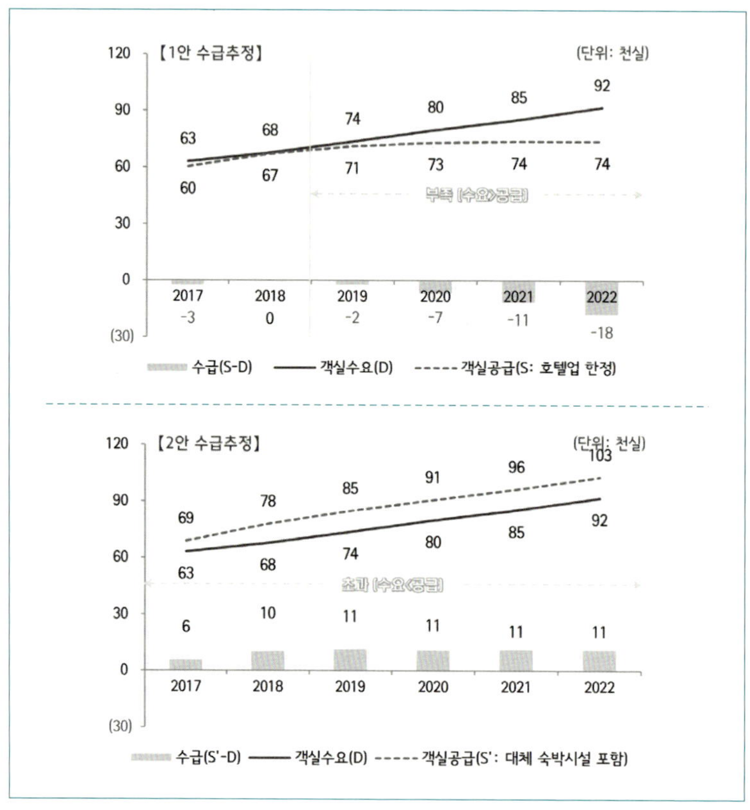

*주: 수요는 Mcintosh and Goeldner(1995)의 방법론 적용, 공급은 서울시 내부자료(2016)를 가공하여 산출

그림 11.12 서울시 관광숙박시설의 대안별 수급추정 및 전망비교(2017~2022)

규모가 충족된 만큼 양질의 숙박환경으로 고객만족도 향상과 서비스경쟁력 제고 노력에 힘써야 하는 바, 호텔아비아(2016)가 전문가 30인 상대로 조사한 심층인터뷰 응답(공급과잉 우세) 및 관광숙박업황 전망지수(T-BSI)의 점진적 하향세가 필자 주장을 뒷받침해준다.

상기의 대안별 모의 시뮬레이션 비교결과를 토대로 호텔 객실의 수급타당성과 시장상황을 종합 검토 · 진단해보면, 그림 11.12와 같이 최종 정리된다. 1안은 단기에 수급균형Balance을 이뤄 별다른 문제가 없지만, 중장기적 관점에서 초과수요에 따른 객실부족(-)으로 양적 공급이 필요하다는 우호적인 의견이다. 대조적으로 2안은 이미 공급이 수요를 넘어 객실에 충분히 여유(+)가 있는 상황이기에, 장 · 단기 공급과잉 여파에 따른 영업성과 지표 하락과 시장침체의 부정적 영향을 근심하는 입장이다. 결론적으로 1안과 2안 모두 수급결과의 대략적인 수치 차이는 다소 존재하나, 수요와 공급의 적절한 매칭Matching이 제대로 이루어지지 않아 수급불균형 심화가 불가피할 것이란 공통된 소견을 도출할 수 있었다.

관광숙박시설 수급불균형이 시장에 미치는 영향과 해법

지금까지 고가 관광호텔에 치중된 국내 숙박시설의 공급체계는 저렴한 비용으로 여행을 원하는 관광객의 이용수요를 충족시키지 못하면서 새로운 대체 숙박시설의 양산을 촉발시켰다. 이 단계에서 초과공급이 발생하면, 과다경쟁에 따른 객단가와 가동률ADR, OCC 동반하락으로 매출이 감소하는 등 휴 · 폐업의 숙박업체가 양산된다. 이 문제는 다시 호텔시장 전반의 침체로 경쟁력 저하를 가져와, 수용태세 개선을 위한 시설확충의 악순환이 반복되고 있다(그림 11.13 참조).

이제는 외래관광객 유치를 위해 관광숙박시설의 양적 증대는 물론이고, 질적 향상도 함께 도모해야 하는 시점이다. 따라서 정부가 적절한 개입으로 순차적인 숙박시설 공급방안을 마련하여 적시성(適時性)을 높이고, 가격안정화를 추구하는 선순환구조Virtuous Circle로 변화시켜야 한다. 예를 들어, 객실공급의 총량규모 관리

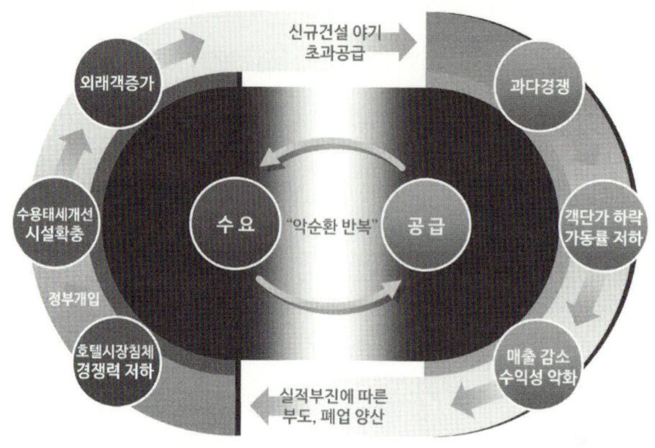

그림 11.13 숙박시설 수요와 공급의 불가분(不可分)의 관계

하에 수급조절Adjustment이 제대로 이루어지면, 시장의 불균형을 해소할 뿐더러 호텔시장에 미칠 충격Shock을 완화해 효율성 증대를 기할 수 있다. 이를테면, 문광부가 수립하는 가칭 「○○년 숙박수급 기본계획」에 따라, 외래관광객 유치를 위한 당해 예정수요와 목표물량에 맞춰 연차별 단계적인 공급배분(예 : 사업 착공시기 조율)을 효과적으로 유도할 수 있을 것이다.

그러기 위해서는 관광시장의 여건과 이용행태의 변화를 종합적으로 고려한 체계적인 수급분석이 필수적이다. 이렇게 수급분석이 혼선을 빚는 가장 큰 이유도 발표기관마다 수요와 공급에 영향을 미치는 변수(예 : 지역방문율, 숙박시설 이용률, 평균 체류일수, 객실당 투숙인원, 숙박시설 유형, 공급예정 물량 등)의 적용기준과 숙박시설의 취급 범주가 각기 다르기 때문일 것이다. 무엇보다 숙박시설의 구체적인 현황파악과 운영실태 조사가 중요시되는 까닭이 바로 여기에 있다.

이와 같이 호텔 초과수요와 과잉공급의 의견이 공존하는 논란 속에 진행된 본 연구는 수급불균형 이슈에 대한 논의의 장을 마련함으로써 시의적절했다고 본다. 또한 앞서 전술한 것처럼 가용통계 미비와 방법론상 구조적 한계 등 여러 가정의 제약에도 불구, 계량분석을 통해 서울시 숙박시설의 수요와 공급 상황을 정밀분석하고 향후전망을 객관적으로 사전 예측했다는데 의의가 있다. 실무적 입장에서는 적정균형점 정보를 통해 잠재적인 호텔사업자들이 시장진입 여부를 결정하고, 정부는 숙박수요를 분산 · 유도할 수 있는 대응책 수립과 공급방향을 제시하는 기초 참고자료로 활용이 가능하다. 다만, 사업진척에 따라 공급 시차와 규모의 변동성이 커 실질공급량 차이에 기인한 예측오차(ε)를 완전히 배제할 수 없었다. 추후에는 지역 · 등급 · 가격별 세분화된 하위시장과 보수~낙관적 시나리오Scenario 전망을 비교 · 검증하는 미시적인 후속연구들이 속히 진행되어야 한다.

STORY 요약

요즘 관광숙박업계의 최대 화두로 서울시내 숙박시설 부족과 과잉공급이라는 의견이 공존하는 가운데, 매해 수급논란이 반복되고 있다. 정부와 민간기관(문광부, 서울시, 우리은행)에서 발표한 객실수급 전망결과들도 엇갈리게 나타나, 정작 사업자들의 혼선만 키웠다는 목소리가 적잖다. 그 원인에는 당초 기관마다 선정한 변수의 적용기준과 전망시점, 그리고 바라보는 숙박시설 범주가 다르기 때문이다. 이 점에서 세그먼트를 고려해 본다면 관광호텔은 객실부족으로 추가확보가 시급하지만, 대체 숙박시설을 포함한 경우 객실과잉이라 볼 수 있다. McIntosh & Goeldner(1995) 방식을 이용한 서울시 숙박시설의 수급전망 추계 결과가 이를 방증한다. 그러나 문제의 본질은 미스매칭에 의한 객실 수급불균형 심화이기에, 적기적소 공급량 배분을 통해 무너진 균형을 바로잡는 방향으로 나가야 한다.

V PART

호텔 거래시장은 크게 매매(중고), 분양(신규), 간접투자시장(부동산금융)으로 나뉘며, 그들만의 리그라 불려왔다. 최근 들어, 거래 유형이 과거 개발과 분양에만 그치지 않고, 펀드와 리츠(REF / REITs)를 통해 간접 투자하는 방식으로 진화하고 있다. 이는 저금리시대에 숙박용 부동산이 수익과 안정성 측면에서 매력도가 높아 기관투자자들에게 중점거래 대상이 되었다는 반증이다. 당분간 이러한 열기는 개인들이 참여하는 공모상품의 출시로 계속 이어갈 전망이다.

숙박용 부동산으로서
호텔 투자시장 분석

호텔 거래시장 대해부와 실전 매매불변의 법칙

예로부터 숙박시설은 일상생활에 필수적인 의·식·주 가운데, '주(住)'와 관련되어 여행객에게 잠자리를 제공하는 대표적인 공간으로 인식되었다. 그럼에도 불구하고 숙박용 부동산(Lodging / Hotel)의 정보는 거래상품의 특수성과 정보의 비대칭성(Information Asymmetry)으로 여타 수익형 자산들과 달리 폐쇄적인 성격을 보여왔다. 따라서 여기서는 그간 업계에서 비공개로 진행된 최근 10년간 관광숙박시설의 거래사례를 전수 조사·분석하여 전반적인 매매시장의 동향과 주요 특성을 집중 탐구하였다. 이로써 모두가 한 번쯤 궁금했을 법한 숙박용 부동산 거래시장의 현주소와 질문사항을 알기 쉽게 풀이함으로써 시장참여자들에게 훌륭한 길잡이가 될 것이다.

관광숙박시설의 유동화 배경

전세계적으로 저성장·저금리 시대를 맞이하여 그동안 거래가 지지부진했던 숙박용 부동산이 고수익을 창출할 수 있는 매력적인 투자대상 자산으로 부각되고 있다. 특히 숙박용 부동산의 대표적 형태인 호텔은 포트폴리오Portfolio의 다각화를 모색하던 기관투자자들 사이에서 오피스빌딩을 대체하는 가장 유망한 투자상품Hot Asset으로 손꼽히고 있다.

그렇다면 왜 갑자기 호텔이 이슈일까? 그 이면에는 국내 관광산업의 견고한 성장세에 힘입어 롯데와 신라, 신세계 등 대기업이 발빠르게 중저가 비즈니스호텔 운영사업에 진출하면서 대중들의 관심이 높아졌기 때문이다. 이로 인하여 연기금, 공제회, 금융권 등에서 부동산펀드와 리츠REF, REITs를 통한 매입사례가 일반화되고 있는 상황이다. 그러나 최근 3년간 「관광시설확충을위한특별법」 시행으로 서울 시내에 신규 비즈니스호텔이 우후죽순으로 늘어나면서 객실점유율이 60~70%

수준으로 하락하는 등 경영난에 따른 매물이 급증하는 추세이다.

이처럼 호텔이 유동화Securitization되는 배경은 크게 '경기부진에 따른 기업의 실적악화로 채무상환 등 재무구조 개선 차원에서 자산매각을 통해 자금을 확보하려는 인식(부실자산 정리로 경영정상화를 추구하려는 노력)'과 '풍부한 자금을 바탕으로 한 기관투자자들의 높은 대체투자AI 수요'가 부합된 결과로 집약할 수 있다.

매매조사 개요

조사분석에 대한 공간적 범위는 숙박용 부동산이 가장 많이 분포하며, 거래가 가장 활발히 일어날 것으로 예측되는 서울시를 대표시장으로 선정하였다. 시간적 범위는 시계열 자료구득이 가능한 2006~2015년까지 최근 10년간으로 하였다.

조사대상은 호텔업에 등록된 관광호텔(특1급~3급, 미등급 포함), 가족호텔, 호

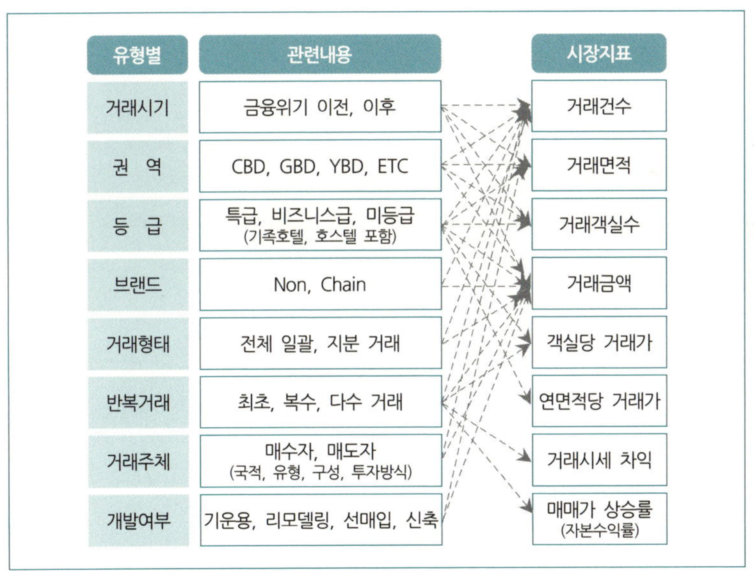

*주: 화살표(→)는 유형과 시장지표를 교차분석함

그림 12.1 관광숙박시설 거래사례 DB 유형화 및 시장지표 도출

스텔을 포함하며, 이들의 개별 부동산등기를 전수 열람하여 실제 거래성사 완료 Deal Closing 여부를 확인하였다. 그 결과 76건의 거래사례 자료를 확보하여 매매 DB로 구축·가공한 이후, 아래와 같이 관광숙박시설 유형화에 따른 다양한 분석 접근을 시도하였다(그림 12.1 참조).

관광숙박시설의 매매시장 규모현황

일반적으로 부동산업계에서 매매시장Capital Market 규모는 거래건수와 연면적(객실수 포함) 그리고 거래금액으로 측정할 수 있다. 이에 따르면, 2015년 말 기준 서울시에 등록된 관광숙박시설의 재고량(Stock : 누적공급량)은 297개소로 건물 연면적G.F.A은 2,663천㎡에 육박하며, 보유객실수Rooms는 자그마치 30,489실에 달한다. 이 중 연간 거래되는 물량은 재고량의 3.8%인 평균 8건에 그치고 있다. 이와 동일하게 거래 연면적과 객실수도 각각 84천㎡와 1,160실을 기록하며, 비중이 3% 내외로 극히 미약한 수준이다(그림 12.2 참조).

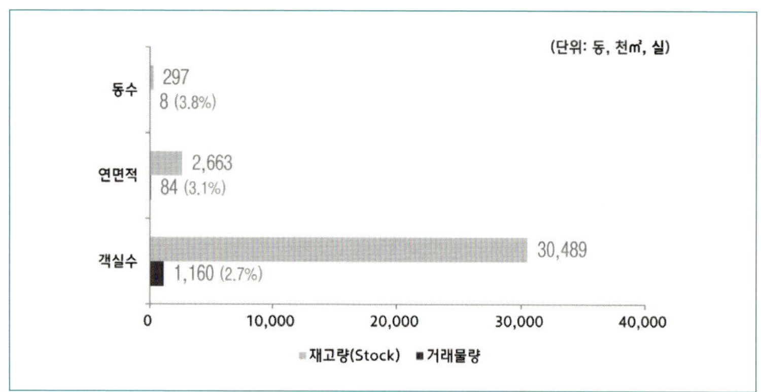

*출처 : 「2015 호텔업등록현황」을 바탕으로 저자가 거래사례 조사·보완

그림 12.2 관광숙박시설 재고량(Stock) 대비 거래물량 비중

거래금액 기준, 관광숙박시설의 연간 매매시장 규모는 총 3,817억원으로 집계되었다. 위의 수치는 상업용 부동산Commercial Real Estate으로 대표적 상품인 오피스빌딩의 한 해 거래물량이 50건 내외로 전체 시장규모가 약 5조원임을 감안할 때, 1/7~1/14에 불과할 정도로 거래가 한산한 편이다. 그 이유는 여타자산과 달리 호텔의 경우 숙련된 운영 경험이 요구되는 한편, 용도가 한정(예 : 향후 오피스로 리모델링 어려움)되는 특성상 원매자의 수요층이 적어 매각난이도가 높기 때문이다.

이를 시기별 추이로 살펴보면, 글로벌 금융위기GFC를 기점으로 양분할 수 있으며 전·후가 대조적인 양상을 보인다. 즉 2009년 이전까지는 거래량이 5건 내외

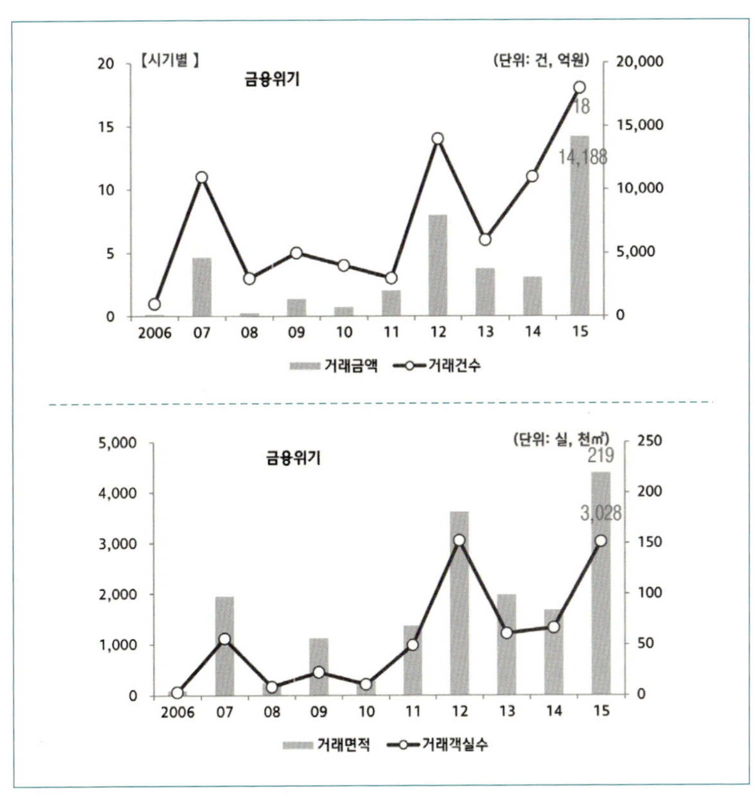

* 출처 : 「2015 호텔업등록현황」을 바탕으로 저자가 거래사례 조사 · 보완

그림 12.3 서울시 관광숙박시설 전체 거래시장 시기별 규모 추이

로 저조하여 시장이 위축되었으나, 자산가격이 크게 하락한 금융위기 직후에는 거래량이 2배 이상 급격히 증가하며 견조한 성장세를 시현하고 있다. 특히 외래관광객이 연래 10% 이상 신장한 2012~2015년에는 호텔리츠 상품이 최초로 출시되는 등 숙박용 부동산의 거래가 본격적으로 이루어지기 시작하였다. 지난해는 메르스MERS 사태 여파로 숙박시설의 영업지표(ADR, OCC, Rev PAR)가 악화되어 시장에 많은 잠재매물이 출현하였다. 이에 따라 전년대비 63.6%와 365.4% 상승한 역대 최다규모(18건, 14,188억원)의 거래실적을 달성하였다(그림 12.3 참조).

권역 내에서는 CBD와 ETC가 30건이 넘는 거래건수로 각각 24,766억원(64.9%)과 10,156억원(26.6%)을 기록하며 활황세이다. 반면, GBD와 YBD는 당초 예상했던 것과 달리 거래물량의 합이 10건 미만(3,243억원)으로 주춤하며, 시장점유율M/S은 고작 8.5%에 불과하였다. 등급별 하위시장에서는 특2급과 1급이 20건 내외로 거래되어 시장을 주도하였으며, 거래금액은 각각 15,686억원(41.1%)과 9,407억원(24.6%)을 올렸다. 이를 통해 풀서비스를 지향하여 초기투자비가 높은 특1급의

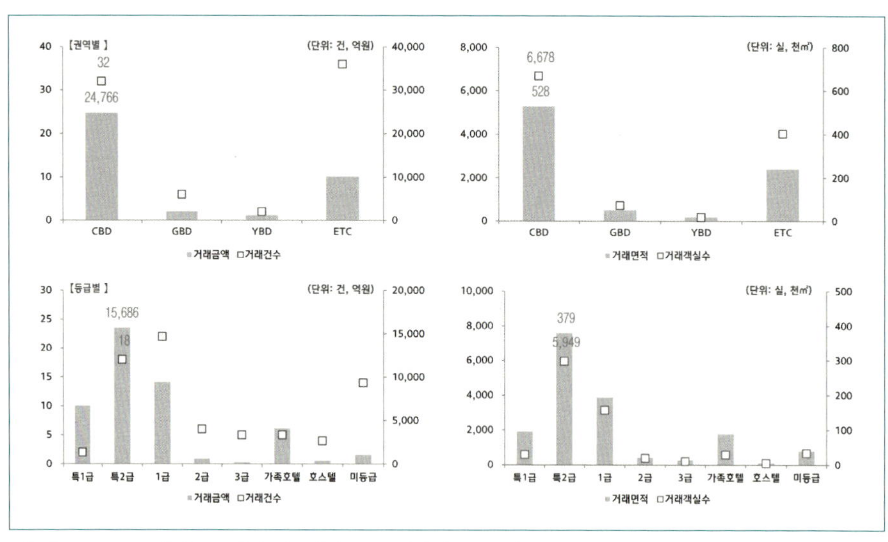

*출처 : 「2015 호텔업등록현황」을 바탕으로 저자가 거래사례 조사 · 보완

그림 12.4 서울시 권역 및 등급별 관광숙박시설 거래시장 규모현황

고급호텔보다 300실 정도의 제한된 서비스Limited Service를 제공하는 비즈니스호텔이 주요 거래대상이 됨을 알 수 있다. 이러한 경향은 권역별 거래면적이나 객실수에 있어서도 수치는 조금씩 다르지만, 거의 유사하게 나타났다(그림 12.4 참조).

향후 기관투자자들의 대체투자 비중과 잠재매물 출현(벨레상스 서울호텔, 콘래드서울, 반얀트리 클럽앤스파 서울 등 6건)이 증가하고, 중국인관광객의 지속적인 유입으로 숙박용 부동산 거래에 대한 수요가 높아져 시장 규모가 확대될 것으로 보인다.

관광숙박시설의 하위시장별 실거래가 및 평단가 분석

부동산 거래와 투자에서 가장 중요한 요인은 운용성과와 바로 직결되는 금액규모Size와 입지환경Location이다. 최근에는 숙박용 부동산시장에도 대형화와 체인화가 진행되면서, 숙박용 부동산의 평균 거래가격이 502억원으로 나타났다. 거래가격

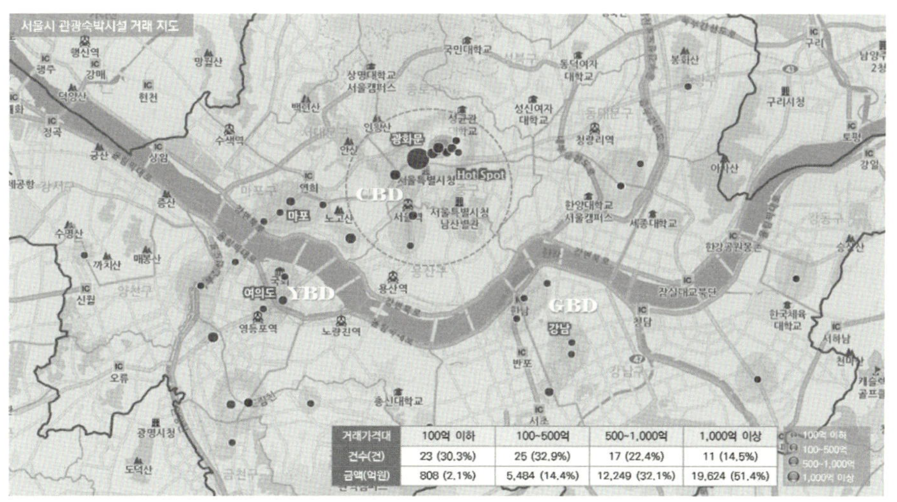

거래가격대	100억 이하	100~500억	500~1,000억	1,000억 이상
건수(건)	23 (30.3%)	25 (32.9%)	17 (22.4%)	11 (14.5%)
금액(억원)	808 (2.1%)	5,484 (14.4%)	12,249 (32.1%)	19,624 (51.4%)

*출처:「2015 호텔업등록현황」을 바탕으로 저자가 거래사례 조사·보완
*주: 원의 크기가 클수록 거래금액이 크고, 붉은색에 가까울수록 밀도가 높은 것으로 해석

그림 12.5 GIS 분석기법을 활용한 서울시 관광숙박시설의 거래금액대별 공간적 분포현황

표 12.1 관광숙박시설의 실거래가 상위권 그룹별 순위

순위 \ 구분	상위권(Top 5)				
	1위	2위	3위	4위	5위
명 칭	포시즌스 호텔 서울	이비스앰배서더 명동	이비스앰배서더 명동	솔라리아 나시테츠 명동	롯데시티호텔 장교
전 경					
소재지	종로구 당주동	중구 명동1가	중구 명동1가	중구 명동2가	중구 장교동
등 급	특1급	1급	1급	특2급	특2급
거래면적(㎡)	67,265	37,327	37,327	27,011	25,240
거래객실(실)	317	280	280	312	430
실거래가(백만원)	530,000	189,271	180,000	170,000	147,000
객실당(백만원)	1,672	676	643	545	342
거래시기	2015	2012	2007	2015	2015
소유주	미래에셋맵스	베이스명동	농협중앙회	인베스코	KDB자산운용

*출처 : 「2015 호텔업등록현황」을 바탕으로 저자가 거래사례 조사 · 보완
*주 : 2, 3위인 이비스앰배서더 호텔은 2007년과 2012년에 두 차례 반복 거래로, 순위가 중복됨

구간대는 건수 기준으로 100억원 이하(30.3%)와 100~500억원(32.9%) 등 소형자산이 강세를 보이지만, 금액비중은 500~1,000억원(32.1%)과 1,000억원 이상(51.4%) 등 중·대형 규모의 자산에서 거래가 활발히 일어났다(그림 12.5 참조).

실제 QGIS를 활용하여 관광숙박시설의 거래사례를 그림 12.4와 같이 지도에 맵핑Mapping한 결과, 실거래가격이 높게 거래된 관광숙박시설들의 주요 입지는 전통적으로 중심부인 4대문 안 도심CBD에 공간적으로 집중하는 불균형 양상을 띠었다. 상위권 그룹(Top 5)에 속한 포시즌스호텔(5,300억원), 이비스앰배서더 명동(1,893억원), 솔라리아 나시테츠 명동(1,700억원), 롯데시티호텔 장교(1,470억원) 등은 모두 브랜드가 있는 300실 이상의 대규모 체인호텔이자 특급호텔로서, 전국 최고의 공시지가를 자랑하는 2명동 혹은 광화문 근처에 자리잡고 있다. 이는 체류관광·문화체험을 즐기는 외래객 방문이 많아 투숙률 증가에 따른 영업실적 개선에 대한 기대감으로 기관투자자들의 거래가 잦았기 때문이다(표 12.1 참조).

표 12.2 관광숙박시설의 실거래가 하위권 그룹별 순위

순 위 \ 구 분	하위권(Bottom 5)				
	1위	2위	3위	4위	5위
명 칭	발리관광호텔	가락관광호텔	엘르인호텔	호스텔 27	호텔조커Ⅱ
전 경					
소재지	강동구 성내동	송파구 가락동	용산구 갈월동	성동구 용답동	영등포구 양평동
등 급	3급	2급	3급	호스텔	미등급
거래면적(㎡)	162	484	335	559	731
거래객실(실)	3	7	5	14	27
실거래가(백만원)	779	850	1,130	1,312	1,466
객실당(백만원)	312	120	209	97	54
거래시기	2008	2012	2008	2007	2014
소유주	개인	개인	엘르인	개인	개인

* 출처 : 「2015 호텔업등록현황」을 바탕으로 저자가 거래사례 조사 · 보완
* 주 : 매매사례를 현재 객실수로 단순 비교하여 평가하였으나, 지분거래이기에 실제와 다를 수 있음

반면, 3대 권역을 제외한 기타지역ETC은 공항과 인접한 강서, 산업단지 배후지역의 구로, 쇼핑의 신흥 메카인 마포권 일대로 곳곳에 산발적으로 분포하고 있다. 이 중에서 실거래가격이 낮게 거래된 관광숙박시설들의 주요 입지는 교통여건이나 상권의 명성이 약한 지역이다. 하위권 그룹(Bottom 5)에 속한 발리관광호텔(7.8억원), 가락관광호텔(8.5억원), 엘르인호텔(11.3억원), 호스텔 27(13.1억원) 등이 모두 그러하며, 소유주가 독립적으로 경영하는 중저가의 1~3급 호텔 위주의 특징을 가진다. 이들의 거래금액이 적은 이유는 호텔조커Ⅱ(14.7억원)를 제외하고, 개인을 대상으로 10개 내외의 객실만 처분하는 지분거래가 이루어졌기 때문이다. 이러한 상 · 하위권 그룹 간의 거래사례를 통해 개별 관광숙박시설마다 표준편차가 크고, 거래특성의 차이가 뚜렷이 존재함을 미루어 알 수 있다(표 12.2 참조).

한편, 거래평당가는 매매시장의 현시세를 의미하며, 유사사례 비교를 통한 물

건매입 검토에 유용하게 활용되는 핵심적인 시장지표Index이다. 이는 숙박용 부동산에도 그대로 적용되어 거래금액을 객실수와 연면적으로 나눈 객실당 단가와 연면적당 평단가로 구분하여 살펴볼 수 있다. 두 지표는 대체로 객실당 단가가 비쌀수록 연면적당 평단가도 정비례(+)하여 상승하는 우상향곡선을 그리고 있다.

분석결과 서울시 전체 숙박용 부동산의 평균객실당 단가는 299백만원, 연면적당 평단가는 13백만원에 근접하였다. 비록 전체 거래사례가 극히 적어 입지와 등급에 따라 기간별로 일부 등락폭은 존재하지만, 작년에는 우량물건이 상당수 거래되어 평단가(객실당 469백만원, 연면적당 21백만원)가 점차 오르는 추세이다.

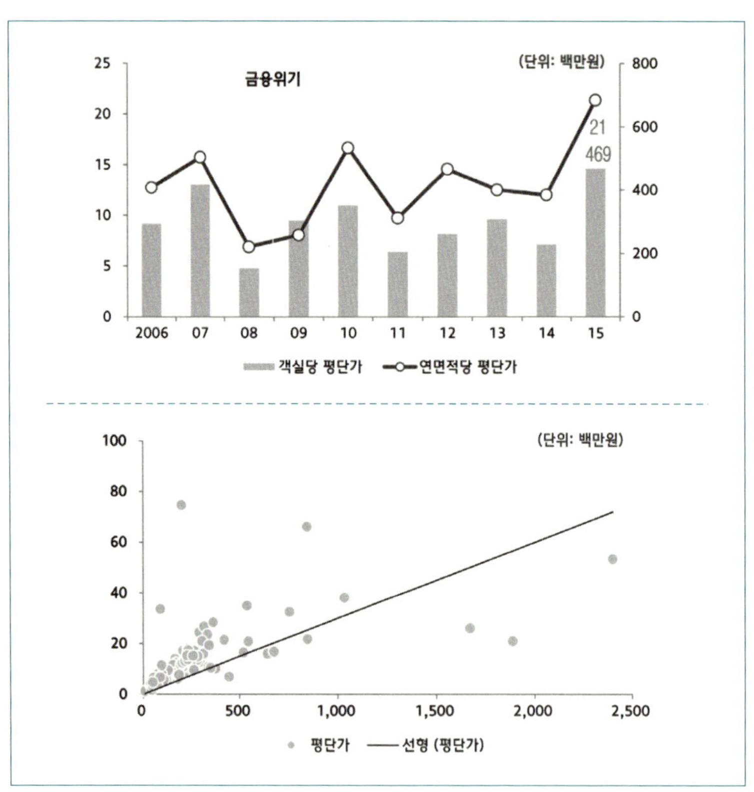

*출처 : 「2015 호텔업등록현황」을 바탕으로 저자가 거래사례 조사 · 보완

그림 12.6 실거래가격에 기반한 서울시 관광숙박시설 객실 및 연면적 단위당 평단가 시세비교

이처럼 매매가의 상승은 투자자들이 관광숙박시설에 대한 지대한 관심을 보여주는 대목이라고 볼 수 있다(그림 12.6 참조).

권역별로는 업무 비즈니스고객을 상대하는 여의도YBD에서 객실당 단가가 673백만원으로 가장 높은 시세를 형성하였는데, 메리어트 이그제큐티브 아파트먼트 서울의 거래가(846백만원) 영향이 크게 작용했기 때문이다. 투자 1순위 지역인 도심CBD 또한 371백만원으로 타권역에 비해 시장우위를 점하고 있다. 이와 반대로, 최근 거래가 적었던 강남GBD과 외곽지역에 주로 분포한 기타지역ETC은 300백만원을 하회하며, 전체 평균시세에 미달하는 모습을 보였다(그림 12.7 참조).

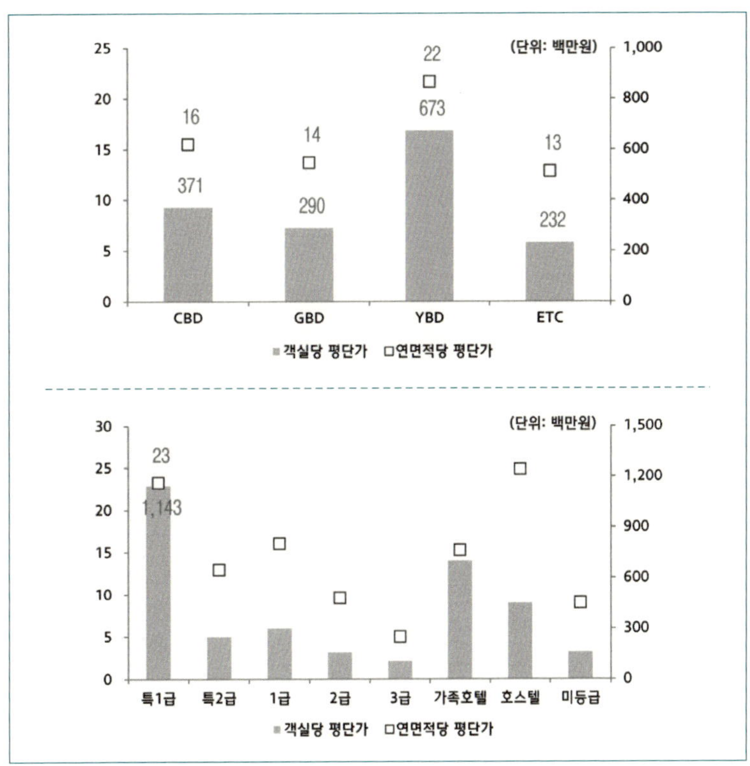

*출처 : 「2015 호텔업등록현황」을 바탕으로 저자가 거래사례 조사 · 보완

그림 12.7 서울시 권역 및 등급별 관광숙박시설 객실 및 연면적 단위당 평단가 시세현황

등급별 또한 마찬가지로 특1급~미등급에 이르기까지 특색 있고 차별화된 하위시장이 형성됨을 알 수 있다. 일례로 럭셔리 호텔의 대명사인 특1급의 객실당 평단가는 1,143백만원으로 최고가이며, 적은 객실에 초호화 부대시설을 갖춘 가족호텔(예 : 반얀트리 클럽앤호텔 서울, 프레이저스위츠)도 699백만원으로 전체 평균시세의 2배 이상의 고가였다. 뒤를 이어 1급(300백만원)부터 3급(105백만원)까지 등급이 순차적으로 낮을수록 평단가도 동반 하락하는 움직임을 보였다(그림 12.7 참조).

향후 과잉공급Surplus에 따른 물가상승률(2~3%) 수준 이하의 객단가 상승폭 제한과 금리인하(1.25%, 0.25%p▼)의 복합적인 영향으로 관광숙박시설의 평당 거래가는 당분간 보합 · 유지 혹은 소폭 상승할 것으로 예상된다.

관광숙박시설의 거래주체 구성 변화

부동산 거래는 당사자들인 매도자와 매수자 사이에서 특정가격에 성립되는데, 현재 국내 관광숙박시설의 시장은 경기침체와 가동률 저하로 임대인 혹은 매도자Seller가 아닌 전적으로 사전에 임차인(전문운영사)을 확보해야 하는 매수자Buyer 우위의 시장을 형성하고 있다. 이들 거래주체의 특성은 매도 · 매수측을 불문하고, 국내 단일기관의 법인비중이 90% 이상으로 거의 절대적이라는 공통점을 가진다. 다만, 투자방식에서 매도자는 직접(83.3%), 매수자는 간접(59.4%)이 우세를 점하여 위와 상반된 차이를 보였다(그림 12.8 참조).

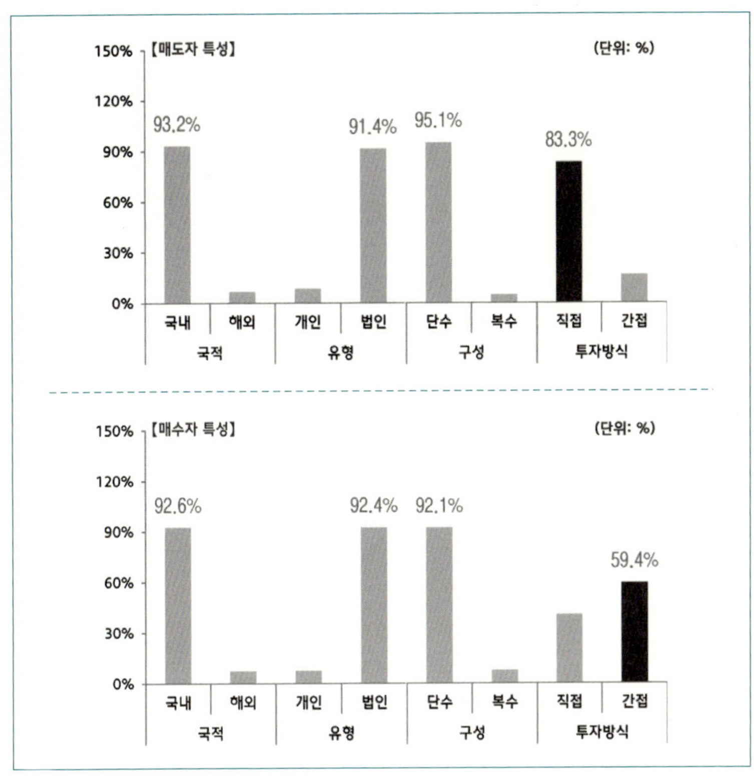

* 출처:「2015 호텔업등록현황」을 바탕으로 저자가 거래사례 조사 · 보완

그림 12.8 서울시 관광숙박시설 매도자 및 매수자 특성 요약

이를 세부적으로 살펴보면, 예로부터 매도자 구성의 주체는 경기에 취약한 부실자산인 기업소유의 호텔을 처분하기 위한 법인(74.7%)이 주를 이루었다. 반면, 매수자 구성의 주체는 2000년 초반에 부동산 유동화 진작을 위한 제반 법령이 도입되면서 법인(34.0%) 외에 부동산펀드(39.8%)와 리츠(12.1%)가 과반을 차지하여 신흥세력으로 크게 부각되었다(그림 12.9 참조).

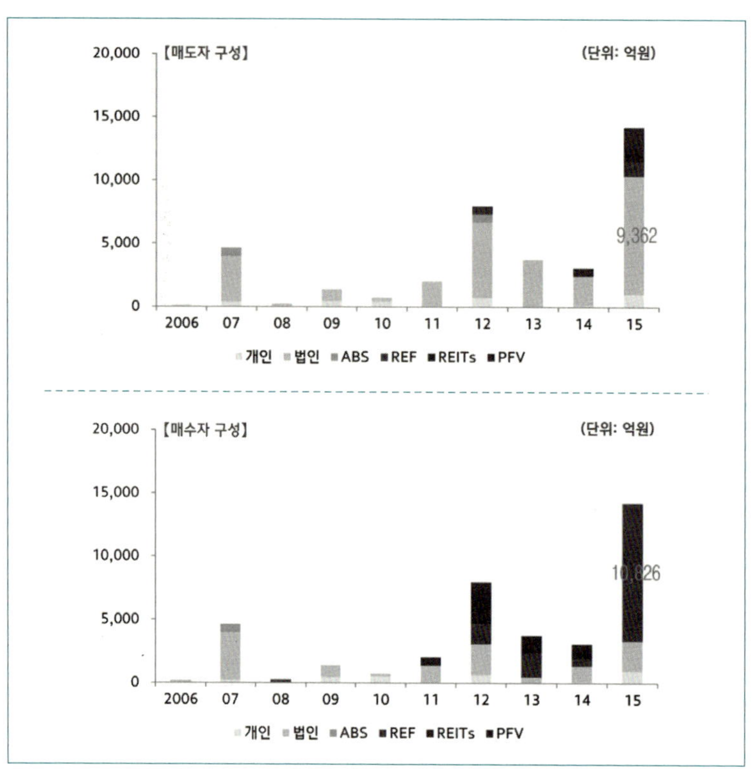

* 출처 : 「2015 호텔업등록현황」을 바탕으로 저자가 거래사례 조사 · 보완

그림 12.9 서울시 관광숙박시설 매도자 및 매수자 구성변화

매매시장에서 이러한 투자방식의 트렌드 변화는 거래주체 유형별 매트릭스Matrix 현황에서 더욱 명확하게 드러난다. 우선 II유형인 간접 → 직접거래(0건) 성사율이 전무한데 반해, I 유형인 직접 → 직접거래(48건, 60.0%)는 가장 빈번히 발생하였다. 그러나 평균 거래가는 최하인 325억원으로 중 · 소형 자산거래에 적합한 방식임을 알 수 있다. 최근에는 I 유형보다 III유형인 직접 → 간접거래(16,300억원, 40.0%)와 IV유형인 간접 → 간접거래(8,845억원, 21.7%)로 손바뀜 형태가 활발하다. 이들의 평균 거래가는 직접거래 대비 2~3배 가량 높은 700~800억원 규모로, 간접투자기구Vehicle가 대형 자산의 거래에 좀 더 보편화된 방식으로 활용되

고 있다. 이러한 사실은 단적으로 종전의 호텔을 운영하기만 했던 실수요자End User 중심에서 전문기관투자자들의 수익률 향상을 위한 투자용Investment 중심으로 전환되었음을 시사한다(표 12.3 참조).

표 12.3 거래주체 유형별 매매특성 요약

유형	거래주체 (매도 → 매수)	거래건수 (건)		거래금액 (억원)		평균 거래가 (억원)	객실당 거래가 (백만원)	주요 거래사례
I	직접 → 직접	48	60.0%	15,586	38.3%	325	387	오리엔스호텔, 파고다호텔, 라까사호텔
II	간접 → 직접	–	–	–	–	–	–	–
III	직접 → 간접	20	25.0%	16,300	40.0%	815	301	쉐라톤 서울, 나인트리호텔 명동, 아벤트리 종로
IV	간접 → 간접	12	15.0%	8,845	21.7%	737	254	티마크호텔, 신라스테이 구로, 스카이파크호텔 명동

* 출처 : 「2015 호텔업등록현황」을 바탕으로 저자가 거래사례 조사 · 보완

향후에도 매수자 우위의 시장은 계속 유지될 전망이다. 매도는 재고량이 많은 개인과 법인의 강세가 지속될 것이며, 매수는 제도적 규제요건 완화로 공모형 상품 출시와 리츠상장이 확실시됨에 따라 부동산펀드와 리츠 등 간접투자방식이 한층 탄력을 받을 전망이다.

관광숙박시설의 거래시장 트렌드 변화 및 특성

최근 관광숙박시설의 소유형태가 상가나 오피스텔처럼 구분등기를 통해 객실의 소유권을 자유롭게 사고팔 수 있는 환경이 마련되었다. 그럼에도 불구하고 현재까지 관광숙박시설의 거래는 토지와 건물을 포함한 일괄 전체거래 형식(37,724억원)이 98.8%로 압도적이며, 일부 재산에 대한 구분거래는 442억원으로 단 1.2% 비중에 지나지 않았다. 이 중 지분거래는 소액 규모인 10~50억원 이하의 개인 간 거래 위주로 이루어졌다.

이와 더불어 관광객들이 숙박시설을 선택하는 글로벌 기준Global Standard으로 고유한 개성을 지닌 브랜드의 영향력이 중시되면서, 체인형Chain 호텔의 거래비중이 85.0%(32,452억원)에 도달하였다. 즉 브랜드가 없는Non-Brand 독자적인 호텔의 경우, 인지도와 운영시스템 측면에서 경쟁력이 뒤떨어져 거래대상이 되기 어려움을 방증한다. 거래된 관광숙박시설의 대표브랜드로 국외는 이비스 앰배서더Ibis Ambassador, 메리어트Marriott, 쉐라톤Sheraton, 홀리데이인Holiday Inn, 국내는 신라스테이Shilla Stay, 롯데시티Lotte City, 티마크T-mark, 스타즈Staz, 베니키아Benikea 등을 거론할 수 있다.

특이하게 거래시점의 투자형태로는 기존 호텔을 매입한 후 안정적으로 운영하는 방식(26.9%) 외에 준공 전 선매입(28.0%)과 신축개발(23.0%)의 기회투자Opportunistic 방식이 많았다. 또한 노후화된 오피스빌딩을 호텔로 용도변경하는 리모델링(22.0%)도 훌륭한 가치부가Value Added전략으로 꾸준한 수요를 유지하고 있다. 이처럼 앞에 설명한 전자는 부동산펀드, 후자는 리츠가 선호하는 방식으로 비교적 투자형태가 고른 분포를 보이는 것으로 해석된다(그림 12.10 참조).

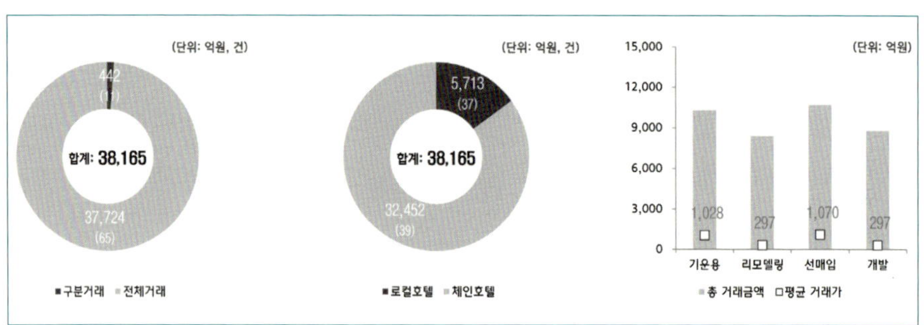

*출처:「2015 호텔업등록현황」을 바탕으로 저자가 거래사례 조사 · 보완

그림 12.10 서울시 관광숙박시설 기타 거래특성

이러한 변화에 비추어볼 때 향후 숙박용 부동산의 거래시장은 분양형 호텔의 열기에 힘입어 개인의 매수세로 구분거래 비중이 확대되는 가운데, 리모델링과 선매입 등 공격적Active인 투자를 통해 책임임차Master Lease : 마스터리스 운영이 가능한

브랜드 호텔의 의존도가 더욱 심화될 전망이다.

반복매매로 살펴본 관광숙박시설의 거래시세 차익 및 자본수익률

부동산 거래의 특성 중 한 번 시장에 출현한 물건은 계속적으로 거래되는 '반복매매'의 성질이 있다. 여기서 반복매매Repeat Sale란 준공 이후에 동일한 빌딩이 다른 시점에 2번 이상 복수로 거래된 경우를 의미한다. 실제 관광숙박시설의 거래대상 중 복수거래(2회)가 10건(15.2%), 다수거래(3회)가 2건(3.0%)으로 반복매매

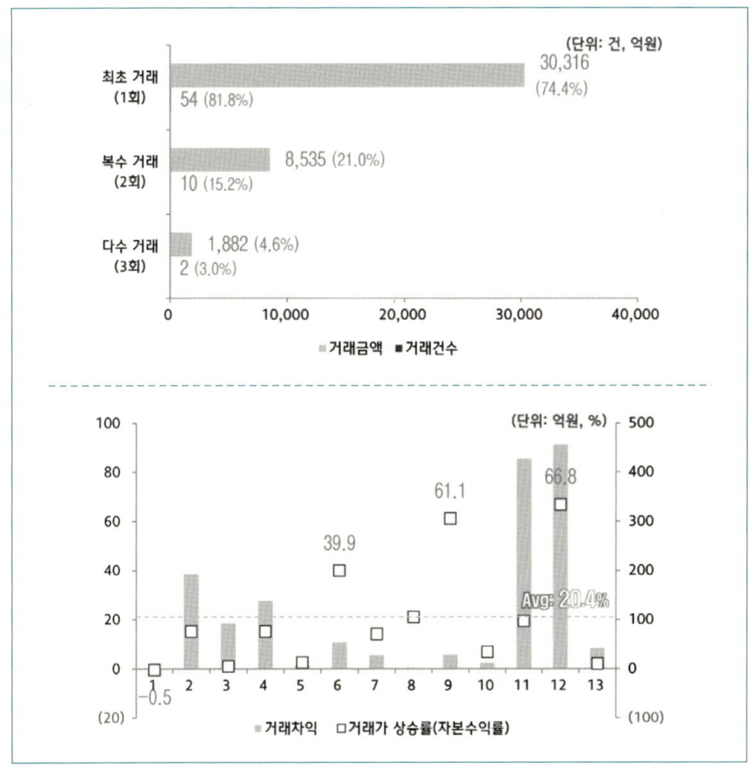

*출처:「2015 호텔업등록현황」을 바탕으로 저자가 거래사례 조사 · 보완

그림 12.11 반복매매건수로 살펴본 서울시 관광숙박시설의 거래시세 차익 및 자본수익률

비중이 18.2%를 차지하였다.

그렇다면 반복거래 된 관광숙박시설은 얼마의 시세차익과 어느 정도의 가격상승률을 보일까? 이처럼 관광숙박시설이 과연 투자대상으로 적합한지에 대해 거래쌍Sale Pairs이 형성된 빌딩을 대상으로 거래시세차익Capitsl Gain과 가격상승률을 계산하였다. 분석결과, 1번의 거래(-15억원 적자)를 제외하고는 12번의 거래가 2~455억원에 이르기까지 양(+)의 시세차익을 거두었다. 이들의 당해기간 자산 가격증감에 의한 연간 평균거래가 상승률, 즉 자본수익률Capital Return은 약 20.4%로 추정되었다. 적게는 티마크호텔 사례와 같이 -0.5% 소폭 하락하거나, 많게는 +66.8%까지 대폭 상승한 신라스테이 구로호텔 사례도 발견되었다(그림 12.11 참조).

위의 자본수익률 수치는 향후 숙박용 부동산 가격이 지속적으로 상승할 것이라는 대중의 기대심리를 반영하는 것이라고 해석할 수 있다. 향후 금리인하 예정에 따라 숙박용 부동산의 수익률도 마찬가지로 소폭 하락하며, 거래가격은 계속 오를 것으로 보인다.

관광숙박시설 거래 시 예상되는 리스크요인 점검 및 시사점

국내시장은 탄탄한 관광산업Tourism을 기반으로 상업용 부동산 중 관광숙박시설에 대한 관심이 증가하면서 매매가격의 전반적인 상승과 함께 거래물량이 급증하는 등 호텔시장이 강세를 보이고 있다. 관광숙박시설은 경제여건과 정책에 따라 민감하게 작용하여 변동성이 큰 고수익·고위험High Return & High Risk 유형의 자산으로 분류되기에, 거래 혹은 투자 시 다음과 같은 사항에 주의를 요한다. 예상되는 리스크는 단계별로 크게 개발/매입, 임대차/운영, 매각리스크 등으로 구분할 수 있다.

첫째, 개발/매입 단계에서 사업시행과 건축에 필요한 인·허가가 지연되어 공사기간이 연장되거나, 재무적 곤란으로 사업이 정상적으로 완료되지 못할 위험이 가장 크다. 그 밖에 건설기간 중 물가상승, 사업비 증가, 설계변경에 따른 매매대금이 증가할 위험도 없지 않다.

둘째, 임대차/운영 단계에서 임차인이 중도 임대계약을 해지하거나, 장기간 경기회복 지연에 따른 관광객 수요 감소로 가동률이 저하되는 위험을 수반하고 있다. 임대계약 해지와 관광객 수요 감소는 공실 발생으로 이어져 임대수익 감소는 물론 자산가치 하락에도 직접적인 영향을 미친다. 또한 건물의 수선유지비 등 운영비용 증가에 따른 수익률 하락 위험이 있어 숙련되고 전문화된 시설관리 및 운영의 부담을 안고 있다.

셋째, 매각단계에서 유동성 감소에 따라 자산가치가 다소 하락하거나, 청산시점을 앞두고 적기에 매각이 지연될 위험이 있다. 현재와 같이 임대료 수익을 기초로 한 가격상승이 아닌 단순히 저금리와 유동성 증가 영향으로 오른 숙박용 부동산의 거래가격이 오른다면, 향후 금리인상 등 시장환경 변화 시 가격둔화 가능성이 충분히 상존한다. 또한 현재와 같이 매수자 우위의 시장에서 예정 매각가 이후로 매각 시 목표수익률이 하락하여 결렬될거나 연기될 상황도 배제할 수 없다.

그동안 특별히 다루어지지 않았던 최근 10년간 숙박용 부동산의 거래사례(76건)를 조사·분석하여 전반적인 거래시장 동향을 간략히 살펴보았다. 현재 관광숙박시설의 경우, 정보를 갈구하는 수요자는 많지만 일부의 정보만이 시장에 공개되어 실무에 직접적으로 활용할 수 있는 자료는 부족한 상황이다. 따라서 향후 거래시장 정보의 투명성이 제고되어, 건전한 숙박용 부동산시장의 거래질서를 확립하고 투자문화를 선도해 나가기를 기대한다.

STORY 요약

호텔과 리조트를 비롯한 숙박용 부동산은 거래빈도가 극히 적고, 매수자와 매도자가 한정된 특수용 부동산이다. 연간 거래시장 규모가 고작 0.5조원(10건 미만)으로, 오피스 시장의 약 1/10에 불과해 협소한 편이다. 그 배경에는 경기부진으로 호텔 폐업이 속출하고 새 주인을 찾는 잠재매물도 넘쳐났지만, 매각기간 장기화와 협상과정에 무산도 많았기 때문이다. 시기적으로 2012~2015년은 호텔 매매가 가장 활발했는데, 도심에 위치한 300실 이하의 비즈니스호텔이 주로 선호되었다. 외국계와 대기업 체인의 우량 물건이 호텔시장의 중점 거래대상이 되면서, 객실당 평균 거래시세도 3~5억원대로 상승세이다. 한편, 거래주체의 변화로 매도자가 부실자산 처분을 통해 기업 재무구조를 개선하려는 법인인 반면, 매수자는 전문투자기구인 부동산펀드와 리츠로 대조적이었다. 즉 실수요 목적에서 투자용으로의 전환은 근래 호텔 거래시장에 활기를 불어넣는 두드러진 경향 중 하나이다.

기관투자자와 함께 투자하는 비즈니스호텔 펀드

최근 호텔 투자에 있어 리츠와 함께 간접투자기구인 부동산펀드의 활용성이 증대되며, 소유와 운영의 분리가 전세계적인 트렌드로 자리잡고 있다. 2004년 「간접투자자산운용업법」 도입 이후, 비즈니스호텔은 국내 부동산펀드의 주요 투자대상이 되며 외형적인 성장을 이루어왔고, 이러한 과정에서 펀드는 호텔투자를 위한 자금조달의 유용한 수단이 된다. 따라서 여기서는 국내 부동산펀드 시장에서 관광숙박시설의 일종인 비즈니스호텔에 전문적으로 투자한 펀드(Hotel REF : 이하 호텔펀드)의 현황 및 대표적인 투자 운용사례를 심층 분석하였다. 향후에는 해외 선진사례와 마찬가지로 호텔 투자에 특화된 블라인드형 펀드상품 개발을 통해 국내 관광·호텔산업의 경쟁력을 제고시킬 수 있는 방안을 알아본다.

비즈니스호텔 투자배경

최근 우리나라를 찾는 외국인관광객 증가에 따라 관광산업의 견조한 성장세가 지속되면서 이들을 수용할 수 있는 대표적인 숙박시설로 비즈니스호텔 수요가 급증하고 있다. 여기서 비즈니스호텔Business Hotel이란 출장이 잦은 비즈니스 여행객 수요를 겨냥하여 부대시설을 최소화하고, 저렴한 숙박료를 강점으로 객실운영에 초점을 맞춘 특2급~1성급 호텔을 지칭한다. 일찍이 성장성에 주목한 신라와 롯데 등 대기업은 비즈니스호텔 시장에 동반진출하였고, 이에 따라 부동산 상품으로서 호텔의 투자매력도가 신장하였다.

대외적인 경기여건으로는 글로벌 저성장 · 저금리 기조의 정착과 풍부한 시중의 유동성 증가로, 마땅한 신규투자처를 찾지 못한 기관들의 투자경쟁이 한층 심화되고 있다. 이는 전통적 투자수단인 예금과 채권 등의 수익률 저하가 지속되는 한편, 기관투자자의 운용규모AUM와 대체투자AI 비중이 증가하기 때문이다. 일례로 2015년 말 기준 국내 최대 투자기관인 국민연금NPS을 비롯한 4대 주요 투자기관(사학연금, 공무원연금, 교직원공제회)의 총적립금은 563.6조원(YoY : 8.8%▲)에 달하며, 이 중 대체투자 금액은 67.3조원(YoY : 19.3%▲)으로 전년대비 1.0%p 상승한 점유율은 11.9%에 이른다(그림 13.1 참조).

이와 더불어 경기침체에 따른 실물경기 악화로 국내 부동산 투자시장 환경의 변화를 들 수 있다. 그간 상업용 부동산의 주요 투자처였던 오피스의 수익률이 공실률 상승에 따라 4% 중·후반에 접어들면서, 비즈니스호텔이 이를 대체하는 새로운 수익형부동산 상품으로 대두되며 급부상하고 있다. 이 과정에서 부동산펀드는 리츠REITs와 함께 대표적인 호텔의 투자수단 및 자금조달 방안으로 부각되고 있다. 이에 따라 연기금, 공제회, 금융권의 기관투자자들이 간접투자기구를 이용하여 비즈니스호텔 투자에 참여하는 사례가 활성화되고 있다. 그 배경에는 기관투자자의 운용수익률을 제고하고, 투자대상 다양화 측면에서 포트폴리오Portfolio 조정을 통해 위험을 분산하는데 있다.

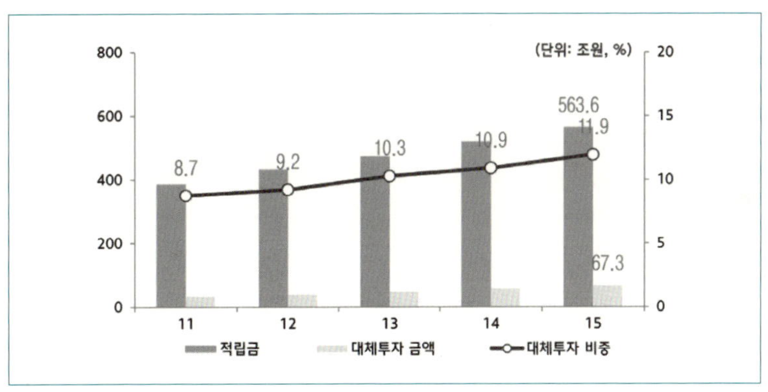

*출처 : 4대 주요 기관별 홈페이지(2015)

그림 13.1 기관투자자의 대체투자 규모 및 비중추이

호텔 투자펀드 개요 및 구조

과거 직접투자에 한정되었던 부동산 투자방식의 패러다임이 자산유동화 촉진을 위한 선진화 금융기법의 발달에 힘입어 대중들에게 일반화된 간접투자로 전환되고 있다. 흔히 간접투자라 함은 매수자와 매도자 사이에 전문화된 중간대리인(예 : AMC, 자산운용사)을 거쳐 투자하는 방식을 말하는데, 부동산펀드와 리츠가 가장 대표적인 부동산 간접투자기구Vehicle로 손꼽힌다. 「자본시장및금융투자업에관한법률」상 부동산펀드REF : Real Estate Fund는 다수의 투자자로부터 자금(이하 펀드재산)을 모아 50% 이상을 부동산 실물과 부동산 관련 법인대출PFV : 프로젝트금융투자회사 혹은 유가증권ABS, MBS에 투자 · 운용하고, 해당수익을 투자자에게 배당하는 집합투자기구로 정의된다.

이처럼 호텔 부동산펀드의 전형적인 사업구조는 시행사가 호텔의 매수 주체인 펀드 혹은 PFV와 선매매계약을 체결, 준공시점에 소유권을 펀드에 이전하며 전문운영업체가 호텔을 일정기간 위탁운영 후 영업실적이 안정화되는 시기에 호텔을 매각하여 펀드를 청산하는 형식을 따르고 있다. 다시 말하면, 호텔의 사업주체는 아래의 그림 13.2와 같이 투자자, 자산운용사, 호텔운영사Operator 등으로 구성되

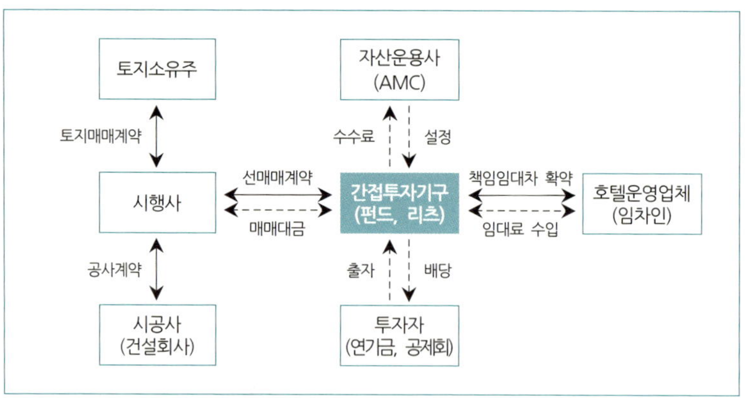

* 출처 : 이휘정(2014), 「기관투자자의 비즈니스호텔 투자확대」

그림 13.2 호텔에 투자한 부동산펀드의 기본 사업구조

며, 부동산펀드라는 구조를 통하여 호텔투자와 운영을 철저히 분리하고 있는 추세이다(그림 13.2 참조).

이에 따라 개인투자자들도 소액의 자금으로 호텔과 같은 우량부동산에 지분 형태로 투자하여 운영과 매각에 따른 이익을 향유할 수 있게 되었다. 또한 뛰어난 환금성, 관리의 투명성, 취 · 등록세와 양도세 감면 등 각종 절세효과의 이점 때문에 기관투자자들이 선호하고 있다. 호텔이 여타 부동산과 달리 초기 시설투자에 따른 대규모 자본이 필요한 장치산업인 점을 감안할 때, 일반개인이 직접 투자하기보다 재원조달 측면에서 부동산펀드의 활용성이 더욱 바람직하다고 할 수가 있다.

국내 호텔 투자펀드 시장규모 현황

국내 부동산펀드 시장은 2004년 1월 「간접투자자산운용법」이 도입된 이후, 기관투자자들과 자산운용사를 중심으로 간접투자가 크게 확대되고 있는 양상이다. 금융투자협회에 따르면, 국내 전체 부동산펀드 시장의 규모는 2004년 8,241억원(25건)을 시발점으로, 2009년과 2012년에 각각 10조원과 20조원을 나란히 돌파하며 불과 10년새 30배 이상의 비약적인 성장을 거듭해왔다. 지난해는 역대 최다인 202건(4.9조원)의 추가설정에 힘입어, 현재 운용중인 부동산펀드가 1,280건에 이르며 총자산은 34.5조원(YoY : 9.6%▲)으로 집계되었다.

이 가운데 국내 부동산펀드의 호텔투자는 52건(4.1%)이며 총자산은 1조 9,390억원(5.6%)으로 전체 부동산펀드 설정금액의 약 5.6%를 차지하고 있다(2015년 말 기준). 특히 2005년 「동양토투앤부동산투자신탁1호」 출시 이후 금융위기 이전까지 매년 1,000억원 미만으로 미미했던 호텔투자가 2011년부터 본격적으로 이루어졌는데, 이 시기는 2009년부터 관광객 증가율이 연래 10% 이상 증가하는 등 호텔투자의 절정기Peak라고 할 수 있다. 2013년에만 가장 많은 호텔펀드가 20건(7,412억원)이 설정된 이래, 기간별로 일부 등락폭은 존재하나 현재까지 연간 10건 미만, 총자산 3,000억원 규모로 매년 꾸준한 실적을 달성하고 있다. 지난해는 메르스MERS : 중동호흡기증후군 여파에도 불구하고, 오히려 신규 호텔투자의 부동산펀드 설립은 10건에 총자산 5,928억원(YoY : 384.0%▲)이 집행되면서 왕성한 모습을 보였다(그림 13.3 참조).

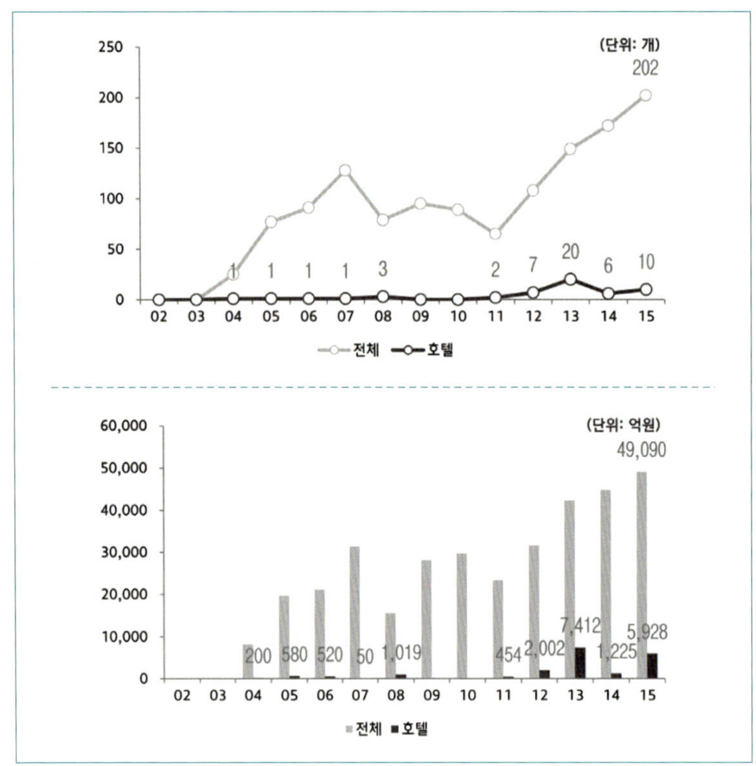

*출처 : 금융투자협회 종합통계서비스, 2015년 말 기준

그림 13.3 부동산펀드 시장 내 호텔부문 설정건수 및 금액추이

이러한 사실은 2001년 「부동산투자회사법」 시행에 따라 리츠시장에 편입된 호텔의 투자규모가 10건에 총자산 0.7조원 수준임을 고려해 볼 때, 태동이 늦었던 부동산펀드의 성장세가 가히 폭발적으로 재빠른 시장진입이 이루어진 것으로 볼

수 있다. 그 이유는 부동산펀드가 리츠에 비해 비교적 단기간에 설립이 용이할 뿐더러 다양한 구조로 투자할 수 있는 대상의 허용폭이 넓으며, 제도적 규제완화(최저자본금 제한, 1인당 주식소요 한도 등)로 상품경쟁력이 높기 때문에 부동산펀드시장이 발전한 것으로 이해할 수 있다. 향후 기관투자자들의 투자재원 및 대체투자 비중이 확대될 것으로 예상되는 바, 부동산펀드가 지니는 다양한 혜택들로 인하여 성장잠재력은 여전히 높아 호텔의 투자규모는 당분간 확대될 전망이다.

부동산펀드 시장 내 호텔부문 투자환경 분석

앞서 살펴보았듯이, 부동산펀드의 전반적인 성장세에도 불구하고, 아직까지 호텔부문의 투자비중은 최하위로 미약한 수준이다. 일례로 초창기인 2004년부터 2015년 말까지 호텔부문에 투자한 설정현황은 단 52건이며, 총자산 규모는 전체의 5.6%에 불과한 1조 9,390억원에 그치고 있다. 이 수치는 금융투자협회의 전자공시 개별조회와 자산운용사 문의를 통해 파악한 자료이나, 실제 협회에 신고되지 않은 일부 투자건을 감안하면 호텔 비중은 다소 증가할 것으로 짐작된다. 그러나 리츠와 마찬가지로 부동산펀드의 주된 투자대상 자산이 전형적인 오피스와 임대주택 편중에서 벗어나, 최근에는 매입경쟁이 치열해져 점차 비즈니스호텔, 리테일, 물류창고 등으로 투자처Sector 다변화가 두드러지고 있다.

기본적인 부동산펀드의 투자유형으로는 대부분 실물자산인 임대형(5,838억원, 30.1%)과 부동산 관련 기업의 주식 · 증권 · 펀드 등 파생상품Derivative에 투자하는 기타 미분류형(9,401억원, 48.5%)이 주를 이루고 있다. 반면, 금융위기 이후 부동산시장 침체에 따라 개발시장이 활기를 잃으면서, 호텔사업자에 개발자금을 대여하는 PF대출형과 호텔 개발사업을 직접 진행하는 개발형은 2천억원에 머물며 감소세로 전환되었다.

그러나 부동산펀드의 본질적 목표가 되는 호텔부문의 상장현황은 진입규제 완화에도 불구하고 매우 부진한 편이다. 일반국민의 불특정다수가 소액투자로 참여

가능한 공모형 상품이 5.7%(2건, 1,100억원)로 저조한 반면 연기금, 공제회, 금융권 등 소수 특정 기관투자자 중심의 사모형(49인 이하)이 94.3%로 압도적이다. 즉 제도 본연의 도입취지와 달리 비상장펀드(장외거래)가 주류를 이루며 개인투자의 참여기회가 제한적임을 알 수 있다. 이러한 결과는 사모형이 공모에 비해 투자자 모집, 의사결정, 공시의무 등 행정절차 비용, 사후관리 측면에서 우위를 점하기 때문인 것으로 판단된다(그림 13.4 참조).

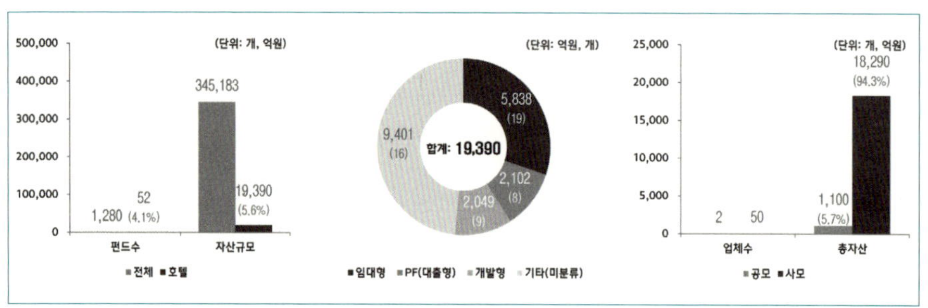

* 출처 : 금융투자협회 전자공시조회, 2015년 말 기준

그림 13.4 호텔 투자건 부동산펀드 특성 I(투자대상별 비중, 유형, 상장여부)

한편, 부동산펀드가 투자하는 물건의 특성 중 입지환경은 운용성과와 바로 직결되는 중요한 요인이다. 대개 투자지역은 국내가 39건(75.0%)으로 설정된 빈도수가 많으나, 금액상은 해외(12,079억원)의 비중이 62.3%로 훨씬 높은 편이다. 우선 해외로는 국내총생산GDP 등 경제 펀드멘탈Fundamental이 양호하고 금융시장의 성숙도가 높은 미국(39.7%), 영국(29.8%), 호주(30.6%) 등 글로벌선진국의 주요 대도시(뉴욕, 올란도, 라스베가스, 시드니. 하와이 등)에 집중되고 있다.

반면, 국내는 외래관광객 방문 1순위인 서울이 3/4을 차지하는데, 관광 · 쇼핑 활동의 메카인 중구 · 종로구 일대의 4대문 안 도심(CBD, 34.0%)과 3대 권역을 제외한 기타지역(ETC, 32.0%)에 치우친 공간불균형을 띄었다. 이를 제외한 지방은 영업수지가 낮아 투자실적이 1/4로 부진하지만, 호텔투숙률이 상대적으로 뛰어난 관문도시 혹은 관광거점인 제주, 부산, 울산, 대구, 경기 수원 등에 산발적으로 분포해 있다(그림 13.5 참조).

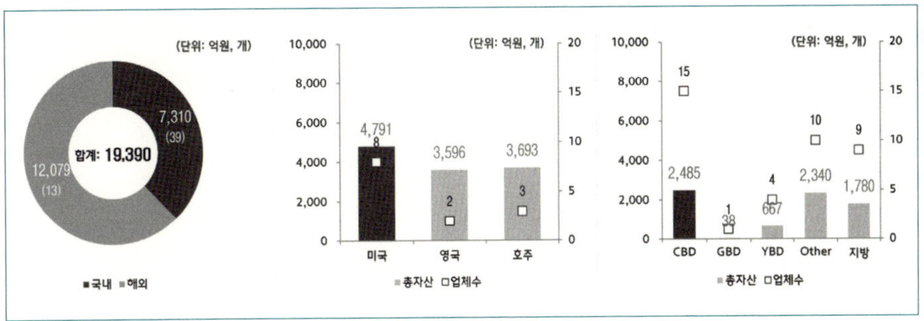

* 출처 : 금융투자협회 전자공시조회, 2015년 말 기준

그림 13.5 호텔 투자건 부동산펀드 특성 II(투자지역, 해외, 국내별)

부동산 대형화, 복합화, 집적화 흐름 속에 투자금액 규모가 증가함에 따라 300억원 이하(19.4%)의 소형보다는 1,000억원 이상(48.7%)의 대규모 호텔자산에 투자가 활발히 일어나고 있다. 이는 부동산투자 시 운용수익 극대화를 위해 규모의 경제Economy of Scale를 실현하기 위한 것으로 판단된다. 대략 개별 부동산펀드가 소유한 호텔부문의 평균 투자금액은 373억원이며, 펀드규모에 비례하여 총자산 비중이 상승하는 경향이 나타났다.

이와 함께 호텔에 투자한 펀드의 운용경과기간은 5년 이상의 장기상품이 67.5%(예 : 호주 시드니 포시즌호텔 - 10년, 서대문 신라스테이 - 11년)로 과반을 상회하는 반면, 3년 미만의 단기상품은 13.1%로 미미하였다. 아마도 부동산펀드 유형에서 장기로 설정된 실물자산의 임대형(87개월)과 개발형(80개월)의 설정비중이 크기 때문인 것으로 추측된다. 호텔 투자자산의 임대구조상 평균적인 운용기간은 약 70개월이며, 투자자들은 중장기 운용방식을 채택하고 있다.

마지막으로, 호텔에 투자하는 부동산펀드의 연평균 기대수익률ROE은 통상 임대료 수입과 운영비용 지출에 따라 결정되지만, 대표 투자상품인 오피스빌딩(4.7%)

보다 높은 7.8%(e)로 추정된다. 지난해 한국은행에서 발표한 주식KOSPI 1.3%, 정기예금 1.7%, 회사채 2.1% 등 타금융상품의 수익률(2% 내외)과 비교해도 스프레드Spread가 570bps(100bps = 1%)로, 저금리시대를 맞아 비즈니스호텔이 상당히 매력적인 투자대안임을 알 수 있다. 동시에 호텔은 외부환경(정치 · 경제, 환율, 질병, 계절성) 변화에 민감하여 수익등락의 변동률이 큰 고위험 · 고수익High Risk & High Return 상품으로 분류되기에, 향후 신중한 투자가 요구된다(그림 13.6 참조).

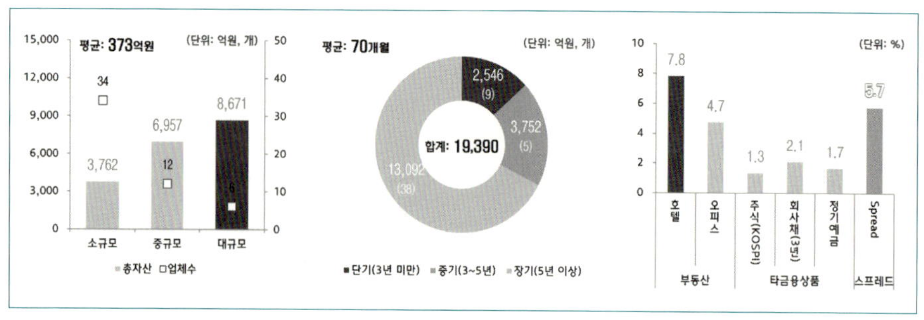

* 출처 : 금융투자협회 전자공시조회, 2015년 말 기준
* 주 : 수익률 현황은 호텔투자건 업계 인터뷰조사(26개 표본 / 전체 52개) 실시

그림 13.6 호텔 투자건 부동산펀드 특성 III(규모, 운용기간, 상품별 수익률)

부동산펀드를 활용한 국내 비즈니스호텔 투자사례

국내 기관투자자들의 사모펀드PEF 출자 확대와 투자일임 규모 증가로 자산운용사(111사)의 설립이 활발한 가운데, 이 중 22.5%에 해당하는 25사가 호텔투자와 관련된 다양한 펀드상품을 출시하여 운용 중이며, 시장 내 이들 간의 치열한 경쟁구도가 전개되는 양태이다(금융투자협회, 2015년 말).

상위 10위권(Top 10)으로는 전통적 강자인 하나(4건), 미래에셋(3건), 현대(3건)와 신흥강자인 이지스(6건), 리치먼드(4건), 하우(4건), 코람코(3건), 삼성SRA자산운용(2건) 등이 포진하여 높은 시장점유율M/S을 기록하며, 비즈니스호텔 투자에 강한 면모를 보인다. 그 밖에 시몬느(1건)와 같은 신생 자산운용사들도 주요 플레이어Player로 대거 등장하며 호텔 매수에 공격적으로 나서고 있다. 이들이 최근 5년간 부동산펀드를 통해 국내 비즈니스호텔에 투자한 프로젝트PJT는 이비스앰배서더 명동·인사동, 포시즌 광화문, 홀리데이인 익스프레스 을지로, 롯데시티호텔 구로·명동, 신라스테이 마포·구로 등이 가장 대표적이다(그림 13.7 참조).

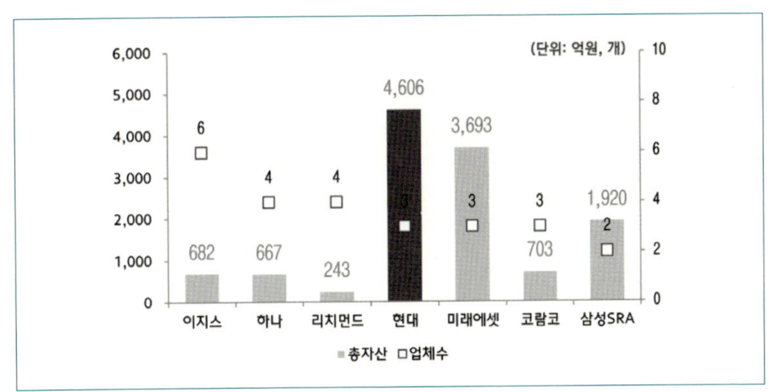

* 출처 : 금융투자협회 전자공시조회, 2015년 말 기준

그림 13.7 자산운용사별 호텔 투자펀드 시장점유율 현황

국내 비즈니스호텔에 대한 부동산펀드의 투자는 2005년 8월 동양자산운용이 출시한 「동양토투앤부동산투자신탁1호」가 업계 최초이다. 이 펀드는 실물형으로 명동 소재의 토투앤빌딩(구 서울은행 본점)을 리모델링 한 후, 이비스가 상층부(10~18F)의 1급 비즈니스호텔(14,790㎡, 280실)을 운영하여 수익을 투자자에게 배분하는 상품으로 설계되었다. 시공사 및 시행사로부터 수익안정성을 확보한 덕분에 대출금 없이 일반인에게 전액 공모로 580억원의 자금을 조달하였는데, 판매 1시간만에 마감이 될 정도로 당시 선풍적인 인기를 끌었다. 2009년 7월까지 약 4년간 운용한 후 펀드청산이 이루어졌고, 누적수익률은 36%(연평균 9%)를 달성하여 지금까지 호텔투자의 가장 성공적인 사례로 평가받고 있다. 이 펀드설정 이후

실물자산, 부동산 법인지분, 대출채권, 상장주식 및 리츠 재투자 등 다양한 구조를 지닌 호텔 관련 부동산펀드가 잇따라 등장하며 대중화되었다(그림 13.8 참조).

*출처 : 이비스 앰배서더 명동 홈페이지

그림 13.8 이비스 앰배서더 명동호텔의 외부전경 및 위치

부동산펀드에서 기존 호텔을 매입하여 운영하는 방법 외에 「리치먼드사모종로비즈니스호텔1호」와 같은 개발단계에서 선매입 방식이 가장 일반적인 투자형태로 활발히 추진되고 있다. 이 펀드는 관광명소인 종로 인사동에 호텔 개발사업을 시행하는 개발사업자로부터 완공 전에 선도 매입하여 투자한 최초의 사례이다. 투자 당시 개발사업자인 이솔트가 사업부지 확보와 인·허가를 완료하였고, 이비스와 임대차계약이 확정된 상태에서 9~10%의 안정적인 수익이 예상되었다. 또한 계약금 10%를 별도의 에스크로Escrow 계좌에 예치하고, 시공사의 책임준공 보증과 공사비의 프로젝트 파이낸싱 대출완료를 완공조건부로 매매계약을 체결함으로써 사업준공의 리스크를 사전에 낮추었다. 이를 위해 현대산업개발이 시공사로 참여하고, 캡스톤자산운용은 PF대출을 일으켜 신축공사 비용을 조달하였다. 준공 시에는 잔금 90%를 지급하여 호텔 소유권을 완전히 넘겨받는 구조이다. 리치먼드자산운용이 인수한 금액은 750억원이며, 출자자로 교직원공제회와 KT&G가 각각 300억원과 100억원 규모의 투자를 단행한 바 있다. 이비스앰배서더 인사동호텔은 363실을 보유한 1급 비즈니스호텔(14,346㎡, B1/10F)로, 부동산펀드가 개발사업자와 협력하여 사업구도 설정부터 인·허가, 시공사 선정, 임차인 체결, 자금조달방안 마련까지 개발사업의 전 과정을 주도적으로 수행한 본보기로 언급되고 있다(그림 13.9 참조).

* 출처 : 전세계호텔 특가예약 부킹닷컴(www.booking.com)

그림 13.9 이비스 앰배서더 인사동호텔의 외부전경 및 조망

한편, 부동산펀드가 PFV 등 시행법인의 지분출자자로서, 직접 호텔개발 사업을 추진하기도 한다. 2006년 3월경 미래에셋자산운용이 사모로 「미래에셋맵스프런티어부동산펀드18호」를 설립하여 2015년 10월에 개관한 포시즌스 광화문호텔이 바로 그러한 케이스다. 당초 미래에셋은 구 금강제화 부지(세종로구역 2지구)에 오피스와 리테일 등의 복합시설을 계획하였으나, 고수익 창출을 위해 호텔건설로 사업을 변경하였다. 도심 업무지역 중 한복판인 광화문 사거리(세종대로)에 위치하여 부유층 관광객 상대의 국내 최고의 6성급 도심형 초럭셔리Luxury 브랜드호텔을 표방하였다. 연면적 67,127㎡에 B7/25F의 규모로, 43개의 스위트룸을 포함한 317실과 각기 다른 콘셉트를 지닌 최다의 레스토랑과 바, 대규모 연회장, 피트니스센터, 수영장, 사우나 등 최고급 부대시설을 갖추었다(그림 13.10 참조).

* 출처 : 매일경제(2015.10.01), 「광화문랜드마크 6성급 호텔 포시즌…」

그림 13.10 포시즌스 광화문호텔의 로비 및 객실내부 전경

숙박객실료는 주변 특급호텔에 비해 약 10~20만원 값비싼 국내 최고가인 40만원을 상회하며, 이로 인한 투자 기대수익률은 6~7% 수준이다. 지난해는 PF대출상환을 위해 미래에셋생명, 신한생명, 동부화재, 현대해상 등으로부터 3,400억원의 재원을 마련하여 리파이낸싱을 추진하였다. 특히 미래에셋계열사를 통해 2,300억원을 동원하고 글로벌 호텔브랜드인 포시즌호텔앤리조트Four Seasons Hotels & Resorts와 위탁운영 계약을 체결하는 등 펀드 운영주체로 신뢰도를 높여 다수 투자자들의 참여를 이끌어냈다. 그동안 국내 부동산펀드를 조성하여 비즈니스호텔에 투자한 사례는 많았으나 럭셔리 브랜드호텔을 위한 펀드조성은 전무한 상황에서, 새로운 수익모델로서 대체투자의 방향을 제시하고 기대수준을 한 단계 올린 유일한 시도로 손꼽힌다. 이러한 배경에는 과거에 미래에셋이 시드니 포시즌스호텔(3,800억원), 샌프란시스코 페어몬트호텔(5,000억원) 등 해외호텔을 인수하여 고수익을 올린 수많은 투자경험과 자신감이 반영된 것이라 해석된다. 최근에는 부호들의 사교장이란 별칭과 함께 '이세돌9단 - 알파고AlphaGo' 간에 세기의 바둑대국이 열린 장소로 유명세를 떨치고 있다.

표 13.1에서 보는 바와 같이 투자 대부분은 신라스테이와 롯데시티 등 신용도와 브랜드 인지도가 높은 대기업 호텔 전문운영사와 책임임대차Master Lease 계약을 맺거나 전세계적으로 유명한 해외 호텔체인Ibis, Four Season, Holiday Inn, Novotel, Dormy Inn과 위탁운영 혹은 프랜차이즈 계약을 체결하여 운영의 전문화를 도모하고 있다. 또한 상대적으로 우수한 입지와 저렴한 객단가(10만원대)로 가격경쟁력에서 우위를 점하며 차별화를 꾀하고 있다. 임대조건은 청산기한이 이미 정해진 10~20년의 장기계약으로 연수익률 3~5% 수준의 최소 보장임대료MRG를 기본으로 하되, 호텔의 연간 총매출 또는 객실매출액의 40~45% 내외에 연동한 변동임대료를 적용하고 있다. 이러한 임대방식은 최소 6~10%의 수익률을 목표로 하며, 경기변동에 따른 호텔운영 위험을 줄이고 장기간에 걸쳐 고정적인 임대료 수입을 확보함으로써 기본적으로 저위험 · 고수익을 추구하는 기관투자자들이 선호하고 있다. 재무적 투자주체FI로는 국민연금, 교직원 · 행정 · 군인공제회, 새마을금고, 하나 · 신

표 13.1 국내 호텔펀드 투자 및 운용사례별 현황

펀드명	동양투토앤1호	미래에셋맵스 프런티어8호	리치먼드사모 종로비지니스호텔1호	이지스KORIF 10호	코람코퍼스텝 용산호텔10호	한국투자 사모비즈니스호텔	하나다올랜드칩 52호(모)	KDB Hotel Investment 1호	유진드림스퀘어 19호
투자자산	이비스앰배서더 명동	포시즌스 광화문	이비스앰배서더 인사동	롯데시티호텔 구로	서울드래곤시티 (구 서부 T&D 용산)	홀리데이인 익스프레스 을지로	신라스테이 마포	롯데시티호텔 명동	신라스테이 구로
전 경									
등 급	1급	특1급	1급	특2급	특2급	3급	특2급	특1급	특2급
객단가(천원)	159	450	170	140	130	125	125	180	110
소재지	종로 명동	종로 신문로	종로 익선동	구로 구로동	용산 한강로	중구 을지로	마포 도화동	중구 장교동	동작구 신대방동
객실(실)	280	317	363	287	1,730	224	383	453	313
층 수	B2/19F	B7/25F	B1/10F	B4/20F	B5/33F	B4/15F	B3/26F	B5/25F	B4/19F
투자시기	2005.08	2006.03	2011.09	2012.04	2012.10	2013.05	2013.08	2013.10	2015.12
총자산(억원)	610	5,300	790	629	2,700	553	1,300	1,570	724
운영방식	책임임대	책임임대	책임임대	책임임대	책임임대 위탁운영	책임임대	책임임대	책임임대	책임임대
임차인 (운영업체)	앰배스텔	미래에셋컨설팅 (포시즌호텔)	앰배스텔	호텔롯데	서부티앤티 (AAK)	오라관광	호텔신라	호텔롯데	호텔신라
브랜드	Ibis	Four Season	Ibis	롯데시티	Accor 그룹 (Novotel 등 4개)	Holiday Inn	신라스테이	롯데시티	신라스테이
임대기간(년)	20	20	20	20	8	15	15	20	15
보증금(억원)	30	–	20	35	165	30	50	77	35
연임대료 (MRG)	총매출액 44%	미정 (감정평가)	총매출액43% (38억)	총매출액40% (35억)	165억	총매출액42% (29억)	총매출액40% (50억)	총매출액38% (77억)	총매출액44% (35억)
자산운용사	동양	미래에셋	리치먼드	이지스	코람코	한국투자신탁	하나	KDB	유진
기관투자자	공모(개인)	외환은행 미래에셋생명	교직원공제회 KT&G	새마을금고 과학기술인공제회	하나은행 문화관광부	군인공제회	지방행정공제회 하나생명	농협중앙회 신한생명	노란우산공제회 하나생명
진출형태	리모델링	개발	선매입	선매입	선매입	PF 및 선매입	선매입	선매입	선매입
비 고	국내 최초 호텔펀드 청산완료	현존 최고 럭셔리호텔 3,500억 차입금 PF 추진	7년간 운용예정 수익률 9~10%	롯데 10번째 호텔 복합개발	국내 최대 규모 자랑 용적률 959% 상향	수익률 8%	3개 자펀드 설정 6.9% 수익률	명동 최대 업스케일 스마트통합솔루션	리치먼드 3년 운영 후 매도

• 출처 : 김태원(2014), 「부동산 간접투자기구의 호텔투자 특징 및 활성화방안 연구」 중 내용 일부 연구자 재구성
• 주 : 상기내용은 본 사업의 실제 진행내용과 다를 수 있음

한생명 등 금융권을 비롯한 연기금과 공제회의 기관투자가 활발하다. 특이하게도 부동산펀드가 매입한 투자대상 호텔은 공통적으로 선매입 형태의 기회투자Opportunistic 방식이 많아, 기존 건물을 매입하여 리모델링하는 리츠의 가치부가Value Added 전략의 투자방식과 상반된다(표 13.1 참조).

기타로, 해외호텔에 투자한 사례들은 지분투자Equity에서 탈피하여 선순위, 후순위, 중순위 대출에 전략적으로 참여하는 비중이 늘었다. 미국 주요 대도시(뉴욕 · 하와이) 소재의 호텔에 메자닌 대출을 실행한 「시몬느미국부동산사모투자신탁1호」와 「삼성SRA사모부동산투자신탁10A/B」의 사례에 비추어보면, 호텔 부동산을 담보로 발행한 대출채권 가운데 중순위 채권Mezzanine을 매입하는 방식으로 재간접투자가 이루어졌다. 직접 해외호텔의 지분을 매입하는 것보다 안정적이고, 선순위 대출보다는 수익성이 높은 메자닌이 '중수익 · 중위험' 투자로 많은 주목을 받는 것으로 풀이된다(그림 13.11 참조).

* 출처 : 삼성SRA자산운용

그림 13.11 미국 하와이 마우이섬 5성급 포시즌호텔 메자닌

호텔 투자펀드의 과제 및 활성화 방안

국제교류 증가 및 관광산업 발전에 힘입어 호텔이 과부족한 상황을 맞이하여, 오늘날 부동산펀드는 인프라시설 확충과 호텔투자 재원마련을 위한 확보수단이

된다. 경쟁상품인 리츠에 비하여 부동산펀드 시장은 제도적인 운용규제가 적어 단기간 내 빠른 성장세를 실현하였음에도 불구하고, 금융구조상 책임임대차 수입에 의존한 운영방식이 호텔산업 성장에 제약요인이 되며 한계를 드러내고 있다. 이 점에 비추어볼 때 호텔전문펀드의 육성을 통한 경쟁력 향상이 시급한 과제라 볼 수 있으며, 활성화 방안은 크게 다음과 같다.

첫째, 하나의 부동산펀드가 불특정한 다수 호텔에 투자하는 다물일사(多物一社) 형태를 추구하여 대형화를 도모해야 한다. 현재와 같은 1펀드-1물건의 일물일사(一物一社) 구조로는 리스크를 분산할 수 있는 기능이 취약하고 규모의 경제도 이룰 수 없으므로 추가자산 편입을 통해 포트폴리오를 확대하는 것이 필수적이다.

둘째, 브랜드를 가진 국내 호텔 전문운영사OP를 다수 발굴·양성해야 한다. 호텔펀드 구조상 투자자에게 일정한 배당수익률(6% 이상)을 제공하기 위해서는 실질적인 임차인에 해당하는 전문운영사 선정이 매우 중요하다고 할 수 있으나, 국내시장은 신라, 롯데 등 소수의 대기업 운영회사를 제외하고 영세한 사업체가 다수로 최소 보장임대료를 지급하기 어려운 실정이다. 따라서 호텔운영업체의 정해진 임대료에 의존하기보다는 호텔운영사의 전문성과 운영수익 창출능력에 기반을 두는 수익구조로 변경되어 실력 있는 호텔운영사의 참여기회를 증대시켜야 한다.

셋째, 사모 비중을 낮추는 대신 공모상장 비율을 높여 영속적인 투자를 지향해야 한다. 국내시장은 최근 10년간 상장된 호텔펀드가 전무할 정도로 자산운용사의 상장상품 개발의 노력이 미흡하였고, 평균 운영기간도 단기성인 5년에 그치고 있다. 이와 관련하여 하나자산운용은 티마크그랜드호텔 명동(구 인송빌딩, 576실)의 전체 투자금액 중 720억원(40%)을 개인투자자로부터 모집하는 공모형펀드를 준비하고 있다. 이처럼 우리나라도 선진국과 마찬가지로 등록절차 간소화 및 제도규제 완화로 공모를 활성화시키며, 우량물건을 추가하여 단순 투자가 아닌 영속형 투자로 경쟁력을 확보할 수 있다.

넷째, 호텔에 전문적으로 투자하는 블라인드Blind 부동산펀드를 조성해야 한다.

이를 위해서는 문화관광부와 한국관광공사의 대규모 자금 투자지원 또는 정부의 관광진흥개발기금 출자를 통해 지속적인 호텔에 대한 투자를 유도함으로써 척박한 국내 호텔산업의 마중물 역할을 수행해야 한다.

정부에서도 이러한 문제점을 깊이 공감 · 인식하여 지난해 펀드투자 대상에 부동산 운영을 포함시키는 「자산운용업 규제 합리화 자본시장법령」을 개정한 바 있다. 이로써 별도로 특별자산펀드를 만들어 투자자를 다시 모아야 하는 불편함이 사라져 호텔의 투자가 한층 탄력을 받을 전망이다. 이제는 우리나라도 공적기금이 투자자로 공모형펀드를 적극 육성, 해외진출 확대로 국부창출을 적극 모색해야 하는 시기이다. 하루빨리 국내 호텔펀드 투자 활성화와 대중화 정착을 통해 종국적으로 관광 · 호텔 산업의 전반적인 서비스 수준의 향상과 경쟁력이 제고되기를 기대한다.

STORY 요약

부동산펀드는 저금리 기조와 기관투자자의 대체투자 확대에 힘입어, 리츠와 함께 오랫동안 간접투자의 제왕으로 군림해 왔다. 펀드시장 초기에는 국내 최초로 명동 이비스호텔에 투자한 공모펀드(2005년)가 성공적으로 출시되었고(1단계), 2012년 이후는 「숙박특별법」 시행으로 대기업과 여행사가 호텔 개발에 뛰어들며, 운영사의 장기간 마스터리스를 기초로 한 비즈니스호텔 펀드투자가 활발히 이루어졌다(2단계). 특히 신라스테이와 롯데시티는 초기 투자비용 절감과 브랜드의 빠른 확장수단으로 부동산펀드를 적극 이용하며 르네상스시대를 열었다. 최근 들어 기존 사모운용 위주에서 다수 일반인과 개인투자자 대상의 공모방식으로 다변화되는 추세이다(3단계). 국민들에게 연기금 · 공제회의 기관투자자와 함께 참여하는 호텔 펀드야말로 수익과 안정성 면에서 최선의 투자전략이다.

소유와 운영 분리를 통한 호텔 상장 앵커리츠

전세계적으로 호텔 투자시장에서 간접투자기구인 리츠(REITs)의 활용성이 증대되며, 소유와 운영의 분리가 트렌드로 자리잡고 있다. 이러한 과정에서 비즈니스호텔은 리츠의 주요 투자대상이 되고 있으며, 리츠는 자금조달을 위한 창구인 동시에 호텔업의 브랜드 확장을 위한 도구로 중요한 역할을 한다. 그러나 국내 리츠시장은 외형적 성장에도 불구하고, 과도한 제도적 규제로 인하여 선진국 대비 발전이 미흡한 수준이다. 따라서 여기서는 국내·외 리츠시장에서 호텔 등 숙박시설에 전문적으로 투자한 리츠(Hotel REITs : 이하 호텔리츠)의 시장규모와 현황추이를 비교해서 살펴보고, 비즈니스호텔에 투자한 리츠 사례의 특성을 심층 분석한다. 이를 토대로 국내 호텔 리츠의 경쟁력 제고를 위해 공모 상장, 대형화, 전문화, 정부기금지원 등의 종합적인 대책 마련이 수반되어야 한다.

비즈니스호텔 투자배경

최근 경기불황에도 불구하고 외국인관광객 증가에 따른 관광산업Tourism의 견조한 인바운드Inbound : 해외 → 국내 성장세가 지속으로 숙박시설 공급부족이 야기되면서, 비즈니스호텔에 대한 일반대중들의 관심이 높아지고 있다. 이와 더불어 글로벌 저성장 · 저금리 기조 하에 전통적 투자수단인 예금, 채권 등의 수익률 저하가 지속되는 한편, 기관투자자의 운용규모와 대체투자AI : Alternative Investment 비중이 높아지고 있으나, 치열한 매수경쟁으로 마땅한 신규 투자처를 찾지 못하는 실정이다. 국내 최대 투자기관인 국민연금NPS의 경우 총적립금은 512.3조원에 달하며, 이 중 대체투자 금액은 11.0%인 56.3조원이다(그림 14.1 참조).

이러한 대내 · 외적인 여건 하에 신라와 롯데 등 대기업이 비즈니스호텔 시장에 동반 진출하면서, 수익형 부동산 중 하나인 비즈니스호텔Business Hotel이 새로운 투자상품으로 급부상하였다. 이에 부동산펀드와 리츠로 대표되는 간접투자시장을 중심으로, 소위 연기금, 공제회, 금융권 등의 기관투자자Institutional Investor들이 비즈니스호텔 투자에 참여하는 사례가 점차 증가하고 있다. 그 배경에는 기관투자자들의 운용수익률 제고와 포트폴리오Portfolio 조정을 통한 위험분산 효과로 집약된다.

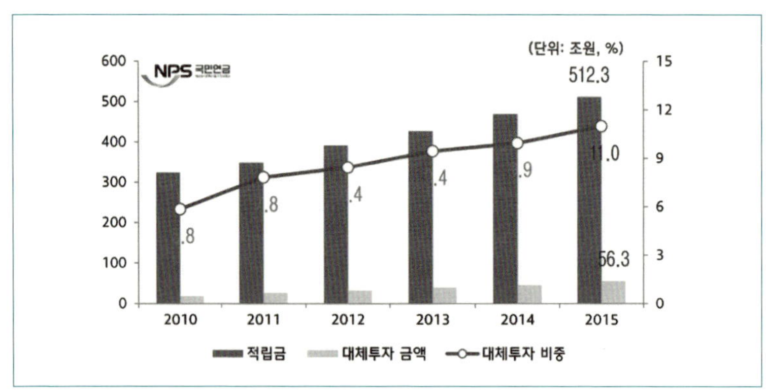

* 출처 : 국민연금(2015)

그림 14.1 기관투자자의 대체투자 규모 및 비중추이

호텔리츠 개요 및 특징

과거 직접투자에 의존하던 부동산투자의 패러다임이 자산유동화 촉진을 위한 부동산펀드와 리츠의 발전에 따라 간접투자로 전환되었다. 간접투자Indirect Investment라 함은 매수자와 매도자 사이에 중간대리인AMC : 자산관리회사을 거쳐 투자하는 방식을 말하는데, 흔히 부동산펀드와 리츠가 대표적인 부동산 간접투자기구Vehicle로 손꼽힌다.

리츠REITs : Real Estate Investment Trusts란, 다수의 소액투자자로부터 자금을 모아 주식 또는 수익증권을 발행하여 부동산에 투자 · 운용하고, 해당수익을 투자자에게 배당하는 부동산투자신탁회사이다. 이렇기 때문에 개인투자자들도 소액으로 호텔과 리조트 시설과 같은 우량부동산을 소유할 수 있게 되었다. 특히 호텔은 여타 부동산과 달리 초기 시설투자에 따른 대규모 자금이 필요한 장치산업으로, 재원

조달 측면에서 리츠의 활용성이 높다고 할 수 있다.

호텔리츠의 전형적인 사업구조는 그림 14.2와 같이 발기인Sponsor, 자산관리회사, 호텔운영사Operator, 프랜차이즈Franchise 등으로 구성되며, 리츠라는 구도를 통하여 호텔투자와 운영을 철저히 분리하고 있다. 이와 관련하여 「부동산투자회사법」 개정안에서는 리츠가 호텔업을 영위하는 경우 위탁운영 자회사에 대한 지분투자(총자산 25% 이내)를 허용하고, 필요한 경우 브랜드를 가진 호텔운영사(제3자)에 재위탁하는 구조를 설립하였다. 세계적인 호텔그룹으로서 IHG, Marriott, Hyatt, RItz-Cartlon 등은 대부분 위의 리츠-위탁운영 방식을 따르고 있다(그림 14.2 참조).

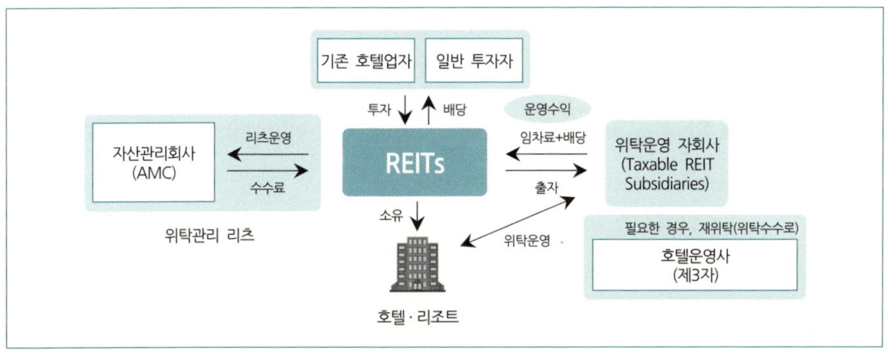

* 출처 : 국토교통부, 「리츠산업 경쟁력 제고방안」, 2016.02.23

그림 14.2 호텔리츠 기본 예상사업구조

해외 호텔리츠 시장규모 현황 및 상장사례

미국에서 출발한 리츠는 2000년 이후 부동산 유동화의 방편으로 대두되며 일본, 호주, 싱가포르, 말레이시아 등 아시아 및 유럽지역 국가(현재 27개국 시행)에 빠르게 확산되었다. 미국리츠협회NAREIT에 의하면, 미국 호텔리츠는 1969년 Starwood Lodging Trust의 출시이래, 1993년부터 투자규모가 급성장하였다. 현재는 22개사가 상장되었으며, 시가총액은 전체 리츠시장의 5.4%인 420억$(한화 48.8조원)이다. 또한 리츠가 소유한 호텔수는 1,235개이며, 객실수는 전체의 1/7인 257,151실에 이른다(2013.5월 기준). 이 중에서 가장 큰 규모는 Host Hotel & Resort Inc로 북미, 남미, 유럽지역에 Marriott, Ritz-Carlton, Hyatt, Four Seasons, Hilton 등 134개 호텔과 69,135실을 보유하고 있다. 그리하여 Fortune 선정 500대 기업에 랭크되는 등 미국 최대 호텔리츠회사로 성장했다(그림 14.3 참조).

* 출처 : Host Hotel & Resort Inc(www.hosthotels.com)

그림 14.3 미국 상장 호텔리츠, Host Hotel & Resort Inc

대체로 미국의 호텔리츠 구조는 영속기업으로 100% 자기관리 리츠를 띠며, 운영 파트너십OP 지분소유 구조에 의한 UPUmbrella Parnership REITs 혹은 위탁운영 자회사인 TRSTaxable REIT Subsidiaries를 사업주체로 설립하는 독특한 구조를 취한다. 즉 호텔자산의 유동화를 위해 운영으로부터 투자분리라는 측면이 강하다. 이러한 방식은 사업의 대형화, 관리의 용이성, 과세이연 효과로 미국의 리츠시장을 활성화 시키는 원동력이 되었다.

그러나 미국의 호텔리츠 시장은 규모가 크고, 역사도 오래되어 국내와 비교하기 어려운 측면이 있다. 따라서 국내 리츠와 도입 시기, 호텔 시장여건이 유사한 일본, 싱가포르, 홍콩, 말레이시아 등 대표적인 아시아의 호텔리츠를 살펴보고자 한다(표 14.1 참조).

표 14.1 **선진국별 호텔리츠 현황**

국가	미국	일본			싱가포르			홍콩		말레이시아
도입시기	1960	2000			2002			2003		2005
대표리츠	Host Hotel & Resort Inc 외	Japan Hotel REIT	Hoshino Resorts REIT, Inc	Ichigo Hotel REIT Inc	CDL Hospitality Trust	Far East Hospitality Trust	Ascott Residence Trust	Regal REIT	New Century REIT	Starhill REIT
상장일	1998.12	2006.06	2013.03	2015.07	2006.07	2012.08	2006.06	2007.03	2013.07	2005.11
총자산(시가총액)	42.0bn$ (48.8조)	240bn￥ (2.5조)	232bn￥ (2.4조)	20bn￥ (0.4조)	2.5bn$ (2.9조)	2.4bn$ (2.8조)	4.7bn$ (5.5조)	6.5bn$ (1.0조)	0.4bn$ (0.4조)	3.2bn$ (3.7조)
리츠수(건)	22	3			3			2		1
호텔수(개)	1,235	38	46	9	15	12	89	8	7	13
객실수(실)	257,151	9,099	5,364	1,257	4,909	2,829	11,298	4,569	2,823	2,635
보유자산	호텔	호텔 리조트	호텔 리조트	호텔	호텔	호텔 서비스드 레지던스	호텔 서비스드 레지던스	호텔	호텔 (4,5성급)	호텔, 리조트 서비스드 레지던스
투자지역	미국 (캘리포니아)	일본 (동경, 오사카)	일본 (추부, 칸토)	일본 (긴키, 도카이)	싱가포르, 호주 뉴질랜드	싱가포르	유럽 & 아시아 14개국38도시 (영국, 독일)	중국 홍콩	중국 항저우 상하이	아태지역 5개국 (싱가포르외)
운영사(브랜드)	Marriott Hilton Starwood	Dormy Inn Toyoko-Inn	Hoshinoya Risonare Kai	Nest	Millennium Copthorne Hotels plc	Jelco Properties Pte Ltd	Ascott Somerset	Regal Hotel	The New Century Group	Marriott Ritz-Carlton

출처 : 정상만(2013), 「비즈니스호텔 크리에이터」, 각 리츠사별 홈페이지

우리나라와 가장 근접한 일본은 2002년 「증권투자신탁법」 개정으로 최초의 J-REITs가 증권시장에 상장되었다. 일본의 호텔 특화형 리츠인 Japan Hotel REIT는 일본 동경, 오사카 내 자국 브랜드 Toyoko-Inn, Dormy Inn 등 호텔수 38개, 객실 9,099실을 소유하고 있다. Recap Group이 대주주로 2006년 9월 상장하였고, 시가총액은 2,400억￥(한화 2.5조원)이다(그림 14.4 참조). Japan Hotel REIT 이후 2013년 3월 일본 추부, 칸토의 46개 호텔과 리조트에 투자하는 Hoshino Resorts REIT, Inc(2,320억￥)와 2015년 7월 일본 긴키, 도카이 지역의 9개 호텔에 투자하는 Ichigo Hotel REIT Inc(200억￥) 등이 추가로 상장되었다.

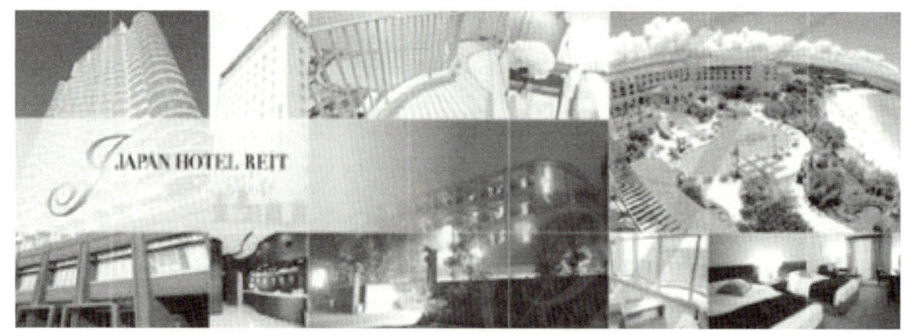

*출처 : Japan Hotel REIT(www.jhrth.co.jp)

그림 14.4 일본 호텔 특화형 대표 리츠, Japan Hotel REIT

싱가포르는 호텔리츠로 Ascott Residence Trust, Far East Hospitality Trust, CDL Hospitality Trust 등 3개가 싱가포르 주식시장에 상장되어 있다. 이 중 Ascott Residence Trust는 총자산이 47억$(한화 5.5조원)이며, Sumerset, Ascott 등 지역적으로 광범위한 포트폴리오 규모를 자랑한다. 싱가포르 종합부동산회사인 CapitaLand가 투자하였으며, 운용자산으로는 아시아와 유럽 14개국 38개 도시(일본, 프랑스, 중국, 호주, 베트남, 영국 등)에 산재한 호텔수 89개, 객실수 11,298실을 보유하고 있다(그림 14.5 참조).

*출처 : Ascott Residence Trust(www.ascottreit.com)

그림 14.5 싱가포르 Ascott Residence Trust 자산현황

홍콩에는 홍콩과 중국 소재 호텔(8개, 4,569실)을 기반으로 Regal Hotel이 대주주로 참여한 Regal REIT가 있는데, 호텔운영도 책임지는 구조이다. 자산규모만 65억HK$(한화 1조원)에 이른다(그림 14.6 참조). 또한 중국 항저우와 상하이 지역의 4,5성급 호텔(7개, 2,823실) 투자만을 목적으로 설립된 New Century REIT도 있다.

* 출처 : Regal REIT(www.regalreit.com)

그림 14.6 홍콩 최대 호텔리츠, Regal REIT

말레이시아에도 2005년 싱가포르 주식시장에 상장된 Starhill REIT가 있는데, 호텔 9개, 서비스드 레지던스 1개, 리조트 3개 등 총 13개(2,635실)를 보유하고 있는 말레이시아 최대의 리츠회사이다. Marriott와 Ritz-Carlton이 Starhill REIT로부터 임대를 받아 호텔을 운영 중이며, 아태지역 5개국(싱가포르, 호주, 말레이시아, 중국, 일본 등)을 기반으로 총자산이 32억$(한화 3.7조원)까지 성장하였다(그림 14.7 참조).

아시아지역의 호텔리츠는 미국과 달리 위탁형 리츠 형태를 취하며, 대부분 공적기금인 국부펀드와 호텔운영사가 상장 초기에 전략적 투자자SI : Strategic Investor로 참여하여 대중화를 주도함을 알 수 있다. 그러나 리츠의 목적이 주식시장을 통한 호텔의 유동화와 운영사의 브랜드 확장임에는 미국과 동일하다. 이처럼 해외 선진사례들은 공통적으로 높은 체인호텔 비중, 다양한 포트폴리오, 기업상장을 통한 대형화를 주요 특징으로 지니며, 투자자인 리츠와 호텔운영사와의 적절한 역할과 위험관리 분담을 통해 호텔리츠를 정착시켜왔음을 알 수 있다.

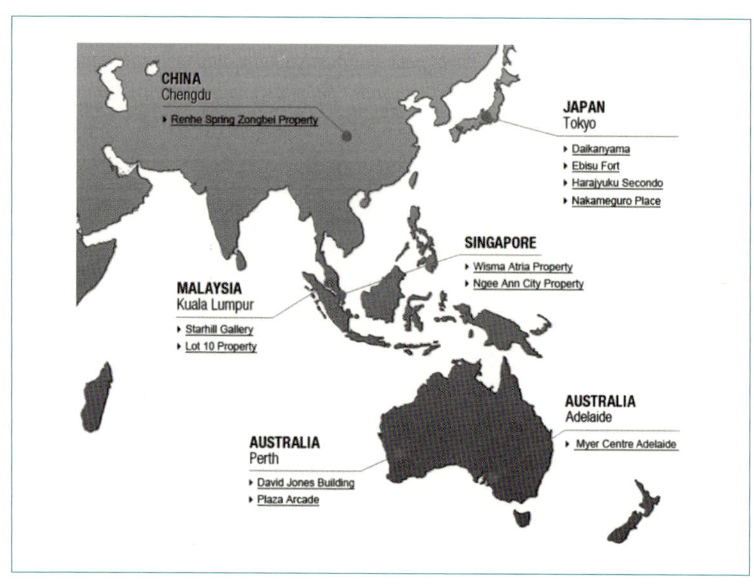

*출처 : Starhill REIT(www.starhillglobalreit.com)

그림 14.7 말레이시아 Starhill REIT 포트폴리오 현황

국내 호텔리츠 시장규모 현황

미국 리츠의 발전에 힘입어 우리나라도 1998년 외환위기 이후 국내기업들의 부실에 따른 유동성 확보를 위해 2001년 「부동산투자회사법」을 도입하여 시행하고 있다. 이에 국내 기관투자자들과 자산관리회사를 중심으로 간접투자가 늘어나면서 리츠시장이 크게 확대되고 있다. 한국리츠협회에 따르면, 국내 리츠시장의 규모는 2002년 5,584억원(4개)을 시발점으로 2013년 10조원, 2014년 15조원을 돌파하며 10년새 5배 이상 비약적인 성장을 거듭해왔다. 지난해는 역대 최다인 41건(3.3조원)의 신규 리츠인가에 힘입어, 현재 운용 중인 리츠가 128개에 이르며, 총자산은 18.3조원(YoY : +22.3%)으로 집계되었다.

이 가운데 국내 리츠의 호텔투자는 금융위기 이후인 불과 5년 이내 이루어져 비교적 시장진입이 늦은 상황이다. 2001년 11월 SR리츠(500억원)가 호텔리츠의 효시로 예비인가를 받았으나, 공모에 실패하여 무산되었다. 그리하여 리츠가 도입된지 10년이 경과되고 나서야 2011년에 본격적인 호텔리츠(JR제5호위탁관리리츠)가 출범하였다. 이 시기는 2009년부터 관광객 증가율이 연래 10% 이상 증가하는 등 호텔리츠가 4건(1,973억)으로 가장 많이 인가된 이래, 2014년까지 연간 3건 미만, 총자산 1,000~2,000억 규모로 매년 꾸준한 실적을 보이고 있다. 그러나 지난해는 메르스MERS : 중동호흡기증후군 영향으로 호텔의 영업지표ADR, OCC가 저하되어 신규 호텔리츠의 설립이 전무하였다(그림 14.8 참조).

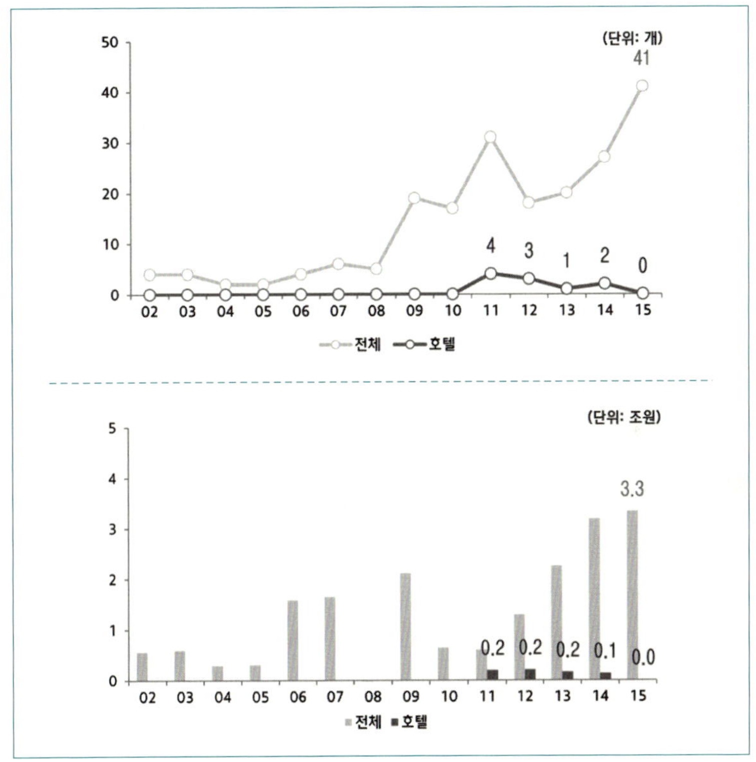

* 출처 : 국토교통부 리츠정보시스템(reits.molit.go.kr), 2015년 말 기준

그림 14.8 REITs 시장 내 호텔부문 인가건수 및 총자산규모 추이

리츠시장의 전반적인 성장세에도 불구하고, 호텔부문의 투자비중은 최하위로 미약하다. 실례로 리츠유형별 투자자산 현황을 보면, 전형적인 오피스(Office, 48.9%)가 과반으로 특정부동산에 편중되어 있다. 다시 말하면, 호텔을 비롯한 다양한 자산군으로 투자처 다변화가 이루어지지 못하고 있다. 이에 비하여 호텔에 투자한 리츠는 단 10건이며, 전체 리츠 중 7.8%를 점유하였다. 이는 총자산으로 전체의 3.8%에 불과한 6,956억원에 그치고 있다. 이러한 경향은 전국 호텔시장 대비 리츠가 보유한 객실 비중에서도 그대로 드러난다(문화관광부, 2014). 리츠시장에 편입된 호텔은 전국 관광호텔업에 등록된 사업체수(837개) 대비 1.2%이며, 객실수는 2,357실로 2.6%에 지나지 않는다(그림 14.9 참조).

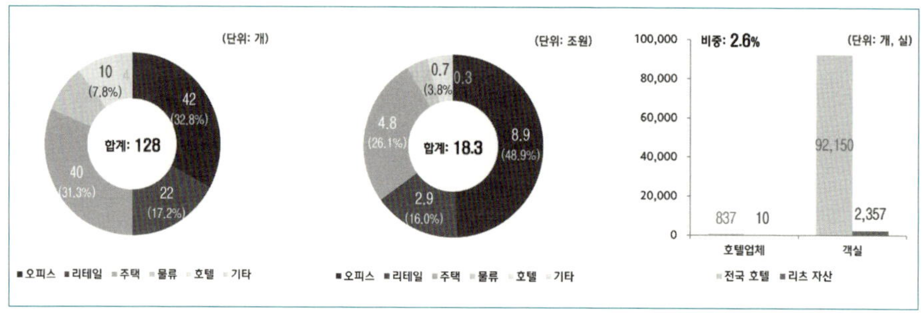

* 출처 : 국토교통부 리츠정보시스템(reits.molit.go.kr), 2015년 말 기준 & 문화체육관광부 「관광숙박업 등록현황」, 2014년 말 기준

그림 14.9 리츠시장 내 호텔부문 투자비중

앞에서 살펴본 해외 호텔리츠의 선진사례에 비추어보면, 국내 호텔리츠의 투자실적은 극히 저조한 수준으로 시장규모가 상대적으로 작음을 알 수 있다. 다만, 리츠가 지니는 다양한 혜택들(예 : 환금성, 절세효과)과 제도적 규제완화 추진으로, 국내 리츠시장의 성장잠재력은 여전히 크다고 볼 수 있다.

리츠시장 내 호텔부문 투자환경 분석

본장에서는 용도상 숙박시설Lodging로 호텔에 투자한 리츠자산의 일반현황에 기초하여 주요 특징을 도출하였다. 시간적 범위와 대상은 리츠의 태동기인 2001년부터 2015년 말까지 인가 완료되어 현재 운용 중인 호텔리츠 10건에 한정하였다. 관련자료는 한국리츠협회에서 제공하는 자산관리회사별 투자보고서와 개별 공시자료를 활용하였으며, 분석결과는 다음과 같다.

우선 호텔리츠의 유형은 명목형회사Paper Company로서 투자 · 운용을 자산관리회사에게 위임하는 '위탁관리리츠'(5건, 51.7%)와 실체형 회사로 상근임직원을 두고 직접 투자 · 운용하는 '자기관리리츠'(4건, 25.7%), 기업구조조정용 부동산에 투자하는 'CR리츠'(1건, 22.6%) 등으로 크게 양분되고 있다.

그러나 리츠의 본질적 목표가 되는 호텔부문의 상장현황은 부동산펀드 대비 시장의 엄격한 진입규제(인가제)로 매우 부진한 편이다. 일반국민의 불특정다수가 소액투자로 참여가능한 공모형 상품(0건)이 전무한 반면, 연기금, 공제회, 금융권 등 소수 특정 기관투자자 중심의 사모형(지자체 등 24개 유관기관 30% 이상 투자)이 100.0%로 절대적이다. 이는 미국(1,000조원, 90%), 일본(100조원, 93%), 싱가포르(59조원, 100%) 등 선진국의 리츠 전체 시가총액과 상장비율에 비해 매우

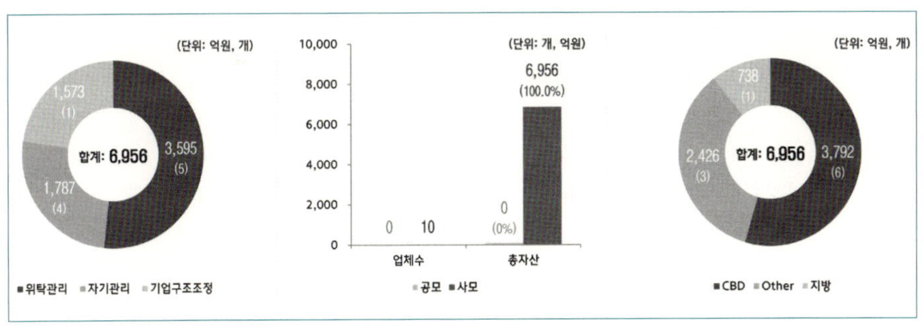

* 출처 : 한국리츠협회, 국토교통부 개별공시, 2015년 말 기준

그림 14.10 호텔리츠 특성 I (유형, 상장여부, 투자지역별)

영세한 수준이다. 즉 제도 본연의 도입취지와 달리 비상장리츠(장외거래)가 주류를 이루며 개인투자의 참여기회가 제한적임을 알 수 있다. 이러한 결과는 사모형이 투자자 모집, 의사결정, 공시의무 등 행정절차 비용, 사후관리 측면에서 우위를 점하기 때문인 것으로 판단된다.

한편, 리츠라는 투자물건의 특성상 입지환경은 운용성과와 직결되는 중요한 요인이다. 일반적으로 호텔리츠의 투자지역은 외래관광객 빈도가 잦은 4대문 안의 중구·종로구 일대의 도심(CBD, 54.5%)에 공간적으로 집중하는 불균형 양상을 보였다(그림 14.10 참조). 중심상업지인 도심이 관광·쇼핑활동의 방문 1순위 지역이자, 호텔투숙률 증가에 따른 양호한 영업실적이 기대되어 투자선호도가 높은 것으로 해석된다. 이는 CBD소재의 체인호텔 객실이용률(86.9%)과 객단가(168,650원)가 타권역 대비 우수한 결과와 부합된다(2013년 기준, 호텔업운영현황).

호텔 등급별로는 특2급(4건, 49.5%)의 비중이 가장 높으며, 1급(4건, 26.4%), 특1급(1건, 22.6%) 순이다. 대개 300실 이상을 보유하며 풀서비스Full Service를 제공하는 특급호텔에 치중되어 있다. 이에 따라 건물 연면적 또한 1만㎡ 이하(19.2%)의 소형보다는 1~3만㎡(58.2%)와 3만㎡ 이상(22.6%)의 중·대형 규모 호텔의 투자가 활발히 진행되고 있다. 일례로, 개별리츠가 소유한 호텔당 평균 객실수는 236실이며, 투자금액은 695억원이다.

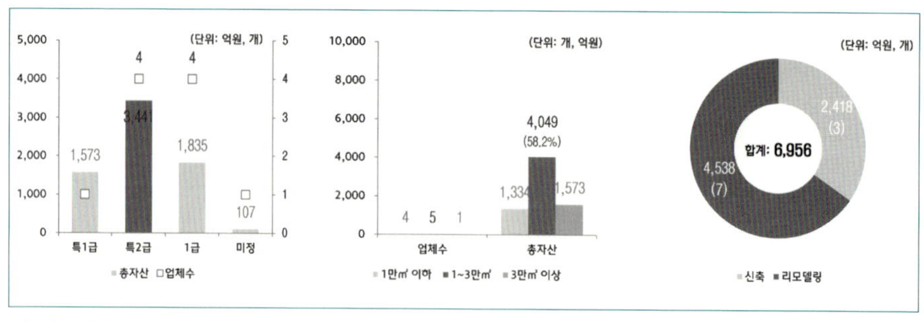

*출처: 한국리츠협회, 국토교통부 개별공시, 2015년 말 기준

그림 14.11 호텔리츠 특성II(등급, 규모, 투자형태별)

이들의 투자형태는 리모델링Remodeling이 65.2%로 압도적이며, 기존 노후화된 오피스빌딩을 관광호텔로 용도 변경하는 경우가 많다. 이는 리츠 구성을 위한 최저자본금 제한으로 개발을 통한 선매입이 용이하지 않기 때문인데, 신축 중인 호텔이 많은 부동산펀드와 대비되고 있다(그림 14.11 참조).

마지막 2015년 4Q 기준 호텔리츠의 기대수익률ROE은 6.7%로, 전체 리츠 평균인 10.1%를 크게 밑돌았다. 리츠 자산용도별로 보면, 물류 4.5%보다 높지만 주택 19.3%, 리테일 9.4%, 오피스 7.1%보다 낮은 수치이다. 그러나 동일기간의 타금융상품 수익률인 주식KOSPI 1.3%, 정기은행 예금 1.7%, 회사채 2.1%와 비교해도 스

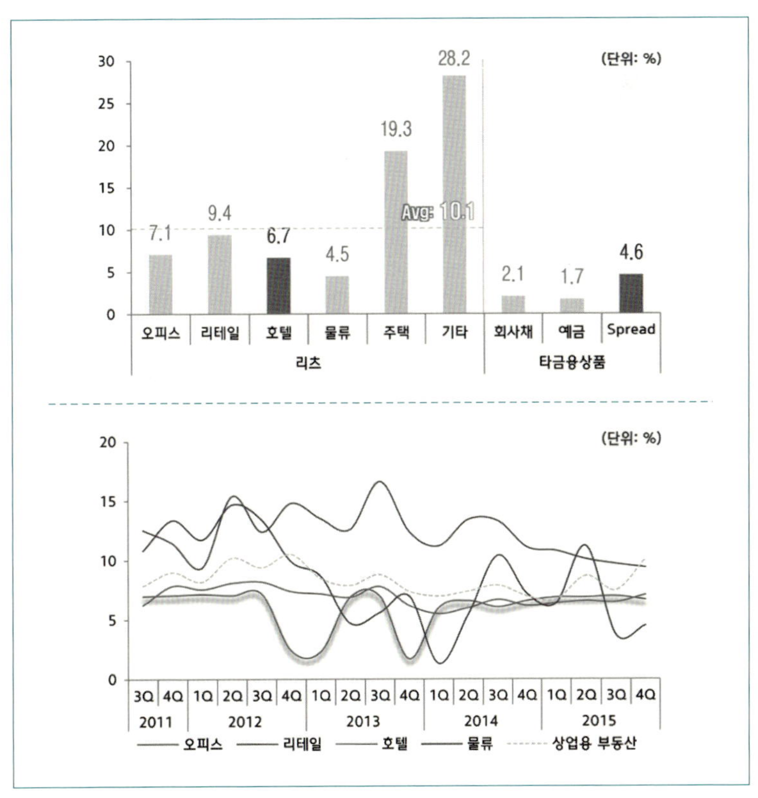

*출처 : 한국리츠협회, ECOS 경제통계시스템, 2015년 말 기준

그림 14.12 타상품과 비교를 통한 호텔리츠 연간수익률 추이

프레드Spread가 460bps(100bps = 1%P) 내외로, 비즈니스호텔이 상당히 매력적인 투자대안임을 알 수 있다(그림 14.12 참조). 특히 호텔은 외부환경(정치 · 경제, 환율, 질병, 계절성)의 변화에 민감하여 수익등락의 변동폭이 큰 고위험 · 고수익High Risk & High Return 상품으로 분류되기에, 향후 신중한 투자가 요구된다고 할 수 있다.

리츠REITs를 활용한 국내 비즈니스호텔 투자사례

2015년 말 기준 한국리츠협회에 등록된 전체 자산관리회사(24社) 중 25%인 6사가 호텔리츠를 운용 중이며, 이들 간의 치열한 경쟁구도가 전개되는 양태이다. 최근 5년간 자산관리회사들이 리츠를 통해 비즈니스호텔에 투자한 사례는 스카이파크 명동(2011.02월 최초)을 시작으로 총 10건이 실행되었으며, 나인트리호텔 명동, 롯데시티호텔 울산, 아벤트리 종로, 스타즈호텔 명동1,2호점, 신라스테이 구로 등이 가장 대표적이다.

이 중 JR투자운용은 티마크호텔 명동과 디큐브시티호텔(50,700㎡, 27~41F 일부층)을 포함한 4건(3,841억원)으로 55.2%의 가장 높은 시장점유율(M/S)을 기록하며, 국내 호텔리츠 시장을 리드하고 있다. 영속형인 자기관리 리츠로는 인사동 천마빌딩을 155실의 중저가 비즈니스호텔로 개관(2012년 10월)한 아벤트리리츠 설립을 들 수 있다. 업계최초의 토종 브랜드호텔로, 호텔 전문운영사인 HTC가 초기 전략적 투자자로 지분참여(12%)한 모범사례이다. 2014년에 설립된 모두투어리츠는 호텔을 전문으로 투자하는 신규 자산관리회사로, 스타즈호텔 브랜드로 명동 인근에 호텔 2개를 소유하고 있다. 모기업인 모두투어의 송출관광객을 기반으로 호텔투자에 공격적으로 나서, 자기관리리츠사 중 최다자본금을 확보할 정도로 시장 내 주요 플레이어Player로 급부상하였다. 그 밖에 개인들이 주주로 영등포 롯지호텔(81실) 개발 및 임대사업을 진행 중인 경인리츠도 영업인가를 득하였다. 이들 리츠는 향후 기업공개IPO를 통해 유가증권 시장에 상장추진을 목표로 준비 중에 있다.

한편, 간접투자시장을 이끄는 또 다른 축인 부동산펀드가 실물자산, 부동산 법인지분, 대출채권, 상장주식 및 리츠 재투자 등 다양한 투자상품을 출시하는 반면, 호텔리츠는 주로 실물자산 임대형에 국한되며 1리츠 - 1물건인 '일물일사'(一物一社, 88.6%) 위주의 단조로운 구성형태를 띠고 있다. 표 14.2에서 보는 바와 같이 투자 대부분은 신라Shilla Stay와 롯데Lotte City 등 신용도가 우수하며 브랜드 인지도가 높은 대기업 호텔 전문운영사와 책임임대차Master Lease 계약을 체결함으로써 운영의 전문화를 도모하고 있으나, 리츠 등 간접투자기구에 대한 지분투자는 지극히 소극적이다. 최근 임차인은 호텔스카이파크Skypark, 파르나스9Tree, HTCAventree, 하나투어T-mark, 모두스테이Staz 등 중 · 소형 위탁운영사로 확대되었고, 각자 독자적인 브랜드를 도입하였다. 우수한 입지와 저렴한 객단가(65~225천원)에서 경쟁우위를 점하며 해외유명 체인호텔Chain과 차별화를 꾀하고 있다. 임대조건은 상당수가 청산기한이 정해진 10~20년의 장기계약이다. 연수익률 3~5% 수준의 최소 보장임대료MRG를 기본으로 하되, 호텔의 연간 총매출 혹은 객실매출액의 40% 내외에 연동한 변동임대료를 적용하고 있다.

즉 경기변동에 따른 호텔 운영리스크Risk를 사전에 제거하고 장기간에 걸친 고정임대료 수입을 확보하여 안정한 투자방식을 택하고 있다. 재무적 투자주체FI : Financial Investor로는 하나투어, 모두투어의 여행사를 필두로 KT&G, 행정공제회, 경찰공제회, 전문건설공제조합, 새마을금고 등 연기금 및 공제회의 기관투자가 활발하다. 이들은 기존 건물을 매입 후 리모델링을 통해 호텔로 전환하는 밸류에디드Value Added : 가치부가전략을 추구하지만, 기본적으로 저위험 · 고수익의 수동적Passive인 투자행태를 선호하고 있다(표 14.2 참조).

표 14.2 국내 호텔리츠 투자 및 운용사례별 현황

구 분	위탁관리					기업구조조정	자기관리			
리츠명	JR제5호	JR제8호	JR제10호	생보제1호	펨코제6호	JR제12호	아벤트리	퍼스티지 개발전문	모두투어	경인 개발전문
투자자산	호텔스카이파크 명동2호점	호텔스카이파크 센트럴 명동점	티마크호텔 명동	나인트리호텔 명동	롯데시티호텔 울산	쉐라톤서울 디큐브시티호텔	아벤트리 종로호텔	신라스테이 구로	스타즈호텔 명동1,2호점	롯지호텔
전경										
인가일	2011.02월	2012.02월	2012.11월	2011.11월	2014.2월	2013.05월	2011.11월	2011.08월	2014.02월 2014.08월	2012.02월
사업지	명동	명동	충무로	명동	울산	구로동	인사동	신대방동	을지로3가 충무로3가	영등포동
등급	1급	특2급	특2급	1급	특2급	특1급	1급	특2급	1급	미정
객단가(천원)	170	200	198	190	120	225	132	110	105	65
객실(실)	130	306	288	144	354	269	155	306	417	81
부대시설	야외정자	비즈니스데스크	연회장, 회의실	레스토랑, 회의실	다이닝, 체련장	연회장, 수영장	레스토랑, 편의점	레스토랑, 회의실	레스토랑, 회의실	라운지
연면적(㎡)	7,112	19,434	16,629	5,626	20,470	50,700	6,074	17,339	13,110	2,804
층수	B10 | 15F	B7 | 16F	B4 | 14F	B1 | 16F	B3 | 17F	27 | 41F	B1 | 11F	B4 | 19F	B4 | 10F B3 | 13F	B2 | 15F
자본금(억원)	162	460	330	273	320	640	186	123	274	75
총자산(억원)	311	1,078	879	590	738	1,573	326	746	790	107
사모비율(%)	52.1	42.7	37.5	46.3	43.4	40.7	57.1	16.5	34.7	70.1
개관일	2011.07월	2012.09월	2013.10월	2012.12월	2015.06월	2011.09월	2012.10월	2015.11월	2014.06월 2015.01월	2015.07월
브랜드	스카이파크	스카이파크	티마크	나인트리	롯데시티	쉐라톤	Aventree	신라스테이	스타즈호텔	분양
임차인	호텔스카이파크	호텔스카이파크	하나투어	파르나스	호텔롯데	대성산업	HTC	신라호텔	모두스테이	N/A
임대기간(년)	15	15	15	20	20	10	10	15	5+5	N/A
보증금(억)	10	50	25	23	37	95	30	35	13 | 15	N/A
연임대료 (MRG)	21.6억	+객실매출 10% (50억)	총매출액 42% (39.5억)	총매출액 44% (33억)	총매출액 39% (37억)	95억	총매출액 42% (30억)	객실매출액 44% (35억)	총매출액 43% (13억 | 15억)	N/A
자산운용사	JR투자운용	JR투자운용	JR투자운용	생보부동산신탁	퍼시픽투자운용	JR투자운용	아벤트리리츠	퍼스티지리츠	모두투어리츠	경인개발리츠
기관투자자	KT&G 지방행정공제회	전문건설공제조합 KT&G 지방행정공제회	하나투어 농협상호금융 KT&G	새마을금고 경찰공제회	경찰공제회 신한캐피탈 오릭스캐피탈	대성산업 하우사모신탁1 한화저축은행	모두투어 HTC	NHN인베스트먼트	모두투어네트워크 삼영토건 SK증권	개인
진출형태	와이즈빌딩 리모델링	센트럴빌딩 리모델링	충무로빌딩 리모델링	삼윤빌딩 리모델링	선도매입	운영중인 호텔 매입	천마빌딩 리모델링	중외제약사옥 재건축	명동호텔 리모델링(증축)	신축
비고	국내1호 호텔리츠	코스메텔 (화장품+호텔)	하나투어 2호 FIT관광객대상	나인서비스 (전통풍속체험)	산업도시내 Biz고객타겟	Starwood경영 복합문화공간	토종호텔 전통디자이너룸	호텔신라 8호 G밸리방문고객	동탄 3호 추가 포트폴리오추진	개발완료후 임대운영전환

* 출처 : 한국리츠협회, 각 리츠사별 투자보고서, 2015년 말 기준(상기내용은 본 사업의 실제 진행내용과 다를 수 있음)

호텔 전문리츠 육성과제 및 대중화방안

국제교류 증가와 관광산업의 발전에 따라 호텔 공급이 장려되고 있으며, 이러한 과정에서 리츠는 인프라 확충과 호텔투자를 위한 중요한 재원확보 수단이 된다. 투자자는 간접투자기구인 리츠를 통해 소유와 성장기회를 잡고, 운영사는 브랜드 확장에만 전념하여 시너지효과를 창출할 수 있다. 그러나 리츠는 경쟁상품인 부동산펀드에 비하여 지나친 운용규제와 불합리한 상장요건(매출액 : 300억원, 영업이익 : 20억원)이 호텔산업 성장에 제약요인으로 작용하며 꾸준히 형평성 문제가 제기되어 왔다. 또한 해외 선진국 사례와 비교해보아도 국내 호텔리츠 시장은 약 1/100에 불과할 정도로 규모가 작고 미성숙한 편이다. 이점에 비추어볼 때 호텔전문 리츠의 육성은 매우 시급한 과제라 볼 수 있으며, 활성화 방안은 크게 다음과 같이 언급될 수 있다.

첫째, 하나의 리츠가 다수 호텔에 투자하는 '다물일사'(多物多社, 88.6%) 형태를 추구하여 리츠의 대형화를 도모해야 한다. 현재와 같은 1리츠-1물건 구조로는 적극적인 투자가 어렵고 규모의 경제성Economy of Scale을 이룰 수 없으므로 추가자산 편입을 통해 다양한 포트폴리오를 확보해야 할 것이다.

둘째, 브랜드를 가진 국내 호텔 전문운영사OP를 다수 발굴 · 양성해야 한다. 호텔리츠 구조상 투자자에게 일정한 배당수익률(6% 이상)을 제공해야 하는바, 실질적으로 임차인에 해당하는 전문운영사의 선정이 매우 중요한 요인이 된다. 미국의 호텔리츠 발전과정을 보면 규모와 능력 면에서 경쟁력을 갖춘 다양한 호텔운영사가 다수 존재한 것이 호텔리츠 발전의 성공요인임을 알 수 있다. 그러나 국내시장은 신라, 롯데, 파르나스 등 소수의 대기업 운영회사를 제외하고는 사업규모가 영세하여 운영에 참여가 어려운 실정이다. 일례로 대다수 호텔리츠에 적용되는 책임임차방식은 모든 위험이 호텔운영사에만 집중되어 운영사들이 회피하고 싶은 구조이다. 따라서 향후에는 정해진 임대료에 의존하기보다는 실력 있는 전문 호텔운영사의 운영수익 창출능력에 기반을 두는 수익구조로 변경되어 호텔 전문운영사의 참여를 증대시켜야 할 것으로 보인다.

셋째, 공모상장을 통해 영속적인 투자를 지향해야 한다. 국내시장은 최근 3년간 상장된 리츠가 전무할 정도로 다양한 상장상품 개발이 미흡하였고, 평균 운영기간도 단기성의 프로젝트형인 5~6년에 그치고 있다. 따라서 우리나라도 선진국과 마찬가지로 상장규제 완화를 통해 공모의 활성화를 유도하고 지속적으로 우량물건을 추가하여 단순투자가 아닌 영속형 투자로 경쟁력을 확보해야 한다.

넷째, 호텔리츠 관광호텔사업자로 인정하여 이에 대한 정부의 기금대여와 출자, 세제혜택 지원으로 척박한 국내 호텔산업의 마중물 역할을 수행해야 한다. 예를 든다면, 문화관광부와 한국관광공사Anchor-REITs가 주축이 되는 블라인드Blind펀드 상품을 조성하거나, 관광진흥개발기금을 우선 투입하여 대표주로서 상장리츠에 신뢰성을 부여하고 수익률 향상에 기여할 수 있을 것이다. 더불어 법인세 과세이연, 취득세 감면, 배당소득 면세 등 별도세제 혜택을 부여하는 등 추가적인 인센티브 조치Incentive를 장려해야 한다.

다섯째, 호텔리츠의 대중화를 위한 선결 과제로는 리츠에 대한 대중들의 부정적인 인식전환과 함께 인지도 제고와 신뢰도를 향상시켜야 한다. 이는 호텔리츠 투자의향의 요인별 영향력에서 인지도(0.32), 주식형태(0.22), 제도신뢰도(0.21)의

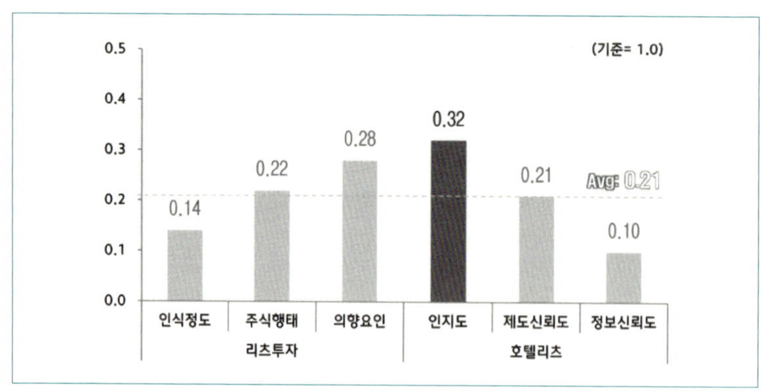

*출처 : 이병원(2013), 「호텔리츠의 도입과 활용에 관한 연구」

그림 14.13 호텔리츠 투자의향 요인별 영향력

중요성이 높게 나타난 연구결과(이병원, 2013)와 일치한다고 설명할 수 있다(그림 14.13 참조).

정부에서도 이러한 문제점을 깊이 공감·인식하여 2016년 2월말 상장 특전(인센티브)과 규제개선 내용을 담은 「리츠산업 경쟁력 제고방안」의 종합적인 대책을 마련한 바 있다. 이로써 리츠규정상 금지되어 있던 환헤지 장외파생상품OTC Derivatives 투자를 허용해 해외 호텔투자의 진출이 활발할 것으로 예상된다. 이제는 장기적 관점에서 우리나라도 대기업, 공적기금 등이 리츠의 최대 주주가 되어 일본의 Japan Hotel REIT와 싱가포르의 Ascott Residence Trust 등처럼 세계시장에서 경쟁하는 호텔전문 공모형 리츠를 육성하여 해외진출 확대로 국부창출을 적극 모색해야 한다. 하루빨리 국내 호텔리츠 투자활성화와 대중화 정착을 통해 종국적으로 관광·호텔산업 전반의 경쟁력이 제고되고, 지역 내 선순환 경제구조가 형성될 수 있기를 기대한다.

STORY 요약

리츠가 우리나라에 도입된 지 15년이 지났다. 그 사이 2016년 리츠시장(K-REITs) 규모는 25조원으로 비약적인 성장을 일궈냈으나, 상품구성에서 호텔자산의 투자비중은 2.5%(8개, 0.6조원)로 제자리걸음이다. 그 중에서 호텔산업에 특성화된 국내 최초 앵커(Anchor) 리츠로는 2016년 상장에 성공한 모두투어리츠만이 유일하다. 반면 미국, 일본, 싱가포르, 홍콩 등 해외국가들은 수천 실을 보유한 시가총액 조 단위의 호텔전문 리츠가 주식시장에 공모 상장되어 있다. 호텔업의 세계적 트렌드는 소유와 운영구도의 철저한 분리이다. 리츠는 호텔에 투자하여 소유와 안정적인 배당기회를 잡고, 운영사는 위탁경영을 통해 브랜드 확장에 집중함으로써 시너지를 높일 수 있다.

고수익 분양형 호텔의 유혹과 마케팅 함정

최근 들어 고수익 보장을 내세운 분양형 호텔이 수익형 부동산시장의 새로운 투자영역으로 떠오르면서, 분양물량이 급격히 늘고 있는 추세다. 이처럼 분양형 호텔이 성행하면서 과장·허위광고 난립에 따른 피해사례가 전반적으로 증가하는 가운데, 소위 시행사와 일반투자자(개인) 간에 법적분쟁 및 행정소송이 끊이지 않고 있다. 따라서 여기서는 분양형 호텔의 공급현황을 토대로 객실가동률에 따른 시나리오별 수분양자의 예상 투자수익률을 추정하여 실제사례와 비교·검증해본다. 이를 통해 분양형 호텔의 허(虛)와 실(實)을 객관적으로 심층진단하고, 투자 시 사전에 유의할 리스크 요인을 집중 점검할 수 있을 것이다.

분양형 호텔의 등장 배경

과거 분양형 상품이 주로 주택, 아파트, 상가, 오피스텔, 도시형 생활주택 등이 위주였다면, 현재는 호텔에 이르며 영역이 확장되는 등 점차 다변화되고 있는 추세다. 이에 따라 이제는 서울의 번화한 거리 곳곳 어디에서나 분양형 호텔의 광고 현수막이나 개장한 모델하우스 홍보관 현장을 쉽게 찾아볼 수 있게 되었다. 심지어 최근 TV 홈쇼핑 방송에서도 분양형 호텔을 판매(예 : 호텔 마리나베이서울)하는 등 대중들에게 수익형 부동산의 새로운 틈새상품으로 각광받으며 인기가 치솟고 있다(그림 15.1 참조).

그렇다면 왜 갑자기 분양형 호텔이 핫이슈Hot Issue일까? 이러한 등장배경에는 크게 '외국인관광객 증가로 숙박시설 공급이 부족하다는 인식'과 함께 '기존 상가 및 오피스텔의 수익률 하락에 따른 대체제로 투자수요가 증가한 점'에 기인한 결과라고 집약할 수 있다. 국내 호텔시장도 고령화와 저성장·저금리 기조를 맞이하여, 타상업용 부동산과 마찬가지로 월세선호 현상이 맞물려 월세시대에 진입하는 과도기적인 시점이라 여겨진다.

* 출처 : 현장사진 촬영(2016.07월)

그림 15.1 강남대로변에 자리한 분양형 호텔의 모델하우스 개관

분양형 호텔의 개념 및 사업구조

앞서 설명한 '분양(分讓)형 호텔'은 숙박시설도 마치 상가나 오피스텔처럼 분양 및 구분등기를 통해 객실별로 각기 다른 소유권을 부여한 형태를 의미한다. 이는 대다수의 관광숙박시설이 전체 토지와 건물을 포함하여 일괄적으로 거래되는 방식과 상반되나, 개별 구분등기로 분양형 호텔의 효시라 불리는 서비스드 레지던스Serviced Residence와 유사하다.

법적으로는 「관광진흥법」의 적용을 받는 신라나 조선호텔 등 관광호텔은 동법 제20조에 의거하여 분양이 원칙적으로 금지된 반면, 「공중위생관리법」에 근거하여 연면적이 3천㎡를 초과하는 여관, 모텔 등 일반 숙박시설에 한하여 「건축물의 분양에관한법률」에 따라 분양이 가능하다. 따라서 우리가 지칭하는 분양형 호텔이라 함은 전자가 아닌 후자(後者)의 경우를 일컫는다(그림 15.2 참조).

구 분	분양형 호텔	관광호텔
영업절차	일반숙박업 신고(모텔, 여관 등)	관광호텔업 등록(등급 부여)
관련법규	공중위생관리법	관광진흥법
분양여부	가능(구분등기)	불가능(일괄 / 지분거래)
투자자	개인(일반투자자)	법인 및 기관(전문투자자 : 펀드 / 리츠)

그림 15.2 **분양형 호텔과 관광호텔의 차이**

통상적으로 분양형 호텔의 사업주체는 크게 금융기관(은행), 개인투자자, 시행사(신탁사), 호텔운영사 등으로 구성되며, 전형적인 사업구조는 아래와 같다. 시행사 혹은 신탁사가 임대를 목적으로 하는 일반투자자(개인)를 모집하여 객실을 선(先)분양하고, 이것을 다시 위탁계약을 맺은 전문업체가 관광객 숙박 등 호텔운영 · 관리를 맡아 발생한 수익의 일부를 투자자에게 후(後)배분하는 방식을 취한다. 여기서 수분양자는 금융권으로부터 각각의 명의로 중도금대출을 받게 되며, 준공 시까지 시행사가 이자를 대지급하는 형식을 따른다(그림 15.3 참조).

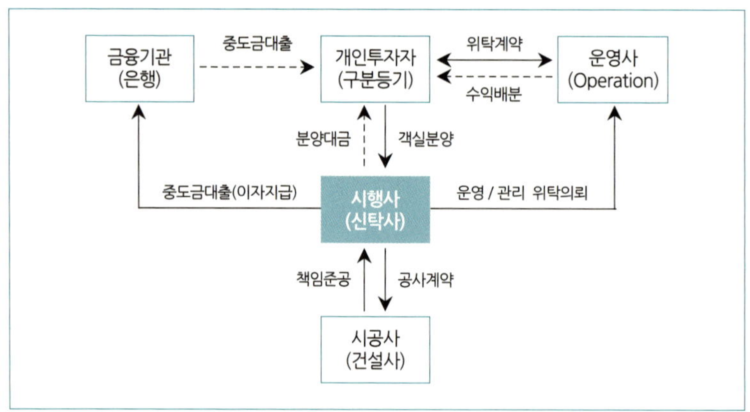

그림 15.3 **분양형 호텔의 기본 사업구조**

이러한 사업구조는 개인투자자들이 1~2억원 내외인 비교적 소액의 자금을 가지고 호텔과 같은 우량부동산에 지분형태로 투자하여 운영에 따른 이익을 향유하고, 향후 매각 시에는 전매가 가능해 객실의 소유권을 자유롭게 사고팔 수 있는 환경을 마련하였다. 또한 위탁운영을 수행하기 때문에 별도로 임차인을 구하거나 시설관리에 번거로움이 덜한 편이며, 임대소득세 및 중개수수료 감면효과의 장점을 지닌다.

분양형 호텔의 공급현황

분양형 호텔은 취사시설을 갖춘 장기체류형 숙박시설인 서비스드 레지던스가 합법화(2012.4)되고, 분양시장이 훈풍(薰風)을 맞이하면서 보다 빠르게 성장하였다. 제주특별자치도에 따르면 2015.4월말 기준, 전국에 산재한 분양형 호텔의 공급량(기운영 및 계획물량 포함)은 총 23,388실로 집계되었다. 위의 시장규모는 동일기간 내 문화관광부(2015.12)가 발표한 국내 관광숙박시설의 등록현황에서 전체 보유객실수(160,422실) 대비 약 14.6%에 달한다.

이 중 QGIS를 활용하여 전국 분양형 호텔의 공간적 분포현황을 지도에 맵핑Mapping한 결과, 16개 시 · 도별로는 제주가 32곳에 8,615실이 공급되는 등 전국에서 가장 높은 36.8%의 비중을 차지하며 분양형 호텔시장을 주도하고 있다. 특히 지난 2012년부터 중국인 방문관광객 요우커족(遊客)이 증가하면서 제주에 분양형 호텔의 공급이 크게 늘었다. 이러한 사실은 제주 내 중국자본이 대거 유입되어 취득한 토지점유율이 전체 국토면적의 0.54%(7,926필지, 991만㎡)로, 연간 배(倍) 이상 신장한 점에서 유추된다(2016.05). 후순위로 서울(2,959실), 인천(2,906실), 경기(1,201실) 등 수도권(30.2%)은 호텔재고량Stock이 가장 많은 지역임에도 불구하고, 7천실을 소폭 상회하는데 그쳤다. 그 밖에 지방에서는 강원(1,862실), 부산(1,739실) 등이 각각 점유율 8.0%와 7.4%의 비교적 높은 수치를 기록하며 선전하였다(그림 15.4 참조).

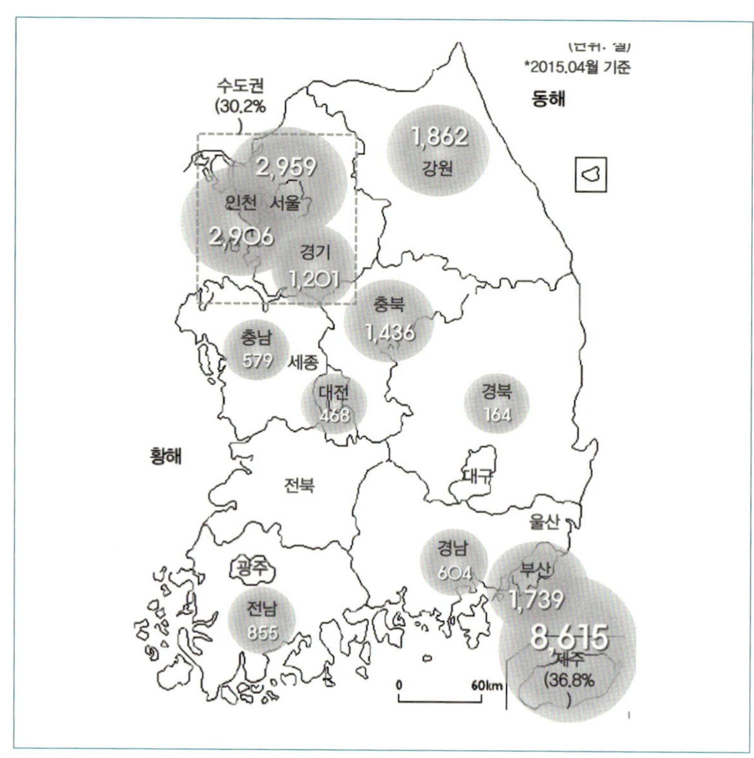

*출처 : 제주자치도, 한국은행 제주본부(2015) 자체 조사
*주 : 기존 운영뿐만 아니라 분양준비 중인 호텔 포함

그림 15.4 전국 분양형 호텔의 공급현황

이를 요약하면, 과거 초반 휴양지인 제주를 필두로 공급된 분양형 호텔이 최근에는 강원 강릉·속초·평창, 부산 해운대, 경북 경주의 관광지뿐만 아니라 비즈니스 수요를 겨냥하여 경기 김포, 평택, 천안, 동탄, 용인 기흥, 인천 영종도, 서울 마곡, 경남 창원, 충북 청주 등 대기업이 밀집한 신도시(지방의 경우 혁신도시)와 산업단지 주변 인근으로 잇따라 확산되는 양상이다. 향후 개인투자자들의 실물자산 대체투자 선호 증가 및 정부정책 지원에 힘입어 성장잠재력이 높은 분양형 호텔의 관심이 더욱 고조될 것으로 예상되는 바, 공급 규모는 당분간 지속적으로 확대될 전망이다.

현장사례로 살펴본 분양형 호텔의 문제점 및 실태진단

국내 최초 분양형 호텔로 손꼽히는 경기 화성 라마다동탄(2006년)이 가동률 85% 내외의 연 8.5~9.5% 수익률을 지급하며 성공적인 운영을 보인 이후, 글로벌 체인Chain과 대형 시공사를 앞세운 신규 분양형 호텔의 영업장들이 무차별적으로 우후죽순 생겨났다. 이외에 대표적으로 서귀포 라마다 앙코르, 명동 르와지르, 평택 하버라마다, 창원 엠스테이, 청주 락희(樂喜), 영종도 엠포리움 호텔 등이 있다(표 15.1 참조).

표 15.1 분양형 호텔의 주요 사례별 현황 및 특징

명 칭	동탄 라마다	서귀포 라마다 앙코르	명동 르와지르	평택 하버라마다	창원 엠스테이	청주 락희
전 경						
위 치	경기 화성시 반송동	제주 서귀포 서호동	서울 중구 충무로1가	경기 평택시 포승읍	경남 창원시 상남동	청북 청주시 복대동
연면적(평)	3,283	3,370	11,434	8,142	4,895	7,707
객실(호)	150	243	619	476	352	352
주력평형(평)	16~43.0	13.7	4.9~11.8	15.3~30.6	12.9	13~51
전용률(%)	49.8	54.0	53.0	46.3	47.0	47.8
분양시기(년)	2006	2015	2014	2015	2015	2014
분양률(%)	100.0	100.0	99.0	97.0	70.0	100.0
분양가(억원)	1.8	1.5	2.5	1.7	1.5	1.2
평단가(만원)	978	1,109	2,515	1,078	1,124	908
확정수익(%)	8.0	11.0	7.0(10년)	8.0	7.0(2년)	9.0
시행사	청도리조트개발	KB부동산신탁	The AMC 명동호텔	태림프론티어	SK D&D	홍복
운영사	라마다	라마다	산하HM	그랜드팰리스	M-Stay	직영
분양조건	분양자 입주 불가	중도금 60% 무이자 연 7일 객실이용	대출 60~80% 지원	중도금 60% 무이자 연 15일 객실이용	중도금 50% 무이자 2년간 10일 객실이용	중도금 50% 무이자
기타 특이사항	초기 프리미엄 형성	인근에 2차 분양	밀리오레 리모델링	인근에 2차 분양	객단가 9만원 책정	비즈던스호텔 표방

* 출처: 각 분양형 호텔별 홈페이지 및 보도자료
* 주: 상품별 세부사항은 건설과정에서 차후 변경되어 실제사례와 다를 수 있음

그러나 이에 따른 투자권유와 사행심을 조장하는 과장 · 허위광고가 범람하면서, 일반투자자의 직 · 간접적인 피해사례가 급증하고 있다. 투자자들은 대체로 은퇴 시기가 도래한 50~60대 중 · 장년층(베이비부머)의 강남과 수도권 거주자가 대다수이며, 연금처럼 월세를 받을 수 있는 노후대책용 혹은 재테크 수단으로 분양(묻지마 투자)받아 금전적인 손실을 입었다.

이와 같이 분양형 호텔은 공통적으로 40~60%의 중도금 무이자 혜택 및 대출이자금 지원, 최대 5~10년간 분양가의 7~8% 혹은 실투자금 대비 10~15%의 확정수익 보장(+α 추가수익), 연 7~15일 객실 무료이용(숙박바우처), 정기항공권 제공, 제휴 골프장 및 승마 · 요트장 우대할인 등 다양한 혜택을 제시하며 투자를 부추기고 있다. 그러나 시행사들은 관행상 사업 초기 1~2년까지만 약정된 확정수익을 지급하고, 이후에는 영업실적에 따라 운영수익을 재조정하므로 분쟁(紛爭)의 소지가 다분하다.

일례로, 부산 해운대 소재 S호텔은 실패사례로 회자되는데, 2007년 분양 당시 연 8%의 확정수익을 보장했으나 개장 이후 실적이 부진해 320명의 소유주와 M사 시행사 간의 법적분쟁을 벌였다. 그 결과 시행사는 원고인 객실분양자에게 모두 26.4억원을 지급하는 등 손해배상 청구소송에서 일부 패소 판결하였다. 이후에도 2014년 경영진 횡령 · 배임으로 형사고소, 2015년에는 객실운영권을 둘러싼 위탁운영사 간의 물리적 충돌이 격화되고 있다(부산일보 참조). 뿐만 아니라 분양형 호텔 문제의 축소판격인 제주 서귀포 성산읍 A호텔은 2015년 준공 전 시공사 부도로 부실공사가 이루어져 명도소송(운영계약 해지 및 퇴거), 민사소송(임대료 지급 및 부당이득 반환청구) 등 행정소송이 진행 중이다.

이러한 사례에 비추어볼 때, 국내 분양형 호텔은 '계약당시 투자수익률이 제대로 지켜지지 않아 이해당사자 간의 불신과 갈등이 깊어지는 점'을 가장 큰 문제점으로 거론할 수 있다. 더구나 주택과 달리 분양보증이 의무화된 대상이 아니므로, 현장에서 투자자의 피해사례가 잦음을 알 수 있다. 이처럼 분양형 호텔의 사업수익성 및 안전성에 대한 우려가 증폭되는 가운데, 아직까지 투자자에 대한 법 · 행정적 보호장치가 미비한 실정이라 할 수 있다.

가동률에 따른 분양형 호텔의 투자수익률 예측

지금 국내 분양형 호텔시장 업계의 최대 중요한 화두(話頭)는 단연코 '목표 투자수익률 달성가능 여부'에 초점이 맞추어져 있다. 이는 본질적으로 분양형 호텔이 과연 타상품 대비 경쟁력 있는 매력적인 투자상품인가에 관한 논의와 귀결된다고 볼 수 있다. 마땅히 여기서 투자수익률에 영향을 미치는 핵심적인 요인은 공실을 제외한 객실이용률occ이다.

따라서 여기서는 가동률에 따라 수분양자의 투자수익률이 얼마나 변하는지 살펴보고자, 현재 분양 중인 명동 R호텔을 실증사례로 시뮬레이션 하였다. 시나리오Scenarios는 2014년 서울 가동률 수준(76.9%)을 참조하여, 크게 낙관적(90%, Ⅰ형), 중도적(70%, Ⅱ형), 비관적(50%, Ⅲ형) 상황으로 구분하였다. 이에 앞서 매출액(R), 운영비용(C), 투자액(S) 산정에 관한 기본 전제조건을 동급호텔의 평균 기준으로 설정한 후, 예상 투자수익률을 추정하여 실제 목표치와 비교 · 검증하였다(그림

구 분	항 목	주요 가정	산정근거
실투자액	분양가	4.5억	명동 R호텔
	대출비율(LTV)	50%	중도금 40~60% 납부
매출액	객실 / 부대시설	85 : 15	중저가 비스니스호텔
	객단가(ADR)	111,114원	2014년 중구 특2급 평균
운영비용	인건비	부대시설 매출액*20%	중저가 비즈니스호텔
	매출원가	총매출액*35%	중저가 비즈니스호텔
	판매관리비	40억	동급 제주 O호텔
투자수익률	대출이자율	3.53%	2015년 대출금리

* 출처 : 한국은행 제주본부(2015), 「최근 제주지역 분양형 호텔의 급증 배경 및 리스크 점검」을 토대로 재변형

그림 15.5 투자수익률 산정을 위한 기본 전제조건

15.5 참조).

운영 시뮬레이션 분석결과, 아래의 표와 같이 분양형 호텔의 1객실 매입 시 최종 투자수익률은 가동률 범위에 따라 조금씩 상이하지만 대략 1.5~7.9%에 수렴한 것으로 나타났다. 좀 더 정확히 말하면 운영가동률이 5%씩 떨어질 때마다 투자수익률은 0.8% 감소하였다. 한편, 시나리오 기법에 따른 역대 수준과 유사한 가동률 70%(Ⅱ형)에서는 수익률 4.7%를 유지하지만, 경기악화로 가동률이 50%(Ⅲ형)로 하락하면 정기예금 금리와 동등한 불과 1.5%에 그친다. 이와 반대로 입국관광객이 증가하여 가동률이 90%(Ⅰ형)에 도달하게 되면, 수익률은 무려 7.9%까지 이른다(표 15.2 참조).

표 15.2 객실가동률에 따른 시나리오별 수분양자의 예상 투자수익률 분석(명동 R호텔 사례) (단위 : 백만원)

구 분 \ 가동률	낙관적(Optimistic)			중도적(Most Likely)			비관적(Pessimistic)		
	90%	85%	80%	75%	70%	65%	60%	55%	50%
객실매출액	22,594	21,339	20,084	18,828	17,573	16,318	15,063	13,807	12,552
부대시설매출액	3,987	3,766	3,544	3,323	3,101	2,880	2,658	2,437	2,215
수익(A)	26,581	25,105	23,628	22,151	20,674	19,198	17,721	16,244	14,767
매출원가	1,396	1,318	1,240	1,163	1,085	1,008	930	853	775
인건비	5,316	5,021	4,726	4,430	4,135	3,840	3,544	3,249	2,953
판매관리비	4,000	4,000	4,000	4,000	4,000	4,000	4,000	4,000	4,000
지출(B)	10,712	10,339	9,966	9,593	9,220	8,847	8,475	8,102	7,729
영업손익(A-B)	15,870	14,766	13,662	12,558	11,454	10,350	9,246	8,142	7,039
객실당손익	25.6	23.9	22.1	20.3	18.5	16.7	14.9	13.2	11.4
예상투자수익률(e)	7.9%	7.1%	6.3%	5.5%	4.7%	3.9%	3.1%	2.3%	1.5%

* 출처 : 한국은행 제주본부(2015), 「최근 제주지역 분양형 호텔의 급증 배경 및 리스크 점검」을 토대로 변형하여 재산출
* 주 : 투자수익률 = {(수익-지출)/객실수}÷실투자액-대출금리(3.53%)

물론 근래 몇 년간 오피스 혹은 오피스텔의 연간 평균수익률이 4~5% 내외인 점을 감안하면, 위의 수치는 분명히 높은 고수익임에는 틀림없다. 그럼에도 불구

하고 시행사에서 약정한 실투자금액 대비 투자수익률(레버리지효과 이용) 15%에는 크게 미달하고 있다. 이 말은, 즉 분양형 호텔이 홍보하는 15%의 확정수익이 객실가동률 100% 완판을 초과해도 달성하기 어려운 상태이므로, 수익성 저하가 불가피한 구조적 한계임을 의미한다. 이를 실제 확정수익률(E)과 예상 투자수익률(e) 간의 차이를 비교해보면 가동률이 낮을수록 수익률도 정비례(+)하여 완만히 우하향하는 가운데, 부족분(E-e)이 -7.1 ~ -13.5%로 편차Gap가 극심함을 다시 한 번 알 수 있다(그림 15.6 참조).

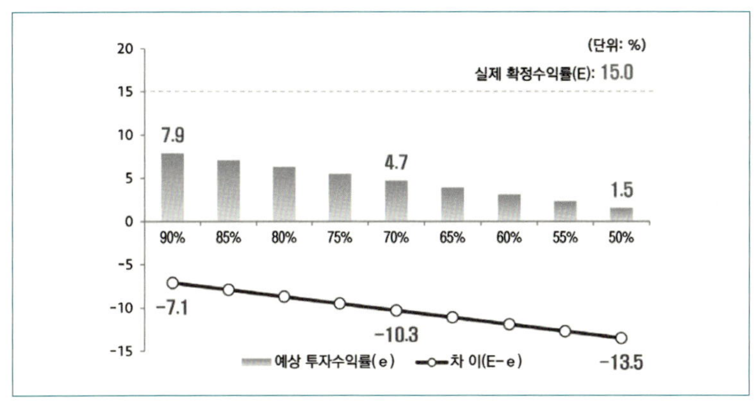

*주: 차이는 실제 확정수익률(E)에서 예상 투자수익률(e)을 차감한 값

그림 15.6 실제 확정수익률과 예상 투자수익률의 차이비교

분양형 호텔의 주요 리스크요인 점검

일종의 숙박시설인 국내 분양형 호텔은 관광여건과 경제 및 정책에 따라 민감히 반응하여 변동성이 큰 고수익 · 고위험High Return & High Risk 유형의 자산으로 분류되기에, 투자 시 다음과 같은 사항에 주의를 요한다. 주요 예상 리스크요인은 사업단계별로 분양, 개발, 준공, 운영, 매각 시 위험 등으로 구분할 수 있다.

우선 사업 초기 분양 시에는 주변시세 대비 분양가격이 과도하게 책정되며, 계약조건들이 과대 포장될 가능성이 내재해 있다. 개발기간에는 인·허가 지연과 시행사가 재무적으로 경영위기를 겪어 부도·파산할 위험이 크다. 이러한 과정에서 설계변경으로 인한 사업비 증가와 부실공사로 이어질 수 있다. 또한 준공을 앞두고 신규분양형 호텔이 급증하여 공급과잉Surplus으로, 객실가동률 하락에 따른 투자자의 손실은 물론 숙박업계 전반의 수익성 악화를 초래할 가능성이 높다. 분양 이후엔 운영단계에서 위탁운영사의 운영능력 저조, 중도임대차 계약 해지로 영업활동에 차질이 생기거나, 시설노후화에 따른 설비교체, 집기비품의 단가인상으로 예기치 않은 추가적인 운영비용이 발생할 수 있다. 그리고 매각단계에서는 수익률 보장기간이 지나 자산가치가 하락하거나, 한정된 용도와 수요자 제약으로 매매가 지연될 위험을 수반한다(그림 15.7 참조).

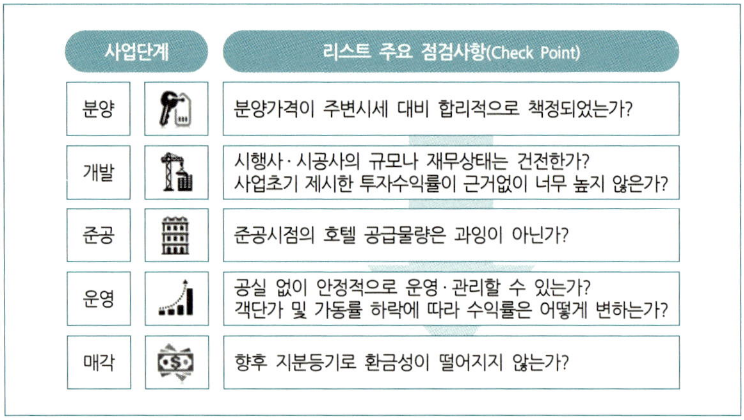

사업단계	리스트 주요 점검사항(Check Point)
분양	분양가격이 주변시세 대비 합리적으로 책정되었는가?
개발	시행사·시공사의 규모나 재무상태는 건전한가? 사업초기 제시한 투자수익률이 근거없이 너무 높지 않은가?
준공	준공시점의 호텔 공급물량은 과잉이 아닌가?
운영	공실 없이 안정적으로 운영·관리할 수 있는가? 객단가 및 가동률 하락에 따라 수익률은 어떻게 변하는가?
매각	향후 지분등기로 환금성이 떨어지지 않는가?

그림 15.7 사업단계별 리스크 주요 점검사항

따라서 투자 전에 반드시 분양형 호텔의 상품특성상 사업수익성과 안정성에 영향을 줄 수 있는 시행·시공사의 규모 및 재무상태(신용도), 주변 공급물량, 운영사 업력 및 대표 수행실적Track Record, 환금성 여부 등을 신중히 살펴봄으로써 사전에 발생 가능한 리스크를 최소화Hedge해야 한다.

시사점

오늘날 분양형 호텔의 무분별한 광고정보가 범람하는 홍수 속에서, 공급과잉 우려에 따른 가동률 하락으로 투자수익률 저하가 문제로 지적되고 있다. 사업개시 1~2년은 높은 수익률이 보장되어 별다른 문제가 없으나, 그 이후에는 실제 시장의 가동률 및 객단가 수준에 따라 운영수지가 변화하므로 이에 따른 수익률 차이의 조정이 불가피할 것으로 판단된다.

이러한 까닭에 여유자금이 풍부하여 고수익 투자처를 찾는 공격적 성향의 투자자들에게는 새로운 투자기회로 약(藥)이 되지만, 신중한 검토 없이 시장흐름에 편승하여 단기적인 투자이익을 좇는 일반대중들에게 오히려 독(毒)이 될 수 있다. 따라서 투자 시에는 분양형 호텔의 수익이 객실가동률에 따라 결정됨을 인지하고, 궁극적으로는 준공 이후 호텔운영사가 운영의 안정성을 담보할 수 있는지 이에 대한 검증이 가장 중요하다고 하겠다. 이와 함께 호텔의 입지, 브랜드, 분양가격 등에 대한 심도 있는 분석과 사업리스크에 대한 충분한 검토가 비로소 이루어질 때 투자의 실효성을 확보할 수 있다.

무엇보다 하루빨리 국내 분양형 호텔이 기업과 개인투자자 모두에게 장기적인 투자상품이 될 수 있도록 정부는 투자자 보호를 위한 법·제도적 장치를 마련하여 상품의 경쟁력을 제고하는 한편, 기업은 투자수익률 과장광고 홍보 행위를 자제함으로써 관광숙박업계에 자리 잡은 시민의 부정적인 인식을 개선할 수 있도록 해야 한다.

STORY 요약

세컨드 하우스로 주거와 투자가 동시에 가능한 분양형 호텔이 부동산 투자의 블루칩에서 돈 먹는 하마로 전락하는 신세다. 이미 제주와 강원, 부산 관광지 주변에 연 10% 이상의 고수익 확정 지급을 내세운 분양형 호텔 공급이 많아지면서, 부당광고로 인한 피해사례도 끊이지 않고 있다. 가장 대표적인 유형이 수익 보장기간, 수익률, 분양물 가치를 과장·허위로 부풀리는 위법행위들이고, 실제 운영단계에서 분양업체로부터 수익률 지급 또한 제대로 지켜지지 않는 사업장이 다반사다. 아직 분양형 호텔은 수분양자를 위한 법적보호 장치가 느슨하고 사업에서 발생할 수 있는 리스크요인이 많아, 반드시 투자 이전에 시행주체, 위탁운영사, 분양가격, 수익률 변동성, 확정기간, 관광객 수요, 입지요건 등을 꼼꼼히 살피는 세심한 주의가 필요하다.

Ⅵ PART

호텔은 미래형 융·복합 관광산업인 마이스(MICE)뿐만 아니라, 항공·레저·외식·쇼핑·엔터테인먼트 등 타산업과 유기적으로 얽혀있다. 기존 호텔의 관성에서 벗어나 벽을 허물고 이종산업과의 연계 및 융·복합을 통한 신종 이색호텔은 종종 미래 생존경쟁에서 살아남기 위한 차별화 전략이 된다. 호텔의 성공적인 차별화는 자본투자에 비례하는 것이 아니라, 내·외부환경 변화를 주시한 창의적 발상과 과감한 모험의 실행력에서 비롯된다.

미래 호텔의 성공적인 운영전략

고부가가치 마이스 생태계 육성과 숙박업 발전

방한 외래관광객 2,000만명 시대를 바라보는 관광시장의 지속적인 성장세에 힘입어, 국내 MICE 산업 또한 유례없는 전성기를 맞이하고 있다. 이렇듯 국제회의, 포상관광, 컨벤션, 전시 및 이벤트 등이 결합된 MICE 산업은 행사개최의 규모가 크기 때문에 일반 관광에 비해 높은 부가가치를 창출하며, 항공·숙박·엔터테인먼트 등 타산업에 미치는 경제적 파급효과가 뛰어나 중요한 영향력을 행사하고 있다. 이에 따라 호텔시장과 직·간접적으로 긴밀한 관계를 가지는 국내 MICE 산업의 전반적인 시장 환경과 참가자 특성을 살펴보고, 인프라 건립 현황을 통해 수용태세를 점검한다. 더불어 MICE 산업의 육성과 업종 간 연계를 통해 관광분야에서 호텔업의 동반성장 전략을 모색해보고자 한다.

MICE 산업의 개관 및 특징

세계경제가 제조업 중심에서 지식기반 서비스업으로 진전됨에 따라, 부가가치 창출의 원천인 지식과 정보교류가 왕성한 MICE 산업이 소위 '지식산업의 꽃' 혹은 '굴뚝 없는 황금산업'이라 불리고 있다. 여기서 MICE 산업이라 함은 기업회의Meeting, 포상관광Incentives, 컨벤션Convention, 전시Exhibition 등을 포괄하는 서비스산업이다. 종종 국가별로 MICE 산업 용어를 다르게 지칭하기도 하는데, 캐나다는 MC & ITMeeting, Convention, and Incentive Travel, 호주는 Business Events로 일컫는다.

우선적으로 Meeting은 아이디어 교환 및 토론 차원에서 기업이 주최하는 소규모 회의를, Incentives는 기업에서 업무수행에 대한 보상과 동기부여를 위해 실시하는 포상관광으로 연수프로그램이 해당한다. Convention은 국제회의연합 조건에 충족하는 대규모 총회나 회의를, Exhibition은 방문객을 대상으로 상품 판매, 홍보, 마케팅활동을 목적으로 하는 관람행사를 의미한다. 이와 관련하여 한국관광공사에서는 MICE 산업을 크게 참여주체, 개최시설과 규모(참가자수 · 진행시간) 등 일정한 기준에 따라 분류 · 정의하고 있다(표 16.1 참조).

표 16.1 MICE 산업분야 범위 및 정의

구 분	정 의	분류기준 및 범위	예 시
Meeting (기업회의)	아이디어 교환, 토론, 정보교환, 사회적 네트워크 형성을 위한 각종 회의	전체 참가자 10명 이상으로, 전문·준·중소규모 회의시설, 호텔, 휴양콘도미니엄에서 4시간 이상 개최	기업의 임원회의, 해외투자자 대상 세미나 예) 2013 동부화재 합동 정보미팅
Incentives (포상관광)	조직원들의 성과에 대한 보상 및 동기부여를 위한 관광여행 및 회의	외국인 참가자 10명 이상으로, 국내 숙박시설에서 1박 이상 체류	선진국 탐방교육, 우수사원 연수 프로그램 예) 2011 바오젠그룹 1만명 관광단체 방문
Convention (컨벤션)	아이디어 교환, 토론, 정보교환, 사회적 네트워크 형성을 위한 각종 회의	외국인 참가자 10명 & 전체 250명 이상으로, 전문·준·중소규모 회의시설, 호텔, 휴양콘도미니엄에서 4시간 이상 개최	국제회의연합*에 충족하는 대규모 총회나 회의 ex) 2005 APEC, 2011 G20 정상회의
Exhibition (전시)	유통·무역업자, 소비자, 일반인을 대상으로 판매·마케팅 활동을 하는 각종 전시회	「전시산업발전법」에 의한 무역·소비자·혼합전시회(1일 이상)	상품박람회, 신제품발표회 예) 2015 서울 모터쇼, 세계 가전제품 박람회

*출처 : 한국관광공사, 「2014 MICE 산업통계 조사 · 연구보고서」
*주 : ① 전체 참가자수 300명, ② 외국인 비중 40%, ③ 참가국수 5개국, ④ 회의기간 3일 이상에 해당

한편, MICE 산업의 특징으로는 그린 이코노미Green Economy시대의 대표적인 녹색산업이며, 일반 관광산업과 달리 기업을 대상으로 하는 B2BBusiness to Business시장 중심으로, 부가가치가 높은 편이다. 이 때문에 전세계 국가들은 MICE 산업 육성을 국가경쟁력 확보수단이자 불황극복의 열쇠로 삼고 있는 추세이다.

이와 마찬가지로 국내에서도 MICE 산업을 21C 미래먹거리를 창출할 기반으로 인식하여, 17대 신성장동력 산업으로 선정(2009년)하였다. 위의 기조는 현정부에 들어와서도 140대 국정과제로 이어져, MICE 산업을 포함한 6대 관광 · 레저산업 육성계획(2013년)을 발표하였다. 특히 서울 G20 정상회담G-20 Seoul Summit, 서울핵안보정상회의Nuclear Security Summit 등의 성공적인 개최는 대중들의 전폭적인 관심을 받았고, 이를 계기로 국제회의가 더욱 활성화되어 MICE 산업이 비약적으로 발전하였다.

MICE 산업의 세계시장 동향 및 한국의 위상

세계적으로 MICE 시장은 글로벌 경기침체 여파에도 불구하고, 관광산업의 발전과 함께 성장세를 거듭하며 약진하고 있다. UIA(국제협회연합)에 따르면, 2014년 전세계에서 개최된 국제회의는 총 12,212건(+9.7% YoY)으로 집계되었다. 이와 관련하여 세계 MICE 산업 시장규모는 1조 612억$(한화 약 1,200조원)에 근접하며, 2017년까지 1조 5천억$(e)에 이를 것으로 잠정 추산하였다(GBTA, 2012). 향후 정보사회의 발전 및 세계화Globalization에 따라 국제회의 개최건수가 보다 확

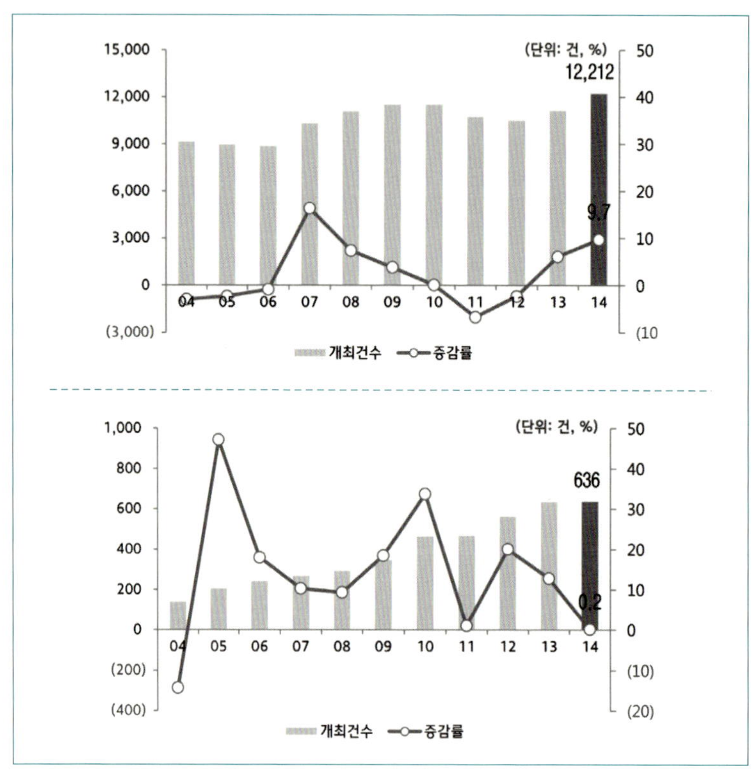

*출처 : UIA(국제협회연합), 「International Meetings Statistics Report(2015)」

그림 16.1 국내 · 외 MICE 산업 시장규모현황

산될 것으로 전망되며, 이를 통해 한층 MICE 산업의 양적 · 질적인 성장이 예상된다(그림 16.1 참조).

세계 주요 국가별로는 미국이 858건(7.9%)으로 최대 시장이지만, 벨기에 851건(2위), 싱가포르 850건(3위) 등과 박빙의 선두경쟁을 보이고 있다. 이러한 가운데 한국은 636건을 개최하여 세계 4위로, 시장점유율 5.2%를 차지하였다. 2012년 이후로 3개년 연속 5위권 내를 유지하며, 국제회의 주요 개최국으로서 입지를 다졌다. 아시아권에서는 세계 최대의 대형 복합리조트인 마리나베이샌즈Marina Bay Sands Resort와 리조트월드센토사Resort World at Sentosa를 보유한 싱가포르 다음으로 2위를 기록하고 있다. 뒤를 이어 경쟁국인 일본은 세계 5위로 전년대비 순위가 한단계 하락하였으나 성장률은 6.1% 증가하며, 단 0.2% 성장에 그쳤던 한국을 위협하고 있다. 이를 제외하면 세계 MICE 시장은 전반적으로 산업 및 국제교류가 일찍이 발달했던 미국과 유럽 주요 국가들(프랑스, 독일, 영국 등 M/S : 33.7%)이 상위 10위권에 다수 포진하여 시장을 주도하는 양상이다(그림 16.2 참조).

아울러 국가 간의 치열한 각축전이 도시 간의 순위에서도 그대로 전달되는 분위기다. 유일한 도시국가인 싱가포르가 850건(7.9%)으로 부동의 1위를 고수하고 있고, EU와 NATO의 본거지인 벨기에 브뤼셀이 787건(7.3%)으로 유럽 내 최고 국제회의 개최국의 명성을 지켰다. 예술을 사랑하는 중세도시인 빈과 파리도 나란히 3,4위를 기록하여 MICE 강국의 면모를 과시하였다. 국내에서는 한국의 대표수도인 서울이 전년대비 한 단계 하락한 249건(2.3%)으로 5위를 차지하며, '글로벌 MICE 산업을 선도하는 도시'로서의 위상을 재확인하였다. 이는 비즈니스 관광분야 최고 권위 매체인 Business Traveler에서 서울이 2012년부터 4년 연속 최고의 MICE 도시를 의미하는 '최고의 국제 비즈니스 미팅 목적지'로 선정된 사실에서도 충분히 파악할 수 있다. 그 밖에 서울 이외에도 부산은 132건(13위), 제주 85건(21위), 대전과 인천은 각각 30위와 50위로 두각을 보이며 선전하였다(그림 16.2 참조).

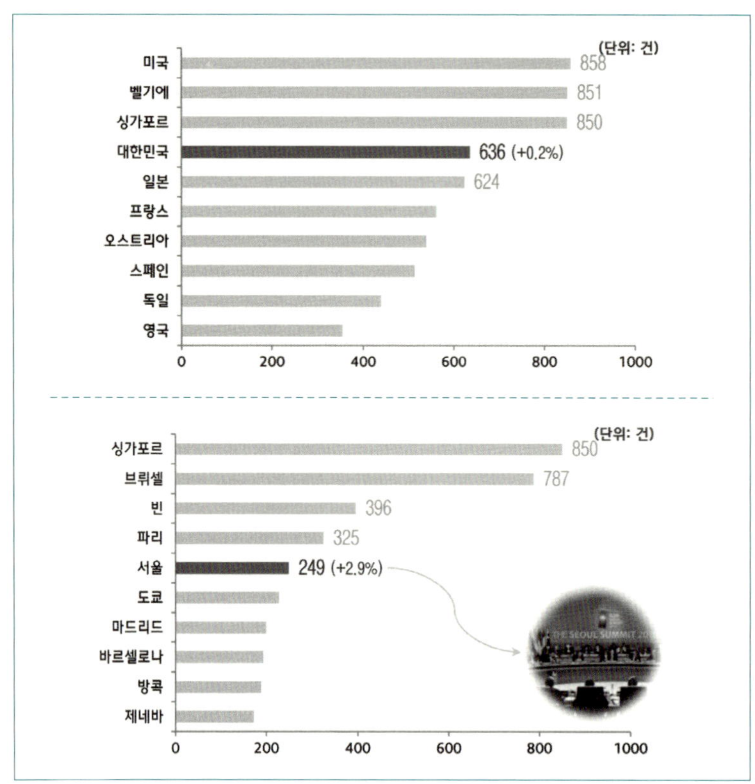

*출처 : UIA(국제협회연합), 「International Meetings Statistics Report(2014)」

그림 16.2 세계 주요 국가 및 도시별 국제회의 개최현황

MICE 산업의 국내시장 환경분석

시장규모

최근 한국관광공사에서 발간한 「2014 MICE 산업통계 조사 · 연구」에 따르면, 국내 MICE 산업 행사 개최건수는 역대 최대인 총 248,574건(+5.2% YoY)으로 집계되었다. 참가자수는 39,198천명(+4.3% YoY)으로, 이 중 외국인은 전체의 4.0% 비중인 1,568천명(+8.8% YoY)을 기록하였다(그림 16.3 참조).

이들 MICE 산업 중 기업회의(M) 분야는 회의 빈도가 가장 많은 234,909건이며, 무려 94.5%의 압도적인 점유를 보이고 있다. 관광소비 지출효과가 높게 알려진 포상관광(I)은 8,641건(3.5%)에 그쳤지만, 핵심타깃인 외국인 참가자수는 569천명(36.3%)으로 가장 많아 집중 육성할 필요가 있다. 이에 반해, 대형행사 위주로 진행되는 컨벤션(C)과 전시(E)의 개최건수는 4,315건(1.7%), 709건(0.3%)으로 극히 적어 미약한 수준이나, 참가자수로는 각각 7.5%와 38.2%를 점유하며 우수한 집객력을 행사하고 있다(그림 16.3 참조).

실제로 컨벤션과 전시의 경우 집객력 지수가 건당 681~21,110명으로 월등히 높아, 전체 MICE 산업 평균(158명/건) 대비 약 4.3~133.9배 뛰어난 것으로 나타났다. 반면, 기업회의와 포상관광은 집객력이 각각 88.2와 65.8로, 현저하게 떨어져 위와 대조를 이루었다. 이를 요약해보면, 국내 MICE 산업은 기업회의와 전시를 중심으로 성장을 주도하는 가운데, 포상관광과 컨벤션은 상대적으로 위축된 것으로 설명된다(그림 16.3 참조).

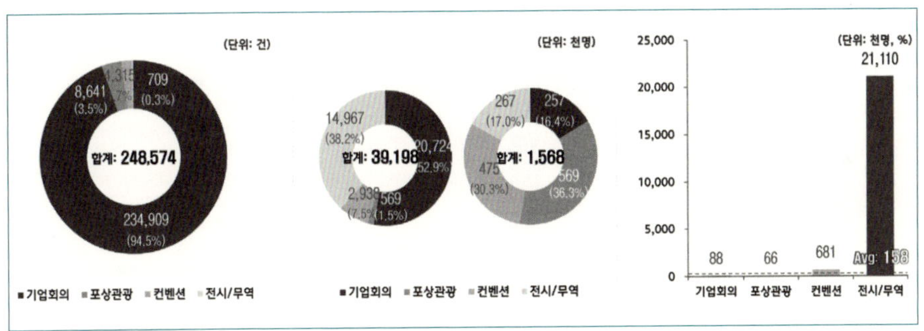

* 출처 : 한국관광공사, 「2014 MICE 산업통계 조사 · 연구보고서」

그림 16.3 MICE 산업 분야별 시장규모현황

한편 국내 MICE 산업을 수행하는 사업체 규모로는 총 20,211명이 종사하며, 업체당 평균 10.3명으로 소규모 영세기업의 한계를 지닌다. 업종별로는 국제회의 산업의 중추적 역할을 담당하는 시설업이 11,007명(54.5%)으로, 산업 전체의 절반 가량을 점하였다. 매출액 또한 4.5조원 시장으로, 경영환경이 열악하여 비교적 낮은 경제적 이익(23.1억/개)을 창출하고 있다. 이와 같은 결과는 MICE 산업 특성상 창업이 활발하여 신규진입이 용이한 결과에 기인한다(서울연구원, 2013). 대부분 「관광진흥법」상 국제회의를 개최할 수 있는 시설을 설치 · 운영하는 시설업(54.5%)과 계획, 준비, 진행 등을 위탁받아 대행하는 국제회의 및 전시기획업(39.4%)에 치중되었다. 즉 핵심업종과 인센티브 여행업과는 최대 2.1~3.0배의 격차가 발생하여, 불균형적인 산업구조를 형성하고 있다(그림 16.4 참조).

이러한 시점에서 2011년 MICE 산업체 간의 유기적인 협력체계Network 강화 및 유치경쟁력 향상을 위해 설립한 민 · 관협력체로, Seoul MICE AllianceSMA의 역할이 중시되고 있다. 현재 서울시, 서울관광마케팅을 주축으로 유니크베뉴(40개, 20.5%), 여행사(35개, 17.9%), 호텔(33개, 16.9%), 국제회의기획자PCO, 운수송, 컨벤션센터 등 MICE 업계 10개 분야의 195개 회원사로 구성되어 국내 MICE 시장을 리드하고 있다(그림 16.4 참조).

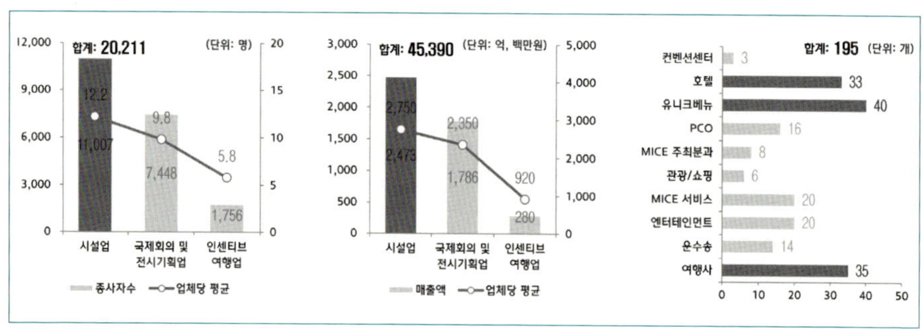

*출처 : 한국관광공사, 「2014 MICE 산업통계 조사 · 연구보고서」

그림 16.4 MICE 산업 사업체현황 및 추진기구

MICE 산업 개최 동향

2014년 MICE 산업의 개최 시기는 11월에 25,478건(10.2%)으로 가장 많고, 6월(9.6%), 10월(9.5%), 12월(8.9%) 순이었다. 비즈니스관광BT의 특성상 주로 상반기와 하반기에 집중되며, 성수기와 비수기의 구분이 뚜렷한 특성을 보였다. 시계열 경기변동 자료에서 계절성Seasonality을 흔히 볼 수 있는 W자 형태의 추세곡선을 따르고 있다(그림 16.5 참조).

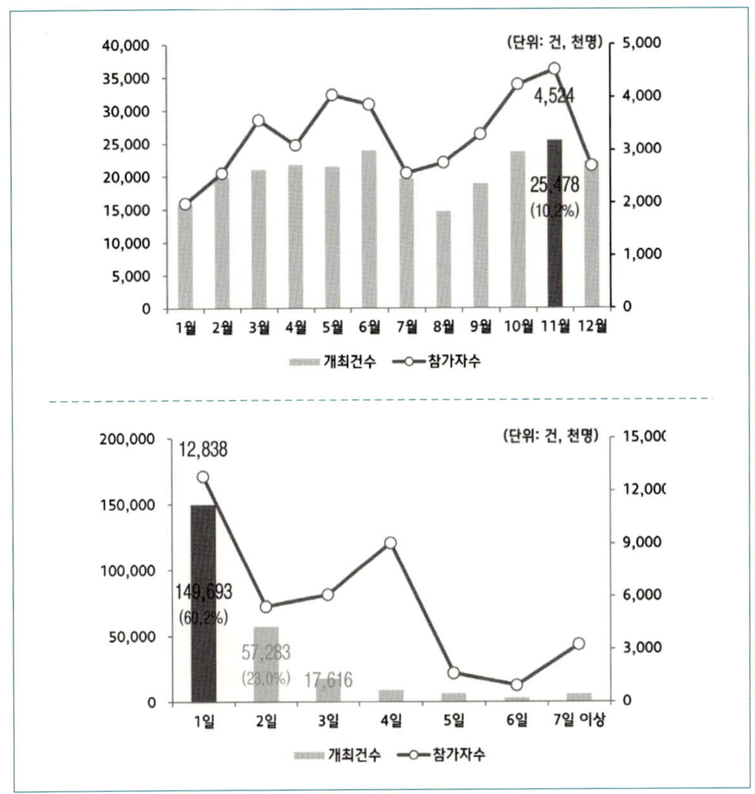

* 출처: 한국관광공사, 「2014 MICE 산업통계 조사 · 연구보고서」

그림 16.5 MICE 산업 개최시기 및 행사기간별 현황

행사기간은 1일 149,693건(60.2%)과 2일 57,283건(23.0%)이 대부분을 차지하며, 3일 이상은 41,598건으로 16.7%에 지나지 않았다. 당일 행사가 일반화되고 있으며, 전체 평균 행사기간이 1.8일로 점차 짧아지는 추세이다. 주된 원인으로는 회의 대체수단(화상 인터넷회의) 개발과 예산·시간상 제약을 들 수 있다. 일부 참가자들은 회의기간 내내 계속 체류하지 않고 그들이 필요한 회의 일부만 참가하는 현상도 잦아지고 있다. 이처럼 행사 개최일수 감소에 따른 소비지출 효과가 낮아지면서, MICE 방문객의 체류일수를 늘리기 위한 장기체류형 상품개발이 필요한 시점이다(그림 16.5 참조).

주최기관은 기업에서 주최된 행사가 101,794건(41.0%)으로 가장 많으며, 이를 제외한 협회(13.4%), 공공(11.5%), 학회(11.0%), 정부(7.6%) 등은 고른 분포를 보였다. 대체로 정부나 공공기관보다는 영리추구 집단의 기업개최 행사가 많아 신

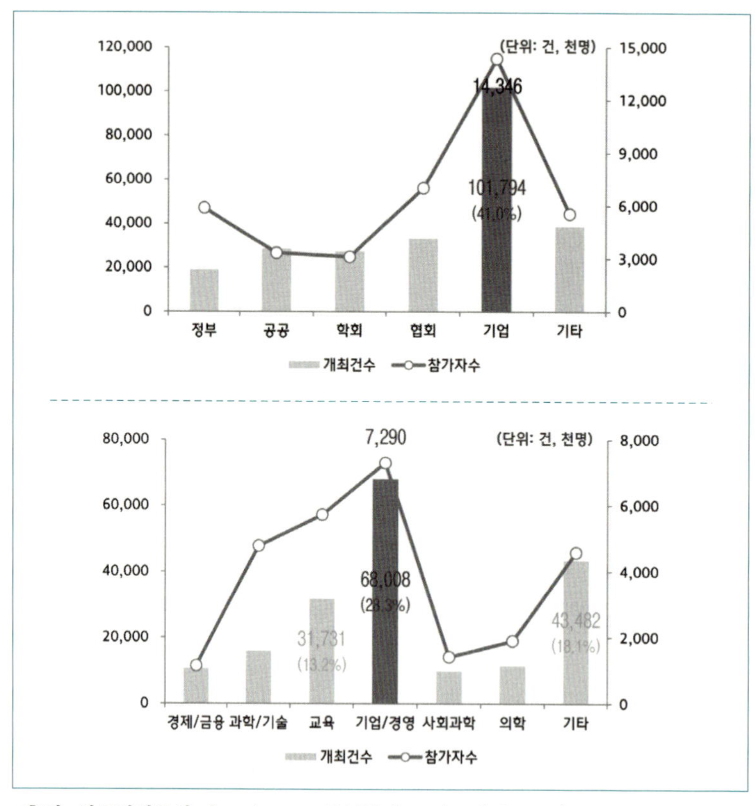

*출처: 한국관광공사, 「2014 MICE 산업통계 조사·연구보고서」

그림 16.6 MICE 산업 주최기관 및 행사주제별 현황

규시장으로 볼 수 있다. 단언컨대, MICE 산업이 민간부문Private 주도형으로 진행됨을 짐작할 수 있다(그림 16.6 참조).

행사주제별로는 기업주도의 MICE 행사비중이 증가하면서 기업 · 경영 68,008건(28.3%)과 교육 31,731건(13.2%)이 높은 비중을 보이는 가운데, 과학 · 기술(6.7%), 의학(4.8%), 경제 · 금융(4.5%), 사회과학(4.1%) 순으로 다양한 영역의 테마를 다루는 행사로 점차 확대되고 있다. 행사 개최건당 참가자건수는 과학 · 기술(299명)과 교육(180명) 분야에서 인기가 높았다(그림 16.6 참조).

참가자 규모는 250명 미만의 중 · 소규모 행사비중이 91.0%(226,294건)로 압도

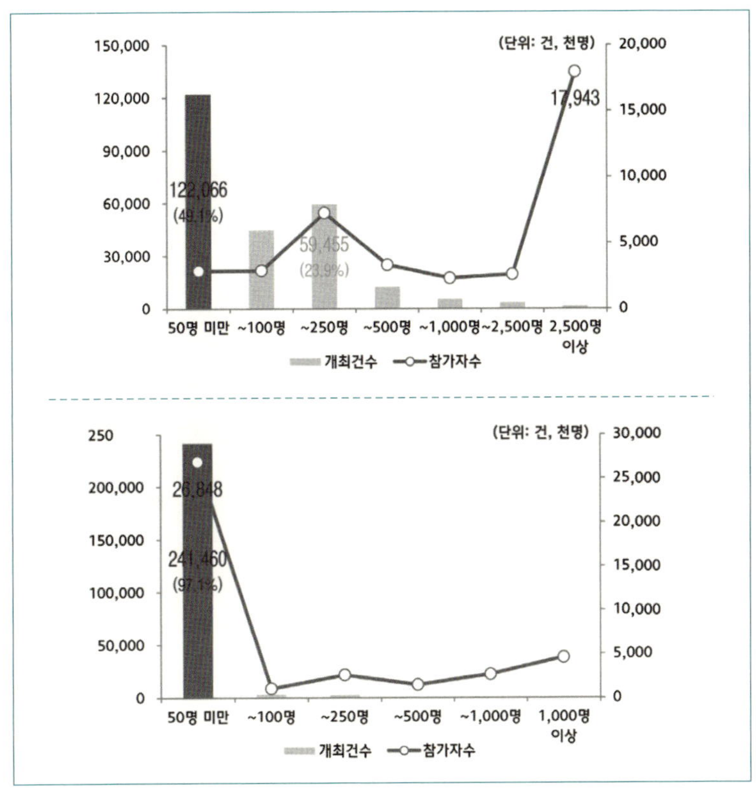

* 출처 : 한국관광공사, 「2014 MICE 산업통계 조사 · 연구보고서」

그림 16.7 MICE 산업 참가자 규모 및 외국인 구간별 현황

적인 가운데, 이 중 50명 미만의 행사가 122,066건(49.1%)으로 과반을 차지하였다. 반면, 참가자수 1천명 이상의 대규모 국제회의는 단 1.9%에 불과하나, 전체 참가자수는 52.4%를 점유하였다. 위의 사례는 MICE 산업의 시장이 참가자 규모에 따라 롱테일Long Tail : 역파레토의 법칙이 그대로 성립함을 보여준다(그림 16.7 참조).

외국인 참여구간의 사정도 위와 크게 다르지 않다. 50명 미만의 행사가 241,460건(97.1%)으로 거의 절대적이다. 이러한 사실은 정부가 시설투자를 집행하는 대규모 회의시장보다 개최가 잦고 경제성이 저평가된 중소규모 회의시장 유치경쟁이 더욱 치열할 것임을 시사한다(그림 16.7 참조).

시설유형 장소로는 전문회의장을 갖추어 비즈니스 업무가 원활한 기존 회의시설이 130,865건(54.5%)으로 여전히 강세를 보이고 있다. 그러나 호텔(26.3%)과 휴양콘도미니엄(12.8%) 등 리조트지역과 연계된 시설도 최근 들어 꾸준히 선호되고 있는 추세이다. 업무뿐만 아니라 휴양, 관광도 즐길 수 있는 다목적Versatile형의 회의개최 장소로서 변화된 트렌드를 간접적으로 유추할 수 있다. 그러나 아직까지 외국인은 컨벤션센터와 전시장과 같은 전문 회의시설(43.9%)에서 가장 많은 438,745명이 참가하고 있다(그림 16.8 참조).

마지막으로, 예산규모는 1천만원 미만이 198,325건(79.8%)으로, 대다수 행사들이 저예산의 영세한 규모로 치러지고 있다. 이와 반대로 예산규모가 많게 편성된 1억원 이상의 대규모 행사는 2.7%로 소수에 그쳤다. 그동안 상대적으로 질이 낮은 단발성 행사 위주로 진행되어 왔으나, 국제사회에서 경쟁력을 저하시키는 요소로 작용할 수 있다. 향후 양질의 국제회의 행사를 지속적으로 개최하기 위해서는 정부의 전폭적인 지원과 유인책이 필요함을 엿볼 수 있는 대목이다(그림 16.8 참조).

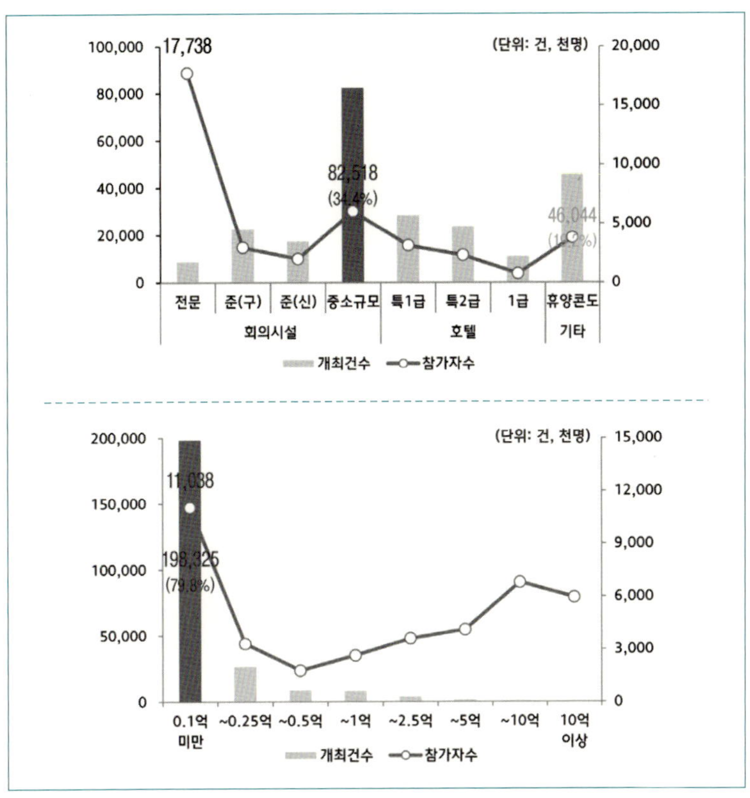

* 출처 : 한국관광공사, 「2014 MICE 산업통계 조사 · 연구보고서」
* 주 : 준회의시설(구)란 컨벤션센터, 공공회관, 대학교 등이며, 준회의시설(신)은 연구원, 연수원, 일부 호텔, 기타시설 등 추가

그림 16.8 MICE 산업 시설유형 및 예산규모별 현황

MICE 행사의 참가자 방문특성

MICE 행사 참가자의 여행성향 및 방문실태 파악은 개선방안 마련을 통해 향후 성공적 개최를 위한 훌륭한 기초마케팅 자료가 된다. 이를 분석한 한국관광공사의 「2014 MICE 산업 참가자 조사」에 따르면, MICE 행사의 외국인 참가자들은 개최지역 내 참여활동으로 회의 관련업무 · 유관기관 방문(Business, 68.9%) 이외에,

관광(Tour, 74.2%), 쇼핑(Shopping, 68.9%), 식도락(Eating, 54.3%), 문화 · 역사 · 유적관람(Culture Sightseeing, 52.8%) 등을 즐기는 것으로 드러났다. 동일 활동에 있어서는 외국인이 교육을 제외한 모든 항목에서 내국인보다 20~40%p 가량 높아 적극 참여하는 패턴 형태를 띠고 있다(그림 16.9 참조).

더불어 MICE 산업에 참가한 외국인들이 가장 많이 이용하는 숙박시설로는 호텔이 77.8%로 1순위였는데, 내국인 이용률(38.2%)의 2배에 근접하였다. 뒤를 이어 여관 · 유스호스텔 · 게스트하우스(9.0%), 기숙사(5.2%), 콘도 · 펜션(4.5%), 친척 · 친구집(3.2%) 순으로, 대체 숙박시설의 다변화 추세를 반영하고 있다. 위 응

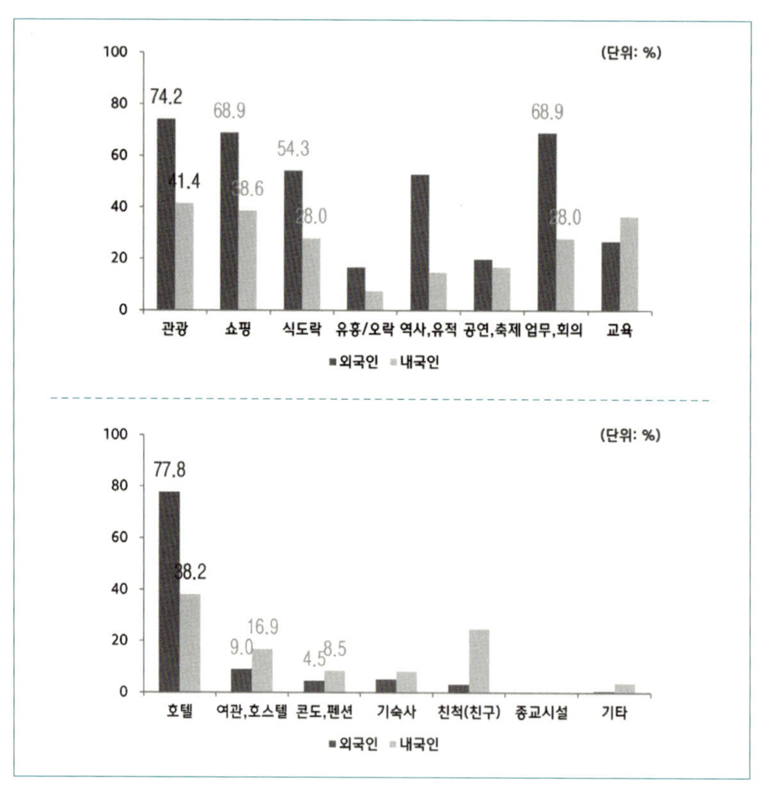

*출처 : 한국관광공사, 「2014 MICE 산업 참가자 조사」

그림 16.9 MICE 산업 개최지역 내 참여활동 및 숙박시설현황

답은 문화체육관광부(2014)의 외래관광객 숙박시설 이용실태 조사결과(호텔 : 75% 내외)와 거의 일치하며, 호텔의 예약시스템과 부대서비스 등 타유형 대비 상품성 우위로 판단된다(그림 16.9 참조).

국제회의 개최기간 동안 1인당 평균 방문 소비액은 외국인이 311만원으로, 내국인 91만원을 크게 앞지르며 3.4배 더 많이 지출하는 것으로 나타났다. 동시에 일반관광객(1,147$)의 구매력과 비교해서는 2.3배에 달한다(문화체육관광부, 2014). 지출항목별로는 숙박 93만원(29.9%)과 회의등록 64만원(20.6%)에 집중되며, 쇼핑 46만원(14.7%), 식음료 27만원(8.8%)에 소비하는 비율 또한 상대적으로 높았다(그림 16.10 참조).

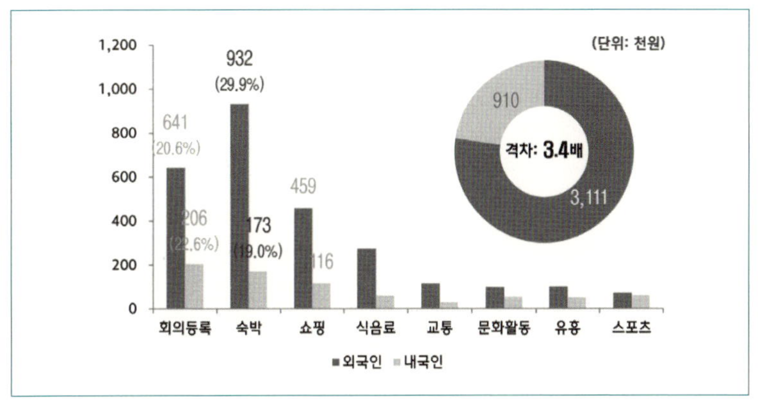

* 출처 : 한국관광공사, 「2014 MICE 산업 참가자조사」

그림 16.10 MICE 산업 1인당 평균 방문소비액 현황

MICE 시설 및 인프라에 관한 수용태세

MICE 산업 발전을 위해서는 세계적인 수준의 첨단 회의 · 전시시설 등 인프라 확보가 중요한 선결과제이다. 국내에서 MICE 행사를 개최할 수 있는 인프라로 크게 회의시설, 컨벤션센터, 호텔 등으로 집약할 수 있다. 이들에 한정하여 전국에 등록된 인프라 시설수는 총 292개로, 총 989,224명을 수용할 수 있는 규모이다(한국관광공사 K-MICE). 지역별로는 서울 86개(29.5%), 경기 · 인천 48개(16.4%), 지방 158개(54.1%)로, 수도권을 탈피하여 분산적 집중분포 양상을 보인다. 이 중 1,570만명이 상주하는 경기 · 인천은 인프라시설이 취약하여, 수도권의 유치경쟁력을 약화시키는 것으로 평가된다(그림 16.11 참조).

시설 유형별로는 호텔이 가장 많은 177개(60.6%)로, 회의시설(34.9%)과 컨벤션센터(4.5%)를 가볍게 제쳤다. 수용인구 또한 위와 동일한 순위를 유지하는 가운데, 호텔이 649,344명(65.6%)으로 높은 수용력을 자랑한다. 그러나 역으로 회의시

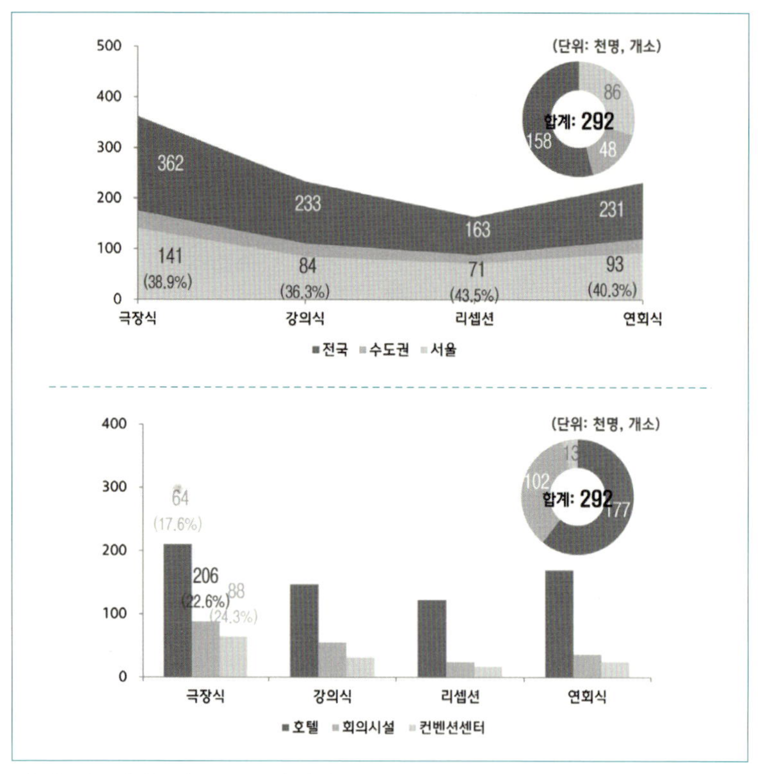

* 출처 : 한국관광공사 K-MICE 홈페이지(http://k-mice.visitkorea.or.kr)

그림 16.11 지역 및 유형별 MICE 산업 시설현황

설(20.5%) 및 컨벤션센터(13.9%)의 관광수용력 부족을 의미하며, 상당수 호텔시설에 의존해야 함을 간접적으로 말해주고 있다. 더불어 일반적인 회의장소 형태로는 수용인원 기준상 극장식(Theater, 36.6%)과 강의식(Classroom, 23.5%)이 잘 갖추어져 있으나, 행사의 성격과 규모에 따라 연회식(Banquet, 23.4%)과 리셉션(Reception, 16.5%) 등 상이한 패턴을 가진다(그림 16.11 참조).

무엇보다 현대 MICE 산업 육성의 핵심 인프라를 꼽으라면, 단연코 컨벤션센터라 할 수 있다. 한국전시산업진흥회에 따르면, 2015년 현재 국내에서는 서울, 경기를 비롯한 충남, 경북, 경남권의 각 지방소재지에 건립되어, 총 15개의 컨벤션센터가 운영 중이다. 대표적으로 최초 개관하여 가장 많은 연례 국제행사를 치룬 강남 COEX, 단일시설로 최대 면적(10.8만㎡, 세계 42위)인 일산 KINTEX, 그 밖에 부산 BEXCO, 광주 KDJ Center, 인천 송도 컨벤시아 등이 있다. 대체로 지자체에서 출자한 회사가 운영 · 관리를 수행하는 동시에, 지역별 산업적 특성에 기반하여 컨벤션센터의 차별화가 진행된 결과로 풀이된다. 이들의 공급면적은 전시장(27.4만㎡)과 회의장(7.7만㎡)을 합산한 총 35.1만㎡로, 수용인구는 약 11만명에 달한다. 이 수치는 세계 16위에 해당하며(UFI, 2012), 무역강국으로서 9위(UNCTAD,

(단위 : ㎡, 명)

지역	서울			경기	인천	충남		경북			경남		전남	전북	제주
시설명	COEX	SETEC	aT Center	KINTEX	송도 컨벤시아	KOTREX	DCC	EXCO	GUMICO	HICO	BEXCO	CECO	KDJ CENTER	GSCO	ICC JEJU
건물전경															
소재지	강남	강남	양재	고양	인천	대전	대전	대구	구미	경주	부산	창원	광주	군산	서귀포
개관연도	1988	1999	2002	2005	2008	1995	2008	2001	2010	2015	2001	2005	2005	2014	2003
전시장 면적	36,007	7,948	7,422	108,483	8,416	4,200	2,520	22,159	3,402	2,273	46,380	7,827	12,027	3,000	2,395
회의장 면적	11,536	839	657	13,303	4,020	-	4,064	7,350	953	6,899	13,479	2,784	2,748	1,825	6,502
수용인원	7,000	300	2,055	70,000	2,100	2,000	2,000	1,600	3,500	6,900	2,400	2,000	1,500	2,000	4,300
운영기관	COEX	KOTRA	농수산물 유통공사	서울산업 통상진흥원	인천 관광공사	KOTRA	대전 마케팅공사	EXCO	EXCO	경주화백 컨벤션센터	BEXCO	COEX	김대중 컨벤션센터	COEX	ICC 제주
비고(확장)	-	-	-	2011년	-	-	-	2011년	-	-	2012년	-	2013년	-	-

*출처 : 한국전시산업진흥회(http://www.akei.or.kr), 각 컨벤션센터 홈페이지, 「Meeting Planner's Guide to KOREA」

그림 16.12 전국 컨벤션 센터 및 전시장 건립현황

2013)에 비추어볼 때 인프라 여건이 열악함을 알 수 있다(그림 16.12 참조).

따라서 세계 4위의 컨벤션도시의 명성에도 불구하고, 국제경쟁력을 갖춘 대규모 MICE 시설의 부재는 행사개최에 불리한 문제점으로 지적되고 있다. 이는 그동안 인프라 투자가 부족하여 무조건적인 신설보다는 기존 시설을 확장 · 재추진하는 전략을 지속적으로 해왔기 때문으로 여겨진다. 이로써 주최측 요구에 미충족Unmet Need되는 국제적 대형행사의 취소사례(예: 서울모터쇼, 세계자기학회 학술대회)가 발생하고, 곧 가동률OCC 하락에 따른 영업실적 저조로 이어지며 악순환이 반복되는 한계를 드러냈다.

이를 극복하고자 서울시는 MICE 육성 마스터플랜(2014~2018)을 수립하며, 2002년 이후 6.4만㎡으로 정체되어 있는 전시 · 컨벤션 면적을 2020년까지 도심권(DDP+서울역 북부), 동남권(현대차부지), 서남권(마곡)에 20만㎡로 확장할 예정이다. 이 중 삼성동~잠실 일대의 현대차부지(8.3만㎡)는 현 COEX(4.8만㎡, 세계 190위)의 가동률이 평균 75%로 포화상태에 도달한 점을 감안, 크게 국제업무와 MICE가 어우러진 '국제교류 복합지구'로 재탄생된다. 그리하여 한국은 세계 속의 MICE 산업 중심지로 역량이 한층 강화될 전망이다(그림 16.13 참조).

* 출처: 서울시청, 「2014 서울시 코엑스~잠실운동장일대 종합발전계획」

그림 16.13 서울시 동남권 일대 MICE 시설 확충계획

최근에는 MICE 행사개최 시, 자국문화 홍보와 행사의 차별적인 매력제고 차원에서 독특한 행사장을 뜻하는 유니크 베뉴Unique Venue의 선호도가 증가하고 있다. 현재 전국에 산재한 유니크 베뉴는 약 110개이며, 이 중 서울은 39개(도심 14, 강남 9, 여의도 4, 기타 12)를 보유하고 있다(한국관광공사 K-MICE). 유형별로는 주로 호텔 내 컨벤션센터와 같이 최신의 현대시설(23.1%), 한강에 인접한 수변 · 전경(17.9%), 고궁 · 기념관 · 역사 유적지 등 전통적 공간(17.9%), 문화 · 공연장(17.9%), 미술관 · 박물관(12.8%) 등이 회의, 만찬, 리셉션의 부대행사장으로 활용되고 있다. 일례로 삼청각, 영빈관, 라움, 세빛섬, 예술의 전당, 63빌딩, 한국의 집 등이 가장 대표적이다. 이처럼 지역별로 특색 있는 이색회의장이 많아지면서 참가자의 취사 선택의 폭 또한 점차 확대되는 가운데, 국제도시 간 MICE 산업의 유치경쟁 시 핵심경쟁력으로 부각될 것으로 예측된다(그림 16.14 참조).

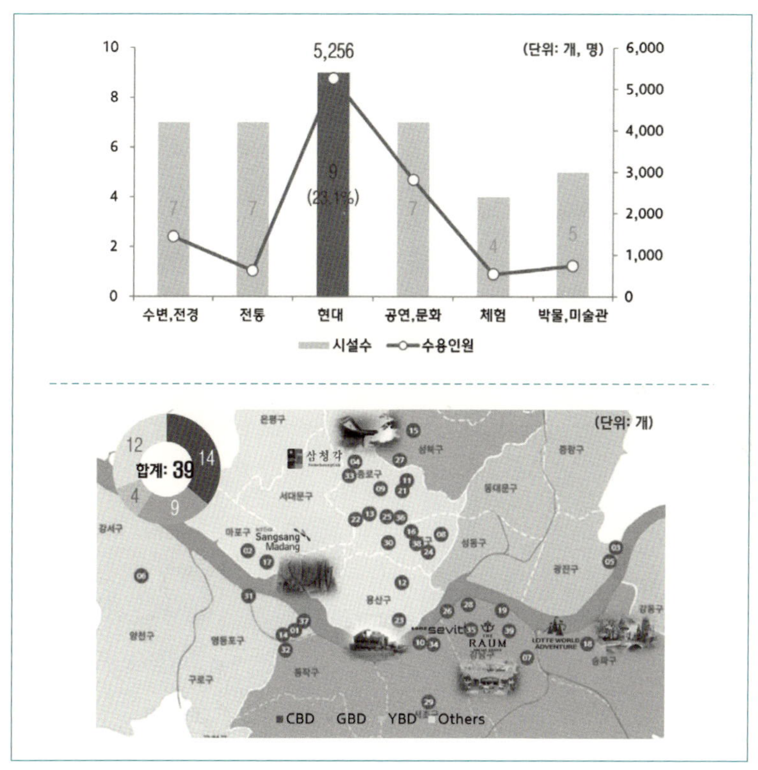

* 출처 : 한국관광공사 K-MICE 홈페이지(http://k-mice.visitkorea.or.kr)

그림 16.14 서울시 MICE 산업 유형별 유니크베뉴 현황 및 공간적 분포

MICE 산업의 경제적 파급효과

MICE 산업은 관광객 유치에 따른 경제 · 사회 · 문화 등 다양한 측면에서 큰 파급효과를 가진다. 경제적으로는 관광수입 확대, 관광인프라 투자 증설, 고용 및 지역경제가 증대되며, 사회 · 문화적으로는 국제교류에 따른 외교 활성화 및 홍보로 국가위상이 향상된다. 실례로 한국관광공사(2013)가 MICE 산업 전 분야에 걸친 경제적 파급효과를 개략적으로 추정한 결과, 생산 41.1조원, 고용 20.6만명, 소득 6.5

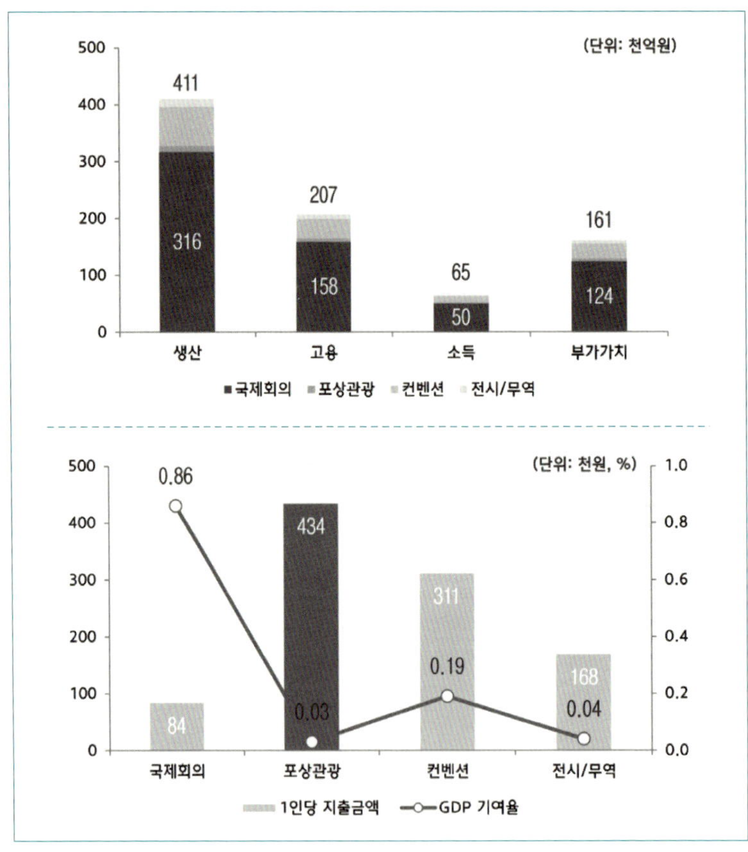

*출처 : 한국관광공사, 「2013~14 MICE 산업통계 조사 · 연구보고서」

그림 16.15 MICE 산업 분야별 경제적 파급효과 및 GDP 기여도

조원, 부가가치 16.1조원의 유발효과가 있는 것으로 나타났다(그림 16.15 참조).

MICE 산업의 국내총생산GDP 기여도는 총 1.13%로, 관광산업 대비 약 16.2%의 비중을 차지한다. 이는 OECD 주요 국가인 영국(1.6%), 싱가포르(1.9%), 미국(2.0%), 캐나다(2.2%), 호주(2.5%) 등에 비해 낮은 하위권 수준으로, 상대적인 경쟁력 열위에 놓여 있다. 국내 MICE 산업의 종합경쟁력 지수가 30.8점(100점 만점 기준)이며, 상위 21개국 중 18위로 평가한 현대경제연구원(2014)의 연구결과와 일치한다. 부문별로는 국제회의가 0.86%로 기여도가 가장 높은 반면, 컨벤션(0.19%), 전시(0.04%), 포상관광(0.03%)은 0.2% 미만으로 영향력이 적은 편이다. 즉 국내 MICE 산업은 아직 취약한 단계이나 상승세로, 향후 성장잠재력이 높아 행사유치를 통한 수익극대화 노력이 필요하다고 할 수 있다(그림 16.15 참조).

이 밖에도 MICE 산업은 기업체와 정부 고위인사 등 사회지도층으로 구성되는 참가자 특성상, 관광소비 지출규모가 큰 것으로 알려졌다. 이 중 중국인관광객(遊客, 요우커) 방문이 많은 포상관광의 경우 434천원으로 구매력이 높았다. 반면, 참가자수가 가장 많은 국제회의는 83천원으로 저조하여, 회의 유형에 따라 소비패턴이 다소 상반된 모습을 보였다(그림 16.15 참조).

무역 측면에서 MICE 산업의 외화가득률은 90%로, 자동차(71%), TV(60%), 휴대폰

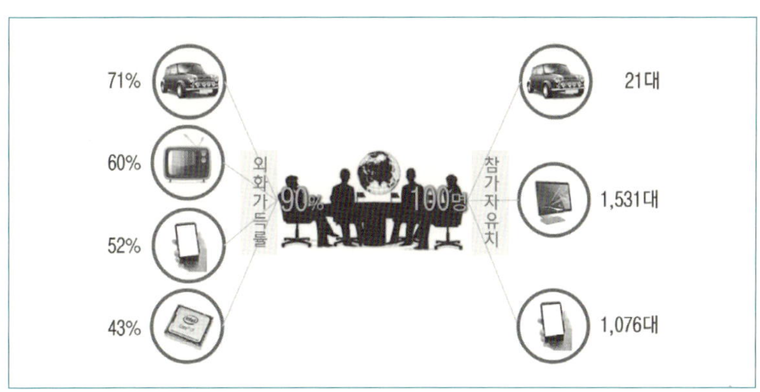

* 출처 : KB금융지주, 「MICE 산업에 대한 이해(2013)」 재가공

그림 16.16 MICE 산업 외화가득률 및 참가자 유치효과

(52%), 반도체(43%) 등 국내 주력 수출산업을 상회하고 있다(한국관광공사, 2008). 또한 MICE 산업의 관광객 100명 유치는 중형 승용차 21대, LCD TV 1,531대, 휴대폰 1,076대와 동일한 수익창출 효과가 있는 것으로 평가된다(그림 16.16 참조).

MICE 산업과 연계를 통한 호텔업의 성장

2000년대 들어 시작된 국내 MICE 산업은 짧은 역사에도 불구하고, 세계 국제회의를 개최하는 5대 장소로 괄목할 성장세를 견지하였다. 이는 정부의 전폭적인 지원 하에 MICE 인프라를 확충하고, 대대적인 글로벌 마케팅을 추진하는 등 MICE 산업을 전략적으로 이끌고 육성한 결과라 평가할 수 있다.

오늘날 MICE 산업은 단순히 회의행사를 주최하여 관광산업을 주도할 뿐만 아니라, 산업간 전·후방 파급효과가 큰 타분야(무역, 금융, IT 등)와 융·복합하여 높은 부가가치 창출을 도모할 수 있다. 이러한 측면에서 MICE 산업을 기타 부대산업의 성장 플랫폼Platform으로 활용하되, 관광, 쇼핑, 숙박, 식음료, 문화, 엔터테인먼트, 운송, 유통, 의료 등 다양한 연관서비스산업과 긴밀히 연계하여 발전을 도모해야 한다(그림 16.17 참조).

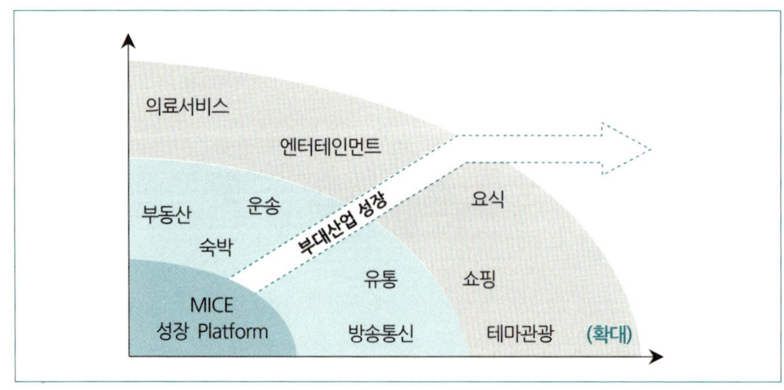

*출처: KDB산업은행, 「MICE 산업 발전방향과 과제(2013)」 재가공

그림 16.17 MICE 관련 육성가능 부대산업

특히 국제행사의 성공적인 유치를 위해 행사 규모와 수준에 걸맞는 숙박시설이 지원되어야 하며, 회의 전문시설과 함께 MICE 개최장소로 활용된다는 점에서 호텔 인프라는 매우 중요한 요소이다. 이에 따라 호텔은 MICE 산업의 부흥에 힘입어 테마를 입은 차별화된 콘셉트로 경쟁력을 확보함으로써 동반성장Synergy을 꾀해야 한다.

나아가서는 MICE 산업 전반의 건강한 생태계 기반을 조성·구축하고, 민관이 함께 협력하는 상생 파트너십Partnership을 강화해야 한다. 한국관광공사, 지자체를 필두로 협회, 기업, BT MICE 관계자, 전시·컨벤션시설, 행사기획자PCO, 호텔, 여행사, 기타 서비스 공급자 등이 주축이 되어 MICE 산업 육성과 발전에 모두 힘을 쏟아야 한다. 이를 통해 우리나라가 국제회의를 선도하는 명소이자, 세계 MICE 강국으로 자리매김할 수 있기를 기대한다.

STORY 요약

MICE 산업은 회의, 포상관광, 컨벤션, 전시의 약자로, 일반 관광에서 접할 수 없었던 목적성을 띤 기업단위 영역의 새로운 비즈니스관광(BT)이다. MICE 방문객들은 사회적으로 왕성하게 활동하는 고위계층이 참여하기에, 관광소비 지출규모가 크고 체류기간도 길다는 점에서 부가가치가 높다. 우리나라의 경우 MICE 시장규모가 5조원에 연간 25만 건 행사를 치르며, 명실상부한 국제회의 개최 세계 1위 MICE 강국으로 발돋움하였다. 대체로 당일에 걸쳐 기업·경영·교육 분야의 기업회의가 50인 이하 소규모 행사로 가을시즌에 집중되는 것이 MICE 산업의 특징이다. 또한 컨벤션홀과 회의장의 부대시설을 갖춘 호텔은 방문객들이 묵는 숙박시설에서 MICE 행사유치 및 개최장소로 활용도가 높아졌다. 그리하여 MICE 산업은 행사를 주최하는 단체와 개최지역에 도시홍보와 마케팅 유발효과는 물론 관광, 쇼핑, 숙박, 식음료 등 다양한 산업과 전·후방으로 연계되어 막대한 경제적 파급효과를 미친다. 싱가포르의 마리나베이샌즈(MBS)와 리조트월드센토사(RWS)는 대형 복합리조트 개발을 통해 관광수익과 일자리 창출을 일군 MICE 산업의 성공적인 사례로 회자된다. 향후 국제교류와 비즈니스 중심지 도약을 위해 대규모 MICE 복합단지 조성이 필수적인 가운데, 호텔 인프라가 MICE 산업의 중추적 역할을 할 것이다.

창의와 혁신, 타분야 융 · 복합을 통한 호텔의 놀라운 진화

호텔업도 바야흐로 창조경제 시대이다. 이에 따라 호텔업의 개념도 과거의 단순한 숙박이 아닌 타분야와의 연결과 융·복합을 통해 체험과 감성, 커뮤니티를 제공하는 새로운 공간으로 변모하였다. 최근에는 호텔업이 성장가능성이 높은 의료, 뷰티, 정보기술(IT), 역사·문화, 환경 분야 등과 만나 신규 수요를 창출하며, 독자적인 영역을 구축한 이색(異色) 호텔들의 사례가 급증하고 있다. 이들 호텔의 공통적인 성공요인(KSF)으로는 특색 있는 스토리를 가지며 차별화된 테마형 호텔을 지향하는 점이다. 이와 같이 창의적이고 과감한 발상의 전환(Design Thinking)은 한류문화 중심지로서 호텔업의 새로운 미래 발전 방향과 비전을 제시한다.

창조산업으로 비즈니스호텔

호텔산업도 존 호킨스John Howkins가 말한 창조경제(創造經濟, 2001) 시대를 맞이함에 따라 공통된 키워드 화두(話頭)로 '창조와 연결, 그리고 융 · 복합'이 손꼽히고 있다. 세계적인 IT기업, 애플Apple의 창시자로 유명한 스티븐잡스Steve Jobs에 따르면, "창조는 단지 기존에 서로 상관없어 보이던 것들을 새롭게 결합하고 연결Linkage하는 작업이다(1996)."라고 이야기한 바 있다. 즉 이러한 점을 호텔산업에 비추어보면, 우리가 흔히 말하는 "비즈니스호텔의 창조성Creativity이야말로 다른 것과의 우연한 만남에서 비로소 시작된다."고 말할 수 있다. 이와 유사하게 미국의 경제학자인 리차드 플로리다Richard Florida 교수 또한 예술, 문화, 관광 등 지식을 기반으로 새로운 부가가치를 창출하는 창조산업(Creative Industry, 2002)의 개념을 제시하였는데, 광의적인 의미에서 호텔업도 창조산업의 범주에 일부 포함된다고 할 수 있다(그림 17.1 참조).

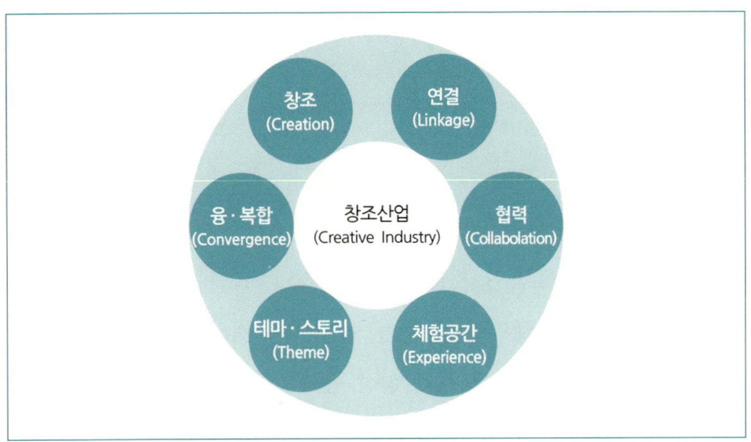

그림 17.1 창조산업과 연상되는 이미지와 구성요소

한편 대내·외 사회적 환경 및 여건 하에서 올해 우리나라를 방문한 외국인 관광객수가 1,500만명을 돌파, 사상 최대를 기록하며 호텔시장도 경기호조를 보이고 있다(한국관광공사, 2016.11). 그러나 호텔을 이용하는 고객의 니즈Needs가 갈수록 끊임없이 변화하는 가운데 다양한 기능과 서비스 수용을 요구하는 추세에 접어들면서, 상기의 트렌드를 따라가지 못하는 대다수의 호텔이 생존을 위협받고 있다. 이는 우리나라 호텔산업이 처한 현주소를 그대로 대변하고 있다.

그렇다면 "과연 창조경제시대에 우리나라 비즈니스호텔 산업이 한 단계 경쟁력을 향상시키기 위해 어떻게 혁신·창조되는 방향으로 변화해야 하는가?"라는 의문이 든다. 이 질문에 대한 근본적인 해답은 이제 창조산업의 하나로서 비즈니스호텔을 받아들이고, 이와 긴밀한 연계를 지니는 타산업 분야와 연계·협력하여 새로운 유형의 상품을 지속적으로 개발하는 일이다.

타산업 간 융·복합을 통한 호텔 신(新)유형 분류

호텔업은 관광산업Tourism과 함께 부가가치가 대단히 높은 서비스산업 중 하나로, 전방위적인 고용 일자리 창출 및 경제유발 효과가 뛰어나 그 어느 때보다 오늘날 현대사회에서 중요한 영향력을 행사한다. 이에 따라 호텔업과 연관성이 높은 의료Medicine, 뷰티Beauty, 정보기술IT : Information Technology, 전통역사 · 문화History & Culture, 친환경Eco 등에 이르는 타분야 간 서로 연결과 융 · 복합을 통해 새로운 관광호텔이 등장하면서 신규수요를 창출하고 있다.

물론 그 중심에는 대표적인 사례로 캡슐호텔, 메디텔, 코스메텔, 스마트호텔, 한옥호텔, 그린호텔 등이 급부상 중이다. 이들은 틈새시장Niche Market을 공략한 테마형 호텔의 차별화된 전략을 펼쳐 신성장 동력원Engine의 한 축으로 주목받고 있다. 이처럼 세계 곳곳에는 전혀 예상치 못한 창의성을 발휘, 산업 간의 접목을 과감하게 시도하여 이색적이고 특별한 호텔로 거듭난 사례들이 많으며, 유형은 아래와 집중 탐구하기로 한다(그림 17.2 참조).

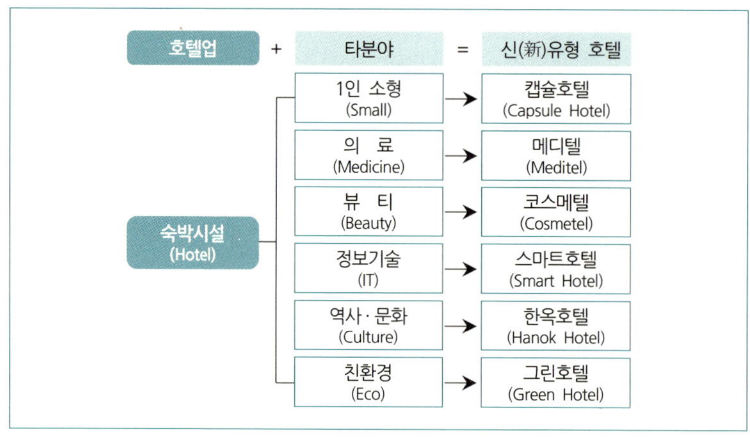

그림 17.2 호텔업과 타산업 간 융 · 복합을 통한 신유형의 호텔

미래지향적인 호텔의 대표사례 및 주요 특징

1인 여행자 중심의 저렴한 캡슐호텔

1인 가구 520만 시대, 신조어인 혼밥 · 혼술 · 혼영 · 혼창 · 혼놀에 이어 나홀로

여행을 즐기는 일명 '혼행(行)족 문화'가 빠르게 늘고 있다. 국내 여행업체의 선두주자격인 하나투어Hanatour 조사에 따르면, 지난해 불경기에도 불구하고 항공권 혹은 여행상품을 1인용으로 구매한 혼행족이 약 20.6만명으로 5년 전 4.6만명과 비교하여 5배 가까이 증가했다. 그리고 올해는 해외로 떠나는 1인 여행객수가 무려 26.9만명에 달할 것으로 추정하고 있다. 이러한 1인 여행자 중심의 열풍에 힘입어 초소형 저가 숙박시설인 캡슐호텔이 새로운 숙박트렌드 유형으로 자리잡고 있다(그림 17.3 참조).

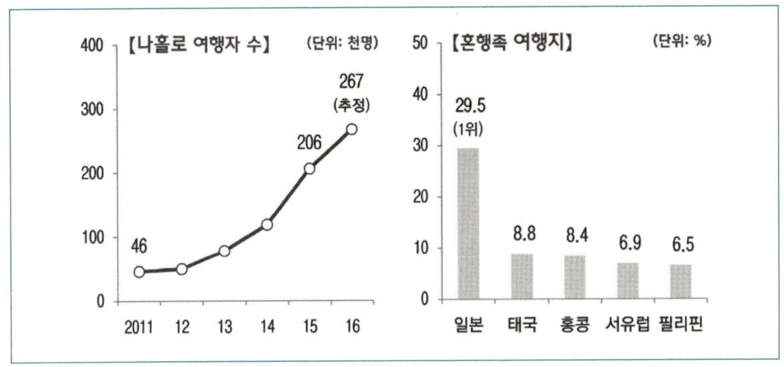

* 출처 : 하나투어 통계 발표자료(2016년 상), 저자 수정 · 보완

그림 17.3 혼행족 여행객 인구 추이 및 여행지 순위

캡슐호텔Capsule Hotel은 일본에서 개발된 독자적 · 전형적인 호텔 양식으로, 플라스틱류의 침실 유닛(Module : 가로 · 세로 1m×길이 2m 내외)을 겹쳐 층층이 쌓은 캡슐 혹은 벌집 모양의 숙박시설을 일컫는다. 겨우 한 사람이 들어가 잠을 잘 수 있는 1평 남짓한 최소한의 공간으로 TV시청, 라디오 청취 등 제한적인 활동만이 가능하다. 조식은 무료로 제공되지 않으며, 화장실 및 샤워장은 공동시설로 제공하는 경우가 다반사다. 이는 호텔업자들이 공간을 최대한 고효율적으로 이용하여 많은 숙박객을 수용, 가성비High Cost-Effectiveness를 높이기 위해 고안된 것이라 볼 수 있다.

무엇보다 도쿄 시내 일반호텔의 시세 대비 1/3 수준인 3~4만원대의 중저가 호텔로 저렴한 것이 가장 큰 장점이다. 따라서 1박 2일 간 잠시 머무르는 단기 숙박객에게 적합한 반면, 장기간 체류의 숙박객은 이용불편이 뒤따르는 단점이 있다. 또한 밀폐된 외관구조상 소음문제와 짐보관 어려움에 따른 분실 및 치안사고 발생에 다소 취약한 편으로, 여행자들마다 선호편차가 큰 상품이다. 그럼에도 불구하고 1인문화가 발달한 까닭에 일본 전역에는 도쿄 시내와 오사카를 기점으로 약 1천개가 넘는 캡슐호텔이 성업 중이다(그림 17.4 참조).

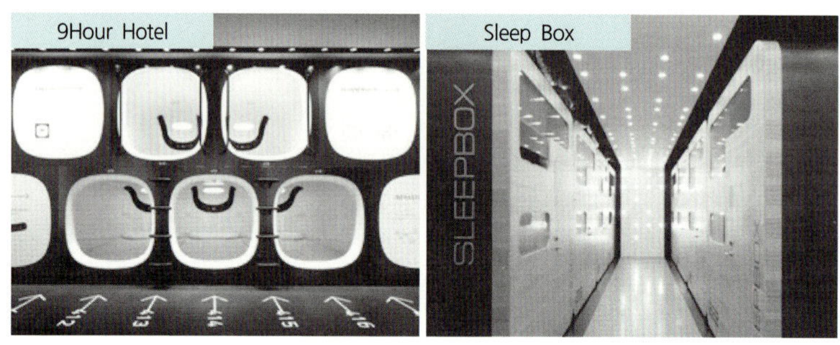

* 출처 : ninehours.co.jp(좌) & designboom.com(우)

그림 17.4 도쿄 시내 및 러시아 공항에 설치된 캡슐호텔

현재, 우리나라는 캡슐호텔을 대신하여 오래 전부터 그 자리에 유사 경쟁상품인 게스트하우스Guesthouse와 유스호스텔Hostel이 정착하고 있는 상태이다. 한때는 캡슐호텔의 시설 노후화에 따른 노숙자Homeless 및 난민 등이 장기투숙하면서 사회적 문제가 잦아지고, 한국인의 정서와 상충된다는 의견이 있어 일본처럼 캡슐호텔이 보편화된 상품은 아니라고 할 수 있다.

그러나 전세계적인 혼행족 문화트렌드에 발맞추어 공항과 역전 근처 등 교통접근성이 뛰어난 곳을 중심으로 캡슐호텔이 급속히 확산될 전망이다. 이 중에서도 인천공항은 심야시간대의 환승객과 지방고객의 편의도모를 위한 간이 수면공간으로, 67실 규모의 캡슐호텔 설치를 계획 중이다. 향후 손쉽게 체크인-아웃이

가능하고, 시간단위(6~7천원/1H)로 이용할 수 있도록 운영될 예정이다. 이처럼 캡슐호텔은 가격에 민감히 반응하는 젊은 세대층과 갑작스러운 여행일정Schedule 변동에 따라 임시 휴식처Shelter를 찾는 이들에게 훌륭한 대안이 될 수 있다.

의료기능을 겸비한 메디텔(의료+호텔)

최근 많은 국가들이 의료서비스 및 건강증진 활동을 관광사업과 연계하여 고부가가치 산업으로 발전시켜 나가고 있다. 우리나라 역시 2009년 의료관광분야를 신성장동력 산업의 하나로 인식하고, 투자활성화를 위한 다양한 정책들이 시행되었다. 그 결과 「의료법」 개정에 따른 외국인 환자 유치행위 허용 이래 메디컬비자 발급이 허용되고, 의료관광호텔업 신설과 함께 의료기관의 숙박업 및 부대사업이 공식 인정(「관광진흥법」 시행령, 2013)을 받게 되었다. 이러한 정부주도의 강력한 지원책에 힘입어 의료관광 강대국으로 거듭나고 있다.

이와 관련된 한국보건산업진흥원(2016) 발표자료에 따르면, 지난해 한국을 방문한 외국인 환자수는 약 29.7만명으로 2012년 10만명의 3배 수준으로 단기간 내 괄목할만한 성장을 이루어냈다. 동기간 외국인 환자의 진료수익 또한 총 6,694억원으로, 2009년 이후 견조한 상승세 속에 연평균 성장률CAGR이 51.8%에 이른다. 방문 국적별로는 국내 제1의 인바운드시장Inbound Market인 중국인 환자가 9.9만명으로 전체 비중의 33.4%를 차지하고, 이후 미국(13.8%)과 지리적으로 인접한 러시아(7.0%), 일본(6.4%) 순이었다. 그 밖에 카자흐스탄, 우즈베키스탄, UAE 등 G2G 협력을 지속하는 전략국가 중심으로도 성장세가 두드러졌다. 진료과목별로는 내과통합 진료가 21.3%로 가장 많으며, 성형외과(11.1%), 건강검진(9.3%), 피부과(8.6%), 정형외과(6.1%) 등의 이용이 빈번하였다. 특히 한방분야의 경우 양학과 달라 2011년 이래 0.9만명에 정체될 정도로 관심이 적었으나, 작년 1.3만명으로 12.6% 신장하며 한국의 차세대 의료분야로서 시장가능성을 보여주었다(그림 17.5 참조).

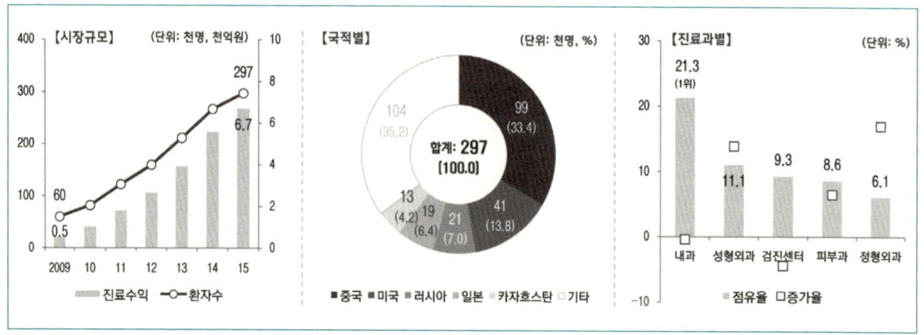

*출처: 한국보건산업진흥원(2016.05월), 저자 수정 · 보완

그림 17.5 한국 의료관광 시장규모 및 외국인 환자 유치실적 부문별 현황

이처럼 우수한 의료인력과 기술 · 장비 · 시설 등이 세계적 수준에 근접(예 : 암치료, 심장수술, 장기이식)할 뿐더러 비용은 선진국 대비 저렴하여 방한 외국의료객이 기하급수적으로 늘고 있지만 이들을 수용할 수 있는 병상과 숙박시설은 절대적으로 부족한 상황이다. 메디텔Meditel은 바로 의학 · 의술을 뜻하는 메디슨Medicine과 호텔Hotel이 결합된 합성어로 위에 언급한 의료와 숙박문제를 동시에 해결할 수 있는 새로운 의료서비스 모델로 각광받고 있다. 주로 미용이나 성형, 건강검진, 간단한 시술, 요양치료 등을 목적으로 한국을 찾는 외국관광객 및 동반 가족들이 대상이 된다. 한 건물에 성형외과, 피부과, 내과, 치과 등 종합병원에 상응하는 다수의 전문의원과 병실이 입점되어 편안한 환경에서 진료 · 숙박 · 휴식에 이르기까지 원스톱 패키지서비스One-stop Package Service를 제공한다. 이들은 일반관광객과 비교하여 1인당 체류기간이 2~3배 이상 길고, 호텔과 연계하여 머물기 때문에 체류비용(Avg : 225만원)도 높은 특성을 갖는다.

이러한 이유로 수백 개의 성형의료시설이 밀집한 강남의 신사동, 압구정동, 청담동 인근에는 다수의 메디텔 개발사업이 추진되고 있다. 비록 서울은 아니지만 이보다 앞서 2014년 5월 준공한 대구 메디센터(엘디스리젠트호텔)는 연면적 5천평 내외의 전국 최대 규모(B1/18F, 130실)를 자랑하며, 부산 이비스앰배서더호텔 또한 사업 초기에 스마트병원이 개원하여 의료관광 랜드마크 역할을 수행한 메디텔의 대표사례로 손꼽힌다. 그러나 엄밀히 말해서 국내의 메디텔은 호텔과 병원이 같은 건물 안에 존재할 뿐, 실질적인 협력 제휴나 연계성은 많이 떨어져 효과가 적은 편이다(그림 17.6 참조).

* 출처 : eldishotel.com(좌) & ibis.ambatel.com/busan(우)

그림 17.6 지방 대도시에 의료기능이 도입된 메디텔 사례

이와 함께 메디텔 설립을 두고 대형병원의 집중가속화, 의료상업화 강화로 공공의료체계에 미치는 부정적 영향을 우려하여 관련부처 간의 의견(의료계 vs 시민단체)이 대립하는 등 법·제도상으로 해결해야 할 과제가 많이 남아있다. 그럼에도 불구하고 향후 의료관광산업은 인구노령화에 따른 질환 증가, 기대수명 연장, 의료부문의 국제화, 건강추구형 라이프스타일 변화 등으로 의료서비스 수요가 한층 늘어날 전망이다. 대신 기존 사후 수술과 치료 중심보다는 사전에 건강을 유지·관리할 수 있는 예방 중심의 웰니스Wellness 관광으로 진화가 예상된다. 장기적인 관점에서 메디텔은 해외 의료관광객 유치에 어려움을 겪던 지방병원들에게 기회요인으로 작용, 의료산업분야의 블루오션Blue Ocean으로서 불황기의 경영난

해소를 위한 타개책이 될 수 있다.

화장품 브랜드와 협력한 코스메텔(뷰티+호텔)

앞서 다루었던 의료관광과 직접 연관된 사업으로 미용Beauty산업을 들 수 있다. 바쁜 일상 속에서도 자신을 가꾸고 투자하며 아름다움을 추구하는 열성적인 여성 관광객들이 많아져, 숙박업계도 피부관리가 목적인 미용관광과 어우러져 기존 호텔에 화장품Cosmetic 개념을 도입한 코스메텔Cosmetel이 속속 등장하고 있다. 주로 마케팅 프로모션Marketing Promotion 차원에서 국내 유명화장품 브랜드와 협업을 통해 객실을 꾸미고, 고객들이 체류하는 동안 비치된 자사 화장품을 직접 무료 시연 · 체험(예 : 스킨케어, 메이크업, 네일아트 등)할 수 있도록 설계되고 있다. 이는 여행하느라 쌓인 심신의 피로를 풀어주기 위한 작은 배려라고 볼 수 있다. 특히 한국 화장품에 열광적인 일본과 중국을 비롯해 동남아시아권 국가들로부터 인기가 상당히 많으며, 대체적으로 투숙객들의 호응도 좋아 재방문률이 뛰어나다.

코스메텔의 대표적인 성공사례로는 스카이파크Skypark 명동3호점과 센트럴(4호점) 호텔이 유명하다. 층별로 더페이스샵과 에뛰드하우스 등 화장품 업체와 콜라보레이션Collabolation을 진행하여 각기 다른 컨셉트룸Concept Room을 설치 · 운영 중인데, 이러한 이벤트 덕분에 사전 호텔예약률이 거의 90~100%에 가깝다. 이처럼

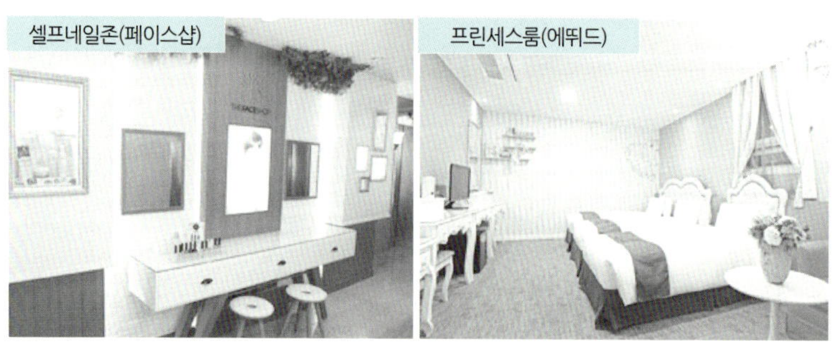

* 출처 : skyparkhotel.com

그림 17.7 화장품 업체와 협력하여 객실을 꾸민 코스메텔

코스메텔이 소녀감성을 자극하고 여성친화적인 호텔을 표방하는 만큼, 향후 뷰티 노하우에 관심이 많은 외국관광객들에게 한국을 각인시키는 견인차 역할을 할 것으로 기대된다(그림 17.7 참조).

첨단 IT장비를 결합한 스마트호텔

오늘날 PC와 휴대폰, 테블릿 등 정보기술이 나날이 발전하고 보편화되면서 스마트기기를 이용하여 언제 어디서나 접속할 수 있는 유비쿼터스Ubiquitous 시대에 살고있다고 해도 과언이 아니다. 이러한 트렌드에 부응하여 최근 숙박업계에는 첨단 IT를 기반으로 호텔과의 만남, 즉 스마트호텔Smart Hotel이 화제가 되고 있다.

지금까지 당연하다고 여겨졌던 호텔의 설비와 서비스에 전자태그RFID 기술이 더해져 자동인식으로 시스템을 작동시키며, 심지어는 호텔 내 대부분의 업무를 기존 직원 대신 첨단기술의 힘을 빌려 로봇이 대행하는 것이다. 이른바 로봇호텔Robot Hotel 혹은 무인호텔이다. 도입 초기에는 로봇이 돌아다니며 단순한 룸서비스 업무에 불과하였으나, 요즘은 체크인 · 아웃Check In & Out과 같이 고객을 맞이하는 프런트 안내서부터 실시간으로 호텔접수 및 예약을 진행하고, 청소와 짐을 운반하는 포터Porter까지 역할이 보다 확대되었다.

대표적인 예로, 산업용 로봇과 키오스크Kiosk가 발달된 뉴욕의 요텔Yotel과 2015년 9월에 오픈하여 세계 최초 로봇호텔을 표방한 일본 테마파크 하우스텐보스의 헨나호텔(変なホテル, 이상한 호텔) 등을 들 수 있다. 우선 전자의 호텔은 요봇Yobot이라 불리는 산업용 로봇을 호텔에 투입하여 최대 500파운드, 하루 300개의 짐을 운반 · 처리하고 있다. 후자의 호텔은 사람 · 공룡의 모형 로봇(안내 · 접수), 거대한 기계팔의 억센 로봇(짐보관 · 운반), 테마파크의 캐릭터인 츄리 로봇(チューリ, 정보전달 · 대화), 소형 드론(서빙) 등 각기 다른 역할과 개성을 가진 총 78대의 로봇들이 손님을 맞이하고 있다. 단, 직원은 경비와 관리직원을 포함해 9명이 종사할 뿐이다.

따라서 언어사용으로 인한 개별여행에 능숙하지 않거나 직원의 케어를 필요로 하는 고객은 오히려 호텔 이용에 불편함을 느낄 수 있다. 그럼에도 불구하고 로봇호텔은 업무의 효율성을 증가시켜 인건비 절감으로 인구감소시대에 대응하며, 선진기술을 구사하여 최첨단 숙박환경을 제공하는 미래지향적인 호텔로 보인다(그림 17.8 참조).

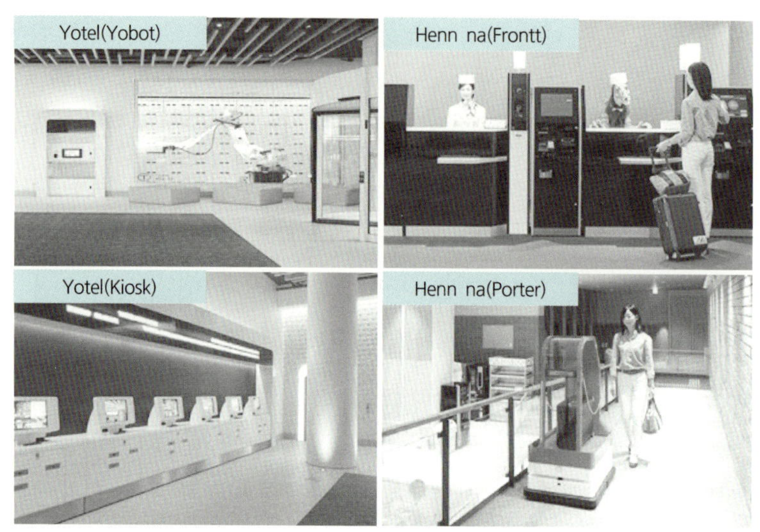

* 출처 : yotel.com(좌) & h-n-h.jp(우)

그림 17.8 첨단 IT산업의 로봇을 기반으로 한 스마트호텔

고유한 역사 · 문화자원을 활용한 호텔

K-Pop과 드라마에 대한 인기로 그 어느 때보다 한류문화에 대한 관심과 위상이 높아지는 가운데, 코리아 관광열풍으로도 이어지고 있다. 한국을 찾는 이유가 여러 가지 목적이 있을 수 있지만, 기본적으로 외국인들은 우리나라에서만 느낄 수 있는 고유한 맛과 멋을 즐기고, 전통역사 · 문화를 탐구하고 몸소 체험하길 원한다. 이에 따라 지자체별로 학생을 대상으로 하는 역사문화 관광 프로그램이 생길 정도로 교육용으로 인기가 높다. 숙박업계도 이러한 관광수요를 충족시키기 위해 지역문화의 다양성과 전통성을 수용할 수 있는 공간으로 변신하고 있다.

그 유형은 크게 두 가지로 나뉘는데, 첫 번째가 외관 형태는 다르지만 호텔의 객실 내부에 한옥 구성요소(재료, 창호 등)를 일부 가미하여 새롭게 인테리어하는 것이다. 예로 화려한 자수가 들어간 침구류를 비치한다거나, 침실 대신 온돌로, 실내복을 한복으로 도입할 수 있다. 이 유형은 주로 서울과 수도권 인근에 집중되는 경향이 강한데, 잘 알려진 사례로는 인사동에 들어선 첫 비즈니스호텔로 아벤트리호텔 종로(Aventree : 구천마빌딩 리모델링, 155실)가 있다. 주변 경복궁과 삼청동 등 역사 · 문화자원이 많은 특성에 잘 살려 한옥지붕 모양의 로고를 차용하고, 최상층은 특별히 한복디자이너인 이영희가 객실을 직접 디자인하여 화제가 된 바 있다.

두 번째는 실제 한옥의 내 · 외관의 모습을 그대로 잘 간직 · 보존하고 있는 한옥에 거주하면서, 전통적 주거문화를 체험하며 한국의 고유한 정서를 이해하고 느끼는 방식이다. 이 유형은 예로부터 한옥이 많이 분포한 경주 · 전주 · 남원 등 지방 중 · 소도시에 산재해 있다. 대표적인 사례로 경북 경주의 라궁, 전남 여수의 오동재, 전남 영암의 영산재, 그리고 국내 최대 한옥호텔로 2015년 5월에 성공적으로 개관한 인천 송도의 경원재 앰배서더호텔 등을 거론할 수 있다. 이들은 공통적으로 한옥에 현대식 호텔서비스를 결합시켜 프리미엄Premium급의 고품격 한옥호텔을 지향하고 있다(그림 17.9 참조).

그러나 한옥호텔의 가장 큰 걸림돌은 무엇보다 경제적 비용과 사후관리의 문제이다. 서양식 호텔에 비해 건축비 단가가 2~3배 이상으로 소요(약 1,000~1,200만원/3.3㎡)될 뿐더러, 지속적인 유지 · 관리가 어려운 것이 단점으로 지적된다. 또한 외국관광객이 우리 주거양식인 한옥을 이용하는데 최대한 낯설지 않고 불편함이 없도록 하되, 한국의 정취는 그대로 유지하면서 기능성은 살려 조화를 이룰 수 있는 방안이 요청된다. 이러한 점들이 차후 보완된다면 한국적 특수성이 반영된 호텔이야말로 수많은 글로벌 브랜드 호텔의 공세 속에서 국내를 넘어 세계로 나가는 토종호텔의 힘을 보여줄 것으로 보인다.

* 출처 : gyeongwonjae.com(좌) & aventreehotel.com(우)

그림 17.9 고유한 역사 · 문화 자원을 활용한 전통호텔

자연과 공존하는 친환경(그린)호텔

양적개발에 따른 환경오염, 기후변화, 자원고갈 등 전지구적인 문제들로 인하여 친환경이 인류에게 가장 중요한 현안이 되었다. 이로 인해 관광산업에서도 환경에 장기적인 손상을 주지 않는 범위에서 활동이 이루어지며 자연과 함께하는 '지속가능한 관광Sustainable Tourism'의 개념이 적용되어 그 일부분으로 생태관광Ecotourism이 활성화되고 있다.

이에 따라 호텔에도 녹색바람이 불며, 자연Nature과 호텔이 하나가 되는 친환경호텔, 일명 그린호텔Green Hotel이 각광을 받고 있다. 예전에는 주로 나무와 흙, 돌 등과 같이 친환경적인 본연의 자연재료를 가지고 호텔을 건설하였으나, 최근에는 건물벽면 녹화 및 태양에너지 활용으로 폐기물 발생량 저감과 에너지 절약을 실천하는 방향으로 수준이 업그레이드Upgrade되고 있다. 주로 고된 도시적인 일상에서 탈피하여 여가 및 휴양활동Leisure & Recreation을 즐긴다거나, 안락한 여유를 누리며 심신을 치유하려는 힐링Healing의 목적이 크다.

외국에서는 거대한 콘크리트 배관 파이프Tubo를 재활용해 숙소로 만든 멕시코의 튜보호텔Tubo Hotel 칠레 북부 우일로-우일로Huilo-Huilo 지역의 라 몬타냐 마히카La Montana Magica와 바오밥호텔Baobab처럼 산림 내 자리 잡아 원시적인 자연미를 풍기는 호텔이 성공사례로 꼽힌다. 반면, 국내는 친환경건축물LEEDs로 인증을 받고 환경경영을 도입(예 : 그린카드제)하여 그린호텔의 대명사가 된 더프라자The Plaza Hotel와 도심외곽에 떨어져 녹음으로 우거진 메이필드호텔Mayfield 등이 있다(그림 17.10 참조).

* 출처 : huilohuilo.com, tubohotel.com(좌) &heltheplaza.com, mayfield.co.kr(우)

그림 17.10 자연과 하나된 친환경 그린호텔

이처럼 외국과 국내의 친환경호텔의 형태는 다소 대조적이나, 기본적인 모토Moto는 최신식의 호화로운 시설보다 인간과 자연에게 주어진 최적의 환경 제공을 우선으로 한다는데 동조하고 있다. 이러한 점에 비추어 향후 친환경 호텔은 단순히 자연보호나 자원절약에 그치는 것이 아니라, 지역사회 발전에 헌신하며 관광산업의 지속적인 성장을 도모할 것으로 평가된다.

창조경제시대를 대비한 호텔업 경쟁력 강화방안

오늘날 우리는 현재 자기만족을 추구하며 라이프스타일을 중시하는 '가치(價値)소비시대'이자 지식기반 사회를 지나 창조성이 미래성장의 새로운 원동력이 되는 '창조경제시대'에 살고 있다. 창조경제시대의 핵심은 바로 콘텐츠로 집약이 되는데, 관광부문에서도 소위 킬러 콘텐츠Killer Contents의 영향력이 높아지고 있다. 그 배경에는 여가확산에 따른 호텔 이용이 일상화되면서 소비자들은 이전과 다른 새로운 체험과 잊지 못할 경험을 요구하고 있기 때문이다.

이제 호텔은 독립적인 시설로서 더 이상 한 분야에만 고립되어서는 안 되며, 연관성이 높은 의료, 뷰티, 정보기술, 역사·문화, 환경 등과 접목하여 서비스와 기능의 다각화를 추구해야 할 때이다. 지금까지 앞에서 살펴보았던 캡슐호텔, 메디텔, 코스메텔, 스마트호텔, 한옥호텔, 그린호텔 등이 호텔과 타분야 간 융·복합Convergence을 통해 테마를 발굴하고 차별화시켜 상품화한 좋은 사례이다. 이러한

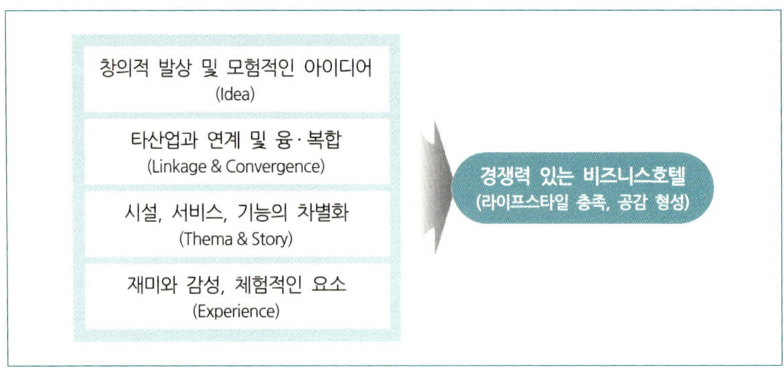

그림 17.11 창조경제시대를 대비한 호텔업 경쟁력 강화방안

이색호텔은 각 본연의 목적에 맞게 기능을 추구하면서도, 여행투숙객에게 흥미를 불러일으켜 재미있는 경험을 제공하고 있다. 이는 현재 호텔업의 소수에 불과하나 새로운 경향으로서, 미래 호텔업계 발전의 중요한 축으로 자리매김할 것이다(그림 17.11 참조).

왜냐하면, 현재와 같이 각국 브랜드의 각축장이자 획일화된 호텔시장에서 독특한 콘셉트의 이색호텔이야말로 충분히 경쟁력 확보가 가능한 상품이기 때문이다. 다만, 이색호텔이 외국관광객을 유치하기 위한 일시적인 프로모션 수단 혹은 마케팅Marketing 방편으로 전락되지 않도록 주의해야 할 것이다. 따라서 호텔업자들은 새로운 호텔의 수요창출을 위해 외국관광객들이 원하는 본질적인 테마와 서비스가 무엇인지를 깊이 고민하고, 국가의 경쟁력이 될 수 있는 역량을 호텔과 유기적으로 연계하여 상품화시키는 노력이 필요하다. 하루 빨리 창조산업의 하나로 호텔이 이종(異種)산업과 만남을 통해 라이프스타일을 즐기는 사회적 · 문화적 체험공간으로 새롭게 거듭나는 한편, 아시아를 넘어 세계로 뻗어나가는 원더풀 코리아Wonderful Korea의 이상적인 모델이 되기를 기대한다.

STORY 요약

창조경제시대를 맞아 호텔산업이 창의와 혁신, 타분야 산업 간 연계와 융·복합을 통해 진화하고 있다. 호텔과 연관산업 분야인 1인 관광, 의료, 뷰티, IT, 역사·문화, 친환경이 서로 만나 벽을 허물고 우리 일상에 깊숙이 들어왔다. 그 결과 과부화 된 비즈니스호텔 시장에서 캡슐호텔, 메디텔, 코스메텔, 스마트호텔, 한옥호텔, 그린호텔 등으로 파생되어 다양한 이색적인 신종호텔을 만들어냈다. 낯선 이종산업과의 협업으로 테마를 차별화하고, 모험적 발상을 시도하는 진정한 창조야말로 미래 호텔경영의 강력한 생존전략이 될 수 있다.

환대문화 경쟁력 향상을 위한 호텔시장의 비전과 과제

지난 호텔업계는 안밖으로 크고 작은 이슈가 있었다. 내부적으로는 한류열풍이 계속되어 방한 외래관광객이 사상 최대를 맞이한 가운데, 문턱을 낮춘 다양한 중저가 비즈니스호텔들이 선보였다. 반면, 공급과잉 우려와 더불어 공유숙박과 같은 대체 숙박시설의 수요 증가로 호텔업의 긴장이 고조되었다. 외부적으로는 온라인을 이용한 여행정보가 공유되면서 FIT여행이 확산되는 한편, 올해 시행된 청탁금지법 제정과 트럼프 집권에 따른 환율변동은 호텔시장의 불확실성을 증폭시켜 잠재적 위협이 될 것이다. 따라서 여기서는 SWOT분석을 활용해 국내 호텔시장의 대내·외 역량을 객관적으로 평가·진단하여 지난 한해를 되돌아볼 것이다. 이와 동시에 올해 달라지는 제도와 주목해야 할 이슈사항을 하나씩 짚어보며, 향후 호텔업계에 미치는 영향과 대응방안을 종합적으로 논의하고자 한다.

호텔산업의 SWOT분석 개요

오늘날 기업의 내·외부 환경분석을 토대로 경영전략을 수립하는 고전적인 SWOT분석 기법(Albert Humphrey, 1960)이 호텔산업 부문에서도 활발히 적용되는 사례가 늘고 있다. 엄밀히 호텔업계에서 말하는 SWOT분석이란 호텔자원이 가지는 내부강점Strength과 약점Weakness, 그리고 거시적 외부환경에서 기회Opportunity와 위협Threat 요인들을 찾아 분류하고, 이들 간의 상호관계를 통해서 효과적인 대응전략을 수립하는 과정이라고 할 수 있다.

이러한 방법으로 호텔시장의 SWOT분석 결과를 비교해서 종합 정리해보면, 그림 18.1과 같이 나타낼 수 있다. 다음에는 매트릭스Matrix 상에 나열·열거된 항목별로, 그 세부적인 내용을 천천히 하나씩 살펴보기로 한다(그림 18.1 참조).

* 주 : 송기욱(2015~2016), 호텔아비아(Hotel Avia) 발간 주제내용 재정리

그림 18.1 호텔산업의 SWOT 종합분석

내부역량으로서 강 · 약점

강점Strength

한류 열풍에 따른 외래관광객 규모성장

한국드라마와 K-Pop 등 전세계적인 한류(韓流) 열풍의 영향으로 관광시장Tourism의 규모가 급성장하고 있다. 한국관광공사에 따르면, 지난 2016년 11월 누적 방한 외국관광객이 전년 동기대비 31.3% 증가한 1,590만명으로 집계하였고, 이러한 추세라면 연말까지 1,700만명 돌파가 확실시될 것으로 추측된다.

이 수치는 2014년 1,420만명을 훨씬 뛰어넘는 사상 최대인 동시에, 작년 메르스MERS 사태로 크게 침체되었던 관광시장이 빠르게 회복됨을 보여주고 있다. 관광시장의 우려를 불식시키기 위해 연초부터 민 · 관이 합심하여 공격적인 마케팅과 홍보를 적극 실시한 결과로 해석된다. 글로벌 관광대국으로서 외래관광객 2천만 시대를 앞둔 지금, 관광시장의 견실한 상승세는 장차 호텔수요 증가의 밑거름이 될 것이다(그림 18.2 참조).

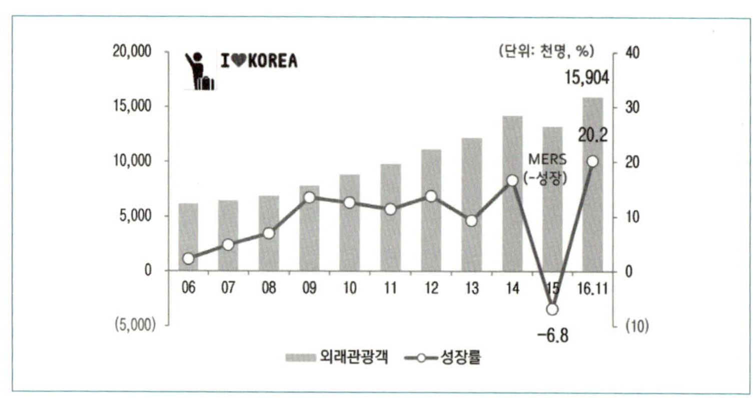

* 출처 : 문화체육관광부(2016)

그림 18.2 방한 외래관광객 입국추이

관광기금 융자확대 및 저리지원

2017년 관광진흥개발기금의 융자지원 금액 규모는 전년대비 10% 늘어난 5,500억원으로 확대될 예정이다. 이로써 약 400개의 관광사업체가 시설(건설 · 개보수) 혹은 운영자금의 융자혜택을 받을 것으로 추정된다. 현재 관광기금의 대출금리는 2.25%(중소기업 1.0~1.5% 우대)로 정부자금 중 최하 수준인 저금리이고, 융자기

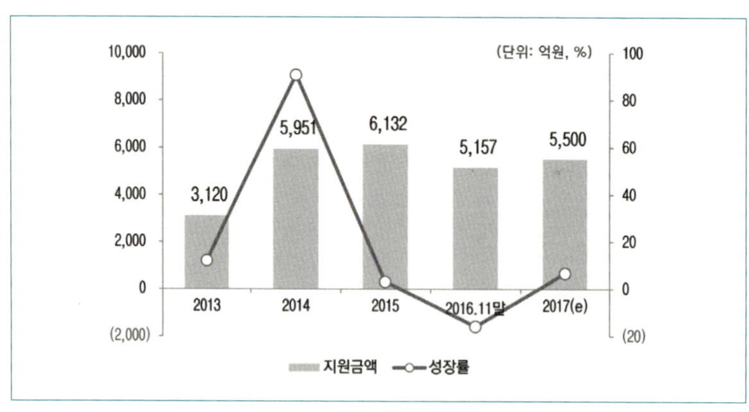

* 출처 : 문화체육관광부(2016)

그림 18.3 관광기금 융자집행 실행금액 및 예산액

간(2~5년)도 장기간이어서 수혜업체의 만족도(85.2%)와 재신청 의향(98.7%)이 높은 것으로 나타났다(문화체육관광부, 2016). 이러한 정부정책은 공급자들의 자금부담에 대한 압박을 덜어주어 관광활성화의 마중물 역할을 하고 있다(그림 18.3 참조).

문턱을 낮춘 중저가 비즈니스호텔 라인 확대

여행업계에서도 체험과 가치를 중시하는 라이프스타일의Life Style 변화와 합리적인 소비를 지향하는 추세에 따라 기존의 문턱을 낮추고 관광객과 교감을 이루려는 중저가 비즈니스호텔이 전성기를 맞이하고 있다. 비즈니스호텔Business Hotel은 출장이 많은 비즈니스 고객을 상대로, 불필요한 부대시설을 과감히 덜어내고 객실에 충실한 서비스Limited / Selected Service Hotel를 지향하여 가성비를 높인 칩시크Cheap Chic 상품이다.

이러한 트렌드에 부응하여 글로벌 체인호텔은 그룹 포트폴리오Brand Portfolio 상하위 브랜드 라인에 속하는 초저가의 울트라 버짓Ultra Budget과 저렴한 이코노미Economy급을 추가 개발하며 수직적으로 확장하는 등 시장 내 입지를 더욱 강화해 나가고 있다. 국내 토종의 로컬 중소호텔들 또한 베니키아Benikia를 필두로 스카이파크Skypark, 스타즈Staz, 티마크T-mark, 나인트리9Tree, 아벤트리Aventree, 엠스테이M-Stay 등과 같은 독자적인 자생브랜드를 선보이고 있다. 이 중 한국관광공사가 운영하는 베니키아의 경우, 2016년 말 기준 전국 54개(4,618실)의 체인 가맹점을 둘 정도로 대한민국 대표 비즈니스호텔의 견인차 역할을 하고 있다.

*출처 : 각 호텔 홈페이지

그림 18.4 국내 중저가 로컬 비즈니스호텔 브랜드 출시현황

위의 호텔 사례들 모두 관광시장에서 변화하는 다양한 소비자 니즈Needs에 능동적으로 대응하며, 관광객 유치 확대를 통해 시장경쟁력을 확보하기 위한 포석으로 풀이된다. 과거 특급호텔 위주 운영에서 벗어난 중저가 비즈니스호텔 시장의 활성화는 소비자들의 이용만족도CSI를 크게 향상시킨 점에서 긍정적 요인이라 할 수 있다(그림 18.4 참조).

약점Weakness

중국과 일본 등 특정국가 의존도 심화

우리나라 관광시장의 가장 큰 약점 중 하나를 꼽자면, 중국과 일본 등 특정국가에 지나치게 편중되어 있다는 것이다. 한국관광공사에 따르면, 국가별 방한외래객 중 중국이 과반에 가까운 48.1%, 일본은 12.9%를 차지하며, 국내 제1,2의 인바운드시장Inbound Market을 기록하고 있다(2016.11월 기준).

특히 일본을 제치고 중국이 경제성장에 따른 도시화 및 소득증가에 힘입어 세계의 큰손으로 거듭나며, 중국인관광객(遊客 : 요우커족)의 영향력이 점차 증대됨을 알 수 있다. 결과적으로, 중국과 일본의 두 시장점유율M/S을 합치면 무려 60%

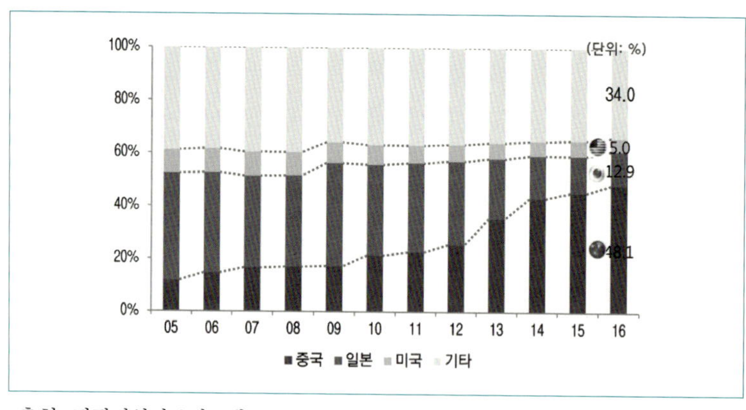

* 출처 : 관광지식정보시스템(2016)

그림 18.5 주요 국가별 외래관광객 시장 점유비율

를 상회하게 되는데, 이 말은, 즉 지리적으로 근접한 한국이 중국과 일본의 최대 수혜국이라는 점을 의미한다.

그러나 예상치 못한 정치·경제적 변수에 따라 한국을 찾는 중국인관광객이 급감할 시, 호텔시장에 미치는 경제적인 파장효과가 클 것으로 예상된다. 따라서 방한시장에서 중국과 일본의 의존도를 낮추는 한편, 최근 대만과 홍콩을 중심으로 인기가 높은 동남아지역과 구매력이 높은 구미주·중동권의 원거리 시장까지 확대하여 다변화를 꾀해야 한다(그림 18.5 참조).

학교정화구역 과다지정에 따른 갈등 야기

우리나라와 같이 도심지 내 개발가용지가 현저히 부족한 상황에서 학교정화구역은 호텔 건립을 규제하는 가장 강력한 제동요소이다. 이는 「학교보건법」상 호텔을 유흥·단란주점과 함께 교육환경에 악영향을 초래하는 대표적인 유해시설로 인식하여, 상대정화구역 내 제한적인 설치를 허용하기 때문이다.

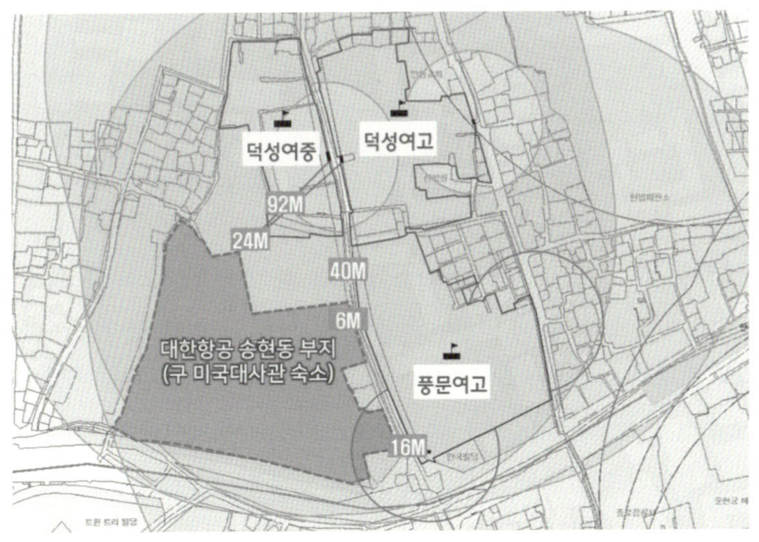

*출처: 학교환경위생정화구역 지리정보서비스, 연구자 내용 재구성

그림 18.6 학교정화구역 내 호텔 건립진행 관련 갈등사례

이와 관련하여 교육청(2014)에 따르면, 서울시는 행정구역 면적의 68.4%가 학교정화구역(414㎢)으로 묶이는 등 과다 지정되어 수많은 민원들이 뒤따르고 있다. 이 중 학교 인근의 호텔 건립을 둘러싼 사업주체들 간의 갈등은 사회적 논란이 되며, 상황이 악화될 경우 행정소송 혹은 법적 분쟁까지도 이어질 소지가 다분한 대목이라고 할 수 있다(그림 18.6 참조).

신규공급 과잉 대두로 영업성 악화 우려

저성장 · 저금리 장기화 기조에 따른 수익형 부동산의 인기가 치솟고, 새로운 투자대안으로 비즈니스호텔이 급부상하면서 그간 대대적인 공급이 이루어져왔다. 특히 숙박특별법이 시행된 2012년 이후, 호텔의 공급물량은 거의 폭발적으로 증가하는 양상을 보인다. 실제로 문화체육관광부(2015)에 의하면, 2012년 호텔업에 등록된 서울의 객실수는 2.7만실에 머물렀지만, 2014년 3.5만실, 2015년 4.2만실로 매년 5천실 정도가 추가로 공급되며 10% 가까이 신장하였다. 올해도 서울시 추산으로 2016년 3Q까지 4.6만실이 기공급되어 불과 5년만에 호텔 공급물량이 배(培)로 급증하는 등 말 그대로 호텔 러쉬Hotel Rush가 한창이다.

그러나 관광호텔의 수급현상Demand & Supply을 두고 정부와 민간 산하의 발표기관마다 전망치가 상이하여 호텔업자들이 때아닌 혼란을 겪고 있는 실정이다. 단적으로 2017년 기준 예측치로 서울시와 한국문화관광연구원이 각각 2.4만실과 1.8만실이 부족하다고 평가한 반면, 우리은행은 0.4만실이 과잉 공급이라는 엇갈린 의견을 제시한 바 있다. 이와 관련하여 불과 몇 년 전만 하더라도 외래객의 급증하는 수요대비 호텔객실이 턱없이 부족하여 공급을 늘려야 한다는 의견이 지배적이었다. 반대로 최근에는 신축호텔이 우후죽순으로 들어서면서, 객실공급 과잉Surplus의 우려가 현실화되고 있다. 호텔&레스토랑과 호텔아비아(2016)에서 실시한 국내 호텔업의 현업종사자 및 전문가들의 인터뷰 조사결과를 살펴보면, 이미 객실이 과포화 된 상태라는 의견에 전반적으로 동조하고 있음을 확인할 수 있다.

비단 문제는 신규호텔의 공급뿐만이 아니다. 「공중위생관리법」의 적용을 받는 여관 · 민박부터 저가의 홈스테이, 게스트하우스, 레지던스Residence 등에 이르기까지 다양한 형태의 대체 숙박시설 또한 급격히 늘고 있는 추세이다. 이들은 호텔과 유사한 역할을 하는 경쟁상품으로 중저가 호텔시장을 빠르게 잠식하고 있다. 특히 현지인의 실제 거주공간에서 생활이 가능한 숙박공유체계Sharing Lodging인 에어비앤비AirBnB의 등장은 가히 혁명적이라 부를 수 있다. 2013년 2천개 남짓했던 국내 등록숙소는 2014년 6천개, 2015년 1.3만개, 2016년 2.2만개로 기하급수적 팽창하며, 연간 50만명 이상 관광객을 흡수한 것으로 나타났다.

이러한 결과를 종합해보면, 호텔규제 완화로 사업자에게 용적률과 세제혜택을 부여한 숙박특별법의 발효, 발표기관의 수급전망 혼선(예 : 장밋빛 전망) 등이 기폭제Catalyst 역할을 하여 객실 공급과잉을 불러일으켰다고 할 수 있다. 이와 더불어 제도권 외 여관 · 민박, 홈스테이, 게스트하우스, 레지던스, 에어비앤비 등 대체 숙박시설 상품의 증가로 경쟁심화에 따른 매출실적 감소 등 향후 영업성 악화가 불가피할 전망이다. 그 단초로는 2011년 우리나라 호텔산업이 운영실적 부문에 있어 가장 최고점(ADR : 80.7%)을 찍은 이후, 공급이 급격히 증가한 시기인 2012년 이후부터는 가동률이 60~70%선으로 뚜렷이 감소하여 호텔들이 관광객 유치

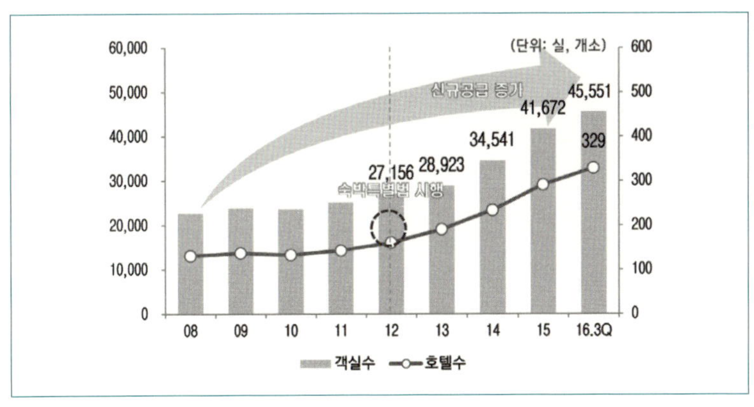

* 출처 : 문화체육관광부, 서울시(2016)

그림 18.7 서울시 관광호텔업 공급추이

에 난항을 겪고 있음을 증명하고 있다. 따라서 관광경쟁력 제고를 위해 향후 무차별적인 공급은 가급적 자제하되, 지역과 가격대를 고려한 호텔 수급불균형(미스매칭) 해소에 전사적인 노력을 기울여야 할 것으로 보인다(그림 18.7 참조).

호텔 전문운영사 부족으로 서비스경쟁력 낙후

숙박시설의 외형적인 확대와 더불어 서비스 질적 수준이 날로 격상되고 있으나, 호텔을 전문적으로 운영할 수 있는 기업Operator이 부족한 실태이다. 국내시장의 경우 호텔신라, 롯데 등 상위 몇 개 업체를 제외하고는 자본금이 50억 내외인 HTC, BGH, AHLA Korea 등 중·소형 호텔 전문운영사가 거의 전부이다. 연간 매출액을 보더라도 40억원 미만이 전체의 75%에 달해 호텔운영업체의 규모나 재무구조가 얼마나 영세한지를 가늠해 볼 수 있다(김태원, 2014).

무엇보다 호텔경영은 소프트웨어S/W 측면에서 실력 있고 숙련된 전문운영 및

표 18.1 국내 호텔 전문운영업체 현황 (단위 : 억원)

업체명	설립년도	자본금	매출액	사업실적
이랜드파크	1982	267	5,070	1,162(5)
파르나스호텔	1985	985	1,808	1,497(4)
오라관광	1977	500	585	622(2)
더케이호텔	1990	228	475	1,144(5)
호텔프리마	1989	34	262	210(2)
HTC	1997	20	246	1,053(4)
호텔인터불고	1981	190	237	836(4)
폴앤파트너스	2009	5	202	624(3)
BGH코리아	2001	65	137	1,505(7)
센터마크호텔	2012	100	77	538(2)
호텔스카이파크	2010	0.1	63	1,068(6)
라마다HM	2002	5	48	748(4)

*출처 : 김태원(2014), 전게서 일부 발췌
*주 : 2013년 말 기준으로 사업실적은 객실과 호텔수 병기

관리를 중요시하는 서비스산업이다. 따라서 호텔운영사의 임대료 지급에 의존하는 시스템보다 운영수익 창출능력에 기반을 두는 수익구조로 변경하여 참여기회를 증대시키고, 신생 운영사를 다수 발굴·육성해야 한다(표 18.1 참조).

마스터리스 운영방식의 시장진출 한계

호텔은 간접투자시장의 발전에 힘입어 소유와 운영의 철저한 분리 속에, 부동산펀드REF와 리츠REITs가 주도적인 거래주체 역할을 하고 있다. 그 중심에는 대기업 계열의 호텔신라와 롯데그룹이 펼친 마스터리스 형태의 임대차 전략이 유효하게 작용하였다. 여기서 마스터리스Master Lease : 책임임대란 우수한 신용(BBB+)과 높은 브랜드 인지도를 가진 기업이 건물을 통째로 장기간 책임지고 임차하는 운영방식으로, 현재 비즈니스호텔 브랜드의 양대 축인 신라스테이Shilla Stay와 롯데시티Lotte City가 가장 대표적이다.

이렇게 되면 소유주는 최소 10~20년간 안정적인 임대운영수익(MRG 3~5% 혹은 매출액 40~45% 내외)을 확보하고, 계약을 체결한 호텔은 부지매입과 건설에 따른 고비용의 초기 사업투자비를 절감할 수 있다. 2016년 현재 호텔에 투자한 부동산펀드 및 리츠와 마스터리스 계약을 체결한 비즈니스호텔 수만 적어도 30개 이상으로, 총 객실 규모는 1만실에 육박할 것으로 추정된다.

이와 같이 과거에는 자기부담이 큰 독립적인 직접운영Independent Hotel보다 브랜드 확장을 통한 시장 선점과 관리용이성 측면에서 유리한 마스터리스가 보편적으로 선호되었으나, 최근에는 경기부진으로 수익률 확약에 대한 호텔운영사의 부담이 가중되어 마스터리스 방식을 회피하는 추세이다. 이러한 이유로 호텔신라와 롯데그룹 등이 마스터리스 방식을 통한 호텔사업 진출에 제한을 두었기에, 향후 호텔부문의 신규투자 위축으로 제한적인 거래가 이루어질 전망이다(표 18.2 참조).

표 18.2 호텔에 투자한 부동산펀드와 리츠 상품의 임대차계약 방식(2005~2016) (단위 : 실, 년)

기업유형	기업명(브랜드)	호텔명	객실수	투자시기	운영구조	임차인	임대기간	투자수단
외국계 호텔기업	이비스(Ibis)	명동	280	2005	책임임대	앰배스텔	20	펀드
		종로	363	2011	책임임대	앰배스텔	20	펀드
	포시즌(Four Season)	광화문	329	2006	책임임대	포시즌호텔	20	펀드
	윈덤(Wyndham)	제주하워드존슨	280	2013	책임임대	풀앤파트너스	20	펀드
	메리어트(Marriott)	판교코트야드	282	2011	책임+위탁운영	메리어트	15	펀드
	스타우드(Starwood)	쉐라톤서울디뷰브	269	2013	책임임대	대성산업	10	리츠
	서일본철도	솔라리아니시테츠 명동	312	2015	책임임대	솔라리아니시테츠	20	펀드
대기업	신라스테이	동탄	300	2011	책임임대	호텔산라	15	펀드
		울산	338	2012	책임임대	호텔신라	20	펀드
		제주	304	2013	책임임대	호텔신라	20	펀드
		서대문	319	2015	책임임대	호텔신라	20	펀드
		마포	387	2013	책임임대	호텔신라	15	펀드
		구로	313	2013	책임임대	호텔신라	15	리츠
		천안	309	2016	책임임대	호텔신라	20	펀드
		부산	406	2017	책임임대	호텔신라	20	펀드
	롯데시티	구로	290	2012	책임임대	호텔롯데	20	펀드
		울산	354	2013	책임임대	호텔롯데	20	펀드
		장교	430	2013	책임임대	호텔롯데	20	펀드
	파르나스	나인트리 종로	144	2011	책임임대	파르나스호텔	20	리츠
	신세계 조선	포포인츠바이쉐라톤남산	359	2012	책임임대	신세계조선호텔	20	펀드
	대림산업	을지로홀리데이인	224	2013	책임임대	오라관광	15	펀드
여행사	모두투어	스타즈명동1호	150	2014	책임임대	모두스테이	5+5	리츠
		스타즈명동2호	174	2014	책임임대	모두스테이	5+5	리츠
		스타즈동탄3호	93	2014	책임임대	모두스테이	5+5	리츠
	하나투어	티마크호텔명동	288	2012	책임임대	마크호텔	20	리츠
		티마크그랜드호텔	576	2016	책임임대	마크호텔	20	펀드
중소기업	기타 로컬업체(토종체인) 스카이파크	명동스카이파크	130	2011	책임임대	스카이파크호텔	15	리츠
	기타 로컬업체(토종체인) 스카이파크	스카이파크센트럴	310	2011	책임임대	스카이파크호텔	15	리츠
	기타 로컬업체(토종체인) 아벤트리	아벤트리종로	155	2011	책임임대	HTC	10	리츠
	기타 로컬업체(토종체인) 인터불고	대구인터불고엑스코	303	2013	책임임대	호텔인터불고	15	펀드

* 출처 : 김태원(2014), 「부동산간접투자기구의 호텔투자 특징 및 활성화방안 연구」 토대로 연구자 내용 재정리

외부환경 중 기회와 위협요인O&T

기회요인Opportunity

온라인정보 확산으로 개별자유여행객FI 증가

제4차 산업혁명이 글로벌 화두(話頭)가 될 정도로, 호텔시장 환경 내 온라인과 모바일의 급속한 발전은 과거 공급자 중심에서 수요자 우위시장Provider → Consumer으로 전환되는 계기를 마련하였다.

이로 인해 스마트기기를 통해 언제 어디서나 실시간으로 접속하여 손쉽고 간편하게 여행상품을 예약 · 결제할 수 있게 되었다. 뿐만 아니라 일상화된 소셜미디어SNS : 페이스북, 트위터와 온라인 커뮤니티의 활성화로 사전 여행정보를 얻고, 서로 공유하는 환경도 조성되었다(그림 18.8 참조).

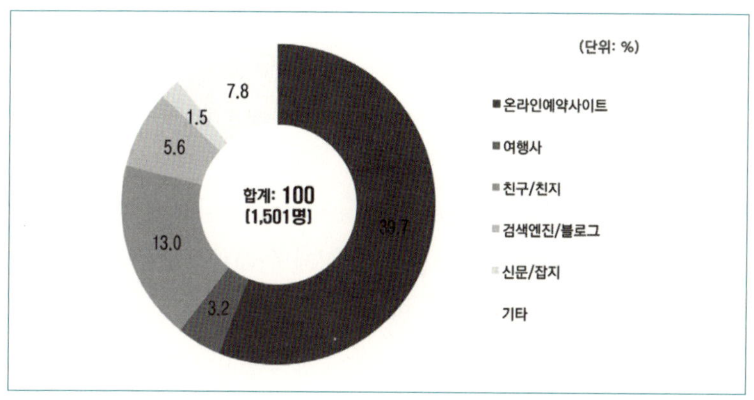

* 출처 : 외래관광객실태조사(2015)

그림 18.8 여행객의 정보획득경로

세계 최대 규모의 여행 포털사이트로 유명한 트립어드바이저TripAdvisor가 대표적인 사례이다. 680만개의 숙박시설 및 관광명소에 대한 평점과 순위, 여행자 리뷰와 후기를 제공하여 2016.3Q 기준 매월 방문자만 3억 9천만명이고, 리뷰 및 평가 게시글은 4억 4천만건에 달한다. 또한 호텔과 항공렌탈에 각각 전문화된 예약 대행사이트OTA : Online Travel Agency인 익스피디아Expedia와 스카이스캐너Skyscanner를 통해 초저가 상품을 비교 · 검색하여 구매할 수 있다([그림 9] 참조).

*출처 : 트립어드바이저

그림 18.9 **모바일 APP 접속을 통한 여행자 리뷰 및 후기 공유**

이러한 활동은 여행업계에서 블루오션Blue Ocean으로 알려진 개별자유여행객FIT : Free independent Tour의 증대로 바로 직결된다. 실제 외래관광객실태조사(2015)에 의하면, 여행자 스스로 자유롭게 계획 일정을 수립하여 돌아다니는 개별여행객의 비중이 67.9%를 차지한다. 이렇듯 숙박시설의 새로운 마케팅 수단으로 OTA가 영향력 있는 매체로 부각됨에 따라, 모바일 사용이 활발한 젊은층 중심으로 개별여행객이 더욱 증가할 전망이다. 따라서 숙박업체는 선진화된 예약시스템을 가진 OTA와 직접 연계하여 개별여행객의 유치활동에 프로모션을 강화해야 할 것이다(그림 18.10 참조).

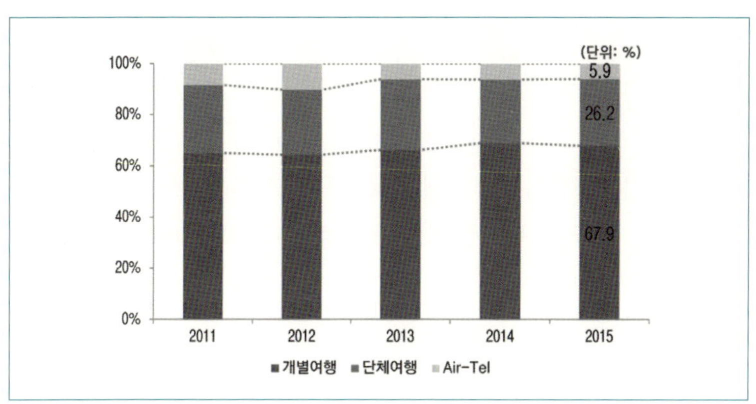

* 출처 : 외래관광객실태조사(2015)

그림 18.10 방한외래객 여행유형 실태 비중추이

저비용항공사 출현으로 여행기회 증대

민간항공기가 1948년 최초 취항한 이후, 무려 68년만에 연간 항공여객이 1억명을 돌파했다. 국토교통부에 따르면, 올해 국내 항공여객수는 전년대비 16.1% 증가한 10,379천명으로 추산하였다. 그 배경에는 인천공항의 경쟁력강화 및 저비용항공사LCC : Low Cost Carrier의 운항 확대의 결과로 해석된다.

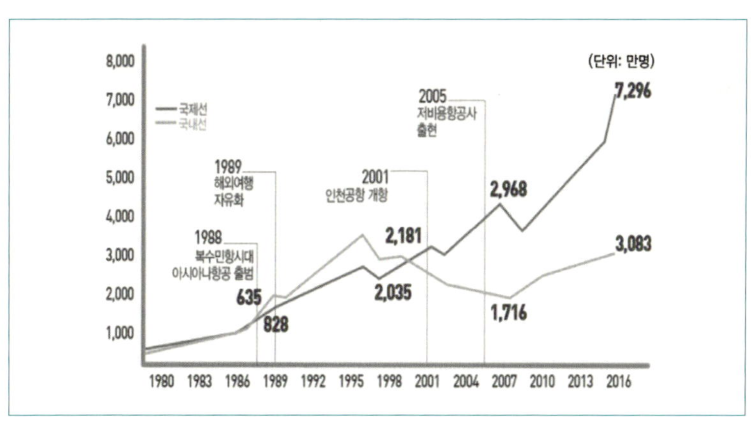

* 출처 : 국토교통부 보도자료(2016)

그림 18.11 국내 항공여객 부문별 운송현황

그 예로 국제선의 여객점유율은 제주항공, 진에어, 이스타항공, 에어부산, 티웨이항공, 에어서울 등 6개 저비용항공사가 19.2%(YoY : 4.6%p▲)로 나타나, 운송역량이 점차 증대되고 있음을 보여준다. 이처럼 가격경쟁력을 앞세운 저비용항공사의 발달은 국민들의 여행기회를 증대시킬 뿐더러 대형항공사FSC : Full Service Carrier서비스 우위의 시장 판도를 뒤바꿀 것으로 예상된다(그림 18.11 참조).

MICE산업에 부응한 다양한 국제행사 유치

MICE산업(미팅, 포상관광, 컨벤션, 전시 · 무역)은 행사개최의 규모가 크고 기업체와 정부 고위관료들이 참여하는 특성상 실질구매력Buying Power이 높아 일반관광에 비해 높은 부가가치를 창출하며, 항공 · 숙박 · 식음 · 문화 등 타산업에 전 · 후방으로 미치는 경제적 파급효과가 뛰어나다. 이와 관련하여 우리나라는 회의개최 건수가 미국에 이어 세계 2위(891건)에 기록될 정도로 MICE산업에 강한 면모를 보이며(UIA, 2015), 서울이 최고의 국제 비즈니스 미팅 목적지로 두각을 나타내고 있다(Business Traveler, 2015).

이에 따라 MICE산업의 원활한 행사 개최장소로 업무뿐만 아니라 휴양 · 관광도 즐길 수 있는 다목적형의 호텔, 휴양콘도미니엄, 리조트시설의 선호도가 매년 높아지는 추세이다. 그리하여 연회장과 회의장을 보유함으로써 관광객 수용태세를 갖춘 호텔들은 객실수입 외 부대시설 이용에 따른 추가이익 창출로 새로운 기회요인이 될 수 있다(표 18.3 참조).

표 18.3 주요 국가 및 도시별 국제회의 개최순위 추이

국가명	2013	2014	2015	도시명	2013	2014	2015
미국	2	1	1	싱가포르	1	1	1
한국	3	4	2	브뤼셀	2	2	2
벨기에	5	2	3	서울	4	5	3
싱가포르	1	3	4	파리	7	4	4
일본	4	5	5	비엔나	3	3	5

* 출처 : UIA(2015)

위협요인Threat

지진과 환율 등 외부환경 악재

최근 충남 보령과 경주, 포항 인근에서 잇따라 발생한 지진여파(3.5~5.8 강도)로 이제 더 이상 우리나라도 지진으로부터 안전지대가 아니라는 인식이 확산되고 있다. 일례로 지진이 발생한 9월 경주를 방문한 관광객은 57만명으로, 전년대비 107만명에 비해 절반 가까이 감소하였다. 9월은 가을 단체여행객이 많은 성수기 시즌이라 호텔업체의 피해 규모가 더 큰 것으로 나타났다. 특히나 관광숙박시설의 상당수가 내진설계에 미비한 점을 고려하면, 안전성이 떨어진다는 지적이다. 따라서 관광숙박시설은 지진에 대비한 건축물의 내진설계와 안전점검을 강화시켜 투숙객들의 심리적 불안감 해소에 노력해야 한다(그림 18.12 참조).

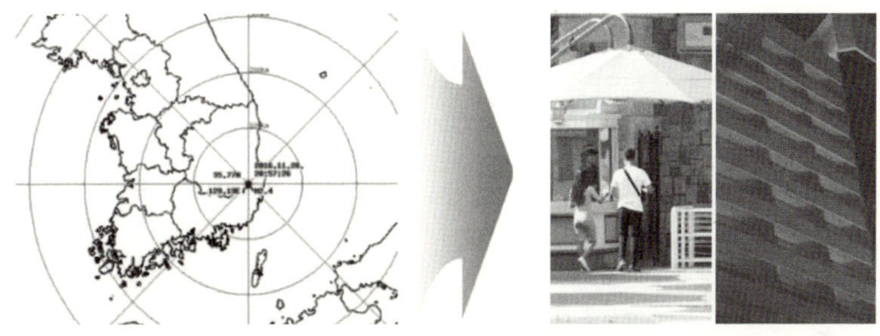

* 출처 : 기상청 및 연합뉴스 언론보도(경주보문단지)

그림 18.12 경주 지진 피해로 한산해진 관광단지

이와 더불어 정치적 이슈로는 미국 대선(11.08)결과 트럼프가 당선되면서 단기간 내 기준금리가 급등하며 달러화가 강세를 보이는 등(트럼프 텐트럼Trump Tantrum 대외 불확실성이 증폭되고 있다. 특히 호텔자산은 타부동산과 달리 지진과 같은 자연재해, 질병, 환율, 실물경기 등 불특정한 외생변수에 민감하게 반응하는 구조적 취약성을 갖는다. 즉 글로벌 트럼프의 정책기조(미국우선주의 원칙American First 는 여행객 수요와 밀접한 환율등락에 영향을 미쳐, 호텔시장의 변동성Volatility 또한 크게 확대될 것으로 보인다(그림 18.13 참조).

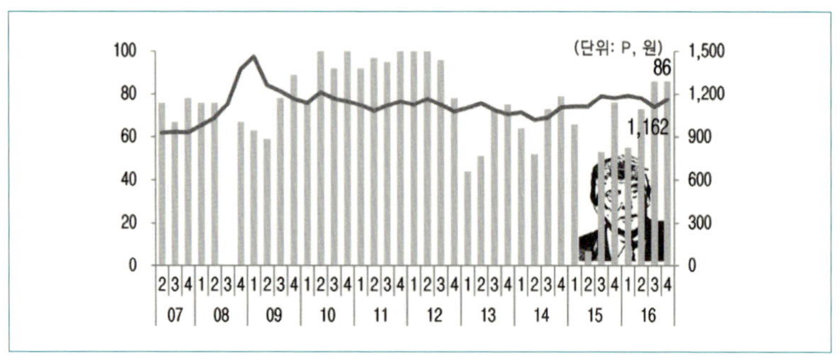

*출처 : 관광지식정보시스템, 한국은행경제통계시스템(2016)

그림 18.13 환율변동 및 호텔업 체감경기 추이

청탁금지법 제정으로 호텔 내 외식업 타격

올해 9월말 「부정청탁 및 금품 등 수수의 금지에 관한 법률(김영란법)」이 시행에 따른 더치페이Dutch Pay : 각출 문화가 정착 · 확산되면서, 호텔과 외식업계는 그야말로 직격탄을 맞았다. 그 이면에는 김영란법의 주요 골자가 언론인 · 공직자 · 교직원들이 제한된 상한액을 초과하는 금품 수수 및 제공시 처벌될 수 있음을 규정하고 있는데, 이 중 식사 · 주류 · 다과를 비롯한 외식부문이 1인당 3만원의 최대한도 적용을 받기 때문이다. 그러나 현존의 관광호텔 내 식음업장F&B은 가족단위보다 접대와 모임 성격이 강한 방문자 특성상, 대개 3만원 이상인 고가의 메뉴Menu로 구성되어 있다.

이로 인하여 김영란법 시행 초기, 특급호텔 내 연회장과 레스토랑은 한산할 정도로 단체손님의 예약과 매출이 급감하였다. 따라서 호텔 내 개별 식음업장은 법에 저촉되지 않는 범위에서 합리적인 가격(3만원 이하)으로 가볍게 식사를 즐길 수 있는 실속형 메뉴개발이 요청된다. 실례로 호텔에서 판매하는 프리미엄Premium 도시락의 인기야말로 김영란법 이후 달라진 외식업계 문화의 신풍속도를 잘 보여주는 사례임을 반증하고 있다(그림 18.14 참조).

* 출처 : 이데일리, 연합뉴스 언론보도(세종호텔 사례)

그림 18.14 김영란법 영향에 따른 호텔 식음업장의 메뉴변화

숙박특별법 일몰, 연장가능성 불투명

정부가 호텔개발 장려를 위해 추진했던 「관광숙박시설 확충을 위한 특별법(이하 숙박특별법)」이 올해 12월을 기점으로 종료 예정이다. 지난해는 호텔 사업자의 요청이 많아 추가로 1년간 한시적인 효력 연장이 이루어졌으나, 올해는 일몰(日沒) 연장의 움직임이 나타나지 않고 있다. 이에 따라 숙박특별법상 사업자에게 제공하는 용적률 완화, 부설주차장 특례, 부대시설 허용, 대부료율 인하, 조건부 사업승인 허용 등의 혜택을 받기 어려워졌다. 이것이 바로 향후 숙박특별법의 연장가능성 여부와 호텔시장의 반응을 예의주시해야 하는 이유이다(표 18.4 참조).

표 18.4 숙박특별법 일몰연장 종료예정에 따른 혜택 폐지

사업자 혜택	주요 내용
용적률 완화	일반주거 150%, 상업지역 500%
주차장 설치기준 완화	134㎡당 1대 → 300㎡당 1대
부대시설 허용 확대	외국인환자 유치기관, 시내면세점 등
공유재산 대부료율 인하	최대 30년, 대부료 50% 감면
조건부 사업승인 허용	국·공유지 확보조건 승인

* 출처 : 문화체육관광부(2016)

적시성이 떨어진 호텔업 통계지표 발표 지연

호텔산업의 오랜 발전에도 불구하고, 국내 호텔의 영업실적 및 시장동향을 파악할 수 있는 통계지표가 부족한 실정이다. 현재로선 한국관광호텔업협회가 매년 정기적으로 조사·발표하는 「호텔업운영현황(국가승인통계 : 제11307호)」 자료가 유일무이하다. 이는 전국 호텔 사업체를 대상으로 객실 판매단가, 가동률, 이용객 수 및 수입현황 등 운영실적의 전반적인 사항을 담고 있다.

그러나 문제는 표본수Sample가 약 550개 내외로 적을 뿐더러, 통계실적 수치가 현재와 2년간의 시차Time Lag가 발생하여 실무현장에 적용되기 어려운 한계를 지닌다. 이렇듯 현실성이 결여된 호텔 통계는 호텔업의 성장을 가로막는 위협요인이 되고 있다. 따라서 호텔업의 시장동향을 월별로 꾸준히 모니터링(성·비수기 구분)하여 가장 기초적이고 적시성 있는 통계생산 및 제공이 수반되어야 할 것이다(그림 18.15 참조).

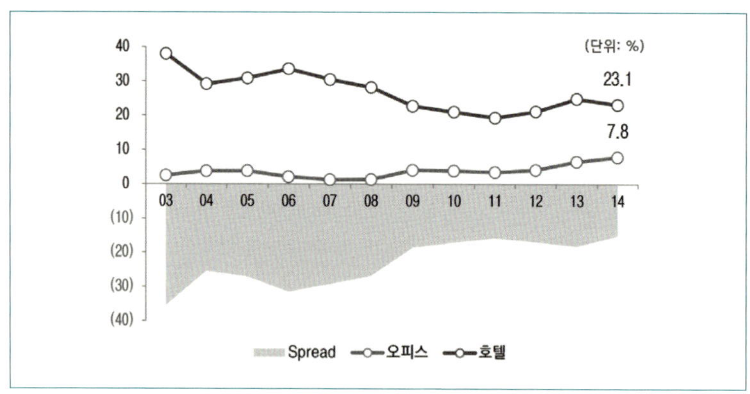

*출처 : 관광지식정보시스템(2014), 민간업체 OMR(2014)
*주 : 2015년 호텔통계는 미집계 상태로, 2016년 12월말 공표 예정

그림 18.15 서울시 오피스와 호텔의 공실률 통계비교

호텔시장 내 SWOT부문의 대응전략 도출

지금까지 호텔산업을 둘러싼 내부역량 및 외부환경 요인들을 파악하고, 주요 이슈사항의 변화 양상에 대해서 세부적으로 살펴보았다. 이처럼 SWOT 부문의 4가

지 요인을 토대로 교차 비교하여 호텔산업의 핵심대응 전략을 도출하면, 아래의 표 18.5와 같이 정리할 수 있다.

표 18.5 SWOT분석을 활용한 호텔산업의 대응전략 도출

내부역량 (International) / 외부환경 (External)	강점(Strength) "살리고"	약점(Weakness) "보완하고"
기회요인 (Opportunity) "활용한다"	• 저비용항공사, 중저가 비즈니스호텔과 연계한 관광상품 개발로 시장기회 선점 • 한류와 온라인 채널을 적극 이용한 홍보마케팅 강화 **SO** (우선순위)	**WO** (우선보완) • 중국과 일본에서 동남아와 중동권으로 시장다변화 • 호텔전문운영사 발굴 및 육성을 통한 역량강화
위협요인 (Threat) "억제한다"	• 풀패키지상품 축소, FIT여행객 타깃의 맞춤형 서비스로 고객만족도 제고 • 테마 차별화를 통한 고유 브랜드 확립으로 인지도 및 충성고객 확보 **ST** (해결/극복)	**WT** (회피/방어) • 신규출점시 과잉공급 우려지약 회피로 영업성 확보 • 회전율 증대를 위한 실속형 메뉴개발로 청탁금지법의 피해 최소화

첫째, 기회를 살리면서 강점을 활용하는 SO(공격 : 역량확대)전략이다. 저비용항공과 중저가 비즈니스호텔을 연계한 관광상품 개발과 한류와 온라인 채널을 이용한 홍보마케팅 강화로 시장을 선점할 수 있다.

둘째, 위협을 회피하면서 강점을 활용하는 ST(우회 : 강점활용)전략이다. 현재 중국과 일본의 인바운드 마켓에서 동남아 및 중동권으로 시장다변화를 도모하며, 국내 호텔 전문운영사를 발굴 · 육성하여 역량 강화하는 방안을 강구할 수 있다.

셋째, 약점을 극복하면서 기회를 살리는 WO(만회 : 기회포착)전략이다. 숙박과 항공권, 관광과 쇼핑의 각종 투어가 묶인 풀패키지Full Package 상품보다는 FIT여행객 타깃의 맞춤형 서비스를 공급하고, 차별성을 가진 고유브랜드 확립으로 충성고객층Loyalty을 확보할 수 있다.

넷째, 위협을 회피하면서 약점을 극복하는 방안인 WT(생존 : 위협대응)전략이다. 호텔의 신규출점 시 과잉공급 우려지역을 사전에 회피하여 영업성 악화를 방어하거나, 온라인 여행대행사와 전략적 파트너십Partnership 체결을 고려할 수 있다.

21세기 현재 국내 호텔산업은 험난한 격변기에 처해 있는 시점에서, 고전 손자

병법의 "적을 알고 나를 알면 백 번 싸워도 위태롭지 않다(知彼知己, 百戰不殆)"라는 유명한 구절은 전략Strategy의 중요성을 새삼 일깨워주고 있다. 이에 호텔업 관련 종사자들은 그 어느 때보다 내부자산과 경쟁사에 대해 철저히 조사·파악하고 시장 환경을 올바르게 이해해야 하며, 세밀한 준비로 혹시 모를 상황에 대처하는 자세가 필요하다. 나아가서는 호텔업의 본질에 대한 진지한 고민과 전략수행 실천이 이루어질 때, 비로소 우리나라 관광사업의 경쟁력 수준이 한층 제고될 수 있을 것으로 보인다.

STORY 요약

지난 호텔업계는 관광산업 부침에 따라 많은 변화를 겪어왔고, 여행과 숙박시장의 새로운 사회적 트렌드를 창조해냈다. 그 와중에 우리나라 호텔산업의 내부 강점은 한류 열풍으로 방한외래객 증가와 중저가 비즈니스호텔 대중화이며, 반대로 중국의존도 심화와 과도한 규제정책, 그리고 공급과잉은 약점이라 할 수 있다. 나아가 외부환경에서 기회는 온라인여행사 성장과 저비용항공운항 확대, MICE 산업 활성화이고, 「청탁금지법」 시행을 비롯한 「숙박특별법」 일몰과 적시성이 떨어진 호텔 통계 등은 위협요인이 된다. 따라서 호텔의 경영활동에 있어 내·외부 환경을 냉철히 진단·예측하는 동시에 마케팅전략 수립에도 녹여내는 기지(機智)를 발휘해야 한다.

【부록 1】 자주 묻는 질문과 답변

평소 호텔시장에 관심 있는 사람이라면 누구라도 한 번쯤 의문을 가졌을 법한 질문에 답하는 Q&A 상담코너를 부록으로 실었다. 저자가 호텔 컨퍼런스 및 기업강의에서 주변 실무진으로부터 자주 들었던 걱정거리는 물론, 일반 독자들이 궁금해 할 사안 중 공통질문을 엄선해 알기 쉽게 풀어 해설하였다.

Q1 최근 호텔투자와 개발부문에서 부각되는 이슈는 무엇이 있을까요?

A 기본적으로 호텔투자 · 개발의 의사결정은 사업타당성F/S으로 귀결되며, 이에 영향을 미치는 요인이 크게 3가지로 집약된다. 첫째, 관광환경 변화이다. 최근 사드배치와 북핵문제 등 급격한 국내정세 변화로 관광시장이 급랭되는 분위기다. 한국관광공사(2017)에 따르면, 올해 11월까지 인바운드 최다방문국인 중국여행객의 경우 383만명에 그쳐 전년동기대비 49% 감소하는 등 연말 관광객수가 1,300만명 안팎에 그칠 것이란 전망이 제기되었다. 관광시장 침체는 환대산업을 근간으로 하는 호텔투자에 치명적 요인이다. 둘째, 내 주변에 얼마나 많은 호텔이 건설되느냐? 즉 주변의 호텔공급 계획이다. 서울시가 발표한 호텔업 사업승인현황(2016)에 따르면, 향후 3년간 2019년까지 신규로 26천실 추가공급예정으로, 경쟁심화에 따른 호텔의 영업수익성 저하가 불가피하다. 마지막으로 셋째, 가장 중요한 지속적 운영 · 관리를 위한 운영사 능력이다. 투자자나 개발자 입장에서는 장기간 안정적으로 운영 가능한 높은 신용도의 대기업 운영사, 브랜드 인지도를 자랑하는 글로벌 체인을 요구한다. 그러나 현재 대기업 운영사(신라스테이, 롯데시티)들이 더 이상 책임 임차Master Lease를 선호하지 않음에 따라, 앞으로 실력과 전문성 있는 호텔운영사의 역할 및 참여가 더욱 강조될 것이다.

Q2 에어비앤비Airbnb를 비롯한 공유숙박은 합법인가요, 불법인가요?

A 4차 산업혁명시대 도래와 함께 공유경제가 급부상하고, 숙박업계에도 이러한 문화가 확산되는 추세다. 대표적으로 4차 산업의 서비스혁명이라 불리는 에어비앤비를 포함해 홈어웨이, 하우스트립, 플립키 등 수많은 공유업체가 설립되었다. 2013년 한국에 상륙한 에어비앤비의 가입숙소는 2천개에서 2016년 2.2만개로 확장, 이용자수도 2014년 15만명

에서 2016년 100만명으로 가히 폭발적인 성장을 이어갔다. 문제는 에어비앤비가 새로운 개념의 숙박업 형태로 국내 법적 규정이 모호하고 처벌 근거가 미약한 점을 악용하여 숙소의 상당수가 신고 없이 불법에 가깝게 이용된다는 점이다. 지자체에 미등록 말고도 업무용 오피스텔 개조활용이나 내국인 대상의 투숙이 모두 불법에 해당한다. 당연히 도시지역 내 에어비앤비 숙소라면 외국인관광 도시민박업을 영위하는 사업자등록을 거치고, 외국인 대상으로 영업해야 합법으로 인정된다. 그러나 당초 외국인에게 주거문화 체험을 제공하기 위한 빈 방은 도난, 성폭행, 몰카, 마약, 인종차별, 탈세 등 사회문제 발생의 근원지로 전락하고 있다. 뿐만 아니라 객실 허위광고 · 변경, 위생 취약, 환불 불가, 소음 민원, 호스트 천차만별, 책임전가 등 에어비앤비 피해사례가 급증하자, 불만족 이용후기를 공유하는 에어비앤비 지옥AirbnbHELL이란 웹사이트가 생겨날 정도다. 올해 연초에는 이러한 문제점을 근본적으로 해소하고자 정부의 공유민박업 신설 도입(연간 180일 영업, 내 · 외국인 확대)을 골자로 하는 「관광진흥법」 개정안이 발의되어 국회계류 중이다. 선진국가 중 미국 샌프란시스코, 프랑스 파리, 영국 런던, 네덜란드 암스테르담, 일본의 사례는 일정 영업기한(120~180일)을 제한하는 범위 내 공유민박업을 허용하는 법안이 무사통과됨을 보여준다. 또한 우리나라도 공유경제를 장려하는 방향을 채택하고 있어, 현행법 테두리 안에서 불법시설인 에어비앤비가 합법화될 가능성에 힘이 실리는 이유이다. 합법과 불법의 경계에서 위태로운 외줄타기를 하고 있는 에어비앤비가 합법화의 꽃길을 걸을지는 아직 미지수이지만, 법안이 통과될 경우 에어비앤비가 공식적으로 인정받고 활성화되는 계기가 될 것임이 확실하다.

* 출처 : AirbnbHELL

에어비앤비 이용을 반대하는 웹사이트

Q3 **우후죽순 들어서는 고수익 분양형 호텔, 이대로 문제는 없나요?**

A 현 분양형 호텔에서 가장 문제시되는 사안이 바로 투자수익률 보장과 실제보다 부풀려 광고하는 부분이다. 이들은 하나같이 '연 ○% 확정수익률', '평생임대료', '연금처럼 꼬박꼬박', '객실가동률 1위', '수요독점' 등의 자극적인 표현을 사용해 개인투자자들을 현혹하고 있다. 통상 사업개시 1~2년은 계약서에 약정한 고수익이 그대로 들어와 별다른 문제가 없는 듯하나, 완공시점 이후에는 호텔 객단가와 가동률ADR, OCC 수준에 따라 운영수지가 변화하여 실질적인 수익률 차이의 조정이 뒤따른다. 이 까닭에 분양형 호텔 수익이 기대만큼 못미치는 사업장이 다반사다. 공정거래위원회에서도 2016년 말 부당광고한 13개 분양형 호텔 분양사업자(프로피트, 강호개발 외)에게 시정공표명령을 내린 바 있다. 여유자금이 풍부한 공격적 성향의 투자자에게는 새로운 투자처로 인식되지만, 시류에 편승해 섣불리 묻지마투자를 감행한 대중들은 자칫 큰 낭패를 보기 십상이다. 따라서 분양형 호텔투자 시에는 궁극적으로 준공 이후 호텔운영사가 전문적인 운영시스템을 가져, 믿고 맡길 수 있는 여건이 되는지에 대한 검증이 가장 우선이다. 예를 들면, 호텔운영사의 규모나 재무구조로 안정성 담보와 브랜드 인지도가 높은 글로벌 체인 유 · 무를 확인하는 것이다. 더불어 시행사, 입지여건, 배후수요, 공급현황, 분양가격, 소유권 등기방식 등과 같이 여러 예상 가능한 사업리스크에서도 충분한 사전검토가 이뤄지고, 직접 현장방문을 통해 위의 사항들을 다시 한 번 꼼꼼히 체크해보아야 한다.

*출처 : 공정거래위원회, "13개 수익형부동산 분양업체의 부당한 광고행위 제재", 2016.12.05

분양형 호텔의 부당광고

Q4 **호텔펀드와 리츠REF / REITs 상품에 투자하려고 하는데, 둘 중 어느 쪽이 더 괜찮을까요? 이 둘의 차이점을 알기 쉽게 설명해 주세요.**

A 저성장 · 저금리시대를 맞이하여 부동산 실물을 포함한 대체투자 수요가 증가하는 가운데, 부동산펀드REF와 리츠REITs로 대표되는 간접투자 상품이 각광받고 있다. 그간 호텔

에 투자한 펀드와 리츠는 소수의 기관투자자에게 한정된 사모 위주였으나, 근래 불특정 다수의 개인투자자를 대상으로 한 공모상품이 활성화되는 추세이다. 부동산펀드는 얼마 전에 당일 완판이 된 하나티마크그랜드종류형부동산1A, 리츠는 유일하게 모두투어자기관리부동산투자회사가 공모에 성공한 사례이다. 공모(公募)는 말 그대로 공개적으로 자금을 모집한다는 의미이며, 가입을 위해선 판매사인 은행과 증권사로부터 계좌개설을 득해야만 한다. 부동산펀드와 리츠는 개인투자자에게 적은 금액으로 대형 우량호텔의 투자기회를 제공하고, 증시상장 이후 중도 거래하여 원금을 일부 회수할 수 있다. 또한 전문적 지식과 경험을 가진 자산운용사가 운용하므로 투자 이후 관리에 들어가는 일련의 수고로움을 덜고, 재산세 등 세제감면 혜택, 자산의 분산효과Portfolio도 거둘 수 있는 특장점이 있다. 그러나 소관부처, 적용법률, 의사결정 측면에서 명확한 차이를 지닌다. 부동산펀드가 운용사 재량에 따르고 개발, 임대, 대출, 재간접투자 등의 다양한 방식으로 상품구색이 다양한 반면, 리츠는 공시의무와 주주총회 등 의사결정 권한을 가져 관리가 까다로운 편이다. 사실 개인투자자 입장에서는 펀드와 리츠가 도관체Vehicle로 역할과 구조가 거의 동일하여, 이 두 가지를 구분하는 것은 큰 의미가 없다. 쉽게 말해, 개인은 호텔투자 수익형 상품 발굴에 주안점을 두지 어느 간접투자 기구를 사용하는가에 대해선 별다른 관심을 두지 않는 것이다.

부동산펀드와 리츠의 차이점

구 분	부동산펀드	리 츠
도입시기	2004년	2001년
시장규모	47조원	25조원
주무관청	금융위원회	국토교통부
관련법률	자본시장 및 금융투자업에 관한 법률	부동산투자회사법
운영기간	폐쇄형	영속형
투자자	기관투자자(연기금, 공제회)	개인
투자전략	Value Added / Opportunistic	Core / Core+
절세효과	○(법인세 면제)	○(법인세 면제)
투명성	낮음	높음(공시)
상품구성	○(개발 / 임대 / 대출 / 재간접형)	△(개발 / 임대형)
상장(유동성)	△	○
투자자 분산	×	○
의사결정	×(수익자)	○(주주)
대표사례	하나티마크그랜드종류형부동산1A	모두투어자기관리부동산투자회사

*출처 : 최인천(2017), 「리츠 얼리어답터」 내용 일부 수정

펀드와 리츠는 시장이자율보다 높은 연 5%대의 배당수익률로 타상품 대비 안정적인 장기투자가 가능하므로, 은퇴자들의 노후대비 연금 또는 저축형에 적합하다. 무조건 제시된 수익률을 충족한다고 해서 덜컥 상품에 가입하는 것은 잘못된 행동이며, 상품에 내재된 현금흐름의 변동성과 위험도 고려해야 한다. 마지막으로, 시중에 출시된 많은 펀드와 리츠 중에서 옥석을 가리는 유용한 네 가지 팁Tip을 알려드린다. 기관투자자와 공동투자, 임차인 마스터리스 보장, 운용사 업력과 실적, 판매사 유통망 등을 모두 만족하면, 상대적으로 저위험 · 고수익 상품에 근접할 것으로 평가된다. 처음 호텔투자에 도전하는 초보자라면, 개인등기에 의한 분양형 호텔보다 연기금 · 공제회(예 : 국민연금, 교직원공제회 등)와 같이 기관투자자가 참여하는 호텔펀드와 리츠의 소액 지분투자가 좀 더 매력적인 방법이므로 후자를 권한다.

* 출처 : 하나대체투자자산운용

하나티마크그랜드호텔에 투자한 개인펀드 출시상품

Q5 호텔 객실공급은 과연 정말 부족한가요, 아니면 과잉인가요?

A 2000년대 초반만 하더라도 외래관광객을 수용하는 숙박시설 공급은 절대적으로 부족했으나, 최근 3년간은 방한외국인이 줄고 공급이 많아지면서 시장상황이 역전되었다. 정부와 여러 민간단체(문광부, 서울시, 우리 · 신한은행 등)들도 서둘러 객실수급 전망을

발표했으나, 각 기관마다 예측결과가 엇갈려 이를 두고 정부와 민간업체 간 미묘한 온도차가 발생하고 있다. 정부는 객실부족, 민간은 공급과잉이라는 게 그들의 주장이다. 호텔을 개발·투자하는 사업자 입장에선 온탕과 냉탕을 오가며 혼란만 가중되는 모양새다. 그렇다면 이렇게 차이가 나타나는 이유는 무엇일까? 하나는 기관마다 수요예측에 적용되는 변수와 산정기준이 다르기 때문이다. 예를 들어, 지역 방문율, 평균 체제일수, 호텔 이용률, 객실당 투숙인원 등은 어느 시점기준으로 평균값을 사용하는지에 따라 변동폭이 크다. 또 다른 하나는 숙박시설을 취급하는 범주의 차별성이다. 기존 관광호텔에 한정할 경우와 대체 숙박시설로 영역을 확장할 때의 결과치는 완전히 틀려진다. 이러한 제약에도 불구하고 숙박시장을 하위시장Sub Market으로 나눠 접근해보면 관광호텔은 객실부족, 대체 숙박시설 포함은 객실과잉이라 판단된다. 이처럼 숙박수요와 공급 간의 미스매칭에 기인한 객실 수급불균형 현상은 점차 심화될 전망이므로, 향후 정책은 이들 격차를 해소하는 방향으로 전개되어야 한다. 보다 자세한 사항은 지면관계 상 참고문헌에 수록된 송기욱(2018)의 논문을 참조하기 바란다.

정부 '공급부족' vs 호텔업협회 '공급**과잉**' 누가 맞을까?
그러나 문화체육관광부는 호텔 공급 **과잉**은 없을 것이라는 입장이다. 올초 문광부가 한국문화관광연구원을 통해 ...
2014.09.29. 머니투데이 네이버뉴스

[위크엔드] 공급 **과잉** vs 부족...호텔 신축 붐 향한 엇갈리는 목소리
이에 따라 서울시는 늘어나는 외국인 관광객들을 수용하기 위한 **숙박**시설 확보에 노력 중이다. 이 같은 호텔 공급에 대해 **과잉**이라는 의견과 부족하다는 의견이 서로 엇...
2013.12.06. 헤럴드POP 네이버뉴스

'학교 앞 호텔'로 **숙박**시설 **과잉?**...정부-시민단체 논란
공급 **과잉**론을 제기하고 나서 논란이 일고 있다. 시민사회 등은 정부가 거짓통계를 통해 본질을 호도하고 있다는 의견이다. 외래관광객... 한국문화관광연구원이 수도권...
2014.04.16. 아시아경제 네이버뉴스

무너진 호텔산업, 그 이유는 "이럴 줄 몰랐다" 정부 수요예측 실패 '줄초상'
현재 호텔 공급**과잉**을 얘기할 때 빼놓지 않고 나오는 말이기도 하다. 업계에서는 일련의 사태가 벌어진 계기로 2012...
2017.09.01. 매경이코노미 네이버...

* 출처 : 각종 언론스크랩

객실부족과 공급과잉 논란을 둘러싼 주체별 상반된 반응

Q6 대체 숙박시설이 호텔업에 미치는 영향은 어떨까요?

A 대체 숙박시설이란 제도권 밖의 게스트하우스, 홈스테이, 호스텔, 서비스드 레지던스 등 외국관광객들에게 범세계적 인기를 누리는 중저가 숙박시설군을 통칭한다. 현재 서울시 내 대체 숙박시설의 공급현황은 따로 통계에 잡히지 않아 그 수를 정확히는 알 수 없으나, 대략 6~7천실로 추산된다(서울시, 2016). 이들은 호텔을 위협하는 유사경쟁 숙박시설로 부상하며 호텔시장을 빠르게 잠식하고 있다. 한국여행 시 가장 많이 이용한 숙박

형태로 호스텔 · 게스트하우스가 2위(19.2%)를 기록한 문광부(2016) 조사결과가 이를 대변해준다. 대체 숙박시설의 확산은 호텔업 전반의 적지 않은 긍정과 부정적 효과를 동시에 가져올 것으로 보인다. 순기능으로 숙박시설 양적 공급과 다양성 관점에서 소비자의 선택폭 확대와 만족도가 향상될 것이다. 반면, 역기능으로 과다경쟁에 따른 영업성과 지표하락으로 시장침체가 우려된다. 특히 특급호텔보다는 독립적인 개별 숙박시설, 서울보다는 지방에서 직접적 타격을 입기 쉽고, 매출실적 부진으로 이어져 잦은 휴 · 폐업이 양산될 수 있다. 뉴욕타임스(2015)에 따르면, 에어비앤비 가입 등록숙소가 10% 증가시 호텔체인 매출액이 0.35% 감소하고, 유명 컨설팅기업인 HVS(2015)는 에어비앤비가 뉴욕 전체 객실수요의 7.8%(290만실)를 뺏어 호텔업계에 21억$(2.4조원)의 손실비용을 입증하였다. 아직 국내 실증연구 결과가 전무하여 외국사례에 빗대보면, 대체 숙박시설이 국내 호텔시장에 끼치는 영향력과 경제적 파급효과를 간접적으로 인지할 수 있다.

Q7 향후 관광과 호텔시장을 주도할 트렌드 전망에 대해 알려주세요.

A 미래 관광시장은 장기간에 걸쳐 매년 6~10% 가까이 성장하여 2021년 방한 외래관광객이 2,520만명에 이를 것이란 낙관적인 전망이 발표되었다(한국문화관광연구원, 2017). 이에 호텔업계 트렌드는 빠르게 변해가는 대중 소비행태와 첨단기술 발전으로 이용층과 시설 유형이 다각화될 전망이며, 변화양상은 크게 8가지로 압축된다. 첫째, 여행의 일상화로 스테이케이션Staycation이다. '머물다Stay와 휴가Vacation'를 합성한 신조어로, 바쁜 일상에 지친 현대인들이 집근처인 도심 근교에서 여가 및 휴식활동을 보내는 시간이 손꼽힌다. 둘째, 나홀로 여행을 떠나는 혼행이다. 1인 가구 500만 시대와 더불어 남의 시선을 의식하지 않고, 혼자 하는 문화(혼술, 혼놀)들이 자연스럽게 받아들여지고 있다. 여행도 20~30대 젊은층 중심으로 자유일정 하에 개별여행을 즐기는 FIT 시장의 꾸준한 신장이 예상된다. 셋째, 트래블그램Travelgram이다. 개인 소셜미디어인 SNS를 활용해 자신의 여행후기를 인스타그램에 올려 체험을 공유하려는 활동이라 말할 수 있다. 넷째, 저가항공 노선확장에 따른 모빌리티 향상이다. 진에어, 이스타, 티웨이항공 등 기내식서비스를 대폭 줄여 저렴한 운임으로 여행하려는 알뜰관광객 니즈 증대가 확대 실시된다. 다섯째, 로컬호텔Local의 춘추전국시대이다. 작년까지 대기업 체인의 일종인 중저가 비즈니스호텔이 시장을 이끌었다면, 올해는 이와 동급수준의 부티크호텔과 라이프스타일 호텔이 대중화될 것으로 점쳐진다. 여섯째, 듀얼 / 멀티브랜드호텔Dual / Multi Brand Hotel의 등장이다. 성격이 서로 이질적인 도심 내 풀서비스와 제한적서비스 또는 장기투숙호텔이 합쳐진 퓨전 형태의 개발이 늘어날 것이다. 일곱째, 온라인여행사(OTA)의 영향력 증가이다. 종합여행사를 거치지 않고 모바일을 이용한 아고다, 익스피디아, 호텔스닷컴, 트리바고, 스카이스캐너 등 숙박 · 항공 예약전문 채널의 시장지배력이 더욱 강화될 것

으로 기대된다. 여덟째, 지역사회의 허브Hub공간 역할이다. 호텔이 단순히 1차원적인 숙박 기능에 머무르지 않고 지역 특성과 연계함으로써 지역사회와 공존하는 커뮤니티 장이 되는 것을 의미한다. 마지막은, 업역을 넘나드는 협력마케팅Collaboration이다. 호텔과 의료 · 문화 · IT의 만남 등 타산업과의 융 · 복합 시도가 시너지를 발휘하는 혁신공간으로 재탄생할 것이다.

Q8 4차 산업혁명시대, 호텔산업분야의 내 일자리도 없어질까요?

A 일자리 감소 문제는 국내뿐만 아니라 전세계가 맞닥뜨린 시대적 당면 과제이며, 호텔산업도 예외는 아니다. 지난해 관광공사도 "관광산업 일자리 로드맵 및 미래일자리 창출 전략"을 수립 중이나, 상황은 그리 녹록치 않다. 대표적인 노동집약형 산업인 호텔시장이 사드보복으로 수요가 축소되고 유사 숙박시설의 공급이 늘어난 데다, 임금인상까지 겹쳐 삼중고를 겪고 있기 때문이다. 그럴 것이 호텔은 일단 경영이 악화되면 구조조정을 하거나 외주를 통해 가장 먼저 인건비부터 줄이고자 노력하나, 연봉과 처우가 낮은 호텔리어의 취업 기피현상으로 기업들이 구직난을 겪는 아이러니한 상황이 종종 연출되기도 한다. 이러한 배경 하에 전문가들은 4차 산업혁명 진입으로 인공지능AI과 사물인터넷LoT 등이 호텔에 도입 확산, 첨단화 · 자동화가 실현되어 일자리가 대폭 감소할 것이라는데 의견을 모은다. 그 중에서도 예약이나 상담업무, 간단한 룸서비스, 물품 운반과 보관 등 24시간 단순반복적인 노동과 개인 사생활보호Privacy를 요하는 상당 부분의 업무는 로봇이 대체할 것으로 예상된다. 하지만 고객과의 친밀한 대면접촉 및 의사소통을 기반으로 품격 있고 숙련도 높은 서비스가 이뤄지는 환대산업 특성상, 여전히 로봇이 대체 불가능한 영역이 많아 호텔업의 고용감축의 영향은 심하지 않을 것이다. 업계 현장에서도 아직은 업무효율성 측면에서 보조도구로 활용할 뿐, 당장 인력을 대체할 수준이 아니며 전면 무인화까지 상당한 시일이 걸릴 것이란 평가다. 오히려 그보다 호텔 본연의 사라지는 전통적인 일자리에서 IT를 기반으로 교통 · 항공 · 음식 · 쇼핑 · 레저 등 타분야와 협력하는 숙박 온 · 오프라인 연계O2O서비스 개발 등 미래형 양질의 신규 일자리 창출 가능성에 주목해야 한다. 이처럼 다가올 4차 산업혁명시대는 새로운 변화에 능동적으로 대처하는 자세만이 호텔산업의 힘찬 도약과 발전할 수 있는 기회를 꾀할 수 있다.

【부록 2】 호텔 필수 용어해설

ADR(Average Daily Rate)
객실매출액을 판매객실수로 나눈 값으로, 평균 객실요금 또는 객단가로 불리며 소비자의 지불용의액을 나타낸다.

Airbnb
주택의 빈방을 숙박공간으로 투숙객에게 임대하는 구조로, 세계 최대 숙박공유 플랫폼 업체이다.

All Inclusive
모든 것을 포함한다는 의미로, 호텔에서 제공하는 식사는 물론 기타 부대시설까지 추가 비용 없이 이용할 수 있는 서비스를 말한다.

Alternative Accommodations
전통적인 호텔을 제외한 홈스테이, 게스트하우스, 호스텔, 서비스드 레지던스 등 대체 숙박시설을 칭한다.

Amenity / Complimentary
어메니티가 객실 내 기본적으로 비치된 샴푸, 린스, 바디워시, 로션, 빗 등 편의용품이라면, 컴플리멘터리는 호텔 홍보용으로 투숙객에게 무료 제공되는 생수, 커피, 차 등 식음료라는 차이가 있다.

Arcade
호텔내 부대시설 개념으로 저층부에 설치된 토산품점과 다양한 브랜드 상점들을 가리킨다.

ARI(Average Rate Index)
자사 호텔의 객실가격이 주변 경쟁호텔에 비해 높고 낮음을 표시하는 지표로, ARI가 100보다 크면 시장대비 가격경쟁력이 높다고 판단한다.

BB(Bed & Breakfast)
투숙기간에 아침식사만을 제공하는 대다수 일반호텔의 서비스로, 아침~저녁까지 삼시 세끼가 모두 포함된 FB(Full Board)와 상반된다.

BENIKEA(Best Night In Korea)
한국형 비즈니스호텔급 토종 체인브랜드를 표방하며 문광부 지원 하에 한국관광공사 추진사업으로 전국 50개소(4,360실)가 운영 중이다.

BoH(Back of the House)
비수익시설인 종업원 공간 및 주방시설, 창고 등 후방 지원시설 공간으로, 호텔의 효율과 서비스의 질을 결정한다. 비즈니스호텔의 경우 전체면적의 10~15%를 BoH에 할애한다.

Boutique Hotel
규모는 작지만 독특하고 개성적인 건축디자인과 인테리어로 기존 대형호텔과 차별화를 이룬 호텔의 한 부류이다. 고풍스럽고 클래식한 호텔부터 세련되고 모던한 호텔까지 시 · 공간이 뒤섞인 혼성 경향이 강하다.

Brand Portfolio
호텔기업이 관리하는 모든 브랜드의 총합으로, 그룹 내 수직적인 브랜드 계층구조를 지닌다.

Bridge Loan
토지매입부터 인 · 허가까지 사업초기 개발단계에 소요되는 대출자금이며, 대부분 1년 미만 기간으로 금리수준이 높다.

Business Hotel
비즈니스 출장객을 대상으로 불필요한 부가서비스를 제거한 객실 위주의 경제적인 호텔로, 중저가 카테고리의 호텔을 총칭한다.

Cap Rate(Capitalization Rate)
부동산 매입금액(Value)에서 순운영소득(NOI)이 차지하는 비율로 자본환원율을 말하며, 부동산 수익률 개념과 흡사하다. 호텔 자산가치가 낮고 순운영 소득이 높을수록 Cap.Rate도 높다.

Cash-on-Cash Return
호텔 운영수익에서 은행에 지불하는 부채상환액(Debt)을 제외한 실제 총 투자금액의 비율이다.

Chain Scale
업계에서 인터내셔널 체인호텔을 분류하는 기준 중 하나로 또 다른 등급이다. 객실료와 서비스 수준에 따라 세그먼트는 Luxury(최상위), Upscale, Midscale, Economy, Budget로 분류된다.

Corkage Charge
사전적 의미로 음료반입 요금을 뜻하는 동시에 업장에서 판매하는 주류가 아닌 고객이 외부로부터 가져온 술을 마실 때 지불하는 비용이다.

Concierge
방문고객이 필요한 모든 정보 및 서비스를 총괄적으로 제공하는 관리인이다. 호텔 이용안내부터 주변 관광 · 교통 · 쇼핑 · 식당 추천에 이르기까지 고객편의를 돕는 개인비서 역할을 수행한다.

Continental / American / Oriental
조식 유형 중 컨티넨탈은 유럽식, 아메리칸은 미국식, 오리엔탈은 동양식 조식을 말한다.

Day Use
체크아웃 후 항공편 시간이나 개인사정에 의해 일정시간 호텔을 이용하는 것으로, 우리나라의 대실개념이다.

DND(Do Not Disturb)
늦은 시간까지 잠을 자거나 휴식을 취하는 등 남에게 방해받고 싶지 않을 때 객실출입을 금지하는 표시로, 빈 시간에 청소와 정리를 해주길 원하는 Make-Up과는 정반대이다.

Double Occupancy Rate

2인이 하나의 객실에 투숙할 경우 적용하는 객실요금이다.

Dual / Multi-Brand Hotels

한 건물에 성격이 다른 2개 브랜드가 들어간 호텔을 듀얼브랜드 호텔, 3개 이상 복수인 경우는 멀티브랜드 호텔이라 한다. 그 수에 따라서 2팩 혹은 3팩 호텔(Two or Three-Pack Hotels)이라 일컬으며, 고객층을 다변화해 수입을 극대화하려는 전략으로 활용된다.

EBITDA

이자, 세금, 감가상각 등 비용차감 전의 영업이익으로, 기업의 현금창출 능력과 수익성을 평가하는 잣대가 된다.

EFL(Executive Floor Lounge)

VIP 고객에게 차별화된 최고의 서비스를 제공하는 호텔내 전용 귀빈층이다.

Extended-Stay Hotels

5박 이상 호텔에 머무르는 손님을 타깃으로 한 장기투숙 호텔이며, 더러 주단위의 객단가를 책정한다.

Franchise

체인호텔에 가맹하여 브랜드와 예약시스템만 이용하고, 소유주가 직접 운영하는 방식이다. 객실매출의 5~7%로 브랜드 수수료를 내야 하나, 고객유치에 유리하여 호텔 영업의 조기안정화에 이점이 있다.

FF&E(Furniture, Fixtures & Equipment)

호텔운영에 필요한 가구류, 고정시설물, 각종장비를 총망라한 집기비품들을 지칭한다. 이처럼 호텔 경영에선 고정자산 구매의 비용 부담이 크기 때문에 매우 중요한 자산관리라 할 수 있다.

FIT(Foreign Independent Tour)

여행자가 일정과 숙소, 항공, 식사를 스스로 준비 · 결정하는 개별자유여행객으로, 전체 방한관광시장에서 과반을 차지한다.

GIT(Group Inclusive Tour)

여행가이드 인솔 하에 일정한 코스와 스케줄에 따라 움직이는 패키지투어나 10인 이상의 단체관광객(GIT)이다.

GM(General Manager)

호텔경영의 책임자이자 총지배인으로서 모든 부서장과 종업원들의 제반업무를 현장에서 총괄지휘 · 감독한다.

GOP(Gross Operation Profit)

수익측면에서 호텔성과를 평가하는 지표 중 하나로, 영업이익 중에서 제세공과, 감가상각비, 보험료, 임차료 등 자산관련 제비용을 제외한 운영이익을 말한다.

Hospitality

고객에게 평생 잊지 못할 감동과 추억을 주는 환대서비스로, 호텔 · 항공 · 관광 · 외식업에서 중요한 가치이다.

House Keeping

호텔의 객실청소와 비품정비 · 관리를 담당하는 작업이다.

HPI(Hotel Price Index)

광고성 요금이 아닌 세금 · 봉사료를 포함해 고객이 실제 지불한 1박 평균 객실요금을 계산, 호텔스닷컴(Hotel.com)이 전 세계 30개 국가의 주요 도시를 대상으로 정기 발표하는 국제호텔가격지수이다.

Inbound / Outbound

국내로 들어오는 외국인관광객(방한여행)을 인바운드, 반대로 해외로 나가는 내국인관광객(해외여행)을 아웃바운드로 분류한다.

Invoice

호텔 객실의 서비스 이용내역과 지불금액이 적혀있는 일종의 청구명세서이다.

Lay Over

기상악화나 항공기 결함으로 비행할 수 없을시, 체류지에서 휴식을 말한다. 우리나라 대부분 항공사에서도 연간 수십 건의 레이오버가 발생, 계약을 맺은 특급호텔에 승객을 투숙시킨다.

LCC(Low Cost Carrier)

대형항공사(FSC)와 다르게 기내식 서비스를 줄인 저가항공으로, 진에어, 티웨이, 이스타, 에어아시아, 피치항공 등이 대표적이다.

Lead Time

고객이 숙소를 예약하는 순간부터 실제 체크인하기까지 걸리는 시간을 의미한다. 한 호텔의 리드타임이 길수록 일찍 숙소예약을 한 고객이 많다는 뜻이므로, 얼리버드 프로모션을 강화할 수 있다.

Life Style Hotel

대형호텔 브랜드가 소유한 부티크형 프랜차이즈 체인(예 : 롯데 L7)으로 일종의 변종된 개념이다.

Master Lease

전문호텔운영사가 건물 전체를 장기임대차 계약을 통해 경영하는 방식으로, 대게 최소보장임대료에 객실매출액과 연동되는 임대료를 수취한다.

Meditel

의료(Medicine)와 호텔(Hotel)의 합성어로, 병원과 숙박시설을 겸비한 건물이다.

MICE

기업회의(Meeting), 포상관광(Incentives), 컨벤션(Convention), 전시(Exhibition)를 목적으로 대규모 비즈니스 외래객 참가 중심의 관광산업이다.

Mock-Up

호텔 개관하기 전 최종 점검을 위해 실제와 똑같이 재현한 임시전시용 객실로, 모델하우스처럼 방문자들에게 개방한다.

MOT(Moment of Truth)

15초라는 짧은 시간 내 고객과의 접점 순간을 의미하며, 마케팅분야에서 서비스품질관리의 중요성을 역설적으로 설명한다.

MPI(Market Penetration Index)

자사 호텔이 시장 경쟁호텔들 사이에서 얼마나 수요를 확보했는지 알려주는 지표로, MPI가 100보다 크면 시장대비 점유율 경쟁력이 높다고 판단한다.

No-Show

예약 취소를 호텔에 알리지 않고 예약 당일 호텔투숙을 하지 않는 행위이다.

OCC(Occupancy Rate)

객실이용률 또는 가동률로 객실이 고객에 의해 점유되는 정도를 가리키며, 판매객실수를 연간 365일 판매가능객실수로 나눈 값이다.

OTA(Online Travel Agency)

숙박업소 예약과 객실 판매대행을 주업으로 하는 온라인여행사이며, 글로벌 OTA 업체로는 익스피디아(Expedia)와 프라이스라인(Priceline) 그룹이 유명하다.

PMS(Property Management System)

객실예약과 배정, 매출, 재고, 인력관리 등 호텔 업무의 효율성을 기하기 위해 사용하는 객실관리시스템이다.

Poshtel

우아함(Posh)과 호스텔(Hostel)을 합친 용어로, 부티크 호텔처럼 고급스러운 분위기에 비싸지 않은 호스텔격의 숙소를 지칭한다.

QS / QN(Qualifying Stay / Nights)

QS란 호텔에 머무른 유효숙박횟수, QN은 유효숙박일수를 뜻한다. 예로 3박 4일 여행의 경우, QS와 QN은 각각 1과 3이다. 이는 포인트 획득으로 연결되어 고객 멤버십 등급을 산정하는 기준이 된다.

Room Block

업무상 목적으로 단체손님 요청에 의해 편의상 특정층에 다른 고객을 받지 않고 묶어 판매하는 형태이다.

Rack Rate / Tariff

렉레이트는 호텔의 객실 정상가로 신고된 공시요금이고, 브로셔에 명시된 요금표를 태리프라 한다. 예약없이 방문시 기준료가 적용되며, 각 호텔은 마케팅 차원에서 최대 할인율을 강조해 많은 고객을 유치하려는 목적으로 쓰인다.

Rev PAR(Revene Per Available Room)

객실당 수입으로 실제 한 개 객실에서 창출하는 매출을 의미하며, 객실판매 수입을 판매가능 객실수로 나눠 산정한다. 통상 판매객실 평균요금(ADR)과 객실이용률(OCC)을 곱한 값과 동일하다. 일반적으로 평균요금을 올리면 객실이용률은 떨어지기 때문에, 최적의 Rev PAR를 유지하는 것이 호텔경영상의 주요 과제이다.

Room Matrix

호텔의 수많은 객실 종류에서 유닛 면적과 스타일 구성, 비율을 한눈에 알아볼 수 있도록 도표화하는 과정이다.

Skipper

정당한 퇴숙절차 이행과 객실이용료 정산 없이 몰래 호텔을 떠난 손님이다.

Sleep-out

고객이 요금을 지불하였으나 호텔이 아닌 다른 곳에 잠을 자는 경우가 종종 발생한다. 이럴 때 객실 안에 그대로 짐과 옷을 나누고 전혀 사용하지 않은 상황을 가리킨다.

Space Program

건물의 사용자에 따라 필요한 공간과 면적 그리고 기능을 배분하는 작업을 의미한다.

Standard Room

객실유형 중 가장 일반적인 표준객실로 대개 싱글룸(Single Room)이 해당되는데, 그 크기는 8평 내외이다. 보통 객실등급은 스탠다드(Standard), 슈페리어(Superior), 디럭스(Deluxe), 이그제큐티브(Executive), 스위트(Suite) 순으로 높다.

Staycation

머물다(Stay)와 휴가(Vacation)의 합성어로, 멀리 나가지 않고 경비를 줄여 집 근처 호텔에서 휴가를 보내는 행위이다.

Trial Stay

신규 호텔을 오픈 시점에 업계 종사자나 직원 대상으로 진행하는 무료 숙박체험 및 시숙행사다.

Turn Away

만실로 약속된 객실을 제공하지 못하고, 고객을 다른 호텔로 유도·안내하는 것이다.

Turn Down Service

투숙객이 취침시간 전에 간단하게 침구류 정리와 객실을 청소해주는 서비스이다.

Twin / Double Room

트윈룸은 두 개의 침대가 따로 놓여있는 객실을, 더블룸은 한 개의 킹사이즈 침대에 2명이 같이 자는 객실로 베드 형태에 따라 차이가 있다. 따라서 친구나 동료끼리는 트윈, 연인과 부부 사이면 더블을 선호한다.

Voucher

호텔 예약확인증(보증서)으로 체크인시 필요하다. 현장에서 직접 수령 혹은 이메일로 받을 수 있다.

Walk-in

사전에 호텔을 예약하지 않고 당일 직접 호텔에 찾아오는 이용고객으로 비싼 요금을 지불하게 된다.

Yield Management

호텔 객실영업에서 수요와 공급을 근거로 가격을 신축적으로 조정해 수익을 극대화하는 기법이다. 즉 호텔 객실판매에 대한 잠재수익 대비 실제 수익의 비율로 산정하며, 흔히 일드율법이라 한다.

참고문헌

고태규, 「호텔관광실무론」, 영진닷컴, 2003.

공정거래위원회, "13개 수익형부동산 분양업체의 부당한 광고행위 제재", 2016.12.05.

교육부, "학교환경위생정화구역 설정 · 고시 현황", 2014.

국가법령정보센터, www.law.go.kr

국민연금 기금운용본부, http://fund.nps.or.kr

국토교통부, "리츠산업 경쟁력 제고방안", 2016.02.

________, "리츠자산 성장세 지속, 배당수익률은 안정적", 2016.05.18.

________, "'15년 항공여객 8,941만 명 기록, 역대 최고실적", 2016.01.27.

국회도서관, 「마이스(MICE) 산업 한눈에 보기」, 2017.

글래드호텔, www.glad-hotels.com

금기용, 「글로벌 관광도시 서울 숙박시설 수급불균형 실태」, 서울연구원, 2014.

금융감독원 전자공시시스템, http://dart.fss.or.kr

금융투자협회 전자공시서비스, http://dis.kofia.or.kr

금융투자협회 종합통계서비스, http://freesis.kofia.or.kr

김곤중, "호텔 리츠의 발전전략 연구", 「Tourism Research」, 38(2), 2013, pp.225-243.

김경환, 「글로벌 호텔경영」, 백산출판사, 2014.

_____, 「호스피텔리티산업의 이해」, 백산출판사, 2015.

_____, 「호텔산업과 호텔경영」, 백산출판사, 2017.

김동완, "국내 관광산업 메르스로 최대 3조 4,000억 원 피해", 컨슈머타임스, 2015.11.06.

김병근, "서울 시내면세점 전쟁 21곳 출사표… 동대문 · 명동이 최대 격전지", 한국경제, 2015.06.02.

김사무엘, "삼성화재 통과한 경복궁 인근호텔, 대한항공은…", 머니투데이, 2015.12.11.

김상태, 「메르스사태에 따른 관광산업 영향과 대책」, 문화관광연구원, 2015.

김사헌 외, 「관광경제학」, 백산출판사, 2016.

김웅 · 김창식 · 김학준, "학교환경정화구역 내 관광호텔 건설에 관한 연구 : 최근 찬반논란에 대한 타당성 검토를 중심으로", 「관광 · 레저연구」, 27(4), 2015, pp.205-222.

김은영, "4차 산업혁명 만난 호텔… 이젠 로봇 벨보이 차례?", 한경비즈니스, 2017.08.28.

김종민, "옥바라지 여관골목, 역사 속으로?", tbs, 2015.10.15.

김충령, "혼행족 5년새 5배… 여행산업이 바뀐다", 조선일보, 2016.10.13.

김태원 · 오동훈, “부동산간접투자기구의 호텔투자 특징 및 활성화방안 연구”, 「부동산학연구」, 20(4), 2014, pp.131-155.
경기연구원, “호텔업 육성을 위한 5대전략”, 「이슈& 진단」, 26, 2011.11.30.
경원재 앰배서더 인천, www.gyeongwonjae.com
교육부, “관광호텔업에 대한 학교환경위생정화위원회 운영 안내”, 2014.08.
관광지식정보시스템, www.tour.go.kr
관세청, www.customs.go.kr
______, “면세산업에서의 중소 · 중견기업 지원방안”, 2015.07.22.
권태일, 「관광숙박시설 수급분석 연구」, 문화체육관광부, 2012.
______, 「중저가 관광호텔 활성화전략 연구」, 문화관광연구원, 2015.
권태일 · 노선희, “외래관광객의 시장특성별 숙박공급방안에 관한 연구”, 「관광연구저널」, 28(1), 2014, pp.187-200.
나인트리 호텔, www.ninetreehotel.com
다음지도, http://map.daum.net
더플라자, www.hoteltheplaza.com
동효정, “김영란법 시행 한 달, 무엇이 얼마나 바뀌었나”, 데일리한국, 2016.10.27.
디자인호텔스, www.designhotels.com
대법원 인터넷등기소, www.iros.go.kr
대법원 종합법률정보, http://glaw.scourt.go.kr
대한주택건설사업협회, 「주택저널」, 331, 2016.03.
라까사호텔, www.hotellacasa.kr
롯데면세점, www.lottedfs.com.
롯데시티, www.lottehotel.com/city
류광훈, 「관광숙박시설 확충을 위한 특별법 하위법령 제정연구」, 한국문화관광연구원, 2012.
______, 「관광관점의 숙박업 제도개선 방안연구」, 문화체육관광부, 2013.
리츠정보시스템, http://reits.molit.go.kr
모두투어리츠, www.modetourreit.com
문화체육관광부, “관광숙박산업 활성화 방안 발표”, 2012.07.24.
____________, “관광숙박시설 확충을 위한 특별법 연장법안 통과”, 2016.01.04.
____________, “관광진흥개발기금 융자대상업체 선정발표”, 2014.07.16.
____________, “관광진흥개발기금 융자업무 처리지침”, 2015.05.22.
____________, 「관광숙박업 등록현황」, 2016.12.
____________, “서울 숙박시장, 가격대별 수급불균형으로 나타나”, 2016.10.24.
미국리츠협회(NAREITs), www.reit.com

민원24, www.minwon.go.kr
메이필드호텔, www.mayfield.co.kr
박세미, "국내 중저가 부티크호텔에 관한 연구 : 혼성적 표현을 중심으로", 홍익대학교 석사학위 논문, 2012.
박인혜, "광화문 랜드마크 6성급 호텔 포시즌 내부 들여다보니", 매일경제, 2015.10.01.
박원석, "호텔 REITs의 국내 활용 가능성과 활용방안", 「한국경제지리학회지」, 14(4), 2011, pp.524-539.
박종모, 「호텔사용설명서」, 이비락, 2017.
법제처, www.moleg.go.kr
보리호텔, www.boreehotel.com
부킹닷컴, www.booking.com
비즈니스호텔포럼, http://cafe.naver.com/hoteldevelopment
배성종, "경기도 내 호텔의 수급불균형 현황과 대응방안", 「경기도 경제동향」, 151, 2011.10.
백승우, 「나는 호텔분양 투자로 평생 월세를 받는다」, 오투오, 2015.
베니키아호텔, www.benikea.co.kr
삼성경제연구소, "중저가호텔의 성공조건", 「SERI 경제포커스」, 353, 2011.10.11.
삼성SRA자산운용, www.samsungsra.com
서머셋펠리스, www.somersetpalace.co.kr
서병로 외, 「세계 호텔산업의 동향과 미래연구」, 문화체육관광부, 2012.
서울스테이, http://stay.visitseoul.net
서울시, "관광숙박시설 건립 및 지원제도 안내서", 2013.02.
______, "관광숙박시설 용적률에 관한 특례 운영기준 개선(안)", 2014.03.11.
______, "관광숙박시설 용적률완화 심의현황(12.07.28 이후)", 2014.
______, "도시민박업 및 한옥체험업 활성화 추진계획", 2016.03.
______, "서울시 관광숙박시설 현황 및 중장기 관광호텔 수급전망 안내", 2014.04.17.
______, "외국인관광 도시민박업 및 한옥체험업 사업설명회", 2016.10.18.
______, "코엑스~잠실운동장 일대 종합발전계획", 2014.04.11.
______, "호텔업등록현황", 2016.
______, "호텔업 사업계획 승인현황", 2016.
서울연구원, "서울시 숙박시설의 유형별 수급실태와 대응방안", 「정책리포트」, 194, 2015.05.25.
서천범, 「레저백서」, 한국레저산업연구소, 2016.
송기욱 · 남진, "서울시 숙박시설의 객실수급 변화양상 및 전망 분석", 「부동산학연구」, 24(2), 2018, pp.35~49.
송보미, "부티크+개성 라이프스타일 호텔이 뜬다", 이코노믹리뷰, 2016.02.21.
신라면세점, www.shilladfs.com.

소설호텔, www.snowhotel.co.kr
신라스테이, www.shillastay.com
신형섭 · 박진희, 「호텔관광 실무용어」, 상학당, 2014.
세종호텔, www.sejong.co.kr
센터마크호텔, www.centermarkhotel.com
아벤트리호텔, www.aventreehotel.com
알로프트 서울강남, www.aloftseoulgangnam.com
우리은행, 「서울 호텔시장 동향 및 수급전망」, 2013.
이길원, "2018, 숙박업 대변신의 해", 매일경제, 2017.12.27.
이비스 앰배서더 명동, www.ambatel.com/ibis/myeongdong
이비스 앰배서더 부산, www.ambatel.com/ibis/busan
이병원, "호텔리츠의 도입과 활용에 관한 연구", 건국대학교 박사학위논문, 2013.
이지혜, "학교 앞 호텔법 5년인데 건축시 특혜는 1년인 이유", 머니투데이, 2016.01.04.
이재수 · 성수연, "서울시 대형 숙박시설 입지특성과 지역별 공급방향", 「SHURI」, 5(1), 2015, pp.25-34.
이재은, "합법과 불법 사이… 에어비앤비에서 주무세요?", 머니투데이, 2017.06.30.
이승록, "땅장사 논란 보광, 시세차익도 모자라 또 국공유지 팔아달라", 제주의 소리, 2015.03.05.
이승형, "경주 지진 한 달… 완전복구 먼길 · 관광산업 큰 타격", 연합뉴스, 2016.10.11.
인터컨티넨탈 서울 코엑스, www.iccoex.com
일본정부관광국(日本政府観光局), www.jnto.go.jp
에어비앤비, www.airbnb.co.kr
에어비앤비 지옥, www.airbnbhell.com.
엘디스리젠트호텔, www.eldishotel.com
원융희 · 가정혜, 「현대 호텔사업계획 개발」, 대왕사, 2009.
장덕인, "부티크 호텔에서 나타나는 혼성적 표현 경향에 관한 연구", 국민대학교 석사학위논문, 2004.
장준혁, 「숙박업 평일만실의 기적」, 큰그림, 2016.
전국경제인연합회(FKI), "관광산업 경쟁력 강화 방안", 2015.06.
전효재, 「관광숙박 수급분석 및 대응방향」, 한국문화관광연구원, 2004.
정상만, 「행복한 여행 잘되는 호텔」, 대왕사, 2015.
정상만 외, 「비즈니스호텔 크리에이터」, 지식인, 2016.
정석중, 「관광개발론」, 대왕사, 2010.
정창무 · 김민주, "호텔객실판매율과 평균객실요금 간의 관계분석 : 서울시 특급호텔을 중심으로", 「국토계획」, 45(6), 2010, pp.73-83.
정창무 · 김태헌, "호텔 객실의 단기수급 결정요인에 관한 연구", 「국토계획」, 45(1), 2010, pp.91-100.
정태성, "서울 첫 의료관광호텔, 용산 핫플레이스로 급부상", 헤럴드경제, 2015.06.03.

조윤주, “시간적 혼성의 개념을 도입한 디자인호텔에 관한 연구”, 홍익대학교 석사학위논문, 2008.
조상희, “학교 주변 호텔 허용 놓고 엇갈린 판결… 기준은 교육환경 악영향 여부”, 파이낸셜뉴스, 2015.08.24.
지연진, “국내 면세시장 지난해 사상 최대매출 경신… 中 사드보복에도 20%↑”, 아시아경제, 2018.01.17.
출입국 · 외국인정책본부, www.immigration.go.kr
채성진, “에어비앤비처럼… 내 · 외국인 손님 다 받게 공유민박업 열어준다”, 조선일보, 2018.01.06.
최병일, “빅데이터로 본 2017~2018 여행트렌드”, 한국경제, 2017.12.26.
최선윤, “[新유통 혁신의 길] 국내 1위 안주 않겠다… 면세점, 글로벌시장 공략 가속화”, 뉴시스, 2018.01.07.
최인천, 「리츠 얼리어답터」, 매경출판, 2017.
최현경 · 김진영, 「호텔산업 공급주기와 규제 연구」, 산업연구원, 2013.
코자자, www.kozaza.com
토요코인(東横イン), www.toyoko-inn.com/korea
통계청 e-나라지표, www.index.go.kr
트립어드바이저, www.tripadvisor.co.kr
포시즌스 호텔 서울, www.fourseasons.com/kr/seoul
프레이저플레이스, www.fraserplace.co.kr
하나금융경영연구소, “기관투자자의 비즈니스호텔 투자확대”, 부동산금융 현안시리즈, 2014.03.31.
하나대체투자자산운용, www.hana-aamc.com.
하이서울유스호스텔, http://hiseoulyh.com
한국거래소 시장정보, http://marketdata.krx.co.kr
한국공항공사, 「항공통계」, 2015.
한국관광공사, 「한국의료관광 마케팅」, 2016.
__________, 「MICE 산업통계 조사 · 연구」, 2014.
__________, 「MICE 참가자 조사」, 2014.
__________, 「Meeting Planner's Guide to KOREA」, 2014.
한국관광협회중앙회, www.ekta.kr
한국리츠협회, www.kareit.or.kr
한국문화관광연구원, 「국민여행 실태조사」, 2016.
______________, 「방한관광시장의 모든 것」, 2015.
______________, 「외래관광객 실태조사」, 2016.
______________, “2016년 연간 및 1/4분기 관광산업 경기 및 관광지출 전망조사”, 「한국관광정책」, 524, 2015.12.
한국면세점협회, www.kdfa.or.kr

한국보건산업진흥원, 「외국인환자 유치실적 통계분석보고서」, 2015.
한국소비자원, "공유숙박 플랫폼 계약 취소 시, 위약금 주의", 2018.02.01.
한국신용평가, "서울지역 호텔사업 경고등 커졌다", PF 리서치, 2014.11.
__________, "서울 · 수도권 지역 호텔 공급초과를 걱정할 때인가?", Special Report, 2013.07.
__________, "제주도 호텔 분양사업 문제없나?", PF 리서치, 2015.07.
__________, "호텔 매각가치 평가방법 : 호텔개발사업 활성화에 즈음하여", Special Report, 2013.01.
한국은행 경제통계시스템, http://ecos.bok.or.kr
한국은행 제주본부, "최근 제주지역 분양형 호텔의 급증 배경 및 리스크 점검", 제주경제브리프, 2015.05.07.
한국여행업협회, www.kata.or.kr
한국전시산업진흥회, www.akei.or.kr
한국호텔업협회, 「호텔업운영현황」, 2015.
__________, www.hotelskorea.or.kr
학교환경위생정화구역, www.cleanupzone.edumac.kr
호텔 더 디자이너스, www.hotelthedesigners.com
호텔스카이파크, www.skyparkhotel.com
호텔 아로파, www.hotelaropa.co.kr
호텔아비아, www.hotelavia.net
호텔앤레스토랑, www.hotelrestaurant.co.kr
Accor Hotels, www.accorhotels.com
Ascott Residence Trust, www.ascottreit.com
Best Western Hotels & Resorts, www.bestwestern.com
BIZ-GIS, www.biz-gis.com
Carlson Rezidor Hotel Group, www.carlsonrezidor.com
Choice Hotels, www.choicehotels.com
Chol Jeong-Gil, 「Hotel Investment & Finance」, 백산출판사, 2011.
Design Boom, www.designboom.com
DeRoos, J. A., "Natural Occupancy Rates and Development Gaps : A Look at the U.S. Lodging Industry", 「Cornell Hospitality Quarterly」, 40(2), 1999, pp.14-22.
Generation Research, 「The Global Duty Free & Travel Retail Market」, 2014.
Generation Research, 「The Moodie Report」, 2014.
Henn na Hotel(変なホテル), http://www.h-n-h.jp.
Hilton Hotels & Resorts, www.hilton.co.kr
Hotel News Now(HNN), www.hotelnewsnow.com/Articles/6217/Hotel-Industry-Terms-to-Know.
Hotels.com, http://press.hotels.com

Host Hotels & Resorts, www.hosthotels.com
Huilo Huilo Reserva Biológica, www.huilohuilo.com
Hyatt Hotels & Resorts, www.hyatt.com
IHG, www.ihg.com
Japan Hotel REIT(ジャパン・ホテル・リート投資法人), www.jhrth.co.jp
Josef Ransley and Hadyn Ingram(역 신홍철), 「호텔개발경영」, 한올출판사, 2009.
KB금융지주경영연구소, "MICE 산업에 대한 이해", 「KB daily 지식비타민」 2013-87, 2013.07.11.
__________, "숙박공유 스타트업의 부상과 전통 호텔의 대응", 「KB daily 지식비타민」 2015-69, 2015.09.07.
KDB산업은행, "MICE산업의 발전방향과 과제", 「산은조사월보」, 697, 2013.12.
__________, "면세점 시장의 주요 이슈 점검과 시사점", 「산은조사월보」, 719, 2015.10.
__________, "숙박공유 플랫폼의 성장, 최근 동향 및 시사점", Weekly KDB Report, 2016.07.18.
KOSIS 국가통계포털, http://kosis.kr
K-MICE, http://k-mice.visitkorea.or.kr
Lovelock, C., and Wirtz, J., 「Services Marketing : People, Technology, Strategy(7th ed.)」, Pearson Education, 2010.
Marriott, www.marriott.com
McIntosh, R. W., and Goeldner, C. R., 「Tourism Principles, Pratices, Philosophies(7th ed.)」, Wiley, 1995.
MKG Hospitality, www.mkg-group.com
Motel 6, https://en.wikipedia.org/wiki/Motel_6
M-Stay, www.m-stay.co.kr
Regal REIT, www.regalreit.com
Savills, 「2015 상반기 스포트라이트서울 호텔 마켓」, 2015.
Starhill REIT, www.starhillglobalreit.com
Starwood Hotels & Resorts, https://www.starwoodhotels.com
The Wall Street Journal, http://graphics.wsj.com/billion-dollar-club
Tubohotel, www.tubohotel.com
UIA, 「International Meetings Statistics Report」, 2015.
UNWTO, 「Compendium of Tourism Statistics」, 2015.
Valerie, G. et al.,(역 양지윤), 「도시의 창 고급호텔」, 후마티나스, 2007.
Wyndham Hotel Group, http://es.wyndhamworldwide.com/category/wyndham-hotel-group
YOTEL, www.yotel.com
Zeithaml, V. A., and Bitner, M. J., 「Services Marketing(6th ed.)」, McGraw-Hill, 2012.
9h ninehours(ナインアワーズ), http://ninehours.co.jp

EPILOGUE

호텔산업이 나가야 할 길, 트렌드를 쫓기보다 개발과 운영의 철학이 필요한 시대

지난 호텔시장이 글로벌 저성장 기조와 중국발 사드배치와 같이 불안정한 국제정세 속에 격변과 혼돈의 시기를 보냈다면, 이제는 제4차 산업혁명과 공유경제 도래에 따른 불확실성 시대로 빠르게 진입하고 있다. 이 책에서 주목한 한류, 개별자유여행(FIT), 온라인여행사(OTA), 저가항공(LCC), 비즈니스호텔, 공유숙박, 스테이케이션(Staycation), 호텔펀드·리츠 투자는 향후 관광과 호텔시장을 주도할 핵심 키워드들이다. 따라서 외래객 유치를 위한 호텔가의 무한경쟁에서 살아남기 위해, 현 호텔시장의 동향과 트렌드를 잘 읽고 미래에 다가올 환경변화에 유연하게 대처하는 자세가 요구된다. 물론 거대한 변화의 흐름 속에서 관광소비 패턴과 라이프스타일, 경기전망 모두를 예측하는 일이 쉽지만은 않다. 하지만 이 책을 통해 숙박업계가 직면한 고민과 정보를 함께 나누며, 시장을 꿰뚫어보는 인사이트(Insight)를 충분히 얻을 수 있다.

앞서 기술한 대표 메가트렌드 중 하나로 부동산 한 채 없는 O2O업체인 에어비앤비가 호텔체인 그룹 이상의 기업가치(310억$)를 보유한 것에 비추어보면, 그야말로 호텔시장은 상전벽해란 말이 실감난다. 우리가 어렸을 적 범접할 수 없었던 호텔은 소득증대와 여가문화 확산으로 일상화되면서 편안하고 친숙한 공간이 되었다. 관광객 규모도 2,000만명, 호텔 1,500개, 객실 13만실의 무시할 수 없는 큰 시장으로 발전했으나, 정작 호텔현황 정보는 정부 3.0 구호가 무색할 정도로 역행한 듯 보인다. 여전히 국가차원의 세부적인 통계도 부족하고 폐쇄적인 그들만의 리그가 만연해, 타부동산과 달리 소비자들이 정확한 시장정보를 알기 어려운 실정이다. 이처럼 공급자 우위시장의 정보 부재는 대체 숙박시설 난립, 객실 수급불균형 심화, 가동률 저하, 분양형 호텔 사기피해 등 온갖 부정적 여론이 들끓는 결정적 단초를 제공한 것으로 평가된다.

특히 2015년 이후에는 관광객의 현저한 감소에 공급과잉까지 겹쳐 호텔 경영상의 애로사항과 이를 타개하기 위한 생존전략이 공통된 당면 이슈였다. 이 사안은 미래에도 마찬가지로, 어려운 시기일수록 기본에 충실하면서 호텔업의 본질을 되짚어 답을 찾아야 한다. 호텔은 근본적으로 입지가 생명이고 개발에 상당한 비용이 투입되는 부동산업이요, 동시에 운영을 전제로 하는 서비스산업이다. 이 점에서 호텔업은 단기간 내 이익을 거두려 말고, 장기적 비전 하에 긴 호흡을 갖고 운영하는 게 바람직할 것으로 여겨진다. 한 순간에 최대 속력을 내는 100m 달리기가 아닌, 숨을 고르며 오래 뛰어야 하는 42.195㎞의 장거리마라톤 승부처럼 말이다. 저자는 아직도 일본 도쿄에서 투숙했던 로컬호텔의 친절한 서비스와 따듯함을 잊을 수 없다. 세대와 국경을 초월한 진심은 통했고, 고객을 정성스럽게 맞이하는 무형적인 환대(Hospitality)의 가치가 중요함을 새삼 깨달았다. 책을 퇴고할 때쯤 고민 끝에 내린 결론이 있는데, 한 문단으로 요약하며 글을 마무리하고자 한다.

"호텔시장 트렌드는 계속 변한다. 그러나 호텔업의 본질은 변하지 않는다. 호텔업의 경쟁력은 경영자의 고유한 개발과 운영 철학에 달려있고, 결국 흔들리지 않는 기업가정신이 트렌드를 창조한다. 앞으로 불확실한 미래 호텔시장은 업계 트렌드를 급히 좇기보다는 경영자의 차별화된 개발과 운영 철학 정립이 필요한 때이다."